LEXIKON
ETHIK • RELIGION

Christoph Kunz Hrsg.

Fachbegriffe und Personen

STARK

Impressum

Herausgeber
Dr. Christoph Kunz

Die Beiträge wurden erarbeitet von
Bertold Breunig (bb)
Dr. Johannes John (jj)
Dr. Detlev Kilian (dk)
Dr. Christoph Kunz (ck)
Simone Kunz (sk)
Wolfgang Letz (wl)
Dr. Claußß Peter Sajak (cps)

ISBN: 3-89449-526-X

D-85318 Freising · Postfach 1852 · Tel. (0 81 61) 1790

Vorwort

Das Lexikon Ethik / Religion enthält weit **über 700 Einträge zu Begriffen, Personen und Ereignissen** aus dem Bereich der Ethik, der Geschichte der Philosophie sowie der Religionen.

Das Lexikon ist gedacht für Schülerinnen und Schüler der Sekundarstufe II, aber auch für Studentinnen und Studenten der ersten Semester. Die **Definitionen, Erklärungen und Erläuterungen** helfen, zentrale Texte zu erschließen, die mit philosophischen, religiösen, psychologischen und pädagogischen Themen und Fragestellungen zu tun haben.

Um die Einordnung von Stichwörtern in einen größeren Zusammenhang zu erleichtern, finden sich etwa bei den Personeneinträgen wichtige **Hinweise zur Zeitgeschichte, kurze Zitate aus zentralen Werken** oder auch die deutliche Unterscheidung zwischen der Bedeutung eines Begriffes in der Alltagssprache und im spezifisch philosophischen oder psychologischen Sprachgebrauch.

Zu vielen Einträgen finden sich Literaturtipps. So kann das Lexikon nicht nur Hilfe zur besseren Erschließung vorgegebener Texte sein, sondern auch Anregungen zur vertieften, weiterführenden und selbstständigen Lektüre geben.

Eine chronologische **Übersicht zur Wissenschafts- und Philosophiegeschichte** sowie **zur Kirchen- und Religionsgeschichte,** eingeteilt in Epochen, erleichtert die Einordnung philosophischer oder religiöser Themen und Entwicklungen in einen größeren Zusammenhang. Zu jeder Epoche sind zugleich Hinweise auf die entsprechenden Lexikonartikel aufgenommen.

Viel Spaß und Erfolg beim Umgang mit dem Lexikon!

Ihr Autorenteam

A

Abendmahl Mahl mit Brot und Wein, das Jesus am Abend vor dem Beginn seines Leidensweges mit seinen Jüngern feierte. Jesus verkündete in diesem Zusammenhang seinen Tod und verwies auf seine heilsgeschichtliche Bedeutung: Nach dem Lukas-Evangelium sprach er beim Überreichen des Kelches: „Nehmt ihn und teilet ihn unter euch. Denn ich sage euch: Von nun an werde ich nicht mehr von der Frucht des Weinstocks trinken, bis das Reich Gottes kommt." (Lukas 22, 17 f.) Brot und Wein von Jesus werden als Zeichen des Neuen Bundes zwischen Gott und den Menschen ausgewiesen. Das Abendmahl ist sowohl in der katholischen als auch in der evangelischen Kirche ein → Sakrament. In der katholischen Kirche ist es Bestandteil der Eucharistiefeier (griech. *eucharistia* Danksagung).

In der Geschichte der Kirche kam es mehrfach zu einem so genannten Abendmahlstreit. Darunter versteht man die Frage, wie Leib und Blut Christi in Brot und Wein anwesend sind: real, verwandelt oder symbolisch. Nach katholischer Lehre ist Jesus Christus unter den Zeichen von Brot und Wein real gegenwärtig, da sich die Substanz von Brot und Wein durch die priesterlichen Einsetzungsworte in Christi Leib wandelt, während die äußere Gestalt von Brot und Wein gleich bleibt (Realpräsenz). Nach evangelischer Lehre findet keine Wandlung der Substanz von Brot und Wein statt, sondern Christi Leib und Blut ist „in, mit und unter" Brot und Wein gegenwärtig (Konsubstantiation). Nach reformiertem Glauben (Ulrich → Zwingli) sind Brot und Wein nur Symbole für die Anwesenheit Christi. *ck*

Aberglaube Bezeichnung für Vorstellungen, die nicht mit den vorherrschenden religiösen Glaubensinhalten vereinbar sind. Zum Aberglauben werden dabei Vorstellungen gezählt, die über verschiedene Praktiken versuchen, Einfluss auf physische Kräfte oder Dinge zu nehmen, die als beseelt betrachtet werden (→ Animismus). Der Vorwurf des Aberglaubens wird vor allem vonseiten der Religion gegenüber animistischen Praktiken erhoben, kann aber die Religion selbst treffen, wenn im Zusammenhang mit der Aufklärung alles abgewertet wird, was nicht in das vermeintlich vernünftige Weltbild passt. *ck*

Ablass Den Hintergrund für den Ablass bildet die Sündenlehre. Die Sündenschuld kann nach katholischer Lehre vergeben werden, allerdings muss eine Strafe im Diesseits oder Jenseits zeitlich abgebüßt werden. Der Ablass stellt eine Form des Abbüßens dar. Zunächst waren damit bestimmte Leistungen gemeint, z. B. eine Pilgerfahrt nach Rom oder die Teilnahme an einem Kreuzzug. Im Verlauf des Mittelalters setzte sich die Praxis durch,

Der Verkauf von Ablassbriefen durch den Papst; Holzschnitt von Lucas Cranach d. Älteren, 1521.

dass die Bußleistung auch durch Geldzahlungen abgelöst werden kann. Der Ablass konnte dabei auch für schon verstorbene Menschen erworben werden. Ein reger Ablasshandel entwickelte sich, die Einnahmen wurden zur Errichtung prunkvoller Kirchenbauten verwendet, z. B. der Peterskirche in Rom. Martin → Luther griff diese Praxis an, nicht zuletzt dadurch kam es zum Zerwürfnis mit der katholischen Kirche. Die katholische Kirche ging im 16. Jh. selbst gegen die Missstände vor, ohne den Ablass allerdings aufzugeben. *ck*

Abrahamische Religionen Religionswissenschaftliche Bezeichnung für die drei monotheistischen Offenbarungsreligionen Judentum, Christentum und Islam. Die Bezeichnung wurde von Hans → Küng im Zusammenhang mit seinem „Projekt Weltethos" geprägt. Küng wählte den Oberbegriff Abrahamische Religionen, weil sich sowohl Judentum und Christentum als auch der Islam auf Abraham (vgl. Genesis 13,14–16) als ihren Stammvater berufen und durch ihre prophetisch-nahöstliche Tradition geprägt sind. *cps*

Absolutismus Bezeichnung für ein politisches System, das sich im 16. und besonders im 17. Jh. vor dem Hintergrund der verheerenden Glaubenskämpfe in vielen Staaten Europas ausbreitete. Die Bezeichnung geht auf die lateinische Wendung *potestas ab legibus soluta* zurück: Gewalt, die von den Gesetzen losgelöst ist. Ein Herrscher ohne Kontrollinstanz beansprucht die uneingeschränkte Herrschaft, er ist nur dem göttlichen Recht unterworfen. Der Absolutismus wird theoretisch begründet z. B. durch Jean → Bodin oder Thomas → Hobbes. Sein Ende wird mit dem Ausbruch der französischen Revolution 1789 angesetzt. Während des Absolutismus wurde versucht, eine einheitliche Untertanenschicht zu schaffen, indem ständische Privilegien abgeschafft wurden. Damit wurde die Grundlage für moderne Nationalstaaten gelegt. *ck*

Achsenzeit Bezeichnung für einen wichtigen Einschnitt, den Karl → Jaspers bei seiner Gliederung der Weltgeschichte ansetzt: Gemeint sind dabei die Jahrhunderte zwischen 800 und 200 v. Chr., als sich in Griechenland, aber auch in Indien ein philosophisches, rationales, am Individuum orientiertes Denken entwickelte, das an die Stelle traditioneller mythischer Auffassungen trat. Maßgebliche Denker sind etwa → Konfuzius, → Mo Zi, → Zarathustra, die → Vorsokratiker, aber auch → Sokrates. Die Betonung der Achsenzeit soll die Bedeutung der Hochkulturen (vor allem Ägyptens) relativieren. Die Achsenzeit bringt die Befreiung des Menschen von der staatlich-religiösen Zwangseinheit, die für Jaspers mit den Hochkulturen verbunden ist. *ck*

Achtfacher Pfad Für den → Buddhismus ist alles Leben Leiden. Zur zentralen Frage wird dabei, wie der ewige Kreislauf des Leidens unterbrochen werden kann. Der achtfache Pfad, auch als „mittlerer Weg" bezeichnet, versucht einen Weg zwischen zwei extremen Polen zu gehen: zwischen der Askese einerseits und der weltlich-sinnlichen Hingabe andererseits. Der achtfache Pfad formuliert ethische Grundhaltungen, ohne sich in detaillierte Vorschriften zu verlieren: 1) rechte Anschauung; 2) rechte Gesinnung; 3) rechtes Reden; 4) rechtes Handeln; 5) rechter Lebensunterhalt; 6) rechtes Streben; 7) rechtes Denken; 8) rechtes Sich-Versenken. *ck*

Adler, Alfred (1870–1937) Österreichischer Psychoanalytiker. Adler ist der Begründer der Individualpsychologie. Er war ein Schüler Sigmund → Freuds und teilte mit diesem die Annahme, dass der

Alfred Adler

Theodor W. Adorno

Mensch von seinem Unterbewusstsein gesteuert werde. Anders als Freud sah Adler jedoch nicht Eros und Lustprinzip als treibende Kräfte, sondern die frühkindlichen Gefühle von Ohnmacht und Minderwertigkeit, die der Erwachsene im Laufe seiner Biografie zu überwinden suche. *wl*

Adorno, Theodor Ludwig Wiesengrund (1903–1969) Deutscher Philosoph und Soziologe. Zusammen mit Max → Horkheimer war Adorno der führende Kopf der → Frankfurter Schule. Neben der Philosophie beschäftige er sich vor allem mit der Musiktheorie, trat aber auch als Komponist und Pianist hervor. Nach der Machtergreifung der Nationalsozialisten wurde ihm die Lehrerlaubnis entzogen. Adorno emigrierte zunächst nach England, dann in die USA. Nach seiner Rückkehr nach Deutschland 1949 baute er das Institut für Sozialforschung in Frankfurt wieder auf. In seinen Schriften und Vorträgen kritisiert er die bürgerliche Gesellschaft als ein System der äußeren und inneren Unterdrückung. Ihr, aber auch der traditionellen Philosophie warf Adorno vor, sich bei der Suche nach Gewissheit nur an das zu halten, was bleibt, was unveränderlich und stabil ist. Auf Adorno und die Frankfurter Schule beriefen sich zahlreiche Studenten während der teilweise gewalttätigen Unruhen 1968 – zu Unrecht, wie Adorno betonte, denn seine Kritik galt jeder Ideologie, auch der linken. Es kam zu schweren Auseinandersetzungen zwischen Adorno und den Studenten; im Januar 1969 ließ er das Institut für Sozialforschung, das von Studenten besetzt worden war, durch die Polizei räumen. Seine Vorlesung im Sommersemester 1969 wurde durch die Studenten gesprengt.

Werke: Dialektik der Aufklärung (1947 zus. mit M. Horkheimer); Erziehung zur Mündigkeit (Vorträge und Gespräche von 1959 bis 1969). *ck*

Affekt (lat. *afficere* hinzutun, anregen) Die moderne Psychologie fasst die Affekte als kurz andauernde und intensive Erregungszustände auf. Die antike Philosophie begriff den Affekt als Leidenschaft (griech. *pathos*), die einen vernünftigen Lebenswandel stören kann. Als Affekte galten dabei: Lust, Traurigkeit, Begehren, Furcht, Mitleid, Reue, Zorn. In der Antike wurden drei Möglichkeiten des Umgangs mit den Affekten entwickelt: 1) Affekte werden als grundsätzlich zum Menschen gehörend anerkannt und dürfen auch ausgelebt werden; 2) Affekte werden abgelehnt und verhindert, da sie ein Leben gemäß der Vernunft stören (→ Stoa); 3) Affekte werden in höherwertige Verhaltensweisen „veredelt" (→ Epikur). *ck*

Agape (griech. Liebe) Im Gegensatz zur leidenschaftlichen Liebe (→ Eros) ist Agape die tätige und schenkende Liebe. In der frühen Christenheit wurde damit auch das abendliche Liebesmahl bezeichnet, das vorwiegend von reicheren Christen für alle Gemeindemitglieder veranstaltet wurde. In welchem Zusammenhang es mit der Feier des → Abendmahls stand, lässt sich heute nicht mehr feststellen. *ck*

Aggression (lat. *aggressio* Angriff) Unter Aggression wird ein Verhalten verstanden, das anderen Menschen körperlichen oder seelischen Schaden zufügen will. Die Formen können dabei unterschiedlich sein und reichen von der Anwendung körperlicher Gewalt über Beleidigung bis hin zur Verbreitung von Gerüchten. Dabei gilt Aggression als negativ zu bewertendes Verhalten. Umstritten ist, ob das aggressive Verhalten angeboren oder erlernt ist. Konrad → Lorenz, der von einem angeborenen Aggressionstrieb ausgeht, sieht ihn mit Blick auf die Arterhaltung als dienlich an. Nach Lorenz ist der Mensch – wie alle Lebewesen – neben dem Aggressionstrieb mit Hemm-Mechanismen ausgestattet, die eine Tötung des unterlegenen Gegners verhindern können. Durch die Fernwirkung moderner Waffen werden diese Hemm-Vorrichtungen ausgeschaltet. Der Psychologe Albert Bandura (geb. 1925) vertritt dagegen die These, dass aggressives Verhalten erlernt ist; der Erfolg bzw. die Belohnung als Folge beobachteten aggressiven Verhaltens spielen eine entscheidende Rolle dafür, ob das Verhalten nachgeahmt wird. *ck*

Die Akademie Platons: Schüler und Lehrer diskutieren angeregt über philosophische Fragestellungen; Mosaik, um 100 v. Chr.

Agnostizismus (griech. *agnostos* nicht erkennbar) Der Begriff kommt im Gefolge des → Positivismus im 19. Jh. auf und bezeichnet die Auffassung, dass Fragen der → Metaphysik und der Religion, z. B. nach dem Grund allen Seins, nicht beantwortbar sind. Schon in der Antike gab es vor allem unter den Sophisten Vertreter dieser Auffassung. So formulierte z. B. → Protagoras: „Über die Götter allerdings habe ich keine Möglichkeit zu wissen, weder dass sie sind noch dass sie nicht sind noch wie sie etwa an Gestalt sind; denn vieles gibt es, was das Wissen hindert: die Nichtwahrnehmbarkeit und dass das Leben des Menschen kurz ist." Wenn man von einem weit gefassten Begriff des Agnostizismus ausgeht, wäre auch ein Philosoph wie Immanuel → Kant hierunter zu zählen, der von der Unerkennbarkeit des → „Dings an sich" für den Menschen ausgeht. *ck*

Ahimsa (sanskrit: Nicht-Verletzen) Gewaltlosigkeit (in Gedanken, Worten und Taten). Ethische Grundregel in Buddhismus, Hinduismus und Jainismus. Mahatma → Gandhi berief sich bei seinem Widerstand gegen die britische Kolonialherrschaft auf den Begriff Ahimsa (vgl. auch Albert → Schweitzer). *wl*

Akademie Unter Akademie versteht man heute eine weiterführende Lehreinrichtung (z. B. Akademie der bildenden Künste, Sparkassenakademie u. a.). Die Bezeichnung geht zurück auf die Schule, die → Platon 585 v. Chr. in Athen auf dem heiligen Hain des athenischen Sagenhelden Akademos gründete. Die Akademie verstand sich als Wahrerin der platonischen Philosophie. Nachdem der römische Feldherr Sulla 86 v. Chr. bei der Einnahme Athens auch die Akademie bis auf die Grundmauern zerstören ließ und alle Schriften verloren gingen, wurde die Akademie wieder aufgebaut. In nachchristlicher Zeit, besonders nach → Konstantin dem Großen, stellte sich die Akademie gegen einen Ausgleich mit dem Christentum. Kaiser Justinian schloss sie 529 n. Chr. *ck*

Akzidens (lat. *accidere* zufallen, vorkommen) Akzidens meint das Zufällige, das – im Gegensatz zur → Substanz – nicht zum Wesen einer Sache gehört. So bleibt das Blatt eines Baumes ein Blatt, auch wenn es sich im Verlauf der Jahreszeiten verfärbt. Die Verfärbung macht nicht das Wesen des Blattes aus. Neben den akzidenziellen Eigenschaften eines Menschen gibt es auch Eigenschaften, die ihm wesensmäßig zukommen. Diese werden Proprietäten genannt. Für → Aristoteles sind solche Proprietäten des Menschen etwa seine Gesellschaftlichkeit und seine Sprachbegabung. *ck*

Albert, Hans (geb. 1921) Deutscher Philosoph und Soziologe. Als Vertreter des → Kritischen Rationalismus steht Albert in Nähe zu Karl → Popper. Bekannt wurde er durch seine Auseinandersetzung mit der → Frankfurter Schule. Mit dem so genannten „Münchhausen-Trilemma" verweist er auf das Problem der Begründung von sicherem Wissen: Jedes Bemühen um eine sichere Begründung scheitert für Albert daran, dass eine sichere Begründung wiederum begründet werden muss usw. – ein Ende dieser Begründung der Begründung wird nie erreicht; es sei denn, man greift zu einer zirkulären Formulierung oder bricht das Verfahren ab, ohne zu einer Letztbegründung gelangt zu sein. Normen in Ethik und Ästhetik lassen sich nach Albert nicht letztbegründen. Alberts Haltung lässt sich mit den Worten „Nichts ist letztbegründet" zusammenfassen. Karl-Otto → Apel sucht einen Ausweg aus dem Trilemma mit der transzendentalpragmatischen Methode. Die Methode versucht, Allgemeinverbindliches aufzufinden, das im Handeln immer schon vorausgesetzt wird: Selbst wenn zwei Menschen heftig miteinander diskutieren, setzen beide voraus, dass die Regeln der Logik gelten und dass ein Anspruch auf Wahrheit erhoben werden kann.

Werke: Traktat über kritische Vernunft (1968); Transzendentale Träumereien (1975). *ck*

Alchemie (*al* arab. Artikel; griech. *cheme* Metallguss) Heute versteht man unter Alchemie den eher unwissenschaftlichen Versuch, Gold auf künstlichem Weg herzustellen. Im Mittelalter und der frühen Neuzeit galt die Alchemie als wissenschaftliche Beschäftigung mit chemischen Stoffen. Durch sie wurde versucht, Stoffe umzuwandeln und zu veredeln. Griechische nachchristliche Schriften, die dem Abendland im 11. und 12. Jh. aus arabischen Quellen bekannt wurden, wirkten auf die Alchemie ein. Als sich im 17. Jh. die wissenschaftliche Chemie entwickelte, spaltete sich die Alchemie ab und bewegte sich als „geheime Kunst" außerhalb der Naturwissenschaften. *sk*

Al-Ghazali, Abu Hamid Mohammed (Algazel, al Ghasali, 1059–1111) Al-Ghazali gilt als bedeutendster Theologe des Islam. Als Philosoph lehnt er den Aristotelismus ab, der den Ursprung aller Dinge in ihnen selbst begründet sieht (→ Entelechie). Seine Philosophie und Mystik steht statt dessen eher dem Gedankengut des spätantiken → Neuplatonismus nahe, in dem der Ursprung aller Seinsformen auf das über alle Bestimmungen erhabene Eine (Gott) und dessen wesensnotwendige Ausstrahlung zurückgeführt wird. Durch Al-Ghazali wurden antike, neuplatonische und gnostische (→ Gnosis) Gedanken in den Sufismus aufgenommen, die islamische Mystik, die in der Ekstase die Vereinigung mit Gott sucht. *sk*

Allah (arab. der Gott) Im Islam ist Allah die Bezeichnung für den einzigen Gott, der als allmächtiger Schöpfer und Richter aller Wesen verstanden wird. Im → Koran, vor allem in Sure 112, wird Allah als Herrscher beschrieben, der weder gezeugt wurde noch selbst Kinder gezeugt hat. Diese Charakterisierung kann als Ablehnung des früheren heidnisch-arabischen Polytheismus, aber auch des christlichen Glaubens an Gott-Vater und seinen Sohn Jesus verstanden werden. *ck*

Allegorie (griech. *allegorein* anders sagen) Die Allegorie dient der Veranschaulichung eines abstrakten Begriffs oder Vorgangs, am häufigsten ausgedrückt durch die Verkörperung als Person. So steht der Sensenmann für den Tod, die Iustitia (blind und mit dem Attribut der Waage) für Gerechtigkeit, Amor für Liebe oder Mars für Krieg. Anders als beim → Symbol ist die Beziehung zwischen Allegorie und Bezeichnetem eher mittelbar, gar künstlich. Das Verfahren, durch Allegorie einen Begriff auszudrücken, wird Allegorese genannt und geht auf die antike bzw. mittelalterliche Vorstellung zurück, dass sich hinter Namen und Dingen ein tieferer Sinn verbirgt. *sk*

Almosen (griech. Mitleid) In vielen Religionen ist das Almosen eine Spende, die als religiös verdienstvolle Leistung gewertet wird. Im Mittelalter war das Almosen ein Teil der Buße. Hierüber entbrannte im 16. Jh. ein Streit über den → Ablass-Missbrauch (Sündenvergebung gegen Geldzahlung), der zur Spaltung der christlichen Kirche führte. *ck*

Alterität (lat. *alter* der andere) Mit Alterität wird innerhalb einer Gruppe die Rolle der jeweiligen anderen Personen bezeichnet. Alterität ist somit ein Gegenbegriff zur Identität. Von Bedeutung ist der Begriff für die historische → Anthropologie, die untersucht, wodurch unterschiedliche soziale Gruppen, Institutionen und Verbände (z. B. Staaten, Nationen, Konfessionsgemeinschaften) zusammengehalten werden und wie sich die ihnen angehörenden Individuen so weit einbinden lassen, dass sie im Zweifelsfall ihre Existenz mit der ihrer Gruppe verknüpfen. Im Hinblick auf die kollektive Identität wird besonders nach der Rolle des/der jeweils anderen gefragt. Die Alterität ist dabei wichtig für das eigene Selbstverständnis und das kollektive Verhalten: Werden die „anderen" als Fremde, Partner oder Feinde wahrgenommen? Wann ist ein Neben- oder Miteinander möglich, wann kommt es zu einem Gegeneinander? *ck*

Altes Testament Teil der → Bibel, der Heiligen Schrift. Die 39 Schriften des Alten Testaments sind auch heute noch die Heilige Schrift des Judentums. Sie wurden innerhalb der jüdischen Gemeinden vom 5. bis zum 2. Jh. v. Chr. zusammengestellt. Manche Schriften reichen aber bis ins 2. Jtsd v. Chr. zurück. Das Alte Testament ist dabei in drei Teile gegliedert: das Gesetz (→ Thora, auch Pentateuch oder fünf Bücher Mose genannt), die Propheten und die Schriften, z. B. die → Psalmen. *ck*

Alt-Katholische Kirche Keineswegs besonders konservative, sondern liberale, aktiv ökumenisch ausgerichtete Reformkirche. Sie wurde nach dem 1. Vatikanischen Konzil (1869/70) unter Führung des Münchener Kirchenhistorikers Ignaz von Döllinger (1799–1890) von Katholiken gegründet, die das neue Dogma von der Unfehlbarkeit des Papstes in Fragen der Glaubens- und Sittenlehre nicht akzeptierten. Von Anfang an gab es starke Bemühungen zur Überwindung der Differenzen innerhalb der christlichen Religion, schon 1889 schlossen sich die Alt-Katholiken in der so genannten Utrechter Union mit verwandten Bewegungen in Österreich, der Schweiz und den Niederlanden zusammen, seit 1931 besteht volle Kirchengemeinschaft mit der → Anglikanischen Kirche. Der Bischof hat seinen Amtssitz in Bonn, dort befindet sich auch, der Universität angegliedert, das Priesterseminar. Die Alt-Katholische Kirche kennt kein Zölibat. 1996 wurden die ersten Frauen zu Priesterinnen geweiht. Der Alt-Katholischen Kirche gehören in Deutschland ca. 25 000 Mitglieder an. *wl*

Altruismus Als Gegensatz zum Egoismus meint Altruismus die Selbstlosigkeit. Als übertriebene Fremdzentriertheit kann der Begriff auch mit negativer Wertung verwendet werden. Wohlwollen wäre dann die Haltung, die zwischen den übertriebenen Polen der Selbst- und der Fremdzentriertheit vermittelt. *ck*

Anamnesis-Lehre (griech. Erinnerung) Das Wort Amnesie meint den Gedächtnisverlust, die Anamnesis verweist als verneinte Form dieses Wortes auf das Gegenteil: → Platon vertrat die Auffassung, dass alles Lernen eigentlich Wiedererinnerung ist, ein Wiederbewusstwerden von etwas, was in der unsterblichen Seele schon immer vorhanden gewesen ist, was diese bei der Geburt aber vergessen hat. Platon lässt etwa in seinem → Dialog Menon → Sokrates diese Auffassung entwickeln: Sokrates führt seinem Gesprächspartner einen Jungen vor, der in mathematischen Dingen unwissend ist, aber dennoch einen mathematischen Satz findet, ohne dass Sokrates ihm diesen vermittelt hat. *ck*

Anaximander (um 610–546 v. Chr.) Griechischer Naturphilosoph. Der Schüler des → Thales von Milet wird zu den → Vorsokratikern gezählt. Obwohl von ihm nur ein Satz wörtlich überliefert ist, lässt sich sein Denken dennoch rekonstruieren: Als Urprinzip der Welt und letzten Grund alles Seins nimmt er ein Unbestimmtes und Grenzenloses an (griech. *apeiron*). Aus diesem *apeiron* haben sich

Der griechische Naturphilosoph Anaximander führt alles Sein auf ein einziges Unbestimmtes und Grenzenloses zurück.

Kaltes und Warmes sowie Trockenes und Feuchtes ausgesondert. Ursprünglich sei die Erde in flüssigem Zustand gewesen, bei ihrer Austrocknung entstanden Lebewesen, die zunächst im Wasser lebten und später auf das Land übersiedelten. Anaximander formuliert hier eine einfache → Evolutionslehre. ck

Anglikanische Kirche 1531 löste sich König Heinrich VIII. von England aus politischen Gründen anlässlich seiner Scheidung von Katharina von Aragon von der römisch-katholischen Kirche und ließ sich zum Oberhaupt der anglikanischen Kirche (Church of England) erklären. Die Kirchenlehre blieb zunächst weitgehend katholisch. Vor allem in der Regierungszeit Elisabeths I. (1558–1603) verbreitete sich der protestantisch-calvinistische Einfluss in der anglikanischen Kirche. Zur Anglikanischen Kirchengemeinschaft gehören heute zahlreiche Nationalkirchen und autonome Kirchen in der ganzen Welt, die aus der anglikanischen Kirche hervorgegangen sind. *ck*

Angst Gefühlszustand, der einer Bedrohung entspringt. Im Gegensatz zur Furcht, bei der die Ursache der Bedrohung bekannt ist, ist diese bei der Angst unbestimmt. Der französische Existenzialist Jean-Paul → Sartre schrieb in seiner Abhandlung „Das Sein und das Nichts“: „Die Angst unterscheidet sich von der Furcht dadurch, dass die Furcht Furcht der Lebewesen vor der Welt ist und die Angst Angst vor mir selbst. [...] Eine Situation, die Furcht hervorruft, insofern sie die Gefahr enthält, von außen her mein Leben und mein Sein zu verändern, ruft die Angst hervor in dem Maße, in dem ich meinen eigenen Reaktionen dieser Situation gegenüber misstraue.“ Martin → Heidegger sieht die Angst im Zusammenhang mit der Fähigkeit des Menschen, Entscheidungen zu treffen. In der Angst wird sich der Mensch der Einmaligkeit und Unwiderruflichkeit seiner Handlungen bewusst. Der Psychoanalytiker Horst Eberhard Richter (geb. 1923) sieht einen Zusammenhang zwischen der Angst und dem Wissen des Menschen, dass er sterben muss. Der Fortschrittsglaube, der besonders seit der Aufklärung unser Leben bestimmt, lässt den Tod sinnlos erscheinen. Der Tod wird tabuisiert, die Angst vor ihm auch. Der Einzelne bleibt mit ihr allein, wodurch sich die Angst potenzieren kann.

Literatur: Horst Eberhard Richter: Umgang mit Angst, Hamburg 1992. *ck*

Animismus (lat. *anima* Seele) Der Begriff entstand im 19. Jh. aus der Erforschung des Ursprungs der Religionen. Hintergrund der animistischen Theorie war die Auffassung, dass sich die menschliche Kultur, und damit auch die Religion, seit der Steinzeit bis zur Moderne fortentwickelt hat. Da manche Stämme noch auf der Steinzeit-Stufe stünden, könne man an ihnen auch die steinzeitliche Religion ablesen. Als Animismus wird dementsprechend der Glaube an die Beseeltheit der Natur, d. h. an Geistwesen bezeichnet. Seinen Ursprung hat dieser Glaube in der Erfahrung schlafender Menschen, wenn diese sich im Traum z. B. in andere Länder versetzt glauben. Dieser Glaube kann sich vom Glauben an die Seelen verstorbener Menschen über andere Geister zum Vielgötterglauben, schließlich zum Monotheismus entwickeln. Die Lehre des Animismus hat sich als irrig erwiesen; so haben auch die vermeintlich primitiven Kulturen eine lange religiöse Entwicklung hinter sich, auch ist die Gleichsetzung von europäischen Kindern mit primitiven Stämmen unsinnig. *ck*

Anselm v. Canterbury (1033–1109) Theologe und Philosoph. In Italien geboren lebte Anselm als Mönch viele Jahre in französischen Klöstern, bevor er Bischof von Canterbury wurde. Er beschäftigte sich vor allem mit dem Verhältnis von Glauben und Denken. Als Vertreter der → Scholastik betonte er, dass der Glaube der Erkenntnis vorangehen muss, d.h. dass es ohne Glaube keine Erkenntnis gebe (*credo, ut intelligam* – ich glaube, damit ich erkenne). Anselm betonte aber auch, dass die Vernunft – wenn der Glaube gegeben ist – eingesetzt werden soll, um die geglaubten Wahrheiten zu verstehen. Der Glaube selbst dränge nach rationalem Verstehen. Anselm versuchte von diesem Standpunkt aus auch einen → Gottesbeweis, der aus dem Begriff Gottes den Beweis für dessen reales Vorhandensein abzuleiten sucht: Nichts kann gedacht werden, was größer ist als Gott. Wenn Gott nun nur in der Vorstellung, als Fiktion, vorhanden wäre, dann ließe sich etwas Größeres denken, nämlich etwas, was so groß ist wie Gott, aber nicht nur in der Vorstellung, sondern auch in der Realität existiert. Also müsse Gott existieren.

Werke: Monologion (Selbstgespräch); Proslogion (Anrede); Cur Deus homo (Warum Gott Mensch geworden ist). *ck*

Anthropologie (griech. *anthropos* Mensch; *logos* Lehre, Wissenschaft) Die philosophische Anthropologie fragt nach dem Wesen des Menschen. Während sich die naturwissenschaftliche Anthropologie mit dem Menschen als Teil der Natur befasst und die kulturelle Anthropologie verschiedene Ausprägungen des menschlichen Lebens erforscht, sich beide also mit der gegenständlichen Seite des Menschen beschäftigen, fragt die philosophische Anthropologie nach demjenigen im Menschen, das nicht von der Natur vorgegeben ist, sondern was der Mensch nur durch Selbstbestimmung hervorbringen kann. Die moderne Anthropologie greift auf naturwissenschaftliche Erkenntnisse zurück und versucht, den Menschen ausgehend vom Tier-Mensch-Vergleich zu fassen. So weist etwa Arnold → Gehlen den Menschen als Mängelwesen aus, das seinen Instinkt weitgehend verloren hat und daher seine Überlebensfähigkeit durch die Entwicklung von Sprache, Technik und Kunst und durch die Einrichtung von Institutionen sichern muss. Dies ist ihm aufgrund seiner Weltoffenheit und Lernfähigkeit möglich. Wichtige menschliche Eigenschaften (z. B. Denken, Erinnern) und Institutionen (z. B. der Staat) dienen nach Gehlen dazu, den Menschen von seinen Mängeln zu entlasten. *ck*

Anthropomorphismus (griech. *anthropos* Mensch; *morphe* Gestalt) Übertragung menschlicher Eigenschaften auf nichtmenschliche Wesen, besonders auf Götter. Griechen und Römer stellten sich Götter als mit menschlichem Aussehen und menschlichen Charaktereigenschaften ausgestattet vor. Die Götterwelt wurde damit zum Abbild der eigenen Kultur. Schon der Vorsokratiker Xenophanes (um 570–475 v. Chr.) kritisierte dies, wie in einem Fragment überliefert ist: „Die Äthiopier behaupten, die Götter seien schwarz und stumpfnasig, die Thraker, blauäugig und rothaarig." *ck*

Anthroposophie (griech. *anthropos* Mensch; *sophia* Weisheit) Lehre, nach der der Mensch höhere geistig-seelische Fähigkeiten entwickeln kann, die ihn zu übersinnlichen Erkenntnissen befähigen. Die Anthroposophie entstand aus der Theosophie (Gottesweisheit) des 19. Jhs. Danach ist der so genannte innere Mensch unsterblich, der Tod stellt nur einen Übergang zu einer höheren Daseinsebene dar. Durch Wiedergeburt kann der Mensch seinen Entwicklungsgang fortsetzen. Der

Fortschritt der Menschheit erfolgt nach einem göttlichen Entwicklungsplan; das Endziel ist das Wieder-Einswerden des Menschen mit Gott. Diese Gedanken wurden vor allem in der Theosophischen Gesellschaft (gegründet 1875) vertreten; ihr gehörte auch Rudolf → Steiner an, der sich 1913 von der Theosophischen Gesellschaft wegen deren zu starker Hinwendung zum Hinduismus trennte und die Anthroposophische Gesellschaft gründete. Steiner beruft sich auf die so genannte Akasha-Chronik, das Weltengedächtnis, das allerdings nur dem Eingeweihten zugänglich ist. Steiner zufolge entspringen seine Aussagen eigenen Schauungen in der geistigen Welt, die ihn auch befähigten, über den Wert der Evangelien zu entscheiden. Auf Steiner gehen auch die Waldorfschulen zurück, in denen künstlerische und handwerkliche Fächer stark in den Unterricht einbezogen sind.

Die Anthroposophie muss als esoterische Weltanschauung eingeschätzt werden, die sich wissenschaftlich-rationaler Überprüfung entzieht. Sie ist auch in entscheidenden Punkten mit dem Christentum unvereinbar: An die Stelle göttlicher Erlösung tritt die Selbsterlösung; die Einmaligkeit des Lebens und damit seine besonderen Würde wird ersetzt durch die Inkarnationslehre einer unsterblichen Individualität; die Einheit von Gott und Mensch in Jesus Christus wird zurückgewiesen. *ck*

Anthropozentrismus (griech. *anthropos* Mensch; *kentron* Mittelpunkt) Bezeichnung für eine Denkweise, die den Menschen ins Zentrum aller Überlegungen und Zwecksetzungen stellt. Der Begriff wird heute meist kritisch z. B. gegen ethische Ansätze eingesetzt, die nicht mehr den Menschen, sondern die „Natur“ oder das „Leben“ als Ausgangspunkt ethischer Überlegungen ansehen. Nach anthropozentrischer Auffassung ist der Mensch jedoch als letzte Entscheidungs- und Handlungsinstanz nicht ersetzbar. *ck*

Antichrist Der teuflische Gegenspieler Christi. Nach der Johannes-Offenbarung wird der Antichrist vor der Wiederkunft Christi gegen das Reich Gottes auftreten, aber durch Christus überwunden werden. In der Geschichte wurden schon zahlreiche Personen als vermeintlicher Antichrist identifiziert, z. B. Nero oder Napoleon Bonaparte. Martin Luther sah den Antichristen im Papst. *ck*

Antike Der Begriff wurde zu Beginn des 18. Jhs aus dem Französischen ins Deutsche übernommen. Er umfasst zunächst Kunstgegenstände aus früheren Epochen, wurde aber bald eingegrenzt auf die Epoche des griechisch-römischen Altertums. Der Beginn der Antike wird mit der indoeuropäischen Einwanderung (2. Jtsd v. Chr.) angesetzt, das Ende mit dem Untergang des weströmischen Reiches (476 n. Chr.) bzw. dem Verbot heidnischer Lehrtätigkeit durch Kaiser Justinian im Osten (529 n. Chr. Schließung der platonischen Akademie). Die Antike weist keine politische Kontinuität auf, die Einheit wird gestiftet durch ein kulturelles Traditionsbewusstsein der Bewohner des Mittelmeerraumes: der Mittelmeerraum als bewohnte Welt, der Vorbildcharakter kultureller und künstlerischer Leistungen. *sk*

Antinomie (griech.) Widerspruch zwischen zwei entgegengesetzten → Urteilen, die gleichermaßen beweisbar sind. Immanuel → Kant unterscheidet vier Antinomien, z. B. Die Welt hat einen Anfang in Raum und Zeit und die Welt hat keinen solchen Anfang. Kant nennt Beweise für beide Aussagen. Über seine Kritik der Vernunftschlüsse, die dem Menschen möglich sind, löst Kant die Antinomien auf, indem er die Reichweite menschlichen Fragens eingrenzt. *ck*

Antisemitismus Mit Antisemitismus wird die Feindschaft gegen Juden bezeichnet. Der Begriff kam in der zweiten Hälfte des 19. Jhs im Zusammenhang mit rassistischem Denken auf, Judenverfolgungen und Ausschreitungen gegen Juden gab es in der Geschichte des jüdischen Volkes jedoch von Anfang an. Da Juden keiner eigenen Rasse angehören, ist der Begriff Antisemitismus irreführend und müsste eigentlich durch Antijudaismus ersetzt werden. Der Antisemitismus kann unterschiedliche Facetten aufweisen: Unter kulturellen Aspekten wird den Juden ein negativer Einfluss auf die vorwiegend christliche Kultur vorgeworfen; unter politischen Aspekten wird von einer jüdischen Weltverschwörung gemunkelt; unter wirtschaftlichen Gesichtspunkten werden die Juden als Wucherer und Ausbeuter verurteilt; mit Blick auf die Religion werden sie als Christus- und Gottesmörder bezeichnet. Dies ist erstmalig belegt bei Melito von Sardes (gest. um 180 n. Chr.). Die systematische Vernichtung fast der gesamten jüdischen Bevölkerung durch das NS-Regime sprengte in seiner Ungeheuerlichkeit die Grenzen aller bisherigen antisemitischen Ausschreitungen. *ck*

Apathie (griech. *a-* ohne; *pathos* Leidenschaft) In der Alltagssprache wird das Wort (Adj. apathisch) meist negativ im Sinne von Antriebslosigkeit, Gleichgültigkeit oder Teilnahmslosigkeit verwendet. Für die → Stoa ist die Apathie ein Ideal. Sie versteht darunter das Freisein von Lust, Unlust, Furcht und Begierde, die den inneren Seelenfrieden stören. *ck*

Apel, Karl-Otto (geb. 1922) Deutscher Philosoph. Apel wurde 1940 Kriegsfreiwilliger und studierte nach dem Ende des Zweiten Weltkriegs in Bonn Geschichte und Philosophie. Als Professor für Philosophie war er zuletzt an der Universität Frankfurt tätig. Apels Philosophie ist vor dem Hintergrund der Bemühung um eine Letztbegründung der Dinge zu sehen. Seine Position wird als transzendentalpragmatische Philosophie bezeichnet (lat. *transcendens* hinüberschreitend; griech. *pragma* Handlung). Die Transzendentalpragmatik will die Voraussetzungen identifizieren, die dem Sprechen und Handeln zugrunde liegen und die allgemein anerkannt werden, wenn gesprochen und gehandelt wird. Apel geht davon aus, dass – auch wenn in einem Diskurs alles heftig bestritten wird – zumindest an der Voraussetzung der Argumentation, der Logik, nicht gezweifelt werden kann. Apel wurde durch seine Kontroverse mit Hans → Albert bekannt, der sich gegen die Versuche um eine Letztbegründung wehrt.

Werke: Transformation der Philosophie (1973); Diskurs und Verantwortung (1988). *ck*

Apokalypse (griech. Offenbarung zukünftiger Ereignisse) Das letzte Buch des Neuen Testaments, die Offenbarung des Johannes, heißt auch Apokalypse. Diese Schrift, die Ende des 1. nachchristlichen Jhs entstand, schildert den erwarteten Untergang der Welt, die Überwindung des Satans und die Errichtung bzw. Vollendung des Reiches Gottes. Die Apoka-

Albrecht Dürer stellte die vier apokalyptischen Reiter (Pest, Krieg, Hunger und Tod; vgl. Apokalypse 6) in einem Holzschnitt dar (um 1498).

lypse ist Gegenstand zahlreicher bildlicher Darstellungen. Apokalyptisches Denken, d. h. die Erwartung, dass das Gute über das Böse siegen werde, findet sich in vielen Kulturen und Religionen, z. B. im frühjüdischen Denken in der Vorstellung, dass die Erlösung und Heilsgewinnung nicht als Konsequenz und Vollendung der irdischen Geschichte möglich ist, sondern nur im Bruch mit dieser. Ein allumfassendes Heil ist demnach nur in einer gänzlich neuen, von Gott heraufgerufenen Zeit möglich. *ck*

Apokryphe (griech. *apokryph* verborgen, heimlich) Jüdische und frühchristliche Schriften, die nicht in den → Kanon der → Bibel aufgenommen worden sind. Die Juden Palästinas legten um 100 n. Chr. offiziell fest, welche Schriften kanonisch sein sollten. Alle in griechischer Sprache geschriebenen Bücher wurden als nichtkanonisch erklärt. Die christlichen Kirchen gingen dagegen für das Alte Testament von der griechischen Übersetzung aus und zählten zu den Heiligen Schriften der Juden auch die so genannten deuterokanonischen (griech. zweiter Kanon) Bücher Tobit, Judit, Makkabäer 1 und 2, Weisheit, Jesus Sirach, zusätzliche Abschnitte aus Daniel sowie das Buch Ester. Auf der Synode von Hippo 393 wurde erstmals ein Kanonverzeichnis für die Bücher der christlichen Bibel erstellt, das auf dem Konzil von Trient 1546 bestätigt wurde und auch für die Ostkirche gilt. Martin Luther griff für seine Bibelübersetzung gezielt auf den hebräischen Text zurück und verzichtete deshalb wieder auf die deuterokanonischen Bücher, deren Lektüre zwar empfehlenswert sei, die aber nicht zu den Heiligen Schriften gehörten. Die reformatorischen Theologen bezeichneten diese Bücher als Apokryphe. Katholische Theologen verstehen unter Apokryphen dagegen solche Texte, die zwar zeitweise in manchen jüdischen und christlichen Gemeinschaften zur Heiligen Schrift gerechnet wurden und werden, die aber weder von der römisch-katholischen noch von der griechisch-orthodoxen Kirche in die Bibel aufgenommen wurden (z. B. Psalmen Salomos). Reformatorische Theologen nennen diese Schriften Pseudepigraphen, also Bücher, die fälschlicherweise biblischen Personen zugerechnet werden. Die Apokryphen weisen literarisch und theologisch Ähnlichkeiten zu biblischen Schriften auf. Nachwirkungen der Apokryphen sind im Mittelalter in der bildenden Kunst und in der Legendendichtung festzustellen *ck*

Apollon Gott des Lichts, oft gleichgesetzt mit dem Sonnengott Helios. Sohn des Zeus und der Leto, Zwillingsbruder der Artemis. Apollon ist kein rein griechischer Gott, die Herkunft des Namens ist ungeklärt. Neben den Glaubensvorstellungen indoeuropäischer Einwanderer hielten sich hier wohl auch Überreste einer mediterran-anatolischen Religion. Apollon tötete den mythischen Drachen Python, der in der Nähe von Delphi das

Der Apoll von Belvedere, römische Kopie nach einem Vorbild des 4. Jhs v. Chr.

Orakel der Urgottheit Gaia behütete, und errichtete dort sein Heiligtum. Als Gott der Weisheit verlieh er auch Menschen diese Fähigkeit, z. B. der Pythia, d. h. der Priesterin, die im Heiligtum von Delphi Weissagungen verkündete. *ck*

Apologie Das griechische Wort bedeutet Verteidigung, Rechtfertigung, Verteidigungsrede. Bekannt geworden ist die durch Platon überlieferte Verteidigungsrede des Sokrates, nachdem er der Verführung der Jugend angeklagt und zum Tod verurteilt worden war. Als Apologeten bezeichnet man Schriftsteller, die besonders im zweiten nachchristlichen Jh. in griechischer Sprache für das Christentum eintraten und dessen Überlegenheit gegenüber heidnischen Lehren nachzuweisen versuchten. *ck*

Aporie (griech. Unwegsamkeit, Ausweglosigkeit) Mit Aporie wird die Unmöglichkeit bezeichnet, eine philosophische Frage zu lösen. Diese Unmöglichkeit liegt entweder in der Sache selbst oder in den Begriffen, mit denen über die Sache gesprochen wird. Besonders die frühen platonischen Dialoge zeigen, wie → Sokrates seine anfänglich sieges- und selbstsicheren Gesprächspartner in solche Aporien führt: Am Ende der Dialoge könnte das Gespräch neu beginnen, nachdem irrige Meinungen als solche entlarvt worden sind. *ck*

Apostel (griech. *apostellein* beauftragen, senden) Apostel sind Jünger, die von Jesus zur Verkündigung in die Welt gesandt werden. In den Schriften des Neuen Testaments werden 12 Apostel genannt, wohl in Anlehnung an die 12er-Zahl der Stämme Israels im Alten Testament: → Petrus, Andreas, Jakobus, Johannes, Philippus, Bartholomäus, Thomas, Matthäus, Jakobus, Thaddäus, Simon und Judas. Im Markus-Evangelium erhalten die Apostel den Auftrag: „Und er rief die Zwölf zu sich und begann, sie paarweise auszusenden, und gab ihnen Vollmacht über die unreinen Geister und gebot ihnen, nichts mitzunehmen auf den Weg außer einem Stab, kein Brot, keine Tasche, kein Geld im Gürtel“ (Markus 6, 7 f.). → Paulus wird aufgrund seiner Berufung ebenfalls zu den Aposteln gezählt, obwohl er anfänglich Schwierigkeiten hatte, sich gegenüber dem Zwölferkreis durchzusetzen. In der mittelalterlichen Kunst werden die Apostel häufig dargestellt, z. B. in den Eingangsportalen von Kirchen. Hier stehen sie meist in der Nähe der Propheten, oft sogar über ihnen. *ck*

a posteriori (lat. vom Späteren her) Erkenntnisse und Urteile a posteriori sind solche, die aus der Erfahrung stammen, also durch die Sinne als Wahrnehmung (empirisch) gewonnen wurden. Insofern geht es Immanuel → Kant bei seiner Unterscheidung zwischen a posteriori und → a priori nicht um eine zeitliche Ordnung, sondern um die Quelle, woraus wir etwas erkennen. *wl*

Apperzeption Als Fremdwort meint Apperzeption aufmerksame Wahrnehmung. In der philosophischen Fachsprache ist mit der „transzendentalen Apperzeption“ der bei Immanuel → Kant formulierte Gedanke von der Einheit des Bewusstseins gemeint. Diese Einheit des Bewusstseins formt die Vielzahl und Vielfalt der Einzeleindrücke zu einem einheitlichen Gegenstand. Kant entwickelt diesen Gedanken vor allem in der „Kritik der reinen Vernunft“ (§ 15–21). Er geht davon aus, dass das Erkennen im Verbinden vielfältiger Vorstellungen zu einer Einheit besteht. Da die Sinne für Kant nur passivaufnehmend sind und die Einheit auch nicht dem Gegenstand entstammt, kann die Ursache dieser Verbindung nur im Subjekt und seiner Verstandestätigkeit gesucht werden. *ck*

a priori (lat. vom Früheren her) Jene Vorstellungen und Erkenntnisse, die etwas enthalten, das sich nicht unmittelbar empfinden oder wahrnehmen lässt, nennt Immanuel → Kant a priori, z. B. den Begriff der Kausalität (→ Ursache). Sie entstammen dem Verstand und der Vernunft vor aller (eigenen) Erfahrung. Die Richtigkeit von Einsichten a priori kann durch Erfahrung bzw. Experiment (also empirisch) weder bestätigt noch widerlegt werden. Die Unterscheidung zwischen a priori und → a posteriori ist bedeutsam, wenn es darum geht, die Grenzen der Vernunft zu bestimmen (vgl. David → Hume), lebenspraktisch z. B. für Toleranz, Freiheit und Frieden.

Literatur: C. Chr. Schmid: Wörterbuch zum leichtern Gebrauch der Kantischen Schriften, Darmstadt 1980. *wl*

Äquivokation Sprachwissenschaftlich-logischer Begriff, der die Mehrdeutigkeit einer Lautfolge oder eines Wortes bezeichnet. So kann die Lautfolge „Birne" sowohl Obst als auch ein Beleuchtungsmittel meinen. Dies kann in Argumentationen zu Fehlschlüssen führen, wenn eine Lautfolge oder ein Wort auf verschiedene Arten gebraucht wird. Beispiel: Aus den Prämissen „Only men can speak rationally" und „No woman ist a man" kann der Schluss gezogen werden: „Therefore, no woman can speak rationally" (Keine Frau kann vernünftig reden) – aber nur, wenn übersehen wird, dass man/men in der ersten Prämisse nicht Männer/Mann, sondern Menschen bedeutet. *ck*

Arbeit Neben der allgemeinen Verwendung des Begriffs – Arbeit als Tätigkeit, als Mühsal, aber auch Ergebnis einer Tätigkeit – wird der Begriff in verschiedenen Wissenschaftsdisziplinen mit einer engeren und eigenen Bedeutung verwendet, z. B. in der Physik als Ergebnis aus Kraft mal Weg. In der Volkswirtschaft ist Arbeit ein Produktionsfaktor neben Boden (Rohstoffe) und Kapital (Maschinen). In der Philosophiegeschichte wies Karl → Marx die Arbeit (im Sinne einer produktiven Tätigkeit) als „Gattungscharakter" des Menschen aus. Die Veränderung konkreter Arbeitsvorgänge durch die Industrialisierung, die den Menschen nur noch zum Anhängsel und Erfüllungsgehilfen von Maschinen werden ließ, führt nach Marx zu einer → Entfremdung des Menschen. *ck*

Arché (griech. Anfang, Urgrund) Zentraler Begriff der so genannten vorsokratischen Naturphilosophen (→ Naturphilosophie). Die Frage nach dem Urgrund und dem Urstoff, die der Vielheit der Dinge zugrunde liegen, wurde unterschiedlich beantwortet: Für → Thales von Milet war das Wasser der Urstoff, für → Anaximander war es das Unendliche (*Apeiron*), für Anaximenes die Luft. *ck*

Archetypus (griech. Urbild) Die spätantiken Philosophen, die sich auf → Platon beriefen, bezeichneten damit die Urbilder der platonischen Ideenlehre (→ Idee). Nach der Übertragung des Begriffs in die Psychologie bezeichnete Carl G. → Jung mit Archetypen die vermeintlich angeborenen Verhaltensweisen oder Bilder. *ck*

Arendt, Hannah (1906–1975) Amerikanische Philosophin und Publizistin. Arendt studierte Philosophie, Theologie und Klassische Philologie in Marburg, Freiburg i. Br. und Heidelberg, wo sie u. a. Martin → Heidegger hörte. Ihre Forschungen zur deutschen Romantik wurden durch die politischen Ereignisse unterbrochen und erschienen erst 1959 unter dem Titel „Rahel Varnhagen. Lebensgeschichte einer deutschen Jüdin aus der Romantik". Nach einer Inhaftierung durch die Geheime Staatspolizei (Gestapo) floh Arendt nach Paris, wo sie als Sozialarbeiterin bei verschiedenen jüdischen Organisationen arbeitete. 1941 emigrierte sie in die USA und schrieb politische Kolumnen für die deutsch-jüdische Wochenzeitschrift „Aufbau". 1951 veröffentlichte sie ihr Hauptwerk „Origins of Totalitarianism" (Elemente und Ursprünge totaler Herrschaft), in dem sie nicht nur den Zusammenhang von nationalstaatlichem Totalitarismus im 19. Jh. und der Entstehung des Antisemitismus untersucht, sondern mit ihrem Totalitarismusbegriff auch die strukturelle Gleichheit von Faschismus und Stalinismus aufweist. Die Ursprünge des Totalitarismus

Hannah Arendt

sieht sie im „Niedergang und Zerfall des Nationalstaates und dem anarchischen Aufstieg der modernen Massengesellschaft". Während des Prozesses gegen den Nationalsozialisten Adolf Eichmann 1961 in Jerusalem schrieb Arendt für die Zeitschrift „New Yorker" mehrere Beiträge, in Buchform erschienen unter dem Titel „Eichmann in Jerusalem. Ein Bericht über die Banalität des Bösen." *sk*

Areté (griech. Tugend, Tüchtigkeit) → Tugend.

Argumentation Beweisführung, Begründung. Die Grundform eines Arguments besteht aus den Voraussetzungen (Prämissen), der Schlussregelung und dem Schluss, der daraus gezogen wird. Dabei kommt es auf die Stichhaltigkeit der Prämisse und der Schlussregelung an. Beispiel: Aus der Prämisse „Rauchen ist ungesund" wird oft abgeleitet „Du sollst nicht rauchen". Hierzu bedarf es aber noch der Schlussregel: „Wenn etwas ungesund ist, sollst du es nicht tun." Ob die Argumentation überzeugend ist, hängt davon ab, ob diese Schlussregel gegen kritische Einwände verteidigt werden kann; z. B. könnte ein passionierter Raucher sagen, dass er sich eher für den Lustgewinn als für die Gesundheit entscheidet. *ck*

Arianismus Richtung des sich ausbreitenden frühen Christentums, die nach Arius (um 260–336 n. Chr.), einem Pfarrer in Alexandria, benannt ist. Arius beschäftigte sich mit dem Verhältnis von Gott-Vater und Gott-Sohn und vertrat die Auffassung, dass Jesus Christus nicht Gott, sondern nur Gottes Geschöpf ist. Das Konzil von → Nizäa 325 n. Chr. hielt an der Wesensgleichheit beider fest. Im Verlauf des 4. Jhs gewann der Arianismus an Zulauf, bis er im Konzil von Konstantinopel (381) erneut und endgültig verworfen wurde. Einige germanische Stämme, z. B. die Goten, hielten am Arianismus fest. Der Rückhalt, den der Merowinger Chlodwig und seine Nachfolger durch die römische Kirche erhielten, hängt auch damit zusammen, dass er sich und sein Volk 496 n. Chr. taufen ließ und sich dabei gegen den Arianismus für die römisch-katholische Richtung entschied. *ck*

Aristoteles (384–322 v. Chr.) Griechischer Philosoph und Naturwissenschaftler. Neben Platon war Aristoteles der einflussreichste und bedeutendste Philosoph der Antike. Er gehörte dem Schülerkreis des Platon an. Nachdem schon sein Vater als Leibarzt am Hof des makedonischen Königs tätig war, wurde Aristoteles im Jahr 342 ebenfalls dorthin berufen und mit der Erziehung des Thronfolgers, des späteren Alexanders des Großen beauftragt. 334 gründete Aristoteles im Lykeion in Athen eine Philosophenschule; nach den Wandelgängen *(peripatoi)* der Gebäude wird sie die peripatetische Schule genannt. Nach Alexanders Tod geriet Aristoteles in die politischen Wirren: Er wurde verleumdet und der Gottlosigkeit *(Asebie)* angeklagt, 322 ging er nach Chalkis ins Exil, wo er im gleichen Jahr starb.

Aristoteles

Das Werk des Aristoteles umfasst zahlreiche Wissensbereiche: Neben Werken zu Staatstheorie und Logik finden sich auch Werke zu Poetik, Ethik, Physik und Astronomie. Auf die Anordnung der Werke geht auch die Bezeichnung → Metaphysik zurück: Diese Lehre von den allgemeinen Entwicklungsprinzipien der Welt, gewissermaßen die Erste Philosophie mit den Grundfragen nach der Ursache der Welt, stand hinter der Abhandlung zur Physik, deshalb Meta-Physik (griech. *meta* hinter).

Bei seinen Untersuchungen geht Aristoteles von alltäglichen Beobachtungen aus und leitet aus ihnen die allgemeinen Prinzipien der Dinge ab. Anders als Platon nimmt er an, dass das Wesen der Dinge nur in ihnen selbst liegt, nicht in einer übergeordneten Idee. Das dem Ding zugrunde liegende Wesen nimmt im Laufe eines Entwicklungsprozesses eine bestimmte Gestalt an, d. h. aus einem „Stoff" kristallisiert sich nach und nach eine bestimmte „Form" heraus. Diese Entfaltung bezeichnet Aristoteles als → Entelechie, d. h. jeder Entwicklung geht ein Ziel voraus, auf das hin die Entwicklung abläuft. Als → Ursachen der Entwicklung nennt Aristoteles: Formursache, Zweckursache, Antriebsursache und Stoffursache. Den Ursprung aller Bewegung und die Einheit der Naturphänomene sieht Aristoteles in Gott als unbewegtem Beweger der Welt. Er allein ist reine Form ohne stofflichen Anteil. Das menschliche Streben ist auf das ihm eigentümliche Gute ausgerichtet. Indem der Mensch tugendhaft, das heißt für Aristoteles gemäß der Vernunft handelt, findet er die → Eudaimonia, die Glückseligkeit als Endziel allen Strebens. In der „Nikomachischen Ethik" definiert Aristoteles die ethische Tugend als das Mittelmaß zwischen zwei Extremen (→ Mesotes).

Die Werke des Aristoteles waren eine bis zur Neuzeit maßgebliche Autorität. Die mittelalterliche Scholastik baut auf seiner Philosophie auf. Aufgrund seiner erfahrungsbezogenen Vorgehensweise ist er ein Vorläufer des → Empirismus. *ck*

Arkan Pflicht eines Muslims; über die Hauptpflichten bestand zunächst keine Einigkeit, bis sich die so genannten „fünf Säulen" herausbildeten: 1) Glaubensbekenntnis, 2) Gebet, 3) Wohltätigkeit, 4) Fasten des Monats Ramadan, 5) Pilgerfahrt nach Mekka. *ck*

Armut Objektive Armut liegt dann vor, wenn ein einzelner Mensch bzw. Gruppen von Menschen ihren eigenen Lebensbedarf nicht aus eigenen Kräften beschaffen können. Subjektive Armut liegt vor, wenn Menschen das Gefühl des Mangels haben, d. h. wenn sie meinen, nicht über die Mittel zur Bedürfnisbefriedigung zu verfügen. Armut ist in diesem Verständnis auch ein relativer Begriff und kann politisch oder religiös instrumentalisiert werden. Im Falle extremer (objektiver) individueller Armut hat der Mensch nach → Thomas von Aquin das natürliche Recht, sich von dem anzueignen, was andere zu viel haben. Armut ist kein Phänomen, das nur innerhalb eines Staatswesen auftritt, sondern auch die Staatengemeinschaft der Welt betrifft. So werden die ärmsten Länder als „vierte Welt" bezeichnet, um innerhalb der so genannten Entwicklungsländer (oft insgesamt „Dritte Welt" genannt) weitere Unterscheidungen zu treffen. *ck*

Askese (griech. Übung) Das Wort betraf ursprünglich das Training und die oft damit verbundene Enthaltsamkeit der Athleten. Später wurde der Begriff allgemein angewendet und auf den ethischen Bereich bezogen im Sinne von Enthaltsamkeit als Meiden von körperlichen und weltlichen Genüssen. Askese spielt in vielen Religionen, aber auch bei den Initiationsriten (→ Initiation) in fast allen Kulturen eine große Rolle. *ck*

Ästhetik (griech. sinnliche Wahrnehmung) Der Begriff hat im Lauf der Jahrhunderte eine Bedeutungsverengung erlebt. Für Immanuel → Kant ist Ästhetik noch die Lehre von der Sinneserkenntnis; heute ist damit die (wissenschaftliche) Untersuchung des Schönen gemeint. *ck*

Astrologie (griech. *astron* Stern; *logos* Lehre, Wissenschaft) Sterndeutung. Aus den Stellungen der Gestirne und Planeten soll das Wesen und zukünftige Schicksal des Menschen herausgelesen werden. Hinter der Astrologie steht die Vorstellung, dass zwischen der Welt der Gestirne und der Welt des Menschen, d. h. der irdischen Vorgänge, Beziehungen bestehen, die erfasst werden können. Die Astrologie war in Babylonien und Ägypten stark verbreitet, wurde aber auch im christlichen Mittelalter praktiziert. Obwohl ihr mit den Erkenntnissen der modernen Naturwissenschaft und Astronomie (seit Nikolaus Kopernikus) der Boden entzogen wurde, sind auch heute noch viele Menschen sternengläubig. *ck*

Ataraxie (griech.) Gleichmut, Seelenruhe, Unerschütterlichkeit. Die Ataraxie ist ein Grundbegriff der → Stoa und gilt dort als Voraussetzung für die → Eudaimonia (Glückseligkeit). *ck*

Atheismus (griech. *a-* ohne; *theos* Gott) Leugnung Gottes, einer göttlichen Weltordnung oder des geltenden Gottesbegriffs. Der Atheismus ist zu unterscheiden vom Agnostizismus, der die Frage nach der Existenz eines Gottes als für den Menschen nicht entscheidbar ansieht und offen lässt. Der theoretische Atheismus hält Gott unter Verweis auf die absolute Gültigkeit der Wissenschaft und der Freiheit des Menschen für undenkbar. Der praktische Atheismus geht davon aus, dass Gott mit den menschlich-weltlichen Dingen nichts zu tun hat bzw. zur Führung eines gelingenden Lebens nicht notwendig ist. Der kämpferische Atheismus greift alle Formen der Religion an und bekämpft sie als schädliche Verirrung. Für den Atheismus der Neuzeit bedeutend wurde Ludwig → Feuerbachs Schrift „Das Wesen des Christentums" (1841), die auch auf Friedrich → Nietzsche große Wirkung hatte. *ck*

Atlantis → Platon erwähnt in seinen → Dialogen „Kritias" und „Timaios" das große, westlich von Gibraltar gelegene Inselreich Atlantis, das in der Vorzeit versunken sei (nach Platons Angabe ca. 9000 Jahre vor seiner Zeit). Atlantis wird als technisch fortschrittliches Reich mit einer großen Flotte beschrieben. Als Atlantis begann, eine aggressive Außenpolitik zu verfolgen, ging das Reich unter – Platon nennt Naturkatastrophen als Ursache. Schon in der Antike begann der Streit, ob die Erzählung als reine Fiktion zu verstehen ist (Atlantis könnte dann als gleichnishafte Geschichte des Aufstiegs und Falls verstanden werden, den Athen nach den Perserkriegen erlebt hat) oder ob in der Sage Elemente eines wirklichen Ereignisses aufgegriffen und fortgeführt wurden. Dieser Streit ist bis heute nicht beendet – der Züricher Archäologe Eberhard Zangger z. B. versucht, Troja als Atlantis zu identifizieren. *ck*

Atman (sanskrit: Seele, Selbst) Zentraler Begriff der hinduistischen Philosophie. Atman bedeutet ursprünglich Atem, später auch Seele und Geist. Gemeint ist das innerste Wesen eines Individuums, das wiedergeboren wird. Die → Upanishaden lehren, dass Atman identisch ist mit → Brahman. Die Seele ist also eins mit dem Göttlichen. In späterer Zeit wird zwischen Jivatman (der individuellen Seele) und Paratman (der höchsten Seele) unterschieden. Umstritten ist dabei, ob beide identisch sind, jeweils eine eigene Identität haben oder ob Jivatman ein Attribut, eine Hinzufügung von Paratman ist. *ck*

Atom (griech. *atomos* unteilbar) Die Atomisten Leukipp aus Milet (um 460 v. Chr.) und Demokrit aus Abdera (um 470–360 v. Chr.) vertraten die Auffassung, dass alles, was es gibt, aus Atomen, unteilbaren Teilchen, besteht. Diese Atome lassen sich nach ihrer Form, ihrer Lage und ihrer Anordnung unterscheiden. Schon Demokrit sah das Problem, wie etwas, das Form und damit Ausdehnung besitzt, unteilbar sein kann. Die Erkenntnisse der modernen Naturwissenschaft haben gezeigt, dass sich die Atome aus kleineren Teilchen, den so genannten Elementarteilchen zusammensetzen. Vor diesem Hintergrund sind die Elementarteilchen das, was die antiken Naturphilosophen als Atome bezeichneten (→ Atomismus). *ck*

Atomismus Als Atomismus wird die naturphilosophische Lehre bezeichnet, die zahllose unveränderliche → Atome annimmt, die sich in einem leeren Raum aufhalten. Die Atomlehre versuchte dabei auch, zwischen dem alten Streit zu vermitteln, ob das Sein unveränderlich oder in dauernder Veränderung ist: Durch das Zusammenfinden getrennter Atome entsteht etwas, das dauerhaft ist, das Auseinandergehen der Atome wird als Veränderung verstanden. Der Vorsokratiker Demokrit (um 470–360 v. Chr.) führte die unterschiedlichen Eigenschaften von Dingen auf Unterschiede in Gestalt, Lage, Größe und Anordnung der Atome zurück. Für die Atomisten der Antike waren auch Götter und Seelen aus Atomen zusammengesetzt. Deshalb sahen sich ihre Lehren in christlicher Zeit dem Vorwurf des → Materialismus ausgesetzt. Diese Angriffe finden sich in den Schriften der → Kirchenväter; allerdings können wir aus diesen Schriften auch die Auffassung der Atomisten rekonstruieren. *ck*

Auferstehung Der Glaube an die Auferstehung des Leibes, wie er im 1. Korintherbrief 15,35–58 formuliert ist, ist ein zentraler Bestandteil des christlichen Glaubens. Die Auferweckung Jesu Christi von den Toten wird im Neuen Testament

Fresko von Fra Angelico (um 1395–1455) zu Johannes 20,11–18: Der auferstandene Christus erscheint Maria aus Magdala. Seine Geste unterstreicht die Worte, nach denen das Fresko benannt ist: „Noli me tangere“ (Berühre mich nicht!).

durch die Jünger bezeugt (Matthäus 28, Markus 16, Lukas 24, Johannes 20). Sie ist Inhalt und Mitte der Heilsgeschichte Gottes an den Menschen. Im Gegensatz zu dualistischen Anschauungen, die von einer Trennung von Geist oder Seele und Leib oder Körper ausgehen, vertritt das Christentum ein ganzheitliches Denken, nach dem der ganzheitliche Mensch und die ganze Welt erlöst werden. *ck*

Aufklärung Mit dem philosophiegeschichtlichen Begriff wird eine Epoche bezeichnet, in der religiöse Überlieferungen, sittliche Normen, Gesetze und politische Institutionen nicht mehr einfach hingenommen und geglaubt, sondern der kritischen Rückfrage und der Forderung nach Begründung unterworfen werden. So wird für den Zeitraum ab 500 v. Chr. die griechische Aufklärung angesetzt. Ein Hauptvertreter ist → Sokrates.

Im engeren Sinn ist mit Aufklärung die Geistesbewegung der europäischen Neuzeit gemeint, die Ende des 17. Jhs entstand und sich bis ins 19. Jh. auswirkt. Immanuel Kant formulierte in seinem Aufsatz „Was ist Aufklärung?“ (1784) die einprägsamste Definition für dieses Zeitalter: „Aufklärung ist der Aufbruch des Menschen aus seiner selbst verschuldeten Unmündigkeit“. Als Unmündigkeit wird dabei das Unvermögen bezeichnet, den eigenen Verstand zu gebrauchen. Selbst verschuldet ist diese Unmündigkeit, weil sie nicht intellektueller Schwäche entspringt, sondern Angst und Faulheit dahinter stehen. Bekannte Vertreter der Aufklärung sind Baruch de Spinoza, John Locke, Voltaire und Jean-Jacques Rousseau. Die Aufklärung erfasste alle Gebiete, von der Kunst über die Erziehung bis zur Politik. Die Unabhängigkeitserklärung der USA und die Menschenrechtserklärung zu Beginn der Französischen Revolution sind Ausfluss aufklärerischen Denkens. Die Aufklärung war jedoch keine einheitliche Epoche, sondern hatte unterschiedliche Strömungen. Während in Großbritannien der → Empirismus favorisiert wurde, waren die Aufklärer auf dem Festland, vor allem in Frankreich, eher dem → Rationalismus verpflichtet.

Literatur: Neil Postman: Die zweite Aufklärung. Vom 18. ins 21. Jahrhundert, Berlin 1999. *sk*

Augsburger Bekenntnis → Confessio Augustana.

Auguren Römische Priester, die vermeintliche Zeichen der Götter einholten und sie vor wichtigen politischen und militärischen Handlungen deuteten. Diese Zeichen waren vor allem der Vogelflug, aber auch das Wetter oder die Nahrungsaufnahme von Tieren. Da nur Vertreter der herrschenden Schicht zu Auguren ernannt werden konnten, arbeiteten Religion und Staat oft Hand in Hand. Dieser Zusammenhang liegt der Wendung des „Auguren-Lächelns" zugrunde: Die Auguren wissen, dass ihre religiöse Handlung eine politische Funktion hat und vollziehen sie im Sinne der herrschenden Schicht und ihrer Interessen. *ck*

Augustinus, Aurelius (354–430) Lateinischer Kirchenvater. Augustinus war der Sohn eines Heiden, wurde aber von seiner Mutter Monika im christlichen Glauben erzogen. Stark beeindruckte ihn die radikal gelebte Jesusnachfolge in den Klöstern. Augustinus wurde 387 getauft und 391 zum Priester geweiht. 396 übernahm er das Bischofsamt im nordafrikanischen Hippo. Augustinus legte in seinem Denken einen langen Weg zurück: von Cicero über den → Manichäismus und die → Stoa bis zum → Neuplatonismus und schließlich zum Christentum. In seinem geschichtsphilosophischen Werk „De civitate Dei" (Vom Gottesstaat) entwickelt er eine Sicht der Weltgeschichte, die sich von der antiken Vorstellung eines fortwährenden Kreislaufes unterscheidet. Augustinus setzt demgegenüber sechs heilsgeschichtliche Perioden an, in denen der Kampf zwischen der *civitas dei* (Reich Gottes) und der *civitas terrena* (weltliches Reich) sich stufenweise verschärft, bis im göttlichen Endgericht die Trennung der beiden Reiche mit der Folge der Erlösung oder Verdammung erfolgt. *ck*

Auschwitz Der Name der polnischen Stadt (Oświęcim, nach Ende des Polenfeldzuges umbenannt) ist untrennbar mit dem Völkermord des Dritten Reiches verbunden. 1940 wurde hier nach dem Überfall auf Polen ein Lager errichtet, in dem zunächst vor allem polnische Häftlinge untergebracht und ermordet werden sollten. Bereits 1941 wurde im nahe gelegenen Birkenau ein zweites großes Lager errichtet, 1942 ein drittes in Monowitz. Zum Lager in Auschwitz führte ein Tor mit der Aufschrift „Arbeit macht frei", durch das die Häftlinge täglich zur Zwangsarbeit ausrücken mussten. Der Lagerkomplex von Auschwitz umfasste zahlreiche Außenlager, die in der Nähe der Fabriken und Bergwerke angelegt wurden, in de-

Häftlinge wurden in Viehwaggons zu den Verladebahnhöfen der Konzentrationslager wie Auschwitz gebracht. Bereits auf dem Fußweg zum Lager wurden die Ankommenden nach „arbeitsfähig" und „nicht arbeitsfähig" und damit dem Tod geweiht getrennt.

nen die Gefangen ihre Zwangsarbeit verrichten mussten. Nach der Wannsee-Konferenz im Januar 1942 wurde Auschwitz, wo die physische Vernichtung vor allem der Juden bereits im Herbst 1941 begonnen hatte, zu einem Hauptort der so genannten „Endlösung", zur Stätte eines industriemäßig durchgeführten Völkermords, begangen vor allem an Juden aus ganz Europa. Die systematische Vernichtung europäischer Juden, hauptsächlich in den Lagern Auschwitz, Belzec, Chelmno, Sobobor und Treblinka, forderte ca. 6 Millionen Opfer. Theodor → Adorno betonte die Bedeutung von Auschwitz für die Nachwelt 1966 in seinem Vortrag „Erziehung nach Auschwitz“: „Die Forderung, dass Auschwitz nicht noch einmal sei, ist die allererste an Erziehung.“ *ck*

Autonomie (griech. Selbstgesetzlichkeit) In der Politik bedeutet Autonomie soviel wie Selbstbestimmung. Besonders vor dem Hintergrund des nationalstaatlichen Denkens, aber auch nach dem Zusammenbruch der UdSSR erheben viele Völker die Forderung nach Autonomie. Im philosophischen Zusammenhang bezeichnet Autonomie die Willensfreiheit des Menschen als Vermögen, eine Handlung von selbst anzufangen. Die Autonomie des Menschen wird besonders in der Philosophie der → Aufklärung und Immanuel Kants betont. Der Gegenbegriff ist die Heteronomie. *ck*

Autorität (lat. *auctoritas* Geltung) Ansehen, Macht und Einfluss von Personen aufgrund äußerer Befugnisse (z. B. Funktionsträger) oder innerer Überlegenheit (z. B. Sachverstand). Das Adjektiv „autoritär“ ist allerdings meist negativ besetzt im Sinne von willkürlich, undemokratisch. *ck*

Averroes (Ibn Ruschd, 1126–1198) Arabischer Philosoph und Arzt. Averroes war als Richter in Sevilla und Cordoba tätig, bis er vorübergehend in Ungnade fiel und seines Amtes enthoben wurde, da seine Philosophie als koranfeindlich galt. Sein philosophischer Ansatz stützt sich auf Aristoteles, dessen Werke er in lateinischer Sprache ausführlich kommentierte und erklärte (Aristoteleskommentare, 1560–1562). Nach Averroes ist der denkende Geist nicht dem einzelnen Menschen zu Eigen, sondern ist zusammengefasst in einem einzigen rein geistigen Wesen, das von außen auf die menschliche Seele einwirkt. Für Averroes ist daher die Seele des Menschen sterblich. *sk*

Axiom (griech. Forderung) Grundsatz, der nicht mit logischen Schlussfolgerungen aus vorgeschalteten Sätzen abgeleitet werden kann. Axiome können also nicht bewiesen werden. Dennoch gelten sie nicht als unbegründete Annahmen, sondern als unmittelbar einsichtig. Axiome und Regeln, die ebenfalls unmittelbar einsichtig sind, sind Grundlage der deduktiven Methode (→ Deduktion). Sie werden vor allem in der Mathematik verwendet. Auch in der Philosophie wurde immer wieder versucht, durch eine erste Wahrheit eine Grundlegung der Philosophie zu erhalten. Für John → Locke gehören alle aus unmittelbarer Erfahrung entspringenden Sätze zu den Axiomen. Ein Beispiel für ein solches Axiom ist der Satz der Identität, ein Grundsatz der Logik, nach dem etwas immer nur mit sich selbst identisch sein kann: Zwei Gegenstände oder Sachverhalte mögen einander ähnlich sein, können sogar im Grenzfall gleich sein, sie bleiben aber stets zwei Gegenstände oder Sachverhalte. Gottfried W. → Leibniz betrachtet die Axiome als angeboren, insofern sie als Möglichkeit im Bewusstsein angelegt sind und man sie im Denken finden kann, ohne von der Erfahrung auszugehen. *ck*

B

Babylonisches Exil (auch babylonische Gefangenschaft) Der Begriff wird mit zwei Bedeutungsvarianten verwendet: Unter dem Babylonischen Exil wird ursprünglich der Aufenthalt der jüdischen Oberschicht in Babylonien 597/587–538 v. Chr. verstanden, nachdem der babylonische König Nebukadnezar II. Jerusalem eingenommen und zerstört hatte. Der Begriff wird (als babylonische Gefangenschaft der Kirche) auch auf den Zeitraum zwischen 1309 und 1377 n. Chr. angewandt, während dessen die Päpste statt in Rom in Avignon regierten und dabei dem Einfluss der französischen Könige ausgesetzt waren. *ck*

Bacon, Francis (auch Baco von Verulam, 1561–1626) Englischer Staatsmann, Philosoph und Rechtsanwalt. Nachdem Bacon 1618 zum Lordkanzler und Baron von Verulam ernannt und 1621 Viscount von St. Albans geworden war, verlor er im Rahmen einer Bestechungsaffäre im selben Jahr alle seine Ämter. Bacon lehnte spekulative Urteile ab, da diese durch Trugbilder *(idola)* getäuscht werden können; stattdessen betonte er Rolle und Gewicht der reinen Beobachtung, des → Experiments; auch durch Schlussfolgerungen mithilfe der → Induktion gilt Bacon – insbesondere durch sein Werk „Novum Organum" (1620) – als einer der Begründer des modernen → Empirismus. Wie er in seinem utopischen Roman „Nova Atlantis" schilderte, sollte die Erkenntnis der Natur zu ihrer Beherrschung und schließlich zu einer den Fortschritt der Menschheit fördernden Nutzbarmachung führen: *tantum possumus quantum scimus* (Wir können so viel wie wir wissen). *jj*

Bar-Mizwa (hebr. Sohn der Verpflichtung) Bezeichnung für die Einführung eines jüdischen Jungen in die jüdische Glaubensgemeinschaft, die in einem feierlichen Akt im 13. Lebensjahr erfolgt. Darüber hinaus ist Bar-Mizwa auch die Bezeichnung für einen jüdischen Jungen nach Vollendung des 13. Lebensjahrs. Der Bar-Mizwa entspricht bei den jüdischen Mädchen die Bat-Mizwa (Tochter der Verpflichtung), die diese im 12. Lebensjahr erhalten. *jj*

Barth, Karl (1886–1968) Schweizer evangelisch-reformierter Theologe. Barth war seit 1921 Professor für Dogmatik in Göttingen, ab 1925 in Münster und ab 1930 in Bonn. Nach der Machtergreifung der Nationalsozialisten geriet er in Konflikt mit dem Regime, das ihn 1935 seines Amtes enthob; daraufhin wirkte er 1935 bis 1962 als Professor für Systematische Theologie in Basel. Seine 1934 verfasste „Theologische Erklärung von Barmen" wurde zu einem der wichtigsten Dokumente in der → Bekennenden Kirche. Ab 1920 entwickelte Barth die „Dialektische Theologie" (→ Dialektik), eine Richtung der evangelischen Theologie, nach der über Gott keine direkte Aussage gemacht werden kann, da Gott unbegreiflich, einzigartig und jenseitig ist. Allein in Jesus Christus offenbart sich Gott, „der ganz Andere", dem Menschen und lässt ihm im lebendigen Glaubensvollzug immer aufs Neue seine Gnade zuteil werden. In den 50er-Jahren engagierte sich Barth, u. a. zusammen mit Martin Niemöller (1892–1984), gegen die Wiederbewaffnung der Bundesrepublik und die atomare Rüstung.

Karl Barth

Werke: Der Römerbrief (1919); Kirchliche Dogmatik (1932–1959). *jj*

Baudrillard, Jean (geb. 1929) Französischer Philosoph und Kulturtheoretiker. In seinen philosophischen Abhandlungen, kulturkritischen Essays sowie zahlreichen Aufsätzen, Vorträgen und Interviews untersucht der → postmoderne Philosoph vor allem die Folgen und Auswirkungen der Visualisierung unserer Umwelt durch die elektronischen Medien: Diese verändern Baudrillards Auffassung nach durch ihre ständige Präsenz unseren Alltag und wirken sich auf unser Wahrnehmungsvermögen und hier insbesondere auf unsere Vorstellung von Realität aus. Da auf den uns umgebenden Bildschirmen immer mehr virtuelle Welten erzeugt werden, folgert Baudrillard, dass wir die Welt verstärkt als *simulacrum*, als ein durch Medien vermitteltes, fremdbestimmtes Schein- und Trugbild erfahren. Wie sein französischer Kollege Paul Virilio (geb. 1932) registriert auch Baudrillard in der immer rascheren Übertragung elektronischer Daten bis hin zur so genannten Nullzeit eine umfassende Beschleunigungstendenz, die zuletzt aber nur zu „rasendem Stillstand" führe.

Werke: Le système des objets (1968); La précision des simulacres (1978); Agonie des Realen (1978); Cool memories (1987). *jj*

Befreiungstheologie Eine in der zweiten Hälfte des 20. Jhs insbesondere in Süd- und Mittelamerika entwickelte Auslegung des Neuen Testaments, das die von Jesus z. B. in der → Bergpredigt verkündete Lehre konkret auf die aktuellen politischen, sozialen und ökonomischen Verhältnisse insbesondere in der Dritten Welt übertrug. In der Konsequenz rief die Befreiungstheologie zur Veränderung ungerechter Machtstrukturen auf, wobei auch die Nähe zu politischen Befreiungsbewegungen nicht gescheut wurde. In ihrer basisdemokratisch strukturierten Ausrichtung auf die politische Praxis gerieten die Vertreter der Befreiungstheologie schon bald in Konflikt mit den vatikanischen Institutionen und der von ihnen verkündeten Lehrmeinung. So wurde etwa einem ihrer bekanntesten Vertreter, dem brasilianischen Franziskanerpater Leonardo Boff (geb. 1938), 1992 die Lehrbefugnis entzogen. *jj*

Behaviorismus (engl. *behavior* Verhalten, Betragen) Der Behaviorismus ist eine Richtung der Lerntheorie, die davon ausgeht, dass das Verhalten von Menschen und Tieren vorhersagbar, kontrollierbar und interpretierbar ist. Diese Theorie wurde von dem amerikanischen Psychologen John B. Watson (1878–1958) begründet und ist eng mit der Psychologie und Verhaltensforschung verbunden. Sie konzentriert sich in ihrer Analyse menschlichen und tierischen Verhaltens strikt auf das Beobacht- und Beschreibbare und verzichtet darauf, psychische Motivationen oder seelische Vorgänge zu ergründen. Aus bestimmten, wiederkehrenden Mustern von Reiz und Reaktion versucht der Behaviorismus, eine eigene Ethik und Lerntheorie zu entwickeln. Wichtige Erkenntnisse zur Determinierung und Konditionierung menschlichen Verhaltens konnte Watson, der bis 1945 auch in der Werbeindustrie tätig war, dabei nicht zuletzt aus seinem beruflichen Alltag gewinnen. So etwa im Schema von Reiz und Belohnung, das bei den Versuchspersonen jeweils ein bestimmtes Verhalten auslöste. Ein weiterer wichtiger Vertreter des (Neu-)Behaviorismus ist Burrhus F. → Skinner (→ Determinismus).

Literatur: John B. Watson: Behaviorismus, Eschborn [4]1997. *jj*

Beichte (althochdt. *bijehan* bekennen) In der christlichen Religion das Eingeständnis und Bekenntnis der → Sünden, d. h. der Übertretungen religiöser Vorschriften. In der katholischen Praxis kann die Beichte individuell formuliert werden oder sich an vorgegebenen Fragerastern (Beichtspiegel) orientieren. In der Regel erfolgt sie im persönlichen und geheimen Zwiegespräch (Ohrenbeichte) zwischen dem Beichtenden und einem Geistlichen (Beichtvater), dem der Beichtende im Beichtstuhl seine Sünden bekennt. Nach einem Beichtgespräch und der anschließend auferlegten Buße spricht der Priester in feierlicher Form (*ego te absolvo*

– Ich spreche dich los) den Beichtenden von seinen Sünden los (Absolution). Auch die evangelische Kirche kennt innerhalb der Abendmahlfeier Beichte und Lossprechung, anders als in der katholischen Kirche hat die Beichte dort jedoch nicht den Status eines → Sakraments. *jj*

Bekennende Kirche Die Bekennende Kirche ist ein Zusammenschluss evangelischer Christen in Deutschland, die sich Hitlers Wunsch nach der Gründung einer nationalkonservativen Kirche der „Deutschen Christen" widersetzten. Am 31. Mai 1934 grenzte sich die Bekennende Kirche auf der „Barmer Synode" von den vom Nationalsozialismus geprägten „Deutschen Christen" ab und verurteilte den totalitären Anspruch des Staates. In den folgenden Jahren musste die Bekennende Kirche vornehmlich im Untergrund praktizieren, viele ihrer aktiven Mitglieder wie Dietrich → Bonhoeffer und Martin Niemöller (1892–1984) wurden verhaftet und in Konzentrationslager verschleppt. Nach 1945 konnte die Bekennende Kirche aufgrund ihrer moralischen Integrität am Neuaufbau der Evangelischen Kirche in Deutschland mitwirken. *cps*

Benedikt von Nursia (um 487–547) Begründer des abendländischen Mönchtums, Abt des von ihm gegründeten, bei Neapel gelegenen Klosters Montecassino. Die für seinen Orden verbindliche Benediktinerregel fordert die Abkehr von weltlichen Gütern und weltlichem Leben und formuliert das Gebot des → Gehorsams gegenüber dem Abt. Sie fordert einen festen klösterlichen Standort der jeweiligen Mönchsgemeinschaften und stellt die fromme Verehrung Gottes in der heiligen Messe in den Mittelpunkt ihrer Glaubenspraxis. Die mittelalterliche Formulierung *ora et labora* (Bete und arbeite!) fasst die Benediktsregel knapp und treffend zusammen. *jj*

Bentham, Jeremy (1748–1832) Englischer Philosoph und Jurist. Als einer der wichtigsten Vertreter des → Utilitarismus ging Bentham davon aus, dass sich ethisch wie juristisch sinnvolles und wünschenswertes Handeln am Prinzip und dem Ziel des „größtmöglichen Glücks der größtmöglichen Zahl" von Menschen ausrichten muss (*the greatest possible quantity of happiness*). Er sah keinen Gegensatz zwischen persönlichem und allgemeinem Wohlergehen. Die Grundlage der menschlichen Sittlichkeit ist nach Bentham das Streben nach Glück.

Werke: Introduction to the Principles of Moral and Legislation (1780). *jj*

Bergpredigt Eine vom Evangelisten Matthäus (Mt 5–7) überlieferte Rede Jesu, wobei der Berg als Ort dieser Ansprache nicht näher bezeichnet ist. Die Bergpredigt wurde vermutlich aus verschiedenen Quellen zu ihrer jetzigen Form zusammengesetzt. Ihre Bedeutung und ihr besonderes Gewicht erhält sie durch die Prägnanz, mit der zentrale Forderungen und Gebote der christlichen Lehre formuliert werden: Forderung der Gewaltlosigkeit unter Aufhebung des alttestamentlichen Grundsatzes „Auge um Auge, Zahn um Zahn" (Mt 5,38), Aufforderung zur Feindes- und Nächstenliebe. Die Bergpredigt enthält auch das Vaterunser und die → Goldene Regel. Im Lukasevangelium (Lk 6,20–49) findet sich die so genannte „Feldrede", die in Inhalt und Zielrichtung mit der Bergpredigt weitgehend übereinstimmt. *jj*

Bergson, Henri (1859–1941) Französischer Philosoph. Bergson war seit 1900 Professor für Philosophie am Pariser Collège de France, seit 1914 Mitglied der Académie française. Er hatte mit seiner → Lebensphilosophie, die gegen eine mechanistisch-materialistische Weltsicht gerichtet ist, großen Einfluss auf die französische Philosophie des 20. Jhs (→ Existenzialismus). Im Zentrum seiner Philosophie steht der Begriff des *élan vital*, eines schöpferisch aktiven, sich der begrifflichen Definition entziehenden Lebensdranges, der im Menschen, in der ihn umgebenden Natur und im Universum sichtbar werde und primär intuitiv, nicht aber rational erfassbar sei. *jj*

Berkeley, George (1685–1753) Irischer Philosoph und Theologe. Berkeley war ab 1707 am Trinity College in Dublin als Dozent tätig, 1724 wurde er Dompropst in Derry. 1728–1731 lebte er auf den Bermudas, 1734 wurde er anglikanischer Bischof von Cloyne. Berkeley wird mit → John Locke und → David Hume zu den englischen → Empiristen gezählt. Im Gegensatz zu naturwissenschaftlichen Erklärungsmodellen etwa Isaac → Newtons nahm Berkeley an, dass Glaube und wissenschaftliche Erkenntnis identisch sind. Darüber hinaus vertrat Berkeley einen → sensualistischen Standpunkt und leugnete die Existenz einer vom individuellen Denk- und Wahrnehmungsvermögen unabhängigen Außenwelt (→ Empirismus). Mit seinem Grundsatz *esse est percipi* (Sein ist Vorgestelltwerden) geht er davon aus, dass die scheinbar existierenden Dinge lediglich Vorstellungen des Geistes sind und nicht real, d. h. unabhängig von unserem Wissen von ihnen, existieren.

Werke: Treatise Concerning the Principles of Human Knowledge (1710). *jj*

Beschneidung Die Entfernung der Vorhaut des männlichen Gliedes (Zirkumzision) oder deren Einschneiden (Inzision) ist ein in vielen Kulturen gebräuchliches Ritual, das meist den feierlichen Eintritt (→ Initiation) in eine Kultur- oder Religionsgemeinschaft bezeichnet. Im Judentum erfolgt die Beschneidung am 8. Tag nach der Geburt zur Erinnerung an Gottes Bund mit Abraham. Ebenso üblich ist sie im Islam. Der entsprechende Eingriff bei jungen Mädchen insbesondere in Afrika, denen dabei die Klitoris und/oder die kleinen Schamlippen entfernt werden, stellt dagegen eine menschenunwürdige Verstümmelung dar und ist heftig umstritten. *jj*

Bettelorden Als eine zuweilen radikale Gegenbewegung zur zunehmenden Verweltlichung und zum Wohlstand kirchlicher Institutionen beriefen sich die im 13. Jh. entstandenen Bettelorden auf das Armutsgebot Jesu und verzichteten deshalb auf jeglichen Besitz. Ihren Lebensunterhalt bestritten sie entweder durch Betteln oder durch klösterliche Arbeit. Zu den bekanntesten Bettelorden zählen die von Franz von Assisi (1181/82–1226) begründeten Franziskaner, die Kapuziner, Augustiner, Dominikaner und Karmeliten. Die tief greifenden, innerhalb der katholischen Kirche oft erbittert geführten Auseinandersetzungen – etwa um die Rechtmäßigkeit weltlichen Besitzes – bilden auch den geistesgeschichtlichen Hintergrund in Umberto Ecos Roman „Der Name der Rose" (1980). *jj*

Bewusstsein Mit Bewusstsein wird die Fähigkeit des menschlichen Geistes bezeichnet, in einem (subjektiven) Akt der Distanzierung die (objektive) Umwelt als „das andere" zu begreifen und aus dieser Unterscheidung ein „Selbstbewusstsein" zu entwickeln. Als Sitz der Vernunft, des Sprach- wie des Erinnerungsvermögens kontrolliert und steuert das Bewusstsein unsere Handlungen, in der Instanz des → Gewissens entscheidet es zugleich über deren Moralität. Die dem Ich verborgenen oder von ihm verdrängten Bewusstseinsinhalte sind im Un- oder Unterbewusstsein gespeichert. Mit der wissenschaftlichen Erforschung des Unterbewussten beschäftigte sich insbesondere die → Psychologie und Psychoanalyse des 20. Jhs (vgl. Sigmund → Freud). *jj*

Bhagavadgita (sanskrit: Gesang des Erhabenen) Die Bhagavadgita ist die berühmteste (religions-)philosophische Dichtung der Inder. Als 6. Buch des Epos „Mahabharata" entstand sie in ihrer Urform wohl im zweiten vorchristlichen Jh. und ist in der heutigen Form aus dem 7. Jh. überliefert. Sie gibt das Zwiegespräch zwischen Ar(d)juna, einem Fürsten der Pandavas, und dessen Wagenlenker Krsna (Krishna) wieder, der sich zuletzt als Inkarnation des Gottes Vishnu offenbart. In diesem Dialog verkündet Krsna die Lehre von der Unverletzlichkeit des Geistes und die Forderung nach Pflichtbewusstsein, geistiger Sammlung und Einkehr *(yoga)* sowie nach Gottesliebe *(bhakti)*, die das sterbliche Individuum aus dem Kreislauf der Wiedergeburten befreien und zur Erlösung führen können. Bis heute ist die Bhagavadgita in Indien überaus populär, so übte sie u. a. großen Einfluss auf das Denken und Handeln Mahatma → Gandhis aus. *jj*

Bibel Das „Buch der Bücher" ist als Dokument der göttlichen → Offenbarung in den Büchern des (hebräischen) → Alten Testaments und des (griechischen) → Neuen Testaments überliefert. Die 39 alttestamentlichen Bücher, die die „Heilige Schrift" des Judentums bilden, stammen aus dem 5.–2. Jh. v. Chr. und erzählen in den fünf Büchern Mose (→ Thora) neben der Schöpfungsgeschichte die Geschichte des jüdischen Volkes. Darüber hinaus enthält das Alte Testament die Psalmen

Die Bibel – eine Bibliothek mit 73 Büchern.

und die Bücher der Propheten. In den → Kanon des christlichen Alten Testaments wurden über die Heilige Schrift des Judentums hinaus weitere Bücher aufgenommen (z. B. die Bücher Tobit, Judit, Makkabäer), von Martin → Luther und der reformatorischen Theologie jedoch wieder ausgegliedert (→ Apokryphe). Das zum großen Teil im ersten nachchristlichen Jh. entstandene Neue Testament beinhaltet die Evangelien des Matthäus, Markus, Lukas und Johannes, die vom Lebens- und Leidensweg Jesu berichten, die Apostelgeschichte, insgesamt 21 in Briefform verfasste Auslegungen der christlichen Lehre – an ihrer Spitze die Briefe des Apostels Paulus – sowie die Offenbarung des Johannes.

Die bis ins 4. Jh. gültige altlateinische Bibelübersetzung („Itala") wurde durch die von Hieronymus seit 383 erarbeitete lateinische „Vulgata" („die allgemein Verbreitete") ersetzt, die das Konzil von Trient 1546 billigte. 1965 wurden die im päpstlichen Auftrag vorgenommenen Arbeiten an der „Neovulgata" abgeschlossen. Unter den deutschen Bibelübersetzungen, die wesentlich zur Popularisierung der Heiligen Schrift beitrugen, ist die Übertragung durch Martin → Luther hervorzuheben (erste Gesamtausgabe 1534). 1972 (Neues Testament) und 1974 (Altes Testament) erschien die von den katholischen Bischöfen des deutschsprachigen Raums verantwortete „Einheitsübersetzung der Heiligen Schrift", die in weiten Teilen in Zusammenarbeit mit dem Evangelischen Bibelwerk entstand.

Die theologische Disziplin, die sich mit der Interpretation biblischer Texte befasst, heißt → Exegese. *jj*

Bildersturm Der Kern der theologischen Auseinandersetzung, ob es erlaubt sei, Bilder mit einer symbolischen Darstellung Gottes zu verehren, ist schon im → Dekalog des Alten Testaments vorgeformt, wo Gott Mose verkündet: „Du sollst dir kein Gottesbild machen" (Exodus 20,4). Um die Frage, ob die Verehrung bildlicher Darstellungen Gottes wie der Heiligen ein Akt der Frömmigkeit oder aber Götzendienst sei, entbrannte schon in der byzantinischen Kirche seit 726 im so genannten „Bilderstreit" eine Auseinandersetzung zwischen den Ikonolatrai (Bilderverehrern) und Ikonoklastai (Bilderstürmern). Während der Reformation erreichte der Streit einen weiteren Höhepunkt: So verurteilten insbesondere Ulrich → Zwingli und Johannes → Calvin die Darstellung Gottes und der Heiligen in Bild und Gemälde, wie sie in der katholischen Kirche üblich war, in scharfen Worten. Dies führte im Bildersturm von 1566 vor allem in den Niederlanden zur Vernichtung sakraler Kunst, was Martin → Luther zu einem Aufruf zur Mäßigung veranlasste. Im heutigen Sprachgebrauch versteht man unter einem „Bilderstürmer" einen Menschen, der sich heftig gegen starre und überkommene Vorstellungen zur Wehr setzt. *jj*

Bildung Unter Bildung versteht man den Prozess der geistigen Reifung eines Individuums in bewusster Auseinandersetzung mit seiner sozialen und kulturellen Umwelt, die ihm insbesondere durch die Sozialisationsinstanzen der → Erziehung (Elternhaus, Schule, Universität) vermittelt wird, ebenso aber durch eigene Bemühungen zuteil werden kann. Einen Höhepunkt erreichte der Bildungsgedanke im deutschen Sprachraum Ende des 18. Jhs, als er unmittelbar an den Humanitätsgedanken gekoppelt und mit einem breit angelegten Humanisierungsauftrag verbunden wurde. Insbesondere Wilhelm von → Humboldt versuchte, den Bildungsgedanken durch Kulturpolitik zu verwirklichen. So wie Bildungsidee und Bildungsideale historischen Wandlungen unterworfen sind, unterscheidet man im Sprachgebrauch auch zwischen einer Fach- oder Spezialausbildung einerseits und der (Forderung nach) Allgemeinbildung andererseits. Über deren Kriterien und Inhalte besteht allerdings in einer sich insbesondere durch technische Entwicklungen rapide verändernden Bildungslandschaft kein allseits anerkannter Konsens. *jj*

Bioethik (griech. *bios* Leben) Ethische Überlegungen, Entwürfe oder Systeme, die die Erkenntnisse und Entwicklungen der modernen Naturwissenschaft kritisch reflektieren. Diskutiert werden dabei insbesondere jene Grenzbereiche, in denen der Mensch auf medizinischem oder biologischem Gebiet (→ Euthanasie, → Gentechnik) in natürliche Prozesse eingreift, indem er diese beeinflusst, steuert, manipuliert oder sogar künstlich erzeugt. *jj*

Biozentrismus (griech. *bios* Leben; *kentron* Mittelpunkt) Philosophische Richtung, die nicht Geist, Verstand und Vernunft (logozentrisch), sondern die Seele und den Körper in den Mittelpunkt der Betrachtungen stellt. Hauptvertreter dieser → Lebensphilosophie war zu Beginn des 20. Jhs Ludwig Klages (1872–1956), der aus dem Zusammenhang von Leib und Seele seine Wissenschaft vom Ausdruck entwickelte: „Der Leib ist die Erscheinung der Seele, die Seele der Sinn des lebendigen Leibes." *jj*

Bloch, Ernst (1885–1977) Deutscher Philosoph. Bloch emigrierte 1933 nach verschiedenen Stationen des Exils zuletzt in die USA. 1948 kehrte er nach Deutschland zurück und übernahm in Leipzig den Lehrstuhl für Philosophie. Nach seinem Zwangsruhestand 1957 aufgrund politischer Differenzen mit dem DDR-System übersiedelte Bloch 1961 in die Bundesrepublik. Er lebte bis zu seinem Tod in Tübingen. 1967 wurde er mit dem Friedenspreis des deutschen Buchhandels ausgezeichnet. Im Zentrum seines an Georg W. F. Hegel und Karl

Ernst Bloch

Marx sowie an der jüdisch-christlichen → Eschatologie geschulten materialistischen Denkens steht der Begriff der → Utopie. In seinem Hauptwerk „Das Prinzip Hoffnung" beschreibt Bloch die grundlegende Kategorie des „Noch-Nicht": Das Utopische steht dort nicht für das Nicht-Erreichbare, sondern bezeichnet vielmehr das dem Individuum Noch-Nicht-Bewusste bzw. das gesellschaftlich Noch-Nicht-Gewordene. Bloch untersucht die Menschheitsgeschichte in ihren vielfältigen Äußerungsformen – insbesondere der Kunst – nach solchen tendenziellen Spuren des „Vor-Scheins", d. h. nach Skizzen, Träumen, Entwürfen und Modellen, in denen die Umrisse einer besseren und gerechteren Form menschlichen Zusammenlebens aufscheinen. Charakteristisch für Blochs Ansatz ist seine Überzeugung „Ich bin. Aber ich habe mich nicht. Darum werden wir erst."

Werke: Geist der Utopie (1918); Das Prinzip Hoffnung (1954–1959); Tübinger Einleitung in die Philosophie (1963/64). *jj*

Bodhisattva (sanskrit: Erleuchtungswesen) Im → Mahayana-Buddhismus ein Heiliger, der durch ein tugendhaftes Leben, insbesondere durch tätige Hilfe, die Erlösung aus dem Geburtenkreislauf anstrebt. Er verzichtet jedoch so lange auf das Eingehen in das → Nirwana, bis alle Wesen erlöst sind. *wl*

Bodin, Jean (1529–1596) Französischer Staatstheoretiker. Bodin entkam nur knapp der Bartholomäusnacht 1572, dem Mord an ca. 10 000 Hugenotten in Paris und in den Provinzen. Geprägt durch die anarchischen Umstände während der Religionskriege des 16. Jhs setzte er sich in seinen Schriften dafür ein, dass die Staatsgewalt absolut und unteilbar sein sollte, gebunden nur an das Recht Gottes und das → Naturrecht. Bodin wurde damit zu einem theoretischen Begründer des → Absolutismus. Das Wirken der Staatsgewalt sollte dem Gemeinwohl dienen, worunter Bodin den Schutz des Eigentums, der Familie, des Sicherheitsbedürfnisses und der Gewissensfreiheit verstand. *ck*

Bonhoeffer, Dietrich (1906–1945) Evangelischer Theologe. Bonhoeffer war seit 1930 Privatdozent für Systematische Theologie in Berlin, 1935 wurde er Direktor des Predigerseminars in Finkenwalde. Bonhoeffer war einer der herausragendsten Vertreter der → Bekennenden Kirche im Widerstand gegen das nationalsozialistische Regime. Die illegale Ausbildung von Vikaren führte zum Entzug der Lehrbefugnis (1936), der Ausweisung aus Berlin (1938) und schließlich zum Rede- (1940) und Schreibverbot (1941) durch die Reichskulturkammer. 1943 wurde Bonhoeffer als Widerstandskämpfer verhaftet, im Konzentrationslager Flossenbürg inhaftiert und am 9. April 1945 hingerichtet. Im Zentrum von Bonhoeffers Theologie steht ein nachdrückliches Plädoyer für ein von christlicher Verantwortung getragenes weltliches Handeln, da auch Nicht-Handeln schuldig machen könne. Dabei gelte es, die „moderne", oft nicht mehr von Glaube und Religion bestimmte Welt zu akzeptieren. Bonhoeffer verfasste auch Gedichte, die z. T. vertont wurden, z. B. „Von guten Mächten wunderbar geborgen".

Dietrich Bonhoeffer

Werke: Nachfolge (1937); Widerstand und Ergebung. Briefe und Aufzeichnungen aus der Haft (hrsg. 1951); D. Bonhoeffers Gefängnisgedichte (hrsg. 1986). *jj*

Böse, das Als Gegenposition und Gegensatz zum → Guten ist das Böse als das (moralisch) Verwerfliche das vom Menschen zu Vermeidende schlechthin. Dabei wird das Böse – je nach philosophischer oder religiöser Überzeugung – entweder als dem Guten entgegenstehende autonome Gegenmacht, als „Reich der

Finsternis", beschrieben oder als notwendiger Teil einer sinnvollen und harmonischen Weltordnung, in der der Mensch gerade in der Erkenntnis und Vermeidung des Bösen zum Guten geführt wird (Baruch de Spinoza, Goethes „Faust"). Die → Theodizee-Problematik erörtert dabei die Frage, wie die Existenz des Bösen mit der Allmacht und Allgegenwärtigkeit Gottes in Einklang zu bringen ist und welche Funktion es im Weltplan erfüllt (vgl. auch Gottfried W. → Leibniz). *jj*

Brahman (altindisch) Mit Brahman wird in der indischen Philosophie ursprünglich ein Zauberspruch und dessen Wirkung bezeichnet. In den altindischen → Upanishaden wird das Brahman zur zentralen Vorstellung des Ewigen und Absoluten, das als alles erhaltende Kraft und reines Sein die Grundlage alles Existierenden bildet. Es kann vom Verstand nicht erfasst, wohl aber meditativ als reines Bewusstsein erfahren werden. Davon ist Brahma zu unterscheiden, der zusammen mit Vishnu und → Shiva die Göttertrias (Götterdreiheit) Trimurti bildet, in der sich der ewige Gott Mahavishnu, der wiederum mit dem Brahman identisch ist, offenbart. *jj*

Bruno, Giordano (1548–1600) Italienischer Philosoph und Dominikanermönch. Aufgrund seiner Schriften wurde Bruno vor der → Inquisition angeklagt und nach siebenjähriger Haft in Rom auf dem Scheiterhaufen verbrannt. Der (1576 aus dem Kloster entflohene) Dominikanermönch versuchte in seinen Denkschriften und Lehrgedichten, religiösen Glauben mit den naturwissenschaftlichen – von den kirchlichen Institutionen als ketzerisch verurteilten – Erkenntnissen seiner Zeit zu verbinden. Im Zentrum stand dabei seine → pantheistische Auffassung von der Weltseele, wonach sich Gott im harmonischen Aufbau des Universums wie der uns umgebenden Natur zu erkennen gebe. Zugleich verstehende wie verehrende Betrachtung der Natur ist deshalb Gottesdienst. Brunos Lehre von den → Monaden als elementarsten Teilchen alles Existierenden wurde von Gottfried W. → Leibniz aufgenommen, den Gedanken der Weltseele griffen im Umkreis des deutschen → Idealismus besonders Johann G. Herder, Friedrich W. F. → Schelling und Johann W. von → Goethe auf.

Giordano Bruno

Werke: Della causa, principio ed uno (1584); De l'infinito, universo e mondi (1584); Degli eroici furori (1585). *jj*

Buber, Martin Mordechai (1878–1965) Jüdischer Religionsphilosoph und Schriftsteller. Buber wurde in Wien geboren, wuchs aber bei seinem Großvater im galizischen Lemberg auf, wo er mit der Kultur und den Lebensformen des Ostjudentums vertraut wurde, die sein Leben und Werk bestimmen. Schon während seines Studiums schloss er sich 1898 der zionistischen Bewegung an, lehrte 1924–1933 in Frankfurt jüdische Religionsphilosophie und emigrierte 1938 nach Jerusalem, wo er bis zu seinem Tod an der Hebrew University unterrichtete. Buber engagierte sich nach dem 2. Weltkrieg sowohl für das Gespräch zwischen Israel und Deutschland als auch für die Aussöhnung zwischen Arabern und Israelis. Neben vielen anderen Ehrungen erhielt er 1953 den Friedenspreis des deutschen Buchhandels. Im Zentrum von Bubers Schaffens stand die Vermittlung des Chassidismus, jener um 1750 in Polen und der Ukraine entstandenen Strömung des jüdischen Glaubens, die gegenüber aller Intellektualität Formen einer unmit-

Martin Buber

telbar empfundenen und lebensbejahenden Frömmigkeit zu leben suchte. Aus ihr leitete Buber seine Dialog-Philosophie ab, die anhand der Beziehungen „Ich-Es" (Beziehungen des Menschen zu den Dingen) und „Ich-Du" (partnerschaftlicher Umgang mit dem anderen Menschen) auch die Beziehung des Menschen zu Gott (als dem ewigen Du) als ein unmittelbares Vertrauensverhältnis begreift, das keiner weiteren Vermittlung von außen bedürfe. Umgekehrt spiegele sich auch in jeder geglückten Begegnung mit dem Mitmenschen die Bindung zu Gott wider.

Werke: Die jüdische Bewegung (1916/1921); Ich und Du (1923); Die chassidischen Bücher (1928). *jj*

Buddha (altindisch: der Erwachte, der Erleuchtete) → Siddharta Gautama.

Buddhismus Von Buddha (→ Siddharta Gautama) im nördlichen Indien des 6. vorchristlichen Jhs gestiftete Weltreligion. Buddhistisches Denken kreist nicht um die Verehrung einer göttlichen oder menschlichen Person. Buddha selbst ist kein Gott, auch kein von einem Gott gesandter Mittler oder Erlöser. Von Bedeutung ist für den Buddhismus die Lehre (→ Dharma), die als zeitlos und unwandelbar angesehen wird. Der Buddhismus begreift das menschliche Dasein in den „vier edlen Wahrheiten" als eine Kette von Leiden. Aufgabe des Menschen ist es deshalb, sich durch Leidenschaftslosigkeit – vor allem in Meditation und Askese – vom Verlangen nach weltlichen Gütern und Genüssen freizumachen, wofür Buddha einen → achtfachen Pfad formulierte. Dieser Läuterungsprozess vollzieht sich in verschiedenen Stadien und Existenzformen, dem Kreislauf der Wiedergeburten. In welcher Form ein Wesen wiedergeboren wird, bestimmt das → Karma, d. h. die Qualität der Gedanken, Worte und Handlungen des Menschen. Böse Taten führen dazu, dass der Mensch als „niederes Wesen" wiedergeboren wird, gute Taten verbessern die Rangstufe im nächsten Leben. Letztes Ziel und Endpunkt dieses Stufenprozesses ist die Erlösung durch das Ein- und Aufgehen im → Nirwana. Die Erlösung kann allerdings nicht aus eigener Kraft erreicht werden, sie wird jedoch auch nicht durch ein göttliches Wesen herbeigeführt. Daher wird der Buddhismus auch als „atheistische Religion" bezeichnet.

Der Buddhismus teilte sich schon kurz nach Buddhas Tod in zwei Hauptrichtungen, den → Mahayana und den → Hinayana. Der Buddhismus ist keine organisierte Religion, sein Einfluss ist daher nicht an Mitgliederzahlen messbar. Die Anziehungskraft des Buddhismus liegt vor allem in seiner Toleranz und der Weite der Lehre, die den Menschen nicht bevormundet. Buddhistische Elemente sind daher inzwischen auch in Europa verbreitet, z. B. die Zen-Meditation oder der Glaube an eine Wiedergeburt. *jj*

Bultmann, Rudolf (1884–1976) Evangelischer Theologe. Bultmann war seit 1916 Professor für Neues Testament in Breslau, 1920 in Gießen, 1921–1951 in Marburg. In seiner von der Existenzphilosophie Martin → Heideggers wie von Erkenntnissen der modernen Naturwissenschaft beeinflussten „Dialektischen Theologie" wollte Bultmann das Neue Testament und hier vor allem die Gestalt Jesu entmythologisieren. So hat insbesondere Bultmanns Auffassung, wonach Jesu Tod am Kreuz zwar unbestritten sei, seine Auferstehung aber allein dem Glauben und den Wünschen seiner Jünger entsprang, lebhafte theologische Diskussionen ausgelöst.

Rudolf Bultmann

Werke: Theologie des Neuen Testaments (2 Bde., 1953); Das Verhältnis der urchristlichen Christusbotschaft zum historischen Jesus (1961). *jj*

C

Calvin, Johannes (1509–1564) Französischer Humanist und Reformator. Calvin floh während der Protestantenverfolgung aus Frankreich und wirkte vor allem in Genf. Dort führte er die Reformation nach seinen Vorstellungen durch. Das hieß vor allem strenge Kirchenzucht, Überwachung der öffentlichen Moral durch kirchlich-weltliche Gremien und Orientierung an den von Calvin in seinem Hauptwerk „Christianae religionis institutio“ (Unterricht in der christlichen Religion) niedergelegten Vorstellungen. Unter ihnen ist vor allem die → Prädestinationslehre von Bedeutung, die besagt, dass neben der Teilnahme am religiösen Leben der Gemeinde auch der (wirtschaftliche) Erfolg eines Menschen auf seine Auserwähltheit durch Gott schließen lässt. Auch die basisorientierte Kirchenorganisation mit demokratischen Elementen ist für die Anhänger der reformierten Kirchen von Bedeutung. Geschichtswirksam wurden die Ideen Calvins beispielsweise in den USA, die schon früh vom Calvinismus (→ Puritanismus) geprägt wurden. Folge der Prädestinationslehre ist die wirtschaftliche Energie, die die USA bis heute kennzeichnet. Kehrseite ist allerdings eine genussfeindliche Einstellung in streng calvinistischen Kreisen, die sich schon an der spärlichen Ausgestaltung der Gotteshäuser feststellen lässt. *bb*

Campanella, Thomaso (1568–1639) Italienischer Philosoph und Dominikanermönch. Campanella entwickelte auf der Grundlage des → Neuplatonismus eine doppelte Metaphysik, in der sowohl die Natur der Individuen als auch die Bibel Offenbarungen Gottes sind. Nach dem Vorbild der platonischen → Utopie eines Staates entwarf Campanella in seinem Werk „Sonnenstaat“ (1602) die Utopie eines katholischen und sozialistischen Gemeinwesens, in dem der menschliche Egoismus überwunden werden sollte. *bb*

Camus, Albert (1913–1960) Französischer Schriftsteller und Philosoph. Camus wurde in Algerien geboren. Er arbeitete als Journalist, Schauspieler und Bühnenautor. 1957 erhielt er den Nobelpreis für Literatur. Camus ist neben Jean-Paul Sartre der bekannteste Vertreter des französischen → Existenzialismus. Der zentrale Begriff seines Schaffens ist das Absurde: Der Mensch, der eine nicht aufhebbare Sehnsucht nach Einheit und Sinnerfüllung spürt, trifft auf eine Welt, die dieses Streben ins Leere laufen lässt. Das Absurde verneint somit alle Werte des Menschen – mit Ausnahme des Lebens selbst, denn dies würde die Selbstaufhebung des Absurden bedeuten. Camus sieht es als Aufgabe des Menschen an, sich ohne Hoffnung auf eine Erlösung oder Hilfe durch ein Jenseits gegen das Absurde aufzulehnen. Sinnbild dieser Haltung ist Sisyphos: Von den Göttern dazu verurteilt, immer wieder und ohne Aussicht auf Erfolg einen Stein den Berg hinaufzuwälzen, ist Sisyphos in dem Moment, als er zum Felsen zurückgeht, um seine Aufgabe erneut anzugehen, dem Schicksal überlegen. *ck*

Albert Camus

Canossa Eine Burg in Oberitalien, bekannt durch die Begegnung König Heinrichs IV. mit Papst Gregor VII. im Jahr 1077. Der historisch bedeutende Gang Heinrichs IV. nach Canossa markiert einen wesentlichen Punkt in der Auseinandersetzung zwischen Papsttum *(sacerdotium)* und Kaisertum *(imperium)* im Mittelalter. Konkreter Anlass war der → Investiturstreit, d. h. die Auseinandersetzung um die Frage, wer das Recht habe, Bischöfe zu ernennen. Im Jahr 1076 hatte der Papst den Kirchenbann über den König ausgesprochen, damit alle Untertanen vom

Treueid entbunden, und ihm die Wahrnehmung der Regierung in Italien und Deutschland untersagt. In dieser misslichen Situation entschloss sich Heinrich IV., durch mehrtägige und demütige Buße vor den Mauern Canossas (und einigen schriftlichen Zugeständnissen) seinerseits den Papst in Zugzwang zu bringen, der ihn dann auch wieder in die christliche Glaubensgemeinschaft aufnahm.

Die Bewertung des Vorgangs muss zwei Faktoren berücksichtigen: Einerseits respektierte Heinrich IV. den Anspruch des Papstes auf (zumindest) religiöse Vorherrschaft und gab damit die Idee eines Königtums von Gottes Gnaden auf; andererseits errang der König durch die Aufhebung des Banns einen für ihn wichtigen diplomatisch-politischen Erfolg. Langfristig betrachtet trug der Gang nach

Heinrich IV. bittet Abt Hugo von Cluny und Markgräfin Mathilde im Investiturstreit um Vermittlung beim Papst; aus der Vita Mathildis des Donizono (1114/15).

Canossa zur endgültigen Auflösung des damals vorherrschenden Weltbilds bei, das von einer einträchtigen Kooperation der beiden höchsten Gewalten – König und Papst – ausging. *bb*

Chalcedon Antike Stadt in der Nähe des heutigen Istanbul, bekannt geworden als Tagungsort des vierten ökumenischen Konzils im Jahr 451. Auf dem Konzil wurde der Bischof von „Neu-Rom" (Konstantinopel) als „an zweiter Stelle gleichrangig" (eine Kompromissformel) mit dem Bischof von Rom anerkannt. Von Bedeutung ist das Konzil von Chalcedon insbesondere für die → Christologie. Zur Bestimmung des Verhältnisses von göttlicher und menschlicher Natur in Christus einigte sich das Konzil auf die Formel „ein Christus in (nicht nur aus) zwei Naturen", also auf eine Person, die in zwei Naturen je nach deren Eigenart wirkt. Diese Auffassung wurde auch von den evangelischen Kirchen übernommen. *bb*

Chiliasmus (griech. *chilias* tausend; vgl. Kilo) Unter Chiliasmus versteht man die Hoffnung auf ein irdisches Gottesreich tausendjähriger Dauer, für das nur die Gerechten auferweckt würden und das der endgültigen Erfüllung der christlichen Heilsgeschichte vorangeht. So existierten beispielsweise chiliastische Endzeiterwartungen beim ersten Jahrtausendwechsel und auch später gab es genügend Versuche, den Beginn dieses Gottesreiches rechnerisch zu ermitteln. Neben der religiös wirksamen Weltuntergangserwartung beeinflusste der Chiliasmus mit seiner Hoffnung auf ein goldenes Zeitalter auch sozialrevolutionäre Vorstellungen. Was wäre der Kommunismus in der Sicht von Marx anderes als eine chiliastische Endzeitvorstellung, allerdings ohne die Beteiligung Gottes? Auch der Nationalsozialismus missbraucht mit seiner Formel vom „tausendjährigen Reich" chiliastische Erwartungen. Während die katholische und die lutheranische Kirche Chiliasmus-Vorstellungen abweisen, pflegen einige Sekten nach wie vor vom Chiliasmus geprägte Endzeiterwartungen. *bb*

Chor Das Wort stammt aus dem Griechischen und bezeichnete zunächst einen

Platz, der für einen Tanz oder Gesang vorbereitet war (vgl. lat. *hortus* Garten), dann die an diesem Tanz/Gesang beteiligten Personen und zuletzt auch den Inhalt des vorgetragenen Gesangs. Im antiken Griechenland war der Chor selbstverständlicher Bestandteil des Dramas, der Tragödie und der Komödie. Im frühchristlichen Sprachgebrauch bezeichnet Chor nicht einen Chor im heutigen Sinn, sondern eine ganze Gemeinde, verallgemeinernd auch die einmütig lobende Kirche insgesamt. Erst später entwickelten sich Kirchenchöre und zwar vor allem als Priesterchöre, für die nun auch ein besonderer Platz in der Kirche notwendig wurde, den man als Kirchenchor oder Chorraum bezeichnet. *bb*

Christentum Die momentan größte Weltreligion mit über einer Milliarde Mitgliedern, deren Anhänger den jüdischen Prediger und Lehrer → Jesus von Nazareth als Sohn Gottes und Erlöser (hebr. *messias;* griech. *christos*) dieser Welt verehren. Einen wichtigen theologischen Impuls bekam das Christentum durch → Paulus von Tarsus, einen jüdischen Gelehrten, der sich um 33 n. Chr. den Christen anschloss und in den folgenden beiden Jahrzehnten weite Teile des Mittelmeerraums missionierte. Paulus lieferte in seinen Briefen an die verschiedenen Gemeinden (→ Neues Testament) eine erste systematische Durchdringung des christlichen Glaubens, der vier Grundelemente aufweist: 1) In Jesus hat Gott seinen Sohn in die Welt gesandt. 2) Diese hat ihn aber nicht aufgenommen, sondern ans Kreuz geschlagen und getötet. 3) Gott aber hat ihn von den Toten auferweckt und in den Himmel erhoben. 4) Von dort wird er am Ende der Zeit wiederkommen um die Welt zu richten. Die sich zu Jesus bekannt haben, werden dann für immer mit ihm und Gottvater leben. – Obwohl die Christen in den ersten Jahrzehnten nur eine kleine jüdische Sondergruppe bildeten, verbreitete sich der neue Glaube an „Jesus den Christus" bis zum Ende des 1. Jhs im gesamten römischen Kaiserreich. Bis ins 4. Jh. wurden die Christen immer wieder durch die römischen Herrscher verfolgt, erst das Toleranzprogramm Kaiser Konstantins sicherte 313 n. Chr. dem christlichen Glauben Gleichberechtigung neben den römischen Kulten. Mit Konstantin beginnt zugleich die Zeit der abendländischen Verbindung von Kaiser und Papst, von Staat und Kirche, die das Christentum durch die weltpolitische Vormachtstellung Europas im Zuge von Kolonialismus und Imperialismus zur Weltreligion werden ließ. Heute hat der → Islam das Christentum als dynamischste und schnellst wachsende Weltreligion abgelöst, doch sind die Christen immer noch die mit Abstand größte Glaubensgemeinschaft der Welt

Das Zeichen des Heilands (Christogramm aus den griechischen Buchstaben chi und rho) verbindet sich mit dem Zeichen des Sieges, dem Kranz, und markiert die endgültige Durchsetzung des Christentums im Römischen Reich.

(33,1 % der Weltbevölkerung) vor dem Islam (17,7 %) und dem Hinduismus (13,4 %). Ein Grund für die Schwächung des Christentums gegenüber dem Islam liegt – neben dem Traditionsbruch der → Aufklärung, der in der arabischen Welt noch aussteht – an den internen Auseinandersetzungen unter Christen um die Deutungshoheit über → Offenbarung und Tradition. Diese Konflikte gipfelten in den zwei großen → Schismen der Christenheit, der Trennung von römischer West- und byzantinischer Ostkirche 1054 und der Abspaltung der reformatorischen Kirchen (Martin → Luther, Johannes → Calvin, Ulrich → Zwingli) zu Beginn der Neuzeit ab 1517. *cps*

Christologie Theologische Lehre von der gottmenschlichen Person Jesu Christi. Die theologische Frage, ob Christus göttlicher oder menschlicher Natur sei, führte nach theologischen Streitigkeiten im 5. und 6. Jh. zur Lehre von der gottähnlichen Person Christi. Athanasius (295–373), Patriarch von Alexandrien, berief sich gegen die Anhänger des Arius (→ Arianismus), die eine Wesensgleichheit Christi mit Gott leugneten, auf das Paulus-Wort „Er (Christus) war Gott gleich, hielt aber nicht daran fest, wie Gott zu sein, sondern er entäußerte sich und wurde wie ein Sklave und dem Menschen gleich." (Philipperbrief 2,6 f.) Cyrillus (gest. 444), ebenfalls Patriarch von Alexandrien, bestimmte das Verhältnis zwischen Gott-Vater und Gott-Sohn genauer: „Im Hinblick auf die Menschwerdung lehren wir deshalb, dass er, als Gott allem Leiden entrückt, als Mensch in seinem Fleisch gelitten hat." Cyrills Auffassung bestimmte maßgeblich die Festlegungen, wie sie das Konzil von → Chalcedon vorgenommen hat. *bb/ck*

Cicero, Marcus Tullius (106–43 v. Chr.) Römischer Jurist, Politiker und Philosoph. Cicero lebte in einer Zeit blutiger Bürgerkriege und vieler innenpolitischer Wirren. Als Jurist ist er durch etliche erhaltene Reden vor Gericht bekannt, als Politiker ebenfalls vor allem durch seine rednerische Begabung. Nach dem (erzwungenen) Ausscheiden aus der aktiven Politik 60 v. Chr. widmete sich Cicero zunehmend der Philosophie. Ausgehend von der seiner Meinung nach für den Politiker unentbehrlichen Redekunst („De oratore" – ein Buch über Rhetorik), kommt Cicero folgerichtig zur Frage nach dem besten Staat („De legibus" – Über die Gesetze; „De re publica" – ein nur teilweise erhaltenes Werk zur Staatsphilosophie). Am Ende seines Lebens unternimmt Cicero den Versuch, die wichtigsten Ergebnisse der griechischen Philosophie in lateinischer Sprache darzustellen und zusammenzufassen. In einer Reihe Schriften behandelt er die unterschiedlichen Stellungen der antiken philosophischen Schulen zu Fragen der Ethik. Das umfangreiche Lebenswerk Ciceros enthält also kein eigenständiges philosophisches Gedankengebäude (→ Eklektizismus) und wurde dementsprechend von den Zeitgenossen, die griechische Bücher im Original lesen konnten, nur wenig zur Kenntnis genommen. Sein eigentliches Verdienst liegt in der Vermittlung der griechischen Philosophie für Spätantike, Mittelalter und Renaissance sowie in der Entwicklung der lateinisch geprägten Fachsprache für Philosophie schlechthin. *bb*

Code Nach dem klassischen Kommunikationsmodell von Claude Shannon (1948) besteht → Kommunikation aus einem Sender, einem Übertragungsmedium und einem Empfänger. Je nach Medium muss die Botschaft vom Sender codiert werden, der Empfänger hat sie zu decodieren, um sie zu verstehen. Folglich müssen die beiden Beteiligten über einen gemeinsamen Code verfügen, um fehlerfrei Kommunikation betreiben zu können. Shannon selbst dachte bei seinem Modell an technische Kommunikation: Zwei Rechner können sich über das Internet bestens verstehen. Der gemeinsame Code ist digital und eindeutig interpretierbar. Problematisch wird der Code bei verbalem, non-verbalem oder visuellem Kommunikationsverhalten, da hier nicht gewährleistet ist, dass Sender und Empfänger über den identischen Code verfügen. Im Bereich der verbalen Kommunikation kann man zudem unterschiedliche Ebenen differenzieren, auf denen gleichzeitig kommuniziert wird: 1) Die Sache, um die es geht, 2) die Person, die kommuniziert, 3) die Beziehung zwischen den kommunizierenden Personen und 4) die Frage, was mit der Kommunikation erreicht werden soll. – Mit Blick auf Fragen der Ethik ist zu fordern, dass die Kommunikationspartner auf alle vier Aspekte achten und ihnen gerecht werden, gewissermaßen mit „vier Ohren hören".

Literatur: Friedemann Schulz von Thun: Miteinander reden, Hamburg 1989. *bb*

Comte, Auguste (1798–1857) Französischer Philosoph. Comte arbeitete als Privatsekretär und unterrichtete an der École Polytechnique in Paris. 1829–1846 hielt er philosophische Vorlesungen, die von namhaften Wissenschaftlern besucht wurden. Comte deutete die gesellschaftliche Entwicklung nach seinem → Dreistadiengesetz als Fortschritt von der theologischen zur metaphysischen und zur so genannten positiven Weltdeutung. Folglich lehnte Comte jede → Metaphysik ab und sah die Aufgabe der Wissenschaft darin, Gesetze aus der Beschreibung von Tatsachen abzuleiten (→ Positivismus). Die höchste Wissenschaft ist seiner Auffassung nach diejenige von den Daseins- und Entwicklungsformen von Gesellschaften, der er auch den Namen gab: Soziologie. *bb*

Confessio Augustana (Augsburger Bekenntnis) 1530 versuchte der habsburgische Kaiser Karl V. auf einem Reichstag in Augsburg, die sich immer deutlicher abzeichnende Kirchenspaltung (Martin → Luther) zu verhindern, um den universalen Reichsgedanken (ein Kaiser, eine Kirche) zu erhalten. Die protestantische Seite stellte ihre Ansichten in der von Philipp → Melanchthon verfassten Confessio Augustana dar. Die Confessio Augustana zielte ursprünglich auf einen Kompromiss, wurde aber später zu einem zentralen Element der evangelischen Glaubenslehre. Auf die von dem Freund und Vertrauten Luthers dargestellten Meinungen, die die Einheit der Kirche noch nicht grundsätzlich infrage stellten, antwortete die katholische Gegenseite mit einer Confutatio (Widerlegung), in der die Position des Vatikans betont wurde. In den anschließenden Verhandlungen konnte sogar in wichtigen Punkten eine Annäherung erzielt werden (Abendmahl, Priesterehe). Aber nicht zuletzt aufgrund der politischen Interessen der indirekt Beteiligten (Kaiser, Papst und Landesherren) kam eine Einigung nicht zustande. Damit waren die Hoffnungen der lutherischen Seite, ihre Lehre vor dem Kaiser als rechtgläubig zu erweisen, gescheitert. *bb*

D

Daimonion (griech. göttliches Wesen) Platon überliefert das Daimonion als die innere Stimme, die Sokrates vor den Folgen seines Handelns warnte, wenn er im Begriff war, gegen das Gebot, das Gute und Richtige zu tun, zu verstoßen. Da diese Instanz jedoch zu keiner positiven Bestimmung – etwa im Sinne einer Handlungsanweisung, eines Gebots oder einer Empfehlung – imstande war, konnte sie Sokrates auch nicht vor dessen Verurteilung bewahren. *jj*

Darwin, Charles (1809–1882) Englischer Naturforscher. Darwin entwickelte die nach ihm benannte Abstammungslehre des „Darwinismus", die den Menschen seiner bis dahin herausgehobenen Stellung als Krone der Schöpfung beraubte und ihn als Teil eines allgemeinen Evolutionsprozesses begreift. Zentrale Gedanken seiner Lehre sind der „Kampf ums Dasein" *(struggle for life)* sowie das „Überleben der Stärksten" *(survival of the fittest)*, das Darwin im Tierreich immer wieder beobachtete. Darwins Theorie basiert auf der Überproduktion von Nachkommen, die aufgrund begrenzter Ressourcen zwangsläufig zu einer Auslese (Selektion) führt, in deren Verlauf sich nur die stärksten Exemplare einer Spezies im Kampf durchsetzen und später fortpflanzen können. Bedenklich bleibt – vor allem mit Blick auf die Geschichte des 20. Jhs (→ Genozid) – die Übertragung dieser Gesetzmäßigkeiten auf die menschliche Gemeinschaft, z. B. indem der „Sozialdarwinismus" die Überlegenheit bestimmter so genannter „Rassen" und Kulturen behauptete. *jj*

Charles Darwin

Dasein Grundbegriff der → Ontologie, der im Gegensatz zur Beschaffenheit (Was- oder So-Sein) einer Person oder eines Gegenstandes dessen Vorhandensein (Dass-Sein) bezeichnet. Allerdings treffen nicht alle ontologischen Ansätze diese Unterscheidung, da es kein Dasein ohne Sosein gebe, wie ebensowenig ein Sosein ohne Dasein möglich sei. Die Existenzphilosophie des 20. Jhs (Martin → Heidegger, Karl → Jaspers) unterscheidet das bloße Dasein des Menschen („Geworfenheit") von einem bewusst erfahrenen, nach dem Sinn seiner Existenz fragenden Da-Sein. *jj*

Deduktion (lat. *deducere* herabziehen, ableiten) Die Deduktion ist eine wissenschaftliche Methode, durch die eine Aussage aus anderen allgemeinen Aussagen abgeleitet wird. Sind die → Axiome, also die vorausgesetzten Aussagen, und die Regeln, wie mit diesen Aussagen umgegangen werden soll, bekannt, dann lässt sich ein System weiterer Aussagen entwickeln. Die umgekehrte Methode, von den konkreten Einzelfällen auf allgemeine Aussagen zu schließen, wird als → Induktion bezeichnet. *ck*

Deismus (lat. *deus* Gott) In England entstandene philosophische Strömung der → Aufklärung, die davon ausgeht, dass sich Gott nach der Erschaffung der Welt den Menschen nicht mehr offenbare. Der Deismus unterscheidet sich durch die Anerkennung des göttlichen Schöpfungsaktes vom → Atheismus und vertritt demgegenüber die Idee einer „natürlichen Religion", also einer vernunftgemäßen Religion. Ihm standen u. a. John → Locke, → Voltaire oder Denis → Diderot nahe. Die Gegenposition des → Theismus vertritt die Auffassung, dass Gott nach der Schöpfung auch weiterhin lenkend in das Leben der Menschen eingreift. *jj*

Dekalog (griech. *deka* zehn; *logos* Wort) In imperativischer Form („Du sollst …"/„Du sollst nicht …") enthält der Dekalog die zehn Gebote, die Gott nach alttestamentlicher Überlieferung dem Mose auf dem Berg Sinai verkündete (Exodus 20,1–17); so das Gebot, den Sabbat zu respektieren, Vater und Mutter zu ehren, nicht zu morden, nicht zu stehlen, nicht die Ehe zu brechen, kein falsches Zeugnis abzulegen oder nicht den Besitz des Nächsten zu begehren. *jj*

Mose zeigt den Israeliten die Tafel mit den Zehn Geboten (Dekalog), die er auf dem Berg Sinai von Jahwe erhalten hat; Holzschnitt von Julius Schnorr von Carolsfeld, 1860.

Demokratie (griech. *demos* Volk; *kratein* herrschen) Staatsform, in der die Macht vom Volk ausgeht (Volkssouveränität) – im Unterschied zu Monarchie und Aristokratie. Das Volk wählt Vertreter seiner Interessen (repräsentative Demokratie) in politische Gremien (parlamentarische Demokratie), die ihrerseits eine Regierung bilden. Die Regierung unterliegt wiederum der parlamentarischen Kontrolle (Mehrkammernsystem, Regierung und Opposition). Zentrale Prinzipien einer demokratischen Verfassung sind die gesetzliche Garantie der Grundrechte, freie, gleiche und geheime Wahlen nach dem Mehrheitsprinzip sowie der Grundsatz der → Gewaltenteilung. Im Laufe der Geschichte bildeten sich verschiedene demokratische Staatsmodelle heraus: rechtsstaatliche Demokratie westlich-liberaler Prägung (z. B. in Deutschland), Räte- oder Volksdemokratien (unter Führung einer so genannten „Staatspartei", z. B. ehemals in der DDR), Mischformen zwischen Demokratie und Monarchie (z. B. in England, Dänemark, den Niederlanden, Spanien). Auch können Stellung, Einfluss und Machtbefugnis des gewählten Staatsoberhaupts (Präsident) je nach Verfassung unterschiedlich stark sein. *jj*

Denotation (lat. *denotare* bezeichnen, auf etwas hinweisen) Im Unterschied zur → Konnotation, versteht man unter der Denotation die konstante, nicht veränderbare begriffliche Grundbedeutung eines Wortes. Mit „Rose" ist beispielsweise die konkrete Blume gemeint, während die Konnotation des Wortes auch „Liebe" oder „Verehrung" sein kann. *jj*

Deontologie (griech. *deon* das Pflichtgemäße; *logos* Lehre, Wissenschaft) Ursprünglich wurde der Begriff von Jeremy → Bentham als Bezeichnung für den Versuch gebraucht, in seiner → utilitaristischen Ethik Pflicht und Eigeninteresse in ein ausgewogenes Verhältnis zu setzen. In einem weiteren Sinne bezeichnet der Begriff diejenigen ethischen Ansätze, die die Verbindlichkeit und Qualität sittlichen Handelns unabhängig von äußeren Zielsetzungen, Zweckbestimmungen oder möglichen Konsequenzen der jeweiligen Handlungen einzig und allein aus sich heraus ableiten. Besonders ausgeprägt ist diese Verpflichtung gegenüber dem als gut und richtig Erkannten in der Ethik Immanuel → Kants. *jj*

Descartes, René (Renatus Cartesius, 1596–1650) Französischer Mathematiker, Naturwissenschaftler und Philosoph. Descartes wurde auf einer Jesuitenschule erzogen; auf seinen Reisen durch Europa hielt er sich u. a. in Paris und den Niederlanden (seit 1629) auf, stand in Diensten des Feldherrn Tilly und folgte einem Jahr vor seinem Tod einer Einladung der schwedischen Königin Christine

René Descartes

nach Stockholm. Seinen Lebensunterhalt bestritt er aus dem väterlichen Erbe. Seine auf einem vorsätzlichen radikalen Zweifel an allen überkommenen Gewissheiten beruhende rationale Methode, die alles ablehnt, was nicht *clare et distincte* (klar und deutlich unterscheidbar) erkannt werden kann, führt zuletzt zu der unabweisbaren Erkenntnis *Cogito ergo sum* (Ich denke, also bin ich). Aus der Existenz dieser „res cogitans" (Subjekt) leitet Descartes die Existenz einer „res extensa" (Objekt, Materie) ab, die eben nicht nur auf Trug und Täuschung beruht. Aus der Idee eines allmächtigen Gottes als einer Vorstellung des unvollkommenen menschlichen Bewusstseins schließt Descartes auch auf dessen Existenz (→ Gottesbeweis). Auf mathematischem Gebiet beschäftigte sich Descartes mit Fragen der analytischen Geometrie wie der Algebra, wo er die „Descartes'sche Zeichenregel" – die algorithmische Auflösung einer Gleichung 4. Grades – entwickelte. In seiner mechanistischen Naturauffassung begriff er den Menschen (wie alle Lebewesen) als eine aus kleinsten, unterschiedlich ausgeprägten Teilchen *(corpuscula)* zusammengesetzte Maschine.

Werke: Discours de la methode (1637); Inquisitio veritatis per lumen naturale (1641). *jj*

Determinismus (lat. *determinare* vorherbestimmen) Die Lehre von der meist kausalen Vorbestimmtheit alles Geschehens, sei es in theologischer (durch Gott), kosmologischer (Naturgesetze) oder geschichtlicher Hinsicht (historischer → Materialismus). Der ethische Determinismus geht von der vielfachen Abhängigkeit und Bedingtheit menschlichen Handelns aus – etwa durch charakterliche Prägung, Instinkt oder Trieb – und leugnet in letzter, oft fatalistischer Konsequenz (Burrhus F. → Skinner) die freie Bestimmung des menschlichen Willens sowie die menschliche Verantwortlichkeit. Er bildet so die Gegenposition zum → Indeterminismus (→ Behaviorismus). *jj*

Deus absconditus (lat. der verborgene Gott) Die Wendung vom „verborgenen Gott" als Gott Israels geht auf das Buch des Propheten Jesaja im Alten Testament zurück, in dem es heißt: „Wahrhaftig, du bist ein verborgener Gott. Israels Gott ist der Retter." (Jesaja 45,15). Darüber hinaus bezeichnet der Begriff *deus absconditus* ganz allgemein die Vorstellung eines Gottes, der sich den Menschen nicht offenbart. *jj*

Deus ex machina (lat. Gott aus der Maschine) Begriff aus der Dramentechnik, der in der klassischen griechischen Tragödie das meist unvermittelte Eingreifen eines Gottes bezeichnet. Er bringt den tragischen, d. h. zunächst unlösbar erscheinenden Konflikt zu einem versöhnlichen oder aber katastrophalen Ende. Im weiteren Verlauf wird der Begriff für jede von außen kommende, dabei kaum oder nur schwer erklärbare Lösung gebraucht. Auch in der Alltagssprache wird die Bezeichnung *deus ex machina* für eine ebenso unerwartete wie unvorhergesehene Hilfestellung benutzt. *jj*

Dewey, John (1859–1952) Amerikanischer Philosoph, Psychologe und Pädagoge. Dewey war ab 1894 Professor für Philosophie in Chicago, 1904–1931 an der New Yorker Columbia-Universität. Dewey blendet bei der Untersuchung des menschlichen Verhaltens alle Fragen nach der psychischen Motivation oder den (subjektiven wie transzendentalen) Begründungszusammenhängen von Handlungen aus und beschränkte seine naturwissenschaftlich orientierte Perspektive auf zu beobachtende Verhaltensmuster, die er nach dem Modell von Reiz und Reaktion analysierte. Damit gehört er zu den Vertretern eines pragmatischen → Materialismus (→ Pragmatismus), der sich in seinen Theorien auch auf Erkenntnisse des → Behaviorismus stützt. Aus seiner These, dass das Denkvermögen des Menschen allein aus der Herausforderung und Bewältigung konkreter Probleme und Aufgabenstellungen resultiere, leitete Dewey Regeln der Konditionierung ab, die sowohl als Grundsätze für die → Erziehung als auch für das Zusammenleben sozialer Gemeinschaften gültig sein sollten. Deweys Thesen führten in den USA zu praktischen reformpädagogischen Konsequenzen – etwa in Form des so genannten Arbeitsunterrichts. *jj*

Dezisionismus (lat. *decisio* Entscheidung) Eine vor allem von dem Staats- und Verfassungsrechtler Carl Schmitt (1888–1985) beschriebene Verhaltensweise, die den eigenen unbedingten Willen zum Maßstab des Handelns macht – unabhängig von allen normativen Vorgaben oder Ordnungsrahmen, z. B. ethischer, juristischer oder politischer Natur. Der Dezisionismus birgt in letzter Konsequenz nicht nur die Gefahr des Relativismus, sondern in der Betonung der „großen Entscheidungspersönlichkeit" auch die Bildung totalitärer Strukturen. *jj*

Dharma (sanskrit *dhar* tragen) Im allgemeinen Sinn bedeutet Dharma Gesetz, Wahrheit und (philosophische) Lehre, ebenso Recht, Pflicht (so vor allem im Hinduismus), Tugend oder Gerechtigkeit. Im engeren Sinne ist damit die Lehre des Buddha gemeint. In der indischen Philosophie des Buddhismus ist Dharma die Bezeichnung für elementare Bestandteile, aus denen alles Seiende, ebenso das → Nirwana zusammengesetzt ist. *jj*

Diakonie (griech. *diakonos* Diener) Eine Einrichtung der evangelischen Kirche, die sich karitativer Tätigkeit (Hilfs- und Pflegedienste, Gemeindearbeit) widmet und hauptberuflich von eigens dafür geschulten Fachkräften ausgeübt wird. Das Diakonische Werk der evangelischen Kirche entstand 1957 aus dem Zusammenschluss der Inneren Mission und des Hilfswerks der evangelischen Kirche in Deutschland. In der katholischen Kirche gibt es zwei Formen des Diakonats: 1) Ein zukünftiger Priester erhält ein Jahr vor der Priesterweihe zunächst die Diakonenweihe. 2) Die Weihe zum Diakon als eigenständiges Amt steht (auch verheirateten) Männern nach einer mehrjährigen kirchlichen Ausbildung offen. Der Diakon hat in einer Gemeinde hauptsächlich karitative Aufgaben, ist aber z. T. auch in der Verwaltung, in der Liturgie und als Religionslehrer tätig. *jj*

Diakonisches Handeln im Mittelalter: Geistliche Studenten des Ave-Maria-Collegiums in Paris verteilen Essen und Schuhe an die Armen; Handschrift, 14. Jh.

Dialektik (griech. *dialektike* die Kunst der Unterredung) Philosophisches Verfahren, das durch die Gegenüberstellung von Gegensätzen und einander widersprechender Aussagen zur Wahrheitsfindung gelangt. In der griechischen Philosophie, so bei → Zenon von Elea und vor allem in den Platonischen Dialogen, dient die dialektische Methode der Beweisführung, der Begriffsklärung und zuletzt der Erkenntnis der → Ideen. Bei Georg W. F. → Hegel und nachfolgend dem Entwurf des dialektischen → Materialismus (vgl. auch Karl → Marx) wird die Konfrontation entgegengesetzter, dabei aber einander bedingender historischer Konstellationen als die der Weltgeschichte innewohnende Gesetzmäßigkeit gedeutet. Die Auseinandersetzung zwischen gesellschaftlichen Gegensätzen ermöglicht nach Hegel den Sprung auf eine qualitativ höhere Entwicklungsstufe (Thesis – Antithesis – Synthesis). In der → Antike und Spätantike verstand man unter Dialektik auch ganz allgemein die formale → Logik. *jj*

Dialog (griech. *dialogos* Gespräch) Die in Rede und Gegenrede, oft in Frage und Antwort geführte mündliche oder schriftlich fixierte Unterredung zwischen zwei (oder mehreren) Personen. In der Philosophie wurde der Dialog insbesondere in → Platons sokratischen Dialogen als Mittel eingesetzt, um auf anschauliche Weise → dialektisch Probleme zu erörtern. Auch in neueren philosophischen Entwürfen, etwa bei Martin → Buber oder Hans-Georg → Gadamer, kommt dem fruchtbaren Gedankenaustausch im lebendigen Dialog eine entscheidende Rolle zu. *jj*

Dianoetische Tugenden (griech. *dianoia* Denkkraft) Nach Aristoteles die sittlichen Kräfte der denkenden Vernunft, die das Individuum in die Lage versetzen, sein Wollen stets auf das sittlich → Gute auszurichten. Die dianoetischen Tugenden äußern sich in den menschlichen Fähigkeiten der Klugheit, Einsicht, Weisheit, Verständigkeit und Wohlberatenheit und werden etwa in Kunst und Wissenschaft wirksam. Damit lieferte Aristoteles das Muster für die Kardinaltugenden, wie sie zuvor schon Platon und später die christliche Lehre verkündeten. *jj*

Diaspora (griech. Zerstreuung) Zum einen die Bezeichnung für die Gebiete, in denen sich die Angehörigen einer Religionsgemeinschaft gegenüber Andersgläubigen wie der Bevölkerungsanzahl überhaupt in der Minderheit befinden. Zum anderen die Bezeichnung für diese Minderheiten selbst. Um die Betreuung evangelischen und katholischer Christen in der Diaspora kümmern sich jeweils eigene Dienste der beiden Kirchen. *jj*

Dictatus papae (mittellat. Verfügung des Papstes) Bezeichnung für 27 von Papst Gregor VII. im März 1075 verkündete Lehr- und Leitsätze, die die Vorherrschaft und Irrtumsfreiheit der römisch-katholischen Kirche bekräftigen. In ihren konkreten politischen Forderungen, z. B. Oberhoheit des Papstes über alle weltlichen und geistlichen Würdenträger, d. h. Recht zur Absetzung des Kaisers wie zur Ein- und Absetzung der Bischöfe, führten sie zum → Investiturstreit. *jj*

Diderot, Denis (1713–1784) Französischer Schriftsteller. Diderot war Herausgeber der „Encyclopédie", die zwischen 1751 und 1782 in 28 Bänden erschien und mit einem universalen Anspruch das Wissen der damaligen Zeit sammeln und systematisieren wollte. Für die Mitarbeit an diesem Werk gewann Diderot zahlreiche Gelehrte und Schriftsteller seiner Zeit und verfasste selbst mehrere tausend Artikel, die ein eindrucksvolles Zeugnis seiner umfassenden Bildung ablegen. Diderot schrieb zahlreiche Romane, Essays, ästhetische Schriften („Rameaus Neffe", „Versuch über die Malerei") und philosophische Dialoge. *jj*

Dilemma (griech. zweifache Voraussetzung, Annahme) Dilemma bezeichnet eine schwierige Lage, in der ein Individuum zwischen zwei Alternativen, für die jeweils gute und gleichwertige Gründe sprechen, wählen und sich für eine der beiden Möglichkeiten entscheiden kann, soll oder muss. Ein anschauliches Bild für eine solche Zwickmühle ist das Beispiel des „Buridanschen Esels", der sich zwischen zwei Heuhaufen nicht entscheiden kann und zuletzt verhungert. Im Bereich der Logik versteht man unter einem Dilemma die Form eines Schlusses, in der – um A zu genügen – die Bedingungen B oder C erfüllt sein müssen, die aber miteinander unvereinbar sind. *jj*

Dilthey, Wilhelm (1833–1911) Deutscher Philosoph und Philosophiehistoriker. Dilthey lehrte als Professor für Philosophie in Basel, Kiel, Breslau und Berlin. Er entwickelte in der zweiten Hälfte des 19. Jhs die so genannte geisteswissenschaftliche Methode, die → Hermeneutik, die er gegenüber der positivistischen (→ Positivismus), kausal-mechanischen

Denkweise der Naturwissenschaften abgrenzte. Zwischen „verstehen" und „erklären" trennend stellt er den Begriff des „Verstehens" in den Mittelpunkt seiner Hermeneutik. Es wird versucht, ein „Erlebnis" – womit vor allem der künstlerisch gestaltete Ausdruck von Lebenserfahrung gemeint ist – gedanklich nachzuvollziehen. In seiner Betonung des Lebens als fundamentaler Kategorie lässt sich Diltheys Entwurf deshalb auch als eine Form der → Lebensphilosophie verstehen. *jj*

Ding an sich Zentraler Terminus der Transzendentalphilosophie Immanuel → Kants, insbesondere in der „Kritik der reinen Vernunft" (1781), die sich mit der Frage nach den Bedingungen der Möglichkeit von Erkenntnis überhaupt befasst. Dort kommt Kant zu dem Ergebnis, dass die Erkenntnis des „Dings an sich" in seiner eigentlichen Beschaffenheit unmöglich ist, da die menschliche Wahrnehmung immer durch die Ausdehnungsformen von Raum und Zeit sowie durch die → Kategorien unseres Verstandes bestimmt ist. Das Ding an sich ist lediglich denkbar; als Denkbegriff ist es der Ausgangspunkt aller Erkenntnis. *jj*

Dionysos (griech. auch *Bakchos,* lat. *Bacchus*) In der griechischen Mythologie der Gott des Weines und der Fruchtbarkeit, Sohn des Zeus und der Semele. Er wurde in kultischen Feiern, den im Frühling stattfindenden Dionysien, verehrt. In der europäischen Geistesgeschichte erlangte das Dionysische als Prinzip der rauschhaften, ekstatischen und irrationalen Welterfahrung in der deutschen Romantik (Friedrich W. J. → Schelling) und dann vor allem zu Ende des 19. Jhs in der Philosophie Friedrich → Nietzsches eine zentrale Bedeutung, wo es dem Apollinischen (als dem Ausgeglichenen, Maßvoll-Harmonischen) entgegengesetzt wurde. *jj*

Dionysos und Silen; Silen ist ein zweibeiniges Mischwesen, teils milde und weise, teils lüstern dargestellt, häufig in Verbindung mit Dionysos.

Diskurs (lat. *discurrere* umherlaufen, urspr. Unterredung, Erörterung) Der Begriff wurde insbesondere durch Michel → Foucault in die (→ postmoderne) Diskussion eingeführt. Er bezeichnet als „Redeordnung" die Gesamtheit der Sprachakte und Sprechhandlungen, mit deren Hilfe sich eine Gesellschaft in einer jeweiligen historischen Situation über bestimmte Sachverhalte zu verständigen und dabei Einigung zu erzielen versucht. Dies bedeutet, dass aktuell oder akut gewordene Probleme – etwa der → Euthanasie – sowohl in einem medizinischen wie auch ethischen oder aber juristischen Diskurs behandelt werden können. Dabei schließen solche Diskurse alle möglichen Artikulationsformen ein, von der akademischen Erörterung über die politische Debatte, von künstlerischen Äußerungen bis zum Alltagsgespräch. Aufgabe der Diskursanalyse ist es, die jeweiligen Diskurse zu differenzieren und die in ihnen vorherrschenden Argumentationsmuster herauszuarbeiten, da sich Diskurse nicht im herrschaftsfreien Raum vollziehen, sondern interessengelenkt und -geleitet, und damit eben auch machtorientiert sind. *jj*

Diskursethik Methode der Begründung moralischer Normen, wie sie vor allem von Jürgen → Habermas und Karl-Otto → Apel entwickelt wurde. Jede

Sprachhandlung, die an Verständigung orientiert ist (→ Diskurs), setzt nach Habermas vier Grundannahmen voraus, die allgemein anerkannt sein müssen: 1) Jeder Sprecher beansprucht, dass seine Äußerungen verständlich sind. 2) Jeder Sprecher beansprucht, dass seine Äußerungen die Wahrheit treffen. 3) Jeder Sprecher beansprucht die Richtigkeit der Normen, die er in seinen Äußerungen voraussetzt. 4) Jeder Sprecher beansprucht die Wahrhaftigkeit seiner Neigungen und Absichten. – An der Diskursethik wird vor allem der hohe Abstraktionsgrad der moralischen Prinzipien kritisiert, zum anderen die Vernachlässigung der Frage, wie sich moralische Einsichten verwirklichen lassen. *ck*

Dogma (griech. Meinung, Verfügung) In der Religion wie Philosophie ein unbedingter Grund- und Lehrsatz, an dessen Gültigkeit keine Zweifel erlaubt sind: In der katholischen Lehre etwa die in der → Bibel überlieferten Zeugnisse göttlicher → Offenbarung. Im weiteren Sinne bezeichnet dieser heute meist negativ gebrauchte Begriff eine nicht weiter hinterfragte, oft unkritisch hingenommen Behauptung. Unter einem dogmatischen Auftreten versteht man eine starre, wenig flexible (Geistes-)Haltung. *jj*

Dreistadiengesetz Eine durch August → Comte formulierte Theorie, die den → Positivismus begründete. Danach durchläuft der Mensch in seiner Entwicklung zunächst eine theologische Phase, in der er die Erscheinungen der Welt durch das Wirken eines übernatürlichen Wesens erklärt. In der anschließenden metaphysischen Phase werden die Erscheinungen durch abstrakte Wesenheiten erklärt. Zuletzt gelangt der Mensch zu einer positivistischen, allein an den wahrnehmbaren Fakten orientierten Weltsicht. Durch Beobachtung und Experiment sollen die Zusammenhänge zwischen den wahrnehmbaren Fakten und den diesen zugrunde liegenden Gesetzmäßigkeiten erkannt und nutzbar gemacht werden: *savoir pour prévoir, prévoir pour prévenir* (wissen, um vorauszusehen, voraussehen, um vorzubeugen). *jj*

Drewermann, Eugen (geb. 1940) Katholischer Theologe und Psychoanalytiker. Drewermann war in Paderborn als Seelsorger und bis 1991 als Hochschullehrer tätig. In seiner Auslegung der Bibel und literarischer Texte, etwa Grimms Märchen, beschäftigte sich Drewermann mit den unter der Textoberfläche verborgenen Tiefenstrukturen und versuchte dabei insbesondere, familiäre oder geschlechtsspezifische Konflikte offen zu legen. Nicht zuletzt aufgrund des Bildes, das er 1989 in seinem Buch „Kleriker" von seinem eigenen Stand zeichnete, wurde Drewermann 1991 die kirchliche Lehrerlaubnis entzogen, 1992 erhielt er offizielles Predigtverbot.

Eugen Drewermann

Werke: Psychoanalyse und Moraltheologie (1982–1984); Kleriker (1989). *jj*

Dschihad (Djihad, arab. Anstrengung) Im Islam der so genannte Heilige Krieg, den die Muslime nach dem → Koran gegen nichtislamisches Gebiet führen dürfen. Der Tod im Dschihad führt direkt ins Paradies. Als „heilige Kriege", die aus religiösen und machtpolitischen Gründen geführt wurden, können auch die → Kreuzzüge angesehen werden. *jj*

Dualismus (lat. Zweiheit) Im Gegensatz zum → Monismus die philosophische oder religiöse Lehre, wonach alles Sein aus zwei einander entgegengesetzten, voneinander unabhängigen, nicht auseinander ableitbaren Prinzipen entsteht. Solche Gegensätze sind etwa Leib und Seele, Gott und Welt, Geist und Materie, Gut und Böse, Licht und Finsternis, → Yin und Yang. *jj*

E

Echnaton (1372–1354 v. Chr.) Ägyptischer Pharao. Echnaton führte gegen den Widerstand der etablierten Priesterschaft in seiner Amtszeit eine religionsgeschichtlich bedeutende Reform durch: Er erklärte die Sonnenscheibe Aton zur einzigen höchsten Gottheit im ägyptischen Götterhimmel und begründete einen umfassenden Sonnenkult in seinem Staatswesen. Seinen Namen änderte er von Amon („Amon-ist-zufrieden") in Echnaton („Der-Sonnenscheibe-gefällig"), löschte auf allen Inschriften den Namen Amon und entließ die Tempelpriesterschaft. Ausdruck und überliefertes Zeugnis des neuen Kultes ist der Sonnengesang des Echnaton („Schön ist dein Licht, Aton, erster der Lebenden"), ein achtstrophiger Sonnenhymnus, der dem Pharao zugeschrieben wird. Nach dem Tod Echnatons gelang es Priesterkreisen, die Reform zurückzunehmen und zum alten

Reliefbild der Königsfamilie Echnaton – Nofretete, um 1340 v. Chr.

Amon-Kult zurückzukehren. Echnaton wurde zum Abtrünnigen und Häretiker (→ Häresie) erklärt. In der Religionswissenschaft wird diese Phase der ägyptischen Geschichte als Henotheismus bezeichnet (griech. Ein-Gott-Glaube; bei einem Volk mit Vielgötterglaube wird ein Gott hervorgehoben und besonders verehrt), eine Zwischenstufe auf dem Weg vom kulturreligiösen → Polytheismus zum abrahamischen → Monotheismus. *cps*

Ehe Eine kulturübergreifende Sozialform, in der durch die öffentlich gemachte Verbindung von Ehemann und Ehefrau eine Neuordnung der bisherigen Familienstruktur entsteht. Die → Anthropologie erkennt vier grundsätzliche Charakteristika der Ehe, die in vielen Kulturen bis heute vorzufinden sind: 1) Die Frau verlässt ihre eigene Sippe oder Familie, um mit einem Mann eine neue Gemeinschaft zu gründen. 2) Rechte und Pflichten gegenüber Frau und Kindern werden von der Familie der Frau auf den Mann übertragen. 3) Die Familien der Eheleute finden durch die Heirat zu einer Allianz zusammen. 4) Der Eheschluss wird mit symbolischen Riten öffentlich gefeiert. – Eherituale gibt es in allen Religionen und Religionsformen. In der jüdisch-christlichen Tradition wird die Ehe zudem symbolisch gedeutet: Im Judentum ist die Ehe Abbild der Liebe im Göttlichen selbst, im Christentum Abbild der Liebe zwischen Gott und Mensch. Innerhalb der christlichen Religion entwickelte besonders der Katholizismus seit der → Scholastik eine komplexe Ehetheorie: Hier ist die Ehe die einzige dem menschlichen Wesen angemessene Lebensform, auf die lediglich für den jungfräulichen Lebensstand im → Zölibat verzichtet werden sollte. Allein in der Ehe hat die gelebte Sexualität ihren Platz und zwar mit dem Ziel der Kinderzeugung und Familiengründung. Die Unauflösbarkeit der katholischen Ehe führt angesichts steigender Scheidungszahlen in unserer Gesellschaft zahlreiche Katholiken in Konfliktsituationen. Die strikte Monogamie (griech. Ein-Ehe), wie sie die meisten christlichen Kirchen verlangen, steht im Gegensatz zur Praxis der Polygamie (griech. Vielfach-Ehe), wie sie bei Stammesreligionen, im Islam oder auch bei der christlichen Sekte der Mormonen möglich ist. *cps*

Eigentum Wer das Eigentum an einer Sache hat, besitzt das Recht, uneingeschränkt und ausschließlich über diese Sache zu verfügen. Der Begriff des Eigentums ist in der politischen Auseinandersetzung zwischen → Kapitalismus und → Kommunismus von zentraler Bedeutung: Während die Vertreter des Wirtschaftsliberalismus (Adam → Smith) in der Nutzung und Vermehrung des Privateigentums eine Garantie für die Förderung des Gemeinwohls und den „Wohlstand der Nationen" (A. Smith) sehen, kritisiert der auf Friedrich Engels und Karl → Marx aufbauende Kommunismus die Anhäufung von Produktionsmitteln in privater Hand als Ursache für → Entfremdung und Ausbeutung der besitzlosen Produktivkräfte. In der Bundesrepublik Deutschland, die sich laut ihrer Verfassung als „soziale Marktwirtschaft" definiert, ist das Privateigentum zwar gesetzlich geschützt, verpflichtet aber andererseits auch den Einzelnen mit Blick auf das Gemeinwohl. *cps*

Einstein, Albert (1879–1955) Deutscher Physiker. Einstein war seit 1914 Professor für Physik in Berlin. 1933 floh er vor den Nationalsozialisten in die USA, bis zu seinem Lebensende war er Professor am Institute for Advanced Studies in Princeton, New Jersey. Einstein gilt als bedeutendster Physiker des 20. Jhs. 1921 erhielt er für seine Arbeit über den fotoelektrischen Effekt (erschienen 1905), die so genannte Lichtquanten-Lehre, den Nobelpreis. In seinen Publikationen zur Speziellen und Allgemeinen Relativitätstheorie bricht Einstein mit den Grundannahmen der Newton'schen Physik (Isaak → Newton), indem er die bis dahin als absolut geltenden Kategorien von Raum und Zeit als voneinander abhängig („relativ") zeigt und ihre Existenz mit der Entstehung der Materie verbindet. Diese Entdeckung sorgte für große Verunsicherung in der Wissenschaftstheorie und führte zu einer allgemeinen Skepsis gegenüber Welterklärungsmodellen. Einstein selbst hielt aber an einer kosmischen Ordnung fest („Gott würfelt nicht!"). Während des Ersten Weltkriegs bezog er als „militanter Pazifist" (A. Einstein) gegen die Kriegspolitik in Deutschland Stellung. Als Jude sah er während des 2. Weltkriegs mit großer Sorge aus seinem amerikanischen Exil die nationalsozialistische Expansion und forderte in einem Brief an Präsident Roosevelt 1939 die Aufnahme des amerikanischen Atombombenprogramms. Später zeigte er sich schockiert über die Folgen der amerikanischen Atombombenabwürfe über Hiroshima und Nagasaki. Sein weiteres politisches Engagement galt daher vor allem dem Protest gegen das atomare Wettrüsten der neuen Supermächte. *cps*

Eklektizismus (griech. *eklegein* auswählen) Bezeichnung für einen philosophischen Standpunkt der Spätantike, dessen Vertreter kein eigenständiges, neues Denksystem schufen, sondern aus den verschiedenen Schulen und Traditionen der griechischen Philosophie Elemente und Gedanken entlehnten und diese zu einer neuen Einheit verbanden (z. B. → Cicero). Der Begriff wird auch in der Kunstgeschichte als Bezeichnung für Strömungen verwendet, die weniger originär als vielmehr auswählend und verbindend ausgerichtet sind. *cps*

Elenktik (griech. *elenchein* prüfen, widerlegen) Ursprünglich wurde der Begriff für den Vorgang der Überprüfung allgemein verwendet, heute ist damit vornehmlich die Gesprächstechnik des → Sokrates gemeint, wie sie in den Schriften → Platons überliefert ist. Sokrates hinterfragt hier jedes einzelne Argument seines Gesprächspartners, bis dieser sich in einer → Aporie befindet. *cps*

Emanation (lat. *emanare* ausfließen) Grundbegriff des → Neuplatonismus, einer philosophischen Strömung im Übergang von der Spätantike zum Mittelalter. Emanation bezeichnet den Vorgang, in dem das allumfassende, göttliche Eine in die Welt ausströmt und somit die Vielfalt der niederen Seinsformen aus sich selbst heraus schafft. *cps*

Emanzipation (lat. *emancipare* aus der väterlichen Gewalt, dem väterlichen Besitz entlassen) Befreiung des Menschen aus Abhängigkeit und Unfreiheit. Von Emanzipation wird vor allem im Kontext der Aufklärung (Immanuel → Kant: „Aufklärung ist der Aufbruch des Menschen aus seiner selbst verschuldeten Unmündigkeit") und der Frauen- und Bürgerrechtsbewegung des 20. Jhs („Gleichberechtigung der Frau") gesprochen. Die Denker der Aufklärung verstanden unter Emanzipation die Befreiung der Menschen aus der Bevormundung von Kirche und Monarchie. Die Vorkämpferinnen der Frauenemanzipation setzen sich für die Befreiung der Frauen aus juristischer, wirtschaftlicher und sozialer Benachteiligung durch die klassischen Geschlechterrollen in der bürgerlichen Gesellschaft ein. *cps*

Empathie (griech. *pathos* Leid; *empathein* mitleiden) Die Fähigkeit, sich in das Empfinden anderer Menschen hineinzuversetzen. *cps*

Empirismus (griech. *empeiria* Erfahrung) Philosophische Grundposition, nach welcher der Mensch seine Erkenntnisse im Wesentlichen aus der Erfahrung der sinnlich wahrnehmbaren Wirklichkeit schöpft. Im Gegensatz zum → Rationalismus, nach dem Erkenntnis rein durch Verstandesleistung möglich ist, geht der Empirismus davon aus, dass die Operationen des Verstandes lediglich auf den Erfahrungserkenntnissen aufbauen. Da die Erfahrungen der Menschen in der Regel subjektiv und uneinheitlich sind, gibt der Empirismus den Anspruch objektiver Erkenntnisfindung auf. Ansätze empirischer Philosophie gibt es bereits in der Antike (→ Aristoteles, → Epikur) und im Mittelalter (→ Nominalismus). Die wohl wirkmächtigste Form des Empirismus entstand im Laufe des 18. Jhs: In Abgrenzung vom kontinentaleuropäischen Rationalismus (René Descartes, Baruch de Spinoza, Gottfried W. Leibniz) etablierte sich in Großbritannien eine empirische Tradition, zu deren bedeutendsten Vertretern Thomas → Hobbes, John → Locke, George → Berkeley und David → Hume gehören. Empirismus und Rationalismus standen sich über ein Jh. lang unversöhnlich gegenüber, bis es Immanuel → Kant schließlich gelang, die beiden Grundpositionen in seinem Kritizismus zu verbinden. *cps*

Engel Geistwesen, die auf einer kosmologischen Stufe zwischen Gott und Mensch eingeordnet werden. Engel werden in fast allen Religionen der Welt bezeugt. In der jüdisch-christlichen Tradition ist der Engel ein Helfer Gottes, der

Der zum Bischof von Regensburg berufene heilige Wolfgang (gest. 994) bittet um ein Wunderzeichen. Ein Engel zeigt ihm in einer Monstranz (Schaugefäß für die geweihte Hostie) das Herz Jesu.

den Menschen in bestimmten heilsgeschichtlichen Momenten Gottes Botschaft überbringt (→ Epiphanie). Sowohl in der hebräischen Sprache des Alten Testaments *(maleak)* als auch im neutestamentlichen Griechisch *(angelos)* werden Engel deshalb als „Boten" bezeichnet: Ein Engel verkündet Maria die Empfängnis (Lukas 1,26–38), Engel verkünden am leeren Grab die Auferstehung Jesu (Matthäus 28,1–8; Markus 16,1–8; Lukas 24, 1–8). Im Alten Testament tauchen Engel hauptsächlich in den apokalyptischen Schriften auf (z. B. im Buch Sacharja). In den → Apokryphen ist die Vorstellung überliefert, dass die Mächte des Bösen, der Teufel und sein Anhang, auf einen gefallenen Engel zurückzuführen sind.

Während die heutige Theologie die Engel nur noch am Rande abhandelt, gab es in der Spätantike und im Mittelalter eine ausführliche und sehr differenzierte Engellehre. *cps*

Entelechie (griech. *en* in; *telos* Ziel; *echein* haben) Wörtlich kann Entelechie mit „etwas, was sein Ziel in sich selbst hat" übersetzt werden. Entelechie ist ein zentraler Begriff in der Philosophie des Aristoteles. Dieser bezeichnet mit Entelechie das aktive Prinzip, welches das Mögliche zum Wirklichen macht, indem es dem Stoff seine vorbestimmte Form gibt. So ist im Samenkorn die Möglichkeit und Form des Baumes angelegt und strebt nach Verwirklichung. Die Entelechie des menschlichen Körpers ist nach Aristoteles die Seele: In ihr ist von Anfang an die Potenz des menschlichen Wesens vorhanden. Durch ihr aktives Streben bringt sie den Menschen von der bloßen Möglichkeit (Bauplan, Anlagen, Merkmale) zur Wirklichkeit (menschliches Individuum), im Stoff nimmt die Form des menschlichen Wesens Gestalt an. Die Vorstellung, dass das gesamte Naturgeschehen durch vorbestimmte Ziele und Zwecke, auf die sich die Dinge hin entwickeln und entfalten, bestimmt ist, wird → Teleologie genannt. Andere bedeutende Denker, die in ihren Entwürfen auf das teleologische System des Aristoteles zurückgegriffen haben, sind → Thomas von Aquin, Gottfried W. → Leibniz und Johann W. von → Goethe. *cps*

Entfremdung Begriff aus der politischen Philosophie des Marxismus. Nach der Auffassung von Karl → Marx wird der Mensch, der nicht über eigene Produktionsmittel verfügt, sondern für einen Produktionsmittel Besitzenden arbeiten muss, seiner Arbeit entfremdet. Das Auszahlen eines Lohnes zeigt die Entfremdung zwischen dem Arbeitenden und seiner Arbeit, deren Produkt dieser nicht selbst genießen bzw. besitzen darf. *cps*

Entität (lat. *ens* seiend) Die Entität einer Person oder Sache, die sich am ehesten als „Seinshaftigkeit" übersetzen lässt, betont, dass etwas Sein hat, also ist. Der Gegenbegriff der *Quidditas* (lat. „Washeit") stellt dagegen heraus, was eine Person oder Sache ist, also wie sie beschaffen ist. Ein analoges Begriffspaar, das Sein und Sosein aussagt, ist Existenz und Essenz (→ Existenzialismus). *cps*

Entwicklungspsychologie Teilgebiet der → Psychologie, das sich mit der Entwicklung der menschlichen Psyche durch die verschiedenen Lebensstufen und Lebensalter beschäftigt. Als Vater der modernen Entwicklungspsychologie gilt Jean → Piaget, obwohl sich entwicklungspsychologische Theorien bereits im 18. Jh. finden, z. B. bei Jean-Jacques → Rousseau. Piaget begründete die Entwicklungspsychologie mit seinen Untersuchungen zur Entwicklung des menschlichen Geistes, der sich nach seiner Theorie von der sinnlichen Anschauung (Kleinkindalter) über das konkrete (Kindheit) hin zum abstrakt-theoretischen Denken (Jugend-/Erwachsenenalter) bewegt. Bezieht sich Piagets Stufenmodell der kognitiven (auf die Erkenntnis bezogenen) Entwicklung noch auf die Denkoperationen im engeren Sinne, so haben seine Schüler die Stufentheorie auf verschiedene andere Disziplinen der Psychologie übertragen: Lawrence → Kohlberg entwickelte eine Theorie des moralischen Lernens (Gewissensentwicklung), Erik H. → Erikson eine Stufenmodell der psychosozialen Stadien (Persönlichkeitsentwicklung), James W. → Fowler eine Theorie des religiösen Lernens (Glaubensentwicklung).

Literatur: R. Murray Thomas/Birgitt Feldmann: Die Entwicklung des Kindes, Weinheim/Basel ^{4}1994; Rolf Oerter/Leo Montada (Hg.): Entwicklungspsychologie, Weinheim ^{3}1995. *cps*

Enzyklika (griech. *en kyklo* im Kreis) Rund- oder Sendschreiben, heute vornehmlich verwendet für Rundschreiben des Papstes an seine katholische Weltgemeinde. Die Enzykliken haben für den Gläubigen verbindlichen Charakter, sie werden in der Regel mit den beiden ersten Worten des lateinischen Originaltextes zitiert, z. B. „Humanae vitae" (Über die rechte Ordnung der Weitergabe *menschlichen Lebens*, 1968). *cps*

Enzyklopädie (griech. *en kyklo* im Kreis; *paideia* Bildung) Der Begriff stammt aus der griechischen Antike und bezeichnet das Maß an Bildung, das einem freien Jüngling im Rahmen der Erziehung vermittelt werden sollte. Auch die christliche Religion griff auf diese griechische Vorstellung der Allgemeinbildung zurück und richtete die sieben antiken Fächer Arithmetik, Geometrie, Harmonielehre, Astronomie (Quadrium), Grammatik, Rhetorik und Dialektik (Trivium) als „Sieben freie Künste" an den Kloster- und Domschulen des Mittelalters ein. Nur wer das Studium der freien Künste erfolgreich durchlaufen hatte, war „rundherum" *(enkyklios)* gebildet und durfte nun das eigentliche Studium (Theologie, Medizin oder Rechtswissenschaften) beginnen. Seine heutige Bedeutung erhielt der Begriff in der Aufklärung: Zwischen 1751 und 1780 gaben die französischen „Enzyklopädisten" Jean Le Rond d'Alembert und Denis → Diderot die 35-bändige „Encyclopédie ou dictionnaire raisonné des scienes, des artes et des metiers" heraus, in der sie das gesamte bis dahin bekannte Wissen auf dem Gebiet der Künste, Geistes- und Naturwissenschaften sammeln und damit jedermann zugänglich machen wollten. Die Encyclopédie wurde bald zum Vorbild für zahlreiche andere Lexika, z. B. die Encyclopaedia Britannica, den Brockhaus oder das Meyersche Konversationslexikon, und gab damit der Gattung des Nachschlagewerks seinen Namen. *cps*

Epiktet (um 50–130) Griechischer Philosoph. Epiktet wurde in Phrygien geboren und kam als Sklave nach Rom ins Haus eines Vertrauten von Kaiser Nero. Vermutlich wurde er im Dienst einmal so geschlagen, dass er eine Lahmheit zurückbehielt. Nachdem er freigelassen worden war, betrieb er philosophische Studien, deren Grundgedanken lauten: Unterscheide zwischen dem, was in unserer Macht steht (Meinung, Trieb, Begierde, Abneigung), und jenem, was nicht in unserer Macht ist (Leib, Besitz, Ansehen, Stellung); wenn du die Bereiche verwechselst, wirst du unter Schicksalsschlägen mental leiden; wenn du sie auseinander hältst, kann dich nichts um deine Seelenruhe bringen. Epiktet hinterließ nichts Schriftliches. Sein „Handbüchlein der Moral" (griech. *Encheiridion)* und seine „Lehrgespräche" *(Diatriben)* verdanken wir den Aufzeichnungen von Schülern.

Ausdrücklich von Epiktets Lehre leitet sich die Rational-Emotive-Verhaltens-Therapie her (REVT, ursprünglich RET), die von Albert Ellis Mitte der 50er-Jahre in den USA begründet wurde. Ellis geht davon aus, dass wir Erlebnissen nicht passiv ausgeliefert sind, sondern dass es an uns liegt, wie wir bestimmte Ereignisse bewerten und wie wir emotional darauf reagieren. *wl*

Epikur (340–270 v. Chr.) Griechischer Philosoph. In Epikurs Konzept der Lebensführung spielt die gemäßigte, mithilfe der Vernunft gesteuerte Befriedigung der Lust eine zentrale Rolle. Der Mensch kann als sterbliches Triebwesen nur zur Glückseligkeit finden, wenn es ihm gelingt, seine körperliche wie geistige Lust zu befriedigen. Dabei geht es Epikur nicht um plumpe Sinnesfreuden, auch

Epikur

wenn er später so interpretiert wurde. Vielmehr ist es Aufgabe der Vernunft, die verschiedenen menschlichen Triebe in Einklang zu bringen, sodass eine leidenschaftslose Gemütsruhe (→ Ataraxia) einkehren kann. In ihr findet der Mensch sein höchstes Ziel. Epikurs Lehre wurde im Laufe der Philosophiegeschichte oft grob vereinfacht und missgedeutet, oft wurde ihm der Vorwurf gemacht, er vertrete eine rein lustorientierte, hedonistische (→ Hedonismus) Philosophie des Augenblicks. Zwischen seiner 306 v. Chr. gegründeten Schule der Epikureer und der Schule der → Stoa wurde ein unaufhebbarer Gegensatz konstruiert. Dabei gibt es durchaus Übereinstimmungen zwischen der Gemütsruhe der Ataraxie bei Epikur und der Leidenschaftslosigkeit des Stoikers, der → Apathie.

Literatur: W. Kautz (Hg.): Briefe, Sprüche, Werkfragmente, Stuttgart 1985. *cps*

Epiphanie (griech. *epiphainomai* in Erscheinung treten) Religionswissenschaftlicher Begriff für das In-Erscheinung-Treten des Göttlichen oder Heiligen („Hierophanie") in der wahrnehmbaren Welt der Menschen. Alle Religionsformen kennen das Ereignis der Epiphanie, sei es im Zusammenhang mit magischen Ritualen bei den Stammesreligionen oder in der Form der → Offenbarung, in welcher sich ein Gott oder ein göttliches Wesen den Menschen kundtut (Dornbusch-Epiphanie des Mose, Erscheinungen Mohammeds). Das Christentum versteht unter Epiphanie im engeren Sinne die Erscheinung Gottes in Jesus von Nazareth, wie sie in den → Evangelien überliefert wird. Besonders bekannt ist die Geschichte von den drei Sterndeutern, die nach Bethlehem ziehen, um die „Erscheinung des Herrn" zu verehren (Matthäus 2). Noch heute feiert die orthodoxe Ostkirche deshalb das Weihnachtsfest am 6. Januar, dem Festtag „Epiphania" (der „Erscheinung des Herrn"). *cps*

Erasmus von Rotterdam (1466–1536) Theologe und Humanist der Reformationszeit, Berater von Kaiser Karl V. Durch seine Freundschaft zu den englischen Gelehrten John Colet und Thomas → Morus gelangte Erasmus zu seinem Konzept eines christlichen → Humanismus, in dem er die Botschaft Jesu Christi mit der Weisheit der antiken Philosophie zu verbinden versuchte. Erasmus veröffentlichte 1516 die erste textkritische Ausgabe des Neuen Testamentes in Griechisch – eine bedeutende Leistung, da die Bibel bis dahin vornehmlich in lateinischer Sprache (in der so genannten Vulgata) überliefert worden war. Von seinem Wesen her scheu, sensibel und feingeistig, geriet Erasmus wider Willen zwischen die Fronten der Reformation. Hatte

links: Mose kniet vor der Epiphanie Gottes im Brennenden Dornbusch (Exodus 3,1–15); Marc Chagall.

rechts: Epiphanie dreier Engel bei Abraham: sie kündigen ihm die Geburt eines Sohnes an (Genesis 18); Darstellung von Lorenzo Ghiberti auf der 1452 vollendeten Osttür des Baptisteriums in Florenz.

er anfänglich die Forderungen Martin → Luthers nach einer grundsätzlichen Reform der Kirche unterstützt, distanzierte er sich später von dem Reformator. Spätestens nach dem Bruch Luthers mit Kaiser und Kirche zog Erasmus sich von diesem zurück und erntete dafür dessen Hass und Abscheu. Bei einem Aufenthalt in Basel wurde Erasmus von der dortigen Reformation überrascht und musste nach Freiburg fliehen. Ein Jahr vor seinem Tod konnte er nach Basel zurückkehren. *cps*

Erbsünde Begriff für den grundsätzlichen Fehlzustand des Menschen, in dem sich dieser nach christlicher Sicht von Beginn der Geschichte an befindet (eigentlich „Ursprungssünde" von lat. *peccatum originale*). Die Möglichkeit des Menschen, seine Freiheit zu missbrauchen, und die Beobachtung, dass kein Mensch vor diesem Hang zum Bösen gefeit ist, wurden von den Verfassern des biblischen Buches Genesis in der Geschichte vom Sündenfall reflektiert: Die ersten Menschen, Adam und Eva, missbrauchen ihre von Gott gegebene Freiheit und kosten vom Baum der Erkenntnis. Wegen dieser ersten aller Sünden („Ursprungssünde") werden sie von Gott aus dem Paradies vertrieben, ihr Geschlecht ist fortan der Macht des Bösen ausgeliefert (Genesis 3). Was im Alten Testament noch als symbolische Erzählung gestaltet war, wurde bei Paulus im Neuen Testament zu einer detaillierten Theologie der Sünde. → Augustinus entwickelte schließlich eine ausführliche Erbsündenlehre, die bis heute in der katholischen Kirche Gültigkeit hat. Danach wird der „Makel der Adamsünde" von jedem Menschen durch die Lust beim Zeugungsakt übertragen – hieraus erklärt sich maßgeblich das bis heute negative Verhältnis des katholischen Lehramtes zur Sexualität. Entsprechend sind auch die Säuglinge und Kinder bereits der Erbsünde verfallen. Erlösung kann es nur durch die Gemeinschaft mit Jesus Christus geben, wie sie im → Sakrament der Taufe vollzogen wird. Diese Auffassung führte konsequenterweise zur Abschaffung der Erwachsenentaufe und Einführung der Kindertaufe, wie sie auch heute noch praktiziert wird. *cps*

Eremit (griech. *eremos* einsam) Einsiedler, der sich in die Wüste oder ein Gebirge zurückzieht, um sich ganz auf Gebet und geistliche Übung zu konzentrieren. Das Eremitentum ist ein strenger Zweig des christlichen → Mönchtums, der gegen Ende des 3. Jhs n. Chr. vor allem im ägyptischen Raum entstand. Ein wichtiger Vorreiter war Antonius, den die katholische Kirche später als Heiligen und „Mönchsvater" verehrt hat. Antonius verließ bereits als junger Mann sein ägyptisches Heimatdorf und zog sich besitzlos in ein Wüstengebirge zurück, um sein Leben ganz der Gottessuche in → Meditation, → Gebet und Fasten zu widmen. Bis ins hohe Mittelalter entstand so eine kontinuierliche Tradition des Eremitentums, die ihren Höhepunkt in der Gründung eremitischer Reformorden wie der Augustiner-Eremiten oder der Kartäuser fand. *cps*

Erikson, Erik Homburger (1902–1994) Deutschstämmiger Psychoanalytiker, der später in die USA emigrierte. In seiner Theorie der psychosozialen Entwicklung verbindet Erikson die psychoanalytische Theorie Sigmund → Freuds (→ Psychologie / Psychoanalyse) mit einer Untersuchung der menschlichen Persönlichkeitsentwicklung. Während Freud vornehmlich die seelischen Erkrankungen der Menschen untersucht hatte, interessierte sich Erikson für die Frage, was Voraussetzungen für eine gesunde Persönlichkeitsbildung seien. Nach seiner Theorie durchläuft jeder Mensch in seiner Lebensgeschichte eine Reihe von Identitätskrisen, von deren Bewältigung die Entwicklung einer gesunden Persönlichkeit abhängt: In allen Lebensphasen steht der Mensch in der Spannung entgegengesetzter Persönlichkeitsmerkmale.

Als Säugling ist er vollkommen von der mütterlichen Bezugsperson abhängig und erlebt so das Schwanken zwischen Urvertrauen und Misstrauen. Als Kind sind die beiden Pole Werksinn, also die Möglichkeit, Aufgaben zu bewältigen, und Minderwertigkeitsgefühl, wenn eben dieses nicht gelingt. Der Erwachsene erlebt später die Spannung von Generativität, also der Fähigkeit, Kinder zu zeugen und zu erziehen, und Stagnierung. Insgesamt unterscheidet Erikson acht solcher Krisen: 1) Säuglingsalter: Vertrauen – Misstrauen, Bezugsperson: Mutter; 2) Kindheit (2–3 Jahre): Autonomie – Scham/Zweifel, Bezugsperson: Eltern; 3) Kindheit (3–6 Jahre): Initiative – Schuldgefühl, Bezugsperson: Familie; 4) Kindheit (7–12 Jahre): Werksinn – Minderwertigkeit, Bezugsperson: Schule; 5) Pubertät (12–18 Jahre): Identität – Identitätsdiffusion, Bezugsperson: Peer-Group/Clique; 6) Erwachsen (20–30 Jahre): Intimität – Selbstbezogenheit, Bezugsperson: Freunde/Rivalen; 7) Erwachsen (30–50 Jahre): Generativität – Stagnierung, Bezugsperson: Partner; 8) Erwachsen (50 und älter): Integrität – Verzweiflung, Bezugsperson: Menschheit. – Da sich jede Krise im Verhältnis zu einer Bezugsperson bzw. -gruppe zeigt, nennt man Eriksons Entwurf auch die „psychosoziale Entwicklungstheorie" (→ Entwicklungspsychologie).

Werke: Jugend und Krise (1970); Identität und Lebenszyklus (1973). *cps*

Erkenntnis Vorgang der Einsicht in das tatsächliche Wesen einer Person oder Sache („erkennen"). Seit der Antike wird dieses Streben nach Einsicht, auch „die Suche nach Wahrheit", als die Hauptaufgabe der Philosophie verstanden. So fordert → Sokrates die Menschen auf, „zu erkennen, dass sie nichts wissen können", also die Beschränktheit menschlicher Erkenntnis zu begreifen. Sein Schüler → Platon beantwortete diesen Skeptizismus mit dem → Höhlengleichnis, in dem er ausmalt, wie der Mensch von einfacher sinnlicher Wahrnehmung zu höherer geistiger Erkenntnis aufsteigen kann, wenn er bereit ist, sich einem schmerzhaften Prozess des Lernens und der Entwicklung zu unterwerfen. In der Neuzeit drehte sich die philosophische Diskussion vor allem um die Frage, wie die menschliche Erkenntnis zustande kommt und ob dabei den Sinnen (→ Empirismus) oder dem Verstand (→ Rationalismus) die primäre Rolle zukommt. Innerhalb der philosophischen Wissenschaft werden diese Fragen in der Disziplin der Erkenntnistheorie abgehandelt. Diese Disziplin ist durch die zentrale Frage „Was kann ich wissen?" gekennzeichnet, während die → Ethik darauf aufbauend fragt „Was soll ich tun?". Die → Metaphysik fragt darüber hinaus „Was darf ich hoffen?". Alle drei Disziplinen lassen sich nach Immanuel → Kant in der zentrale Frage der → Anthropologie „Was ist der Mensch?" zusammenfassen. *cps.*

Erlösung Im allgemeinen Sprachgebrauch wird unter Erlösung die Befreiung von körperlichen oder seelischen Qualen verstanden. Erlösung ist ein Grundbegriff jeder höheren Religion. Im Christentum bedeutet Erlösung die Überwindung des von Schuld und Leid geprägten sündhaften Lebens. Das Erlösungswerk und die Nachfolge Jesu Christi sind für Christen die Voraussetzungen dafür, dass das vollkommene Leben in Gott erreicht werden kann. Im Hinduismus und Buddhismus ist Erlösung die Selbstbefreiung des Menschen aus der sich wandelnden Welt der Materie hin zur Identifikation mit dem Absoluten. Die Erlösung wird dabei durch Askese und mystische Erkenntnis erreicht. *ck*

Eros In der griechischen Mythologie der Sohn der Göttin Aphrodite, Gott der geschlechtlichen Liebe. Er gilt als jüngster der Götter und wird entsprechend als unvorsichtig, wechselhaft und launisch beschrieben. Mit seinen Pfeilen verwundet er die Herzen der Menschen. In der römischen Mythologie wird er später Amor bzw. Cupido genannt. In der Philosophie → Platons wird Eros umgedeutet: In Platons „Symposion" (Gastmahl) ist Eros die verkörperte Liebe zum Schönen und zur Weisheit, also die körperliche wie geistige Zeugungskraft. Aus diesem Zusammenhang stammt auch der Begriff des „pädagogischen Eros". Gemeint ist damit die Begeisterung des Lehrenden für das Gute, Wahre und Schöne, die danach drängt, sich dem Schüler mitzuteilen und diesen so auf eine höhere Stufe der → Erkenntnis (→ Höhlengleichnis) zu führen. Unser heutiges Wort „Erotik" ist dagegen insofern irreführend, als hier entgegen der griechischen Bedeutung die Liebe allein auf das körperlich-sinnliche Begehren reduziert wird. *cps*

Erziehung Oberbegriff für alle Maßnahmen und Tätigkeiten, mit denen der heranwachsende Mensch zur Erwachsenheit und Mündigkeit geführt werden soll. Die Wissenschaft von der Erziehung wird Pädagogik genannt. *cps*

Eschatologie (griech. *eschaton* das Letzte; *logos* Lehre, Wissenschaft) In der christlichen Theologie die Lehre von den „letzten Dingen", also von Tod, Auferstehung, Weltgericht und Ewigem Leben. Die Eschatologie schöpft ihre Erkenntnis aus der Untersuchung der biblischen Bilder vom Weltende und dem Leben bei Gott, wie sie sowohl im → Alten Testament als auch im → Neuen Testament – hier besonders in der → Apokalypse des Johannes – ausgemalt werden. *cps*

Esoterik (griech. *esoteros* nach innen gerichtet, verborgen) Als esoterisch bezeichnet die Religionswissenschaft eine Glaubens- oder Kultgemeinschaft, die ihre religiösen Lehren nur ihren Mitgliedern anvertraut, sich nach außen hin aber von der Gesellschaft abschirmt. So galten verschiedene antike Mysterienreligionen wie auch verschiedene Gruppen im frühen Christentum als esoterisch. Heute wird Esoterik als Sammelbegriff für die Vielzahl neuer pseudoreligiöser Gruppen und Sekten verwendet, die sich einer wissenschaftlichen Überprüfung ihrer Inhalte entziehen, um ihr Wissen stattdessen einem kleinen Kreis von Auserwählten, Eingeweihten und Erleuchteten anzuvertrauen. Zur Esoterik zählen beispielsweise Astrologie, → Okkultismus, Satanismus, Spiritismus oder Ufologie. *cps*

Essener (auch Essäer; aramäisch: die Frommen) Jüdische Gemeinschaft mit strengen Vorschriften, die tägliche Waschungen und einen regelmäßigen Rhythmus von Gebet, Schriftauslegung und Arbeit vorsahen. Die Gemeinschaft entstand im zweiten vorchristlichen Jh. und hatte bis 70 n. Chr. Bestand. 1947 wurden in Höhlen am Toten Meer Schriftrollen entdeckt (Schriftrollen von → Qumran), die aus der Zeit vom zweiten vorchristlichen bis zum ersten nachchristlichen Jh. stammen und auch über das Leben der Essener Auskunft geben. Die in populärwissenschaftlichen Publikationen immer wieder behauptete These, die Essener hätten urchristliche Vorstellungen verwirklicht, sowie der Vorwurf einer Verschwörungstheorie, wonach die katholische Kirche die Publikation der Textrollen sabotieren würde, werden von der Forschung mehrheitlich abgelehnt. *ck*

Ethik (griech. *ethos* Sitte, Brauch) Die philosophische Teildisziplin, die nach dem rechten Handeln fragt und somit über Moral (Werte, Normen, Gesetz) und ihre Begründung nachdenkt. Ethik ist somit Moralphilosophie. Der Begriff wurde durch → Aristoteles in die Philosophie eingeführt *(ta ethika* die Sittenlehre) Immanuel → Kant charakterisierte die Ethik durch die Frage: „Was soll ich tun?" (→ Erkenntnis). Die Ethik ist damit im Gegensatz zu Erkenntnistheorie und → Metaphysik praktische Philosophie, da sie das Handeln des Menschen in den Blick nimmt und prüft (griech. *praxein* handeln). In der abendländischen Ethik bürgerte sich die Verwendung von Begriffspaaren ein, welche die verschiedenen Strömungen und Typen von ethischen Modellen erfassen wollen. So ist Ethik entweder heteronom (griech. durch andere, also durch Gott, statt durch Menschen) begründet oder autonom (griech. durch sich selbst, also durch den Menschen), d. h. ihre Werte stammen aus der religiösen Tradition (z. B. die Zehn Gebote oder die Bergpredigt) oder werden von der menschlichen Gemeinschaft festgelegt. Sie zeigt sich formal, indem sie nach Prinzipien der Moralfindung sucht – das berühmteste Beispiel ist Kants → Kategorischer Imperativ –, oder aber material, wenn sie Inhalte, also bestimmte Werte festlegen will. Des Weiteren unterscheidet man zwischen deontologischer (griech. *deon* Pflicht) und eudaimonistischer Ethik (griech. *eudaimonia* Glückseligkeit), wenn das Verhältnis des Handelnden zu seinem Entscheidungsgrund beschrieben werden soll: Handelt dieser aus Pflicht oder nur aus persönlicher Zustimmung? Auch wird zwischen → Gesinnungs- und → Verantwortungsethik (Folgeethik) unterschieden: Erstere beurteilt die handelnde Person nach ihren grundsätzlichen Prinzipien, unabhängig davon, ob diese für den aktuellen Einzelfall hilfreich sind, die Folgeethik berücksichtigt die Folgen der Handlung im konkreten Einzelfall.

Die Disziplin der Ethik nahm in der Philosophie der antiken Denker eine zentrale Rolle ein, besonders bei → Sokrates, → Aristoteles, → Epikur und → Zenon von Kition. Später geriet die Moralphilosophie in den Hintergrund der großen ontologischen Diskussionen (→ Ontologie) des Mittelalters und blieb in der Neuzeit lange im Schatten der fundamentalen erkenntnistheoretischen Debatte zwischen → Empirismus und → Rationalismus. Erst Kant stellte durch seine moralphilosophischen Schriften die Ethik zu Beginn des 19. Jhs wieder als philosophische Disziplin in den Vordergrund.

Heute steht die Ethik vor großen Aufgaben und Herausforderungen, da durch die Vielzahl neuer technischer Möglichkeiten, z. B. in der Biotechnik oder der Informationselektronik, die Frage „Wie sollen wir handeln?“ je neu zu stellen ist.

In vielen Bundesländern der BRD gibt es inzwischen das Schulfach Ethik, meist als Ersatzfach für die traditionelle evangelische oder katholische Religionslehre. Dieser Fächername ist jedoch irreführend, da sich die Lehrpläne für dieses Fach selten auf die Disziplin der Ethik beschränken, sondern meist Inhalte aus Sozialkunde, Philosophie und Religionswissenschaft verbunden haben. Insofern darf das Schulfach Ethik nicht mit der philosophischen Disziplin Ethik gleichgesetzt werden. *cps*

Ethos (griech. *ethos* Sitte, Brauch) Bezeichnung für die sittliche Gesinnung einer Person, Gemeinschaft oder Berufsgruppe. Beispielsweise ist das Ethos der Ärzte grundgelegt im → Eid des Hippokrates. *cps*

Eucharistie (griech. *eucharistein* sich dankbar zeigen, danken) Katholischer Begriff für das zentrale → Sakrament des → Abendmahls (später entstandene Begriffe sind Messe, Messfeier, Heilige Kommunion), bei dem sich die Gemeinde der Gläubigen in einem symbolischen Mahl des Abschiedsmahls Jesu erinnert und die Gegenwart des auferstandenen Herrn in der Gestalt von Brot und Wein feiert. Indem jede katholische Gemeinde sonntags zu diesem Gedächtniskult zusammenkommt, erweist sie sich dankbar (*eucharistein*) für das Opfer ihres Herrn Jesus Christus.

Es gehört zum Wesentlichen des katholischen Glaubens, dass Brot und Wein während der Eucharistiefeier in das wirkliche Fleisch und Blut Jesu verwandelt werden, sobald ein Priester durch die Wiederholung der Wandlungsworte Jesu (1. Korintherbrief 11,23–25) dessen Gegenwart herbeiruft. Deshalb spricht man bei der Eucharistiefeier nicht von einer symbolischen, sondern von der realen Gegenwart Jesu Christi, die mit dem theologischen Begriff der „Realpräsens" bezeichnet wird. *cps*

Eudaimonia Griechisches Wort für Glückseligkeit. Zentraler Begriff der Philosophie des Aristoteles, der in seiner Ethik die Glückseligkeit als Ziel allen Strebens herausstellte. *cps*

Euthanasie (griech. *eu* gut; *thanatos* Tod) In der Antike bezeichnete der Begriff den leichten, angenehmen Tod, den sich die Griechen als Ideal wünschten. Heute hat der Begriff vornehmlich zwei Bedeutungen: 1) Sterbehilfe, d. h. das Töten auf Verlangen (aktive Euthanasie), indem z. B. ein tödliches Medikament verabreicht wird, oder die Hilfe bei einer Selbsttötung (passive Euthanasie), indem das Medikament z. B. nur besorgt und zur Verfügung gestellt wird. Die im Grenzgebiet von Medizin, Religion, Ethik und Rechtsprechung angesiedelte Frage, inwieweit Mediziner (oder auch andere Personen) den Prozess des menschlichen → Sterbens befördern oder abkürzen sollen oder dürfen, wird in der Öffentlichkeit kontrovers diskutiert. Bis auf wenige Ausnahmefälle (§ 216 StGB) wird die Sterbehilfe als Tötungsdelikt (§ 211–213, 222, 229 StGB) bestraft. 2) Tötung so genannten „unwerten Lebens" durch das nationalsozialistische Regime in Deutschland zwischen 1933 und 1945. In groß angelegten „Säuberungsaktionen" verfolgten die Nationalsozialisten geistig wie körperlich behinderte Menschen, die sie als „Ballastexistenzen" für die Volksgemeinschaft empfanden. Trotz heftiger Proteste kirchlicher Kreise wurden durch die Nationalsozialisten ca. 110 000 Behinderte in Deutschland ermordet. *jj/cps*

Evangelium (griech. *eu* gut; *angelia* Botschaft; d. h. die gute Nachricht) Ursprünglich ein Begriff aus der Missionssprache der ersten Christen, mit dem die Heilsbotschaft von Jesus dem Christus bezeichnet wurde. Später wählten die Christen der zweiten Generation „Evangelium" als Titel für ihre verschriftlichten Berichte über das Leben und Wirken des Jesus von Nazareth. In diesem Zusammenhang verwenden wir den Begriff des Evangeliums noch heute. Diese Schriften bilden eine literarisch eigenständige Gattung, die nicht mit den damals üblichen Biografien vergleichbar ist, da es ihren Verfassern nicht um die legendäre Darstellung einer berühmten Persönlichkeit, sondern um die Verkündigung (griech. *kerygma*) der Menschwerdung Gottes ging. Von der Kirche wurden die vier Evangelien nach Markus, Matthäus, Lukas und Johannes in den Kanon des Neuen Testaments aufgenommen. Es gab allerdings in den ersten Jahrhunderten n. Chr. eine Reihe weiterer Evangelien, die aber von der Kirche nicht anerkannt wurden, z. B. das Thomas-, Marien- oder Petrus-Evangelium. *cps*

Illustrationen zum Lukasevangelium im armenischen Buch der vier Evangelien; Handschrift des 12. Jhs.

Evidenz (lat. *evidens* herausscheinend) Einsichtigkeit eines Grundsatzes, einer Aussage oder eines Sachverhalts, die so offensichtlich und dem Verstand einleuchtend ist, dass sie nicht bewiesen werden muss. *cps*

Evolutionslehre (lat. *evolvere* hervorströmen, herausdrängen) Abstammungslehre, deren Grundprinzip die gerichtete und kontinuierliche Entwicklung von Anlagen und Wesensmerkmalen ist, nicht aber der Umsturz, also die Revolution. Verbunden wird dieser Begriff heute in der Regel mit der Abstammungstheorie Charles → Darwins: Grundgedanke seiner Theorie ist, dass die Entstehung der Artenvielfalt und ihre ständige Weiterentwicklung auf die so genannte „natürliche Auslese“ (Selektion) zurückzuführen ist. So hat sich das Leben auf der Erde dadurch entwickelt und entfaltet, dass die Pflanzen- und Tierarten, die in ihrem Lebensraum die optimalen Überlebenschancen haben, den Kampf um das Dasein *(struggle for life)* überleben und sich fortpflanzen, während die schwächeren Arten von der Natur ausgemerzt werden. Allein die am besten angepassten Arten überleben *(survival of the fittest)* und können ihr genetisches Material durch Fortpflanzung weitergeben. Entsprechend lässt sich für die Entstehung der Arten ein Stammbaum konstruieren, an dessen Anfang vor rund einer Milliarde Jahren eine fortpflanzungsfähige „Superzelle“ stand, aus der sich die verschiedenen Pflanzen, Fische, Reptilien, Säugetiere und schließlich der Mensch entwickelten. Alle Arten, die heute in ihrer Vielfalt existieren, setzten sich folglich im *struggle for life* durch, während unzählige andere im Lauf der Evolution selektiert wurden (Beispiele sind die Dinosaurier oder der Homo neanderthalensis).

Die Evolutionslehre war bereits zu Darwins Zeiten umstritten. Auch heute lehnen viele religiöse Menschen die Evolutionslehre ab, obwohl sie wissenschaftlich akzeptiert und weiterentwickelt wurde. So ist in verschiedenen stark evangelikal geprägten Bundesstaaten der USA das Unterrichten der Evolutionslehre in der Schule verboten, da man darin eine Beleidigung der religiösen Gefühle der Menschen durch eine nicht zu belegende Theorie sieht. In der katholischen Kirche ist die Evolutionslehre akzeptiert, ohne dass darin ein Widerspruch zum Schöpferglauben der Bibel gesehen wird. *cps*

Exegese (griech. *exegesis* Herausführung) Auslegung eines Textes, im besonderen von Rechtsdokumenten und Heiligen Schriften. Der ursprünglich griechische Begriff *exegesis* verweist auf die aktive Auseinandersetzung mit dem Text: Der Sinn wird vom Interpreten herausgelesen. Diese Auslegung ist meist gebildeten Schrift- oder Rechtsgelehrten vorbehalten. Im Christentum bediente sich die Exegese von Anfang an der jüdischen Bibel, also des Alten Testaments, da der Sinn vieler Worte und Taten Jesu nur vor dem Hintergrund der → Thora zu erkennen ist. Später entwickelten die Kirchenväter ein komplexes System der symbolischen Schriftauslegung, das bis in die frühe Neuzeit Gültigkeit hatte. Mit den Bemühungen der Humanisten um eine Prüfung der biblischen Texte auf ihre ursprünglichen Quellen und Textbestände (→ Erasmus von Rotterdam) setzte sich die → Historisch-kritische Exegese durch. Diese Methode wurde zu Beginn des 20. Jhs von der katholischen Kirche wie von den meisten protestantischen Kirchen anerkannt und bestimmt bis heute die wissenschaftliche Exegese biblischer Texte. „Historisch“ ist diese Form der Exegese, weil die geschichtlichen Umstände der Textentstehung bei der Auslegung berücksichtigt werden, „kritisch“, weil in vier Schritten (→ Textkritik, → Literarkritik, → Formkritik und → Redaktionskritik) geprüft wird, wie der ursprüngliche Text lautete und wie er verändert wurde. *cps*

Existenzialismus (lat. *exsistere* herausstehen, da sein, vorhanden sein) auch Existenzphilosophie. Bedeutende Strömung der Philosophie des 20. Jhs, in welcher die menschliche Existenz, das Dasein des Menschen in der Welt, im Mittelpunkt steht – im Gegensatz zur spekulativen Metaphysik der Hegelianer und Neokantianer im 19. Jh. Wichtige Vorläufer hatte der Existenzialismus im 19. Jh. in Søren → Kierkegaard und Friedrich

→ Nietzsche. Die politischen Umwälzungen des neuen Jhs (1. Weltkrieg, Revolution, Totalitarismus, 2. Weltkrieg) verunsicherten die Menschen zunehmend und erschwerten die Sinnsuche. Entsprechend sind es Gefühle wie Angst, Sorge, Scheitern und Tod, die das Philosophieren bestimmen. Da die meisten Denker des Existenzialismus die Existenz eines helfenden Gottes ablehnen, wird das eigene Dasein als zufälliges „Geworfensein", als hilflos und absurd empfunden. Besonders die französischen Existenzialisten Jean Paul → Sartre und Albert → Camus entwickelten nun die Idee eines „atheistischen Humanismus", in dem die Würde des Menschen gerade darin liegt, sein scheinbar sinnloses Schicksal aufzunehmen und selbst einen Sinn zu setzen, z. B. im humanitären und politischen Engagement. Im deutschen Sprachraum ging der Existenzialismus von der → Phänomenologie Edmund → Husserls aus. Dessen Schüler Martin → Heidegger widmete sich einer ausführlichen „Seinsanalyse", während der Existenzialist Karl → Jaspers seinen Schwerpunkt auf die „Existenzerhellung" in Krisensituationen setzte. *cps*

Exodus (griech. *exodos* Auszug) Griechische Bezeichnung für das zweite Buch der hebräischen Bibel (im evangelischen Sprachgebrauch das 2. Buch Mose), in dem vom „Exodus", vom Auszug des Volkes Israel aus Ägypten, berichtet wird. Dieses als Befreiungstat des israelitischen Gottes Jahwe gedeutete historische Ereignis wurde zu einem Urerlebnis des Volkes Israel. Es bildet den historischen Kern der → Thora. Später wurde die Flucht von Millionen von Juden aus dem nationalsozialistisch besetzten Europa (1933–1945) nach Palästina als „Zweiter Exodus" bezeichnet. *cps*

Experiment Künstliche Nachstellung von Abläufen und Prozessen in der Natur, die unter Beobachtung durchgeführt werden und der → Falsifikation (Widerlegung), Modifikation (Verbesserung) oder → Verifikation (Bestätigung) von Hypothesen, Gesetzen und Theorien dienen. Dadurch ist das Experiment die wichtigste empirische Methode (→ Empirismus) der Sozial- und Naturwissenschaft. *cps*

Exzentrizität (lat. *ex centro* außerhalb des Zentrums, der Mitte) Zentraler Begriff der → Anthropologie von Helmuth Plessner (1892–1985). Exzentrizität bezeichnet bei ihm die Fähigkeit des Menschen, im Gegensatz zu anderen Lebewesen aus sich selbst „herauszutreten", um somit über sich und seine Existenz nachdenken zu können. Der Mensch ist also aufgrund seiner Exzentrizität zur Reflexivität fähig. *cps*

F

Falsifikation (lat. *falsus* falsch, unzutreffend) Mit Falsifikation ist der gezielte Versuch gemeint, Hypothesen oder Theorien durch empirische Aussagen (z. B. durch Beobachtungen, Tests, Experimente) zu widerlegen. In der Erkenntnistheorie ist Falsifikation der Gegenbegriff zur positivistischen → Verifikation (Ableitung eines Gesetzes aus empirischen Befunden). Falsifizierbarkeit ist für den → Kritischen Rationalismus im Sinne Karl → Poppers die Eigenschaft einer Hypothese oder Theorie, empirisch widerlegbar zu sein. Damit erst gewinnt sie – bis zu ihrer konkreten Falsifikation – den Rang der Wissenschaftlichkeit. Für Popper ist deshalb alles Wissen „Vermutungswissen". Er geht mit David → Hume davon aus, dass noch so viele empirische Belege die universelle Gültigkeit einer Theorie nicht beweisen können. Eine Hypothese in Form einer Aussage wie „Alle Schwäne sind weiß" schließt das Auftreten von Schwänen anderer Farbvarianten absolut aus. Die Thesenhaftigkeit der Aussage wird dabei nicht mehr wahrgenommen. Folglich kann eine empirische Feststellung noch so vieler gleicher Fälle (weiße Schwäne) diese Hypothese nicht für immer bestätigen oder die Wahrscheinlichkeit ihrer Gültigkeit erhöhen, da das Auftauchen gegensätzlicher Fälle (etwa eines schwarzen Schwans) in einer unbestimmten Zukunft nicht prinzipiell ausgeschlossen werden kann. Eine Hypothese ist also zwar endgültig falsifizierbar, nicht aber verifizierbar. Alle Theorien sind „vorläufig". Sie müssen im Sinne des Kritischen Rationalismus so formuliert werden, dass ihre Falsifikation prinzipiell möglich ist. Der Erkenntnisgewinn besteht dann im Grad der Bewährung des Wissens und der fortgesetzten Arbeit am „Problem". Empirisch gewonnene Sätze müssen also einer ständigen kritischen Prüfung unterworfen bleiben. *dk*

Fegefeuer (lat. *purgatorium* Ort der Reinigung) Neben Himmel und → Hölle kennt das Christentum das Fegefeuer als dritten Ort im → Jenseits. An diesem Ort werden die Seelen der Menschen, die noch nicht für die Begegnung mit Gott im Himmel bereit sind, durch ein Feuerbad von ihrer Schuld gereinigt. Das Fegefeuer wird erstmals in den Schriften der antiken Kirchenväter Tertullian und Origi-

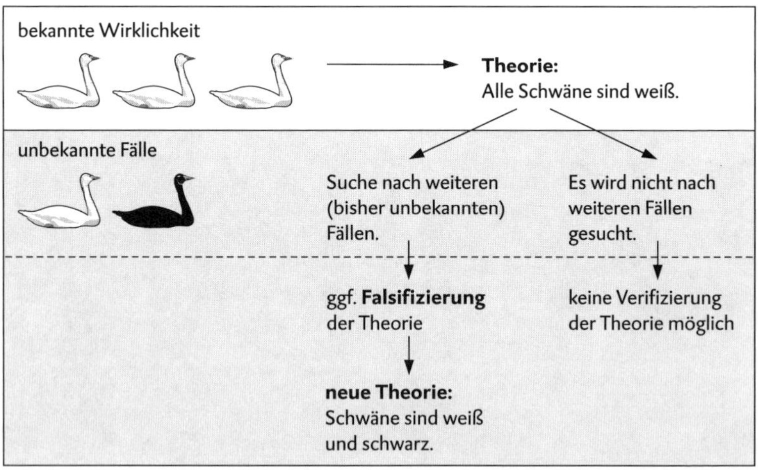

nes erwähnt, eine ausführliche Lehre über das Fegefeuer entwickelte aber erst das Konzil von Trient (1545–1563) gegen die Reformatoren. Martin → Luther hatte die Lehre vom Fegefeuer abgelehnt, weil er die Praxis der Kirche, Ablässe für einen späteren, potenziellen Fegefeuer-Aufenthalt zu verkaufen, als Verrat an der Botschaft des Evangeliums ansah. *cps*

Feministische Theologie Theologische Arbeit von und für Frauen, die selbst (-ständige) Theologie betreiben wollen. Ausgangspunkt ist dabei eine Kritik der patriarchalischen Strukturen von Gesellschaft und Kirche, deren einseitig auf männliche Bezüge ausgerichtete Denkmuster erforscht und korrigiert werden sollen. So kritisiert die feministische Theologie die scheinbar selbstverständlich männlichen Attribute überlieferter Gottesbilder und bemüht sich um eine Auslegung der Bibel aus dem Blickwinkel von Frauen. Die feministische Theologie versteht sich als → Befreiungstheologie, indem sie an der konkreten Lebenssituation von Frauen ansetzt, um in der Arbeit für eine echte christliche Gemeinschaft der Gläubigen Einseitigkeiten und Benachteiligungen aufzeigen und in der Folge beheben zu können. *dk*

Festtage, religiöse (lat. *festus* feierlich, festlich) Feste werden in der Alltagssprache oft mit Feiern gleichgesetzt. Religiöse Festtage, die an bestimmten Tagen des Jahres oder in vorgegebenen Kreisläufen abgehalten werden, zeichnen sich gegenüber den weltlichen Festtagen in allen Kulturen durch einen würdevollen, ritualisierten, oft anstrengenden Verlauf aus, der religiös-mythologischen Inhalten verpflichtet ist. In den Ablauf der Festtage können auch rauschhafte oder spielerische Elemente integriert sein. So entfalten sich heute noch in der „Fastnachtszeit" Maskentreiben, Fastnachtsfeuer und andere Traditionen, um den Beginn der Fastenzeit zwischen Aschermittwoch und Ostern zu kennzeichnen, während die Fastenzeit selbst den Gläubigen Entbehrungen und Verzicht auferlegt. An religiösen Festtagen erliegt das Alltagsleben (Sabbat/Sonntag), das öffentliche Leben beschränkt sich auf die vorgegebenen religiösen Feiern und Rituale. Das christliche Kirchenjahr kennt unbewegliche (z. B. → Weihnachten) und bewegliche Festtage (z. B. → Ostern, → Pfingsten), die sich seit dem Konzil von → Nizäa (325) am Vollmond orientieren, der auf die Frühlings-Tagundnachtgleiche folgt. *dk*

Feuerbach, Ludwig Andreas (1804–1872) Deutscher Philosoph. Feuerbach studierte Theologie und Philosophie in Heidelberg und Berlin. 1828–1832 war er Privatdozent an der Universität Erlangen.

Ludwig Feuerbach

1830 wurde seine Schrift „Gedanken über Tod und Unsterblichkeit" verboten, da er in ihr die Religion als Menschenwerk bezeichnete und sich gegen den Glauben an die Unsterblichkeit wandte. Feuerbach wurde daraufhin aus dem Staatsdienst entlassen und lebte als Privatmann. Als Kommunist unterstützte er die Revolution von 1848/49. Feuerbach ist einer der ersten deutschen Vertreter des → Materialismus. Er versuchte, die Entstehung der Religionen psychologisch bzw. anthropologisch zu erklären. Dazu entwickelte er einen radikalen → Atheismus, der jede Religion als Projektion des menschlichen Verstandes begreift. Die Religion trägt für ihn dazu bei, die Endlichkeit und Bedingtheit der menschlichen Existenz zu ertragen. Folglich bezog Feuerbach engagiert Position gegenüber den zeitgenössischen Kirchen als Institutionen, die er insgesamt als Verbündete der repressiven Obrigkeit der Restauration wertete. Seine Schriften, besonders sein Konzept eines sensualistischen Materialismus („Der Mensch ist, was er isst!"), beeinflussten Karl → Marx und die Arbeiterbewegung des 19. Jhs in hohem Maße.

Werke: Das Wesen des Christentums (1841); Grundsätze der Philosophie der Zukunft (1843). *dk*

Feyerabend, Paul Karl (1924–1994) Österreichischer Philosoph. Feyerabend war ab 1958 Professor für Philosophie in Berkeley (USA), ab 1979 in Zürich. Er ist ein Vertreter des → Kritischen Rationalismus (Karl → Popper). Feyerabend untersuchte vor allem die Erkenntnis- und Wissenschaftstheorie und erörterte die sozialen und kulturellen Folgen der modernen Wissenschaft. Er versucht zu erweisen, dass die Entwicklung des wissenschaftlichen Fortschritts prinzipiell auf Irrtümern oder einer Abwendung von strengen, überkommenen wissenschaftlichen Methoden beruht. Gerade in der systematischen Ablehnung herrschender Ideen und der Bejahung einer postmodernen Methodik, die „alles für möglich" hält, sieht Feyerabend den Fortschritt begründet. Damit stellt er sich der Wissenschaftstheorie Rudolf Carnaps und Karl Poppers entgegen. Ziel Feyerabends ist eine von mündigen Individuen getragene Wissenschaft, die ohne staatliche Kontrolle forschen kann.

Werke: Wider den Methodenzwang (1975); Erkenntnis für freie Menschen (1978). *dk*

Fichte, Johann Gottlieb (1762–1814) Deutscher Philosoph. Fichte studierte Theologie in Jena, 1794–1799 war er Professor für Philosophie in Jena, 1805 in Erlangen, 1806 in Königsberg und ab 1807 in Berlin. Beeinflusst und gefördert von Immanuel → Kant wurde er 1810 im Rahmen der Preußischen Reformen zum ersten Rektor der Universität Berlin ernannt. Fichte ist einer der wichtigsten Vertreter des deutschen → Idealismus. Von seiner Wissenschaftslehre ausgehend erweiterte sich sein Werk zur Rechts- bzw. Staats- und Geschichtsphilosophie. Methodischer Ausgangspunkt Fichtes ist der Mensch als Individuum, der sich als „Ich" durch eine ursprüngliche Tat selbst setzt und damit erst die Objektwelt um sich herum als „seinen" Gegenstand und sein Produkt schafft. Existenz und Handeln fallen zusammen, das Erkennen stellt den abgeleiteten Aspekt eines ganzheitlichen Prozesses dar. Die Beziehung Ich – Nicht-Ich (Subjekt und Objekt) wird dabei als eine dialektische Einheit von Gegensätzen aufgefasst.

Johann G. Fichte

Werke: Grundlage des Naturrechts nach Prinzipien der Wissenschaftslehre (1796); Das System der Sittenlehre (1798); Reden an die deutsche Nation (1808). *dk*

Fideismus (lat. *fides* Glaube) Von Immanuel → Kant und Friedrich → Schleiermacher beeinflusste Denkweise: Metaphysische, moralische und religiöse Wahrheiten können demnach nicht durch die Vernunft, sondern nur durch den Glauben erkannt werden. Dieses religiöse Erkennen kann nicht durch logische Sätze entwickelt und begründet werden, es entfaltet und erfährt sich deshalb oft in einer subjektiv-symbolischen Darstellung religiöser Gefühle (Symbolo-Fideismus). Der Marxismus lehnte den Fideismus ab, da er ihn als Lehre ansah, die Glauben für Wissen einsetzt. *dk*

Formkritik Die Formkritik als Disziplin der → historisch-kritischen Methode untersucht die Entstehungssituation und Funktionalität eines Textes. Ausgangspunkt ist die Überlegung, welchen „Sitz im Leben" einer menschlichen Gemeinschaft der Text zu seiner Entstehungszeit hatte. Bei den Texten des Alten Testaments wird unterstellt, dass sie auch Aussagen über die Grundlagen und Voraussetzungen der Kultur enthalten, der sie entstammen. Die Texte boten den alten Israeliten demzufolge neben Glaubensinhalten auch Erklärungen etwa für die eigene Herkunft, die Geschichte heiliger Plätze oder die Begründungen für kultische Handlungen und machtpolitische Ansprüche. *dk*

Fortschritt Ein Teilbereich des Geschichtsbewusstseins, meist aufgefasst als geordnete, zielgerichtete Entwicklung der Natur und der Menschheit vom Niederen zum Höheren (→ Entelechie). In der Alltagsprache wie im allgemeinen Empfinden wird Fortschritt in der Regel als positiver Begriff gewertet: Die Geschichte der Menschheit wird als Weg von Armut zu Reichtum, von Unfreiheit zu Freiheit, von Elend zu Glück gesehen. Im Gegensatz zu dieser von der technischen und wirtschaftlichen Entwicklung der letzten Jahrhunderte getragenen Auffassung sehen Religionen, z. B. das Christentum oder der Islam, den Fortschritt der Menschheit in dem Weg vom Urzustand über die Offenbarung hin zu einer Endvollendung in einem transzendenten, „himmlischen Reich" begründet (→ Eschatologie). Im Anschluss an Jean-Jacques → Rousseaus Kulturkritik sowie an die Entdeckung des Entropiegesetzes entwickelte sich in der Philosophie und Ethik der Neuzeit eine Fortschrittsskepsis bzw. Fortschrittskritik. Dabei wird hervorgehoben, dass der kontinuierliche Fortschritt in der Naturbeherrschung nicht automatisch im Zusammenhang mit einem Fortschritt innerhalb der gesellschaftlichen oder gar ethischen Bezüge steht, d. h. die Ethik „hinkt" den naturwissenschaftlichen Entwicklungen oftmals hinterher. *dk*

Foucault, Michel (1926–1984) Französischer Philosoph und Historiker. Foucault war 1964–1968 Professor für Philosophie in Clermont-Ferand, ab 1968 in Paris. Er ist ein Vertreter des → Strukturalismus. Foucault wurde sowohl durch Karl Marx und Sigmund Freud als auch durch Friedrich Nietzsche und Martin Heidegger beeinflusst. Von Nietzsches Theorie eines „Willens zur Macht" ausgehend, untersucht Foucault die Beziehung zwischen den Machtstrukturen und dem Individuum innerhalb der modernen Gesellschaft. Er betrachtet dazu den allgemeinen Bezug zwischen Wissen und Macht und analysiert Erscheinungsformen und Diskurse des neuzeitlichen Denkens. So beschäftigt er sich auch mit der Geschichte des Wahnsinns und der Untersuchung gesellschaftlicher Disziplinierungsstrategien. Seine Arbeit führt ihn zu der Überzeugung, dass die Macht- und Kontrollsysteme der modernen Gesellschaften nicht mehr mittels der traditionellen Denkmodelle erklärt werden können. Daraus ergibt sich für ihn die Forderung an die Individuen, individuelle ethische Konzepte zu entwickeln.

Werke: Wahnsinn und Gesellschaft (1960); Überwachen und Strafen (1975); Sexualität und Wahrheit (1977–1986). *dk*

Fowler, James W. (geb. 1940) Amerikanischer Religionspsychologe. Fowler stellte eine bedeutende Theorie zur Glaubensentwicklung (→ Entwicklungspsychologie) auf. In Anknüpfung an die Theorien von Jean → Piaget, Erik H. → Erikson und Lawrence → Kohlberg geht Fowler davon aus, dass sich der menschliche Glaube mit gewisser Regelmäßigkeit entfaltet, analog zur Entwicklung der Denkfähigkeit und des moralischen Bewusstseins. Gemeint ist hier nicht eine konkrete Konfession oder Religion, sondern ein überkonfessioneller „Lebensglaube", ein Vertrauen auf oder Sich-Orientieren an einem höheren Prinzip. Fowler erkennt sechs Lebensalterstufen, in denen sich der Glaube entwickelt: Im Säuglingsalter (0) besteht der Glaube des Menschen aus einem vorsprachlichen Vertrauen gegenüber seiner Bezugsperson; im Kindesalter (1) bestimmen erst Fantasievorstellungen und Wünsche das Denken, bevor (2) Geschichten und Bilder

der religiösen Tradition (z. B. der Bibel) in der Grundschulzeit dem Glauben neue Anregung geben. Mit der Pubertät (3) beginnt der Jugendliche, die bisherigen Glaubenselemente kritisch zu hinterfragen und sein Glaubensbild vor allem unter dem Einfluss Gleichaltriger (Peer-Group-Denken) zu verändern. Mit Beginn des Erwachsenenalters (4) ist dieser Schritt abgeschlossen. Der Mensch sollte jetzt in der Lage sein, Glaubenselemente aus verschiedenen Religionstraditionen wie auch eigene Kritik und Zweifel zu verbinden. Die letzte Stufe (5) ist schließlich als Zielvorstellung zu verstehen: Der Mensch ist auf dem Weg zu dieser höchsten Stufe religiösen Verstehens, auf welcher der Glaube das gesamte Dasein erfasst hat und den Menschen inspiriert, ganz nach den großen Prinzipien seiner Religion (z. B. dem jüdischen Gesetz oder der jesuanischen Reich-Gottes-Botschaft) zu leben. Menschen, die diese Stufe erreicht haben, sind Mahatma Gandhi, Martin Luther King oder Mutter Teresa. Fowlers Theorie ist bedeutsam für die religiöse Erziehung und die Planung des Religionsunterrichts.

Literatur: Gerhard Büttner / Veit-Jakobus Dieterich: Die religiöse Entwicklung des Menschen, Stuttgart 2000. *cps*

Frankfurter Schule Einflussreicher Kreis von Philosophen und Soziologen, die seit den dreißiger Jahren dem Frankfurter Institut für Sozialforschung (gegründet 1923) angehörten. In der Zeit des Nationalsozialismus in die Emigration gezwungen, setzten sie ihre Arbeit nach 1945 an der Universität Frankfurt fort. Wichtige Vertreter waren Max Horkheimer, Theodor W. Adorno, Herbert Marcuse, Erich Fromm, Walter Benjamin und Jürgen Habermas. Das verbindende Band zwischen den einzelnen Vertretern der Frankfurter Schule war die so genannte → Kritische Theorie, eine Verschmelzung zentraler Gesichtspunkte der Aufklärung und der Ideale bürgerlicher Revolutionen mit den Grundauffassungen der marxistischen Kapitalismuskritik. Die Kritische Theorie verstand sich in der Praxis als revolutionäre Theorie zur Durchsetzung eines „aktiven Humanismus" innerhalb der gesellschaftlichen Verhältnisse. Im

Vertreter der Frankfurter Schule: Max Horkheimer mit Herbert Marcuse, Theodor Adorno und Jürgen Habermas, Zeichnung von V. Kriegel.

„Positivismusstreit" verwarf die Frankfurter Schule den → Kritischen Rationalismus Karl → Poppers, dessen Wissenschaftsbegriff als Mystifizierung der Vernunft kritisiert wurde. Die Kritische Theorie bekämpft dagegen eine Beschränkung der Vernunft auf Zweckrationalität, die für sie nur zur Selbstzerstörung der Menschheit führen kann. Die Frankfurter Schule prägte maßgeblich die Studentenbewegung der sechziger Jahre und entwickelte sich zu einer einflussreichen soziologisch-philosophischen Strömung des 20. Jhs. Die vom Vertreter der Frankfurter Schule Jürgen → Habermas begründete „Theorie des kommunikativen Handelns" übt mit ihrer Vorstellung eines herrschaftsfreien → Diskurses innerhalb einer idealen Sprechgemeinschaft als Alternative zum Kritischen Rationalismus beträchtlichen Einfluss auf die zeitgenössische Philosophie aus. *dk*

Frege, Friedrich Ludwig Gottlob (1848–1925) Deutscher Mathematiker und Philosoph. Frege war 1879–1918 Professor für Mathematik in Jena. Er gilt als Begründer der modernen Logik. Frege leitete die Prinzipien der Arithmetik von den Prinzipien der Logik ab. Um die Unzulänglichkeiten der Sprachen und der damals verfügbaren logischen Systeme zu überwinden, entwickelte er neue symbolische Bezeichnungen (z. B. Quantifikatoren und Variablen) und schuf damit die Grundlagen für die moderne Logik und die Linguistik.

Werke: Begriffsschrift, eine der arithmetischen nachgebildete Formelsprache des reinen Denkens (1879); Grundgesetze der Arithmetik (2 Bde., 1893–1903). *dk*

Freiheit (griech. *eleutheria;* lat. *libertas)* Im alltäglichen Verständnis meint Freiheit die weder durch äußere Zwänge noch durch Bindungen eingeschränkte Selbstbestimmung eines Individuums. Seit der Antike ist Freiheit ein Grundbegriff der Philosophie, meist verbunden mit der Frage nach der Entscheidungs- und Willensfreiheit des Menschen (→ Autonomie). Im historisch-politischen Zusammenhang der Antike und des Mittelalters ist „frei" eine Rechtsbestimmung: Die vollwertigen Mitglieder einer Gesellschaft werden als „Freie" von „Unfreien" oder Sklaven unterschieden, die nicht uneingeschränkt über ihre eigene Person verfügen durften. In der Neuzeit wird die politische Freiheit als prinzipielle Unabhängigkeit von Fremdbestimmung angesehen, deren Sicherung innerhalb der Gesellschaft gewährleistet wird. In philosophisch-ethischen Zusammenhängen ist die Handlungsfreiheit die Voraussetzung, um die individuelle Verantwortung einer Person gegenüber ihren Handlungen zu begründen. Die christliche Theologie geht gleichfalls von der Willensfreiheit oder Wahlfreiheit des Menschen aus: Diese begründet seine Verantwortung für sein Handeln vor Gott und damit auch seine Schuldfähigkeit (→ Sünde). Die Leugnung einer prinzipiellen Willensfreiheit führt zur Sichtweise des → Determinismus oder Fatalismus, die Freiheit als eine Illusion begreifen. *dk*

Freimaurer Internationale Bewegung mit einer auf Toleranz und Humanität basierenden Geisteshaltung. Freimaurer-Logen (von *lodge,* engl. Bauhütte) entstanden in England aus mittelalterlichen Vereinigungen der Steinmetze *(freemasons,* ab 1370 belegter Begriff). Die Freimaurer-Logen entwickelten sich zu Männerbünden, die ihre Mitglieder durch so genannte „Tempelarbeiten" unter Verwendung von Accessoires und Geheimzeremonien zu Selbsterkenntnis und Humanität führen wollen. 1717 wurde in London die erste Großloge gegründet, nach deren Regeln sich seit 1725 weltweit gleiche Gruppierungen bildeten (1737 in Hamburg). Die katholische Kirche bekämpfte die Freimaurer bis 1972 u. a. durch Exkommunikation. Im Nationalsozialismus wurden die Freimaurer verboten und verfolgt. Weltweit gibt es heute etwa 6 Millionen bekennende Freimaurer. Die „Tempelarbeit" der Freimaurer-Logen unterwirft die Gruppenmitglieder einer stufenweisen Einführung in die Riten. Es existieren drei Grade der Einweihung: Lehrling, Geselle und Meister. Am Sinnbild der gemeinsamen Arbeit an einem „Gebäude" – unter Anerkennung des (göttlichen) „Großen Baumeisters aller Welten" – wird der Aufstieg der Menschheit symbolisiert. Berühmte Freimaurer waren Gebhard Leberecht von Blücher, Sir Winston Churchill, Giuseppe Garibaldi, Johann W. von Goethe, Gotthold E. Lessing, Wolfgang A. Mozart, Franklin D. Roosevelt, George Washington, Gustav Stresemann. *dk*

Freud, Sigmund (1856–1939) Österreichischer Arzt und Psychologe, Begründer der Psychoanalyse. Nach dem Medizinstudium und einer Ausbildung zum Neurologen beschäftigte sich Freud mit Psychiatrie und neuen Behandlungsansätzen neurologischer Krankheiten (besonders Hysterie) wie z. B. Hypnose. Er nahm für psychische Störungen nicht mehr körperliche Ursachen an, sondern psychologische. Diesem Forschungsgebiet gab er selbst 1896 den Namen Psychoanalyse. Kernpunkt ist die Untersuchung des spontanen Gedankenflusses des Patienten (freie Assoziation) – oft ausgehend von der Deutung seiner Träume –, um dessen unbewusste psychische Prozesse aufzuklären und die Ursachen neurotischer Störungen aufzudecken. Aus seinen klinischen Beobachtungen entwickelte Freud Theorien zur Traumdeutung, zur kindlichen Sexualität (Ödipuskomplex) und die Konzepte zu Verdrängung, Widerstand und Übertragung. Die Instanzentheorie Freuds gliedert den psychischen Apparat des Menschen in drei Strukturbereiche auf: ES, ICH und ÜBER-ICH. Während das ES für Freud der Ursprung aller unbewussten Antriebe und Bedürfnisse darstellt, wird im ICH die Beziehung zwischen Individuum und Umwelt realisiert. Das ÜBER-ICH repräsentiert schließlich die meist unbewussten Wertvorstellungen, Normen und Regeln, die dem Individuum durch seine Umwelt vermittelt wurden (→ Gewissen). Das ICH als Repräsentant des Realitätsprinzips vermittelt zwischen den beiden anderen psychischen Instanzen. Die psychoanalytische Therapie zielt deshalb darauf ab, bei psychischen Konflikten wie bei verdrängten Triebimpulsen quasi einen Energieausgleich zu bewerkstelligen. Der Grundsatz „wo ES ist soll ICH werden" führt Kritiker der Psychoanalyse zu dem Vorwurf, Freuds Konzept der Psyche sei ein „hydraulisches Modell." 1910 ermöglichte die wachsende Anerkennung von Freuds Werk die Gründung der Internationalen Psychoanalytischen Vereinigung.

Sigmund Freud

Freuds Arbeit wurde von Teilen der Fachwelt abgelehnt und angefeindet. Viele Schüler und Mitarbeiter Freuds, z. B. Alfred → Adler und Carl G. → Jung, entwickelten später eigene Konzepte.

Werke: Traumdeutung (1900); Drei Abhandlungen zur Sexualtheorie (1905); Totem und Tabu (1913); Das Ich und das Es (1923); Das Unbehagen in der Kultur (1929); Der Mann Moses und die monotheistische Religion (1939). *dk*

Frieden Abwesenheit aller gewaltsamer Konflikte. Es wird unterschieden zwischen Frieden als dem Fehlen direkter, zwischenmenschlicher Gewaltanwendung und dem Frieden als Abwesenheit indirekter, d. h. struktureller (z. B. institutioneller), in den gesellschaftlichen Verhältnissen verorteter Gewalt. Bei der strukturellen Gewalt lassen sich keine konkreten „Täter" der Gewalt ausmachen. Gewaltausübung als Gegensatz zu Frieden zeigt sich dann im Vorhandensein von Abhängigkeit, Unfreiheit, Unterdrückung, Not und Ausbeutung. Der positive Gehalt von Frieden lässt sich daher nur im Rückbezug auf ein bestimmtes Gesellschafts- und Menschenbild definieren. Die moderne Friedensforschung unterscheidet zwischen Frieden als (Ideal-)Zustand und dem Frieden als Prozess. *dk*

Fromm, Erich (1900–1980) Amerikanischer Psychoanalytiker deutscher Herkunft. Fromm war Mitglied des Instituts für Psychoanalyse in Berlin und wird auch zur → Frankfurter Schule gerechnet. 1934 emigrierte er in die USA. Fromm wandte die psychoanalytische Theorie (→ Psychologie/Psychoanalyse) auf soziale und kulturelle Probleme an, wobei er stark biologisch orientierte Menschenbilder verwarf. Er sah den Menschen als Produkt seiner jeweiligen Kultur an. In Anlehnung an die → Kritische Theorie untersuchte er, wie eine Harmonie zwischen den Antrieben der einzelnen Person und den Interessen einer aus Individuen bestehenden Gesellschaft hergestellt werden kann. Ein Instrument dazu, ein Verständigungsmittel, sieht er beispielsweise in der „universalen Sprache" der Symbole. Durch sie können innere Erfahrungen, Gefühle und Gedanken verständlich gemacht und mitgeteilt werden. Diese Universalsprache findet sich für Fromm in Märchen, Mythen, aber auch in den individuellen Träumen der Einzelpersonen.

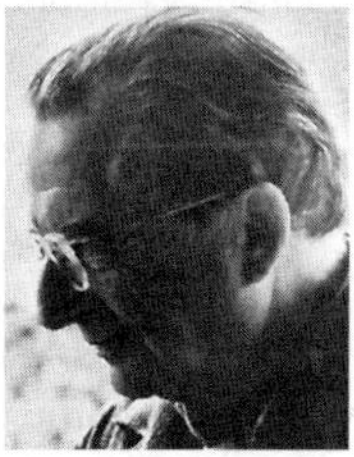
Erich Fromm

Werke: Märchen, Mythen, Träume (1951); Die Kunst des Liebens (1956); Die Anatomie der menschlichen Destruktivität (1973); Haben oder Sein (1976). *dk*

Fundamentalismus Radikales, kompromiss-unwilliges Eintreten für politische oder religiöse Grundsätze und Überzeugungen. Im religiösen Bereich, z. B. im Christentum und Islam, versteht der Fundamentalismus die jeweils heiligen Schriften als von Gott gegebene, irrtums- und widerspruchsfreie Texte, als nicht hinterfragbare Glaubenssätze. Formen der → Textkritik werden deshalb verworfen. So werden gesellschaftliche Normen und Regeln oder wissenschaftliche Erkenntnisse, die im Gegensatz zu den Glaubenssätzen stehen, bekämpft (z. B. Abtreibung, die Evolutionstheorie: amerikanischer Fundamentalismus) oder es wird der Versuch unternommen, einen Gottesstaat zu errichten (z. B. die fundamentalistische Organisation Taliban in Afghanistan). *dk*

G

Gadamer, Hans-Georg (geb. 1900) Deutscher Philosoph. Gadamer lehrte nach seinem Studium – u. a. bei Martin Heidegger – seit 1937 Philosophie in Marburg, ab 1939 in Leipzig, ab 1947 in Frankfurt und 1949 bis 1968 als Nachfolger von Karl Jaspers in Heidelberg. Mit seinem Hauptwerk „Wahrheit und Methode" ist er der Begründer einer → Hermeneutik, die weit über die Philosophie und über den deutschen Sprachraum hinaus in andere geisteswissenschaftliche Fächer wie Literaturwissenschaft, Soziologie und Theologie hineingewirkt hat. Gadamer geht davon aus, dass jeder Interpret sich einem Text bereits mit einem Vorverständnis nähert. Der geistige Horizont sowie die Erkenntnisinteressen des Fragenden sind immer geschichtlich bedingt. Demnach können Texte zu verschiedenen Zeiten auch unterschiedlich ausgelegt werden. Im „Gespräch" mit dem Text sowie im Gespräch zwischen Textinterpret und Zuhörer erschließt sich der Sinn des Textes. Möglicherweise ändert sich aber auch das Vorverständnis des Interpreten. Dies demonstrierte Gadamer wiederholt in der Auslegung literarischer Zeugnisse, etwa Gedichten Friedrich Hölderlins oder Paul Celans.

Hans-Georg Gadamer

Werke: Platos dialektische Ethik (1931); Philosophische Lehrjahre (1977); Die Aktualität des Schönen (1977); Die Idee des Guten zwischen Plato und Aristoteles (1978). *jj*

Galilei, Galileo (1564–1642) Italienischer Mathematiker, Physiker, Astronom und Philosoph. Galilei lehrte als Professor für Mathematik in Pisa und Padua, bevor er Hofmathematiker in Florenz wurde. Aus den Pendelgesetzen entwickelte er 1609 die Fallgesetze; 1610 veröffentlichte er erste Ergebnisse seiner astronomischen Beobachtungen, die er mithilfe eines eigens konstruierten Fernrohrs gemacht hatte. So beschrieb er u. a. die Sonnenflecken, die Jupitermonde und die Phasen der Venus wie des Mondes. Sein Eintreten für das → heliozentrische Weltbild (→ Kopernikanische Wende) führte zum Konflikt mit der am → geozentrischen Weltbild festhaltenden Lehre der katholischen Kirche. Nach seiner erneuten Parteinahme für Kopernikus in den „Dialogo" eröffnete die Kirche 1632 einen Prozess gegen Galilei und verurteilte ihn dazu, seinen Überzeugungen öffentlich abzuschwören. In seiner anschließenden Haftzeit, die er in einem Landhaus bei Florenz verbringen durfte, schrieb Galilei in seinen „Discorsi" neue Erkenntnisse zur Mechanik und zu den Fallgesetzen nieder. Methodisch konzentrierte sich Galilei auf reine Beobachtung und Experiment, auf die streng mathematische Beschreibung natürlicher Vorgänge und auf induktive – nicht spekulative – Vorgehensweisen. Er begründete dadurch die exakte und objektive Forschung, die die neuzeitlichen Naturwissenschaften prägte. *jj*

Gandhi, Mahatma (eigentlich Mohandas Karamchand, 1869–1948) Indischer Staatsmann und Freiheitskämpfer. Der Name Mahatma bedeutet im Sanskrit „Große Seele". Während seiner Tätigkeit als Rechtsanwalt in Südafrika 1893–1914 kämpfte Gandhi für die Rechte der indischen Einwanderer und machte dabei die Gewaltlosigkeit zum zentralen Prinzip seines Handelns: Durch „Festhalten an der Wahrheit" soll der Gegenüber zur Einsicht in sein Fehl-

Mahatma Gandhi

verhalten und zur Änderung seiner Handlungsweise angehalten werden (*Satjagraha*). Die Mittel dazu waren ziviler Ungehorsam und Kooperationsverweigerung gegenüber Behörden. Diese Form des Widerstands übernahm Gandhi nach seiner Rückkehr nach Indien 1914 auch im Kampf für die Unabhängigkeit Indiens gegen die britische Kolonialherrschaft. In gleicher Weise setzte er sich für die Aufhebung der Kastenunterschiede und die Beilegung der Auseinandersetzungen zwischen Hindus und Moslems ein. Seit 1920 führte er die Allindische Kongresspartei und blieb ihr geistiger Führer auch nach seinem formellen Rückzug aus der Partei 1934. Wegen der Übertretung von Gesetzen, die Gandhi aufgrund seiner religiösen und philosophischen Überzeugungen (→ Bergpredigt, → Bhagavadgita) als ungerecht und diskriminierend empfand, wurde er wiederholt inhaftiert; er protestierte dagegen mehrfach durch Hungerstreik. Gandhi wurde am 30. Januar 1948 durch die Kugeln eines Attentäters getötet. *jj*

Ganesha (auch Ganapati, altindisch: Herr der Ganas) Indischer elefantenköpfiger Gott der Weisheit, Sohn des → Shiva und der Durga (auch: Parwati), der über die Fähigkeit verfügt, Hindernisse aus dem Weg zu räumen. Er wird meist als Mann mit dickem Bauch dargestellt. Seit dem ersten nachchristlichen Jahrtausend wird er auch unter den Namen Mahaganapati (Großherr der Ganas) oder Haridraganapati (in Gelb gekleideter Herr der Ganas) verehrt. *jj*

Gebet Form religiösen Sprechens, das an das jeweilige höchste Wesen einer Religion (→ Gott) oder an herausragende Vertreter – wie etwa Heilige – gerichtet ist. Es kann entweder in frei gewählter, spontaner oder in fest vorgeschriebener Weise (z. B. im christlichen „Vaterunser" oder der → Liturgie der Gottesdienstordnung) erfolgen. Auch der örtliche und zeitliche Rahmen von Gebeten kann fest institutionalisiert sein: Freitagsgebet des Islam, Sabbat-Gebete des Judentums, das Brevier des katholischen Geistlichen, Rosenkranzgebete der katholischen Kirche. Die häufigsten Gebetsinhalte sind Bitten oder Danksagungen, weitere Gebetsformen sind Lob- oder Bußgebete. *jj*

Gefühl Über die engere Bedeutung als Tastsinn hinaus bezeichnen Gefühle ein breites Spektrum unterschiedlicher seelischer Phänomene, die beim Individuum Lust oder Unlust, Wohlbefinden oder Unbehagen hervorrufen können und über sein subjektives Befinden entscheiden. Hierbei lassen sich leidenschaftliche Regungen wie Liebe, Hass, Zorn oder Begeisterung von seelischen Befindlichkeiten wie Angst oder Freude sowie meist vorübergehenden sinnlichen Empfindungen wie Hunger, Durst, Schmerz oder Lust unterscheiden. Viele ethische Entwürfe (→ Stoa) fordern dazu auf, die Leidenschaften (Passionen), Gefühle (Emotionen) oder Gemütsbewegungen (Affekte) zu kontrollieren und sie dem Denken und Wollen unterzuordnen, um so sittliche Entscheidungen nicht von ihnen abhängig zu machen. *jj*

Gegenreformation Unmittelbare Reaktion der katholischen Reichsfürsten auf die Reformationsbewegung (→ Reformation) nach dem Augsburger Religionsfrieden von 1555 (*cuius regio, eius religio* – Wem das Gebiet gehört, der darf über die Religion der Untertanen entscheiden). Die Gegenreformation hatte das Ziel, protestantische Einfluss- und Herrschaftsgebiete wieder der katholischen Kontrolle zu unterwerfen. Wichtigste Vertreter der Gegenreformation waren die bayerischen Herzöge Albrecht V. (1550–1579) und Maximilian I. (seit 1597, Kurfürst 1623–1651) sowie Kaiser Ferdinand II. Im Verlauf des 30-jährigen Krieges verhinderte das Eingreifen des schwedischen Königs Gustav II. Adolf (1611–1632) eine weitere Ausbreitung der Gegenreformation nach Norddeutschland und die Niederlande. *jj*

Gehlen, Arnold (1904–1976) Deutscher Philosoph und Soziologe. Gehlen lehrte 1934–1945 Philosophie in Leipzig, ab 1947 in Speyer und 1962–1976 in Aachen. Er gilt als Hauptvertreter einer empirisch orientierten philosophischen → Anthropologie. Nach Gehlen zeigt eine Analyse der menschlichen Trieb- und Instinktstruktur, dass der Mensch ein „Mängelwesen" ist, das zur Lebensbewältigung auf „Kultur" angewiesen ist, d. h. auf die lenkende Unterstützung durch soziale Bindungen und Institutionen.

Arnold Gehlen

Werke: Der Mensch (1940); Urmensch und Spätkultur (1956); Die Seele im technischen Zeitalter (1957); Theorie der Willensfreiheit (1965). *jj*

Gehorsam Die Unterordnung unter eine fremde Autorität und die von ihr gestellten Ansprüche und Anforderungen. Diese werden entweder in Form abstrakter Normen (Ge- und Verbote) ausgesprochen oder aber personal vermittelt (Eltern, Schule). Das Individuum kann die Anforderungen entweder freiwillig aus Einsicht in die Notwendigkeit und den Sinn ihrer Befolgung akzeptieren oder es muss sich ihnen gezwungenermaßen unterwerfen, z. B. unter Androhung von Zwang, unmittelbarer Gewalt oder Bestrafung bei Nichtbefolgen. In verschiedenen sozialen Systemen, z. B. bestimmten religiösen Gemeinschaften oder dem Militär, galt und gilt unbedingter Gehorsam als zentrale und unabdingbare Tugend, wohingegen Notlagen oder Situationen offensichtlichen Unrechts die Verweigerung des Gehorsams erlauben oder aber nötig machen. *jj*

Geist Der Gebrauch und die Bedeutung des Begriffs sind vielfältig. Er wird sowohl in der → Metaphysik, → Ontologie und → Ethik sowie in der → Ästhetik benutzt. In der antiken Überlieferung wird der Geist als Atem, Hauch oder bewegte Luft (griech. *pneuma;* lat. *spiritus*) zum Träger des Lebens oder als → Logos zu der der Welt innewohnenden und sie ordnenden Vernunft (→ Heraklit, Anaxagoras). Darüber hinaus kann damit die Seele im Sinne einer unsterblichen, unvergänglichen Substanz gemeint sein. Ebenso bezeichnet Geist das Wesen, die Gesinnung oder den Charakter einer Person, Gestalt oder eines Sachverhalts oder aber den Sinn, Gehalt und die Bedeutung eines Kunstwerks. Im philosophischen → Dualismus von Geist und Materie repräsentiert die Sphäre des Geistigen die vom Sinnlich-Körperlichen getrennten und diesem meist als überlegen gedeuteten Bereiche von Vernunft, Verstand, Bewusstsein und Intelligenz. Andere, insbesondere neuzeitliche Entwürfe, etwa bei Arthur Schopenhauer, Friedrich Nietzsche oder Ludwig Klages (1872–1956) (→ Biozentrismus), stehen dem Vermögen des Geistes weit kritischer gegenüber (→ Dionysos). *jj*

Genesis (griech. Entstehung) Die biblische Schöpfungsgeschichte wie sie das 1. Buch Mose, das insgesamt auch „Genesis" genannt wird, zu Beginn des Alten Testaments erzählt (→ Schöpfung): Aus der Urflut erschafft Gott in sechs Tagen Himmel und Erde, Licht und Finsternis, Wasser, Land, Pflanzen, die Gestirne, Tiere und zuletzt den Menschen als Abbild Gottes, bevor er am siebten Tag ruht. Im heutigen Sprachgebrauch bezeichnet der Begriff Genese ganz allgemein die Entstehungsgeschichte eines Sachverhalts. *jj*

Genozid (lat. Völkermord) Die planmäßige und gewaltsame Vernichtung rassischer, ethnischer oder religiöser Volksgruppen durch Tötung, körperliche wie seelische Schädigung als Folge von Diskriminierung, Inhaftierung oder von medizinischen Maßnahmen (z. B. Sterilisation oder → Euthanasie). Die Ermordung

Die Erschaffung der Gestirne und der Vegetation durch Gottes Wort (Genesis 1,11–18); Fresko von Michelangelo (1475–1564) in der Sixtinischen Kapelle Rom.

der europäischen Juden unter der nationalsozialistischen Gewaltherrschaft (1933 –1945) war der größte Genozid in der Geschichte der Menschheit; aber auch bei der Eroberung Amerikas wurden indianische Volksstämme ausgelöscht und im 20. Jh. wurde und wird Genozid in Armenien, Kambodscha und Ruanda und bei den so genannten „ethnischen Säuberungen" im ehemaligen Jugoslawien betrieben: Opfer sind in solchen Vielvölkerstaaten Volksgruppen oder -stämme, aber auch bestimmte Gesellschaftsschichten. So ermordeten die „Roten Khmer" in Kambodscha gezielt Ärzte, Lehrer, Beamte oder Intellektuelle. Der Genozid wurde von den Vereinten Nationen 1948 geächtet und durch das deutsche Strafgesetz (§ 220 a StGB) unter Strafe gestellt. *jj*

Gentechnik Die Fähigkeit und Möglichkeit der wissenschaftlichen Forschung in Biologie, Chemie und Medizin, nach der Entschlüsselung des (menschlichen) Erbguts (DNA) korrigierend oder manipulierend in den genetischen → Code einzugreifen. Die kontrovers geführte öffentliche Debatte über Chancen und Risiken der Gentechnik gehört zu den wichtigsten → Diskursen der Gegenwart. Während ihre Befürworter auf die Erfolge in der Krankheitsvorsorge und Krankheitsbekämpfung oder die Möglichkeiten in Ernährung und Landwirtschaft (Schädlingsbekämpfung) verweisen, warnen deren Gegner vor den noch nicht erforschten und womöglich unabsehbaren Langzeitfolgen genetisch veränderten Erbguts. Insbesondere mit der künstlichen Verdopplung der DNA – dem so genannten Klonen (griech. *klon* Zweig) von genetisch identischen Pflanzen, Tieren und zuletzt auch Menschen mit all ihren Missbrauchsmöglichkeiten – greife der Mensch unberechtigt in natürliche Abläufe ein und erhebe den Anspruch der absoluten Herrschaft über die Schöpfung. *jj*

Geozentrisches Weltbild (griech. *ge* Erde; *kentron* Mittelpunkt) Sammelbegriff für kosmologische Modelle, die die Erde als festen, ruhenden Mittelpunkt des Weltalls begreifen, wie dies z. B. Ptolemäus, Aristoteles, Platon, Tycho Brahe (1546–1601) oder auch altägyptische Astronomen getan haben. Demgegenüber stellt das → heliozentrische Weltbild die Sonne in den Mittelpunkt unseres Universums. *jj*

Gerechtigkeit Der größtmögliche Ausgleich eigener und fremder Interessen, individueller und kollektiver Ansprüche bildet das Ziel wie die Voraussetzung eines Zustands der Gerechtigkeit. Im juristischen Sinne ist das Ideal umfassender Gerechtigkeit in der Gleichheit aller vor und der Gleichbehandlung durch das Gesetz gewährleistet. Im zwischenmenschlichen Umgang sieht gerechtes Verhalten von persönlichen Abneigungen oder Vorlieben ab und respektiert den Mitmenschen in seiner Eigenart und Privatsphäre. In der → Ethik gilt Gerechtigkeit als Voraussetzung und Grundbedingung moralisch guten Handelns überhaupt. Gerechtigkeitstheorien, wie sie etwa John → Rawls entwickelte, beschäftigen sich u. a. mit der Frage, ob sich Gerechtigkeit universal verbindlich definieren lässt oder aber an historische, kulturelle und soziologische Bedingungen geknüpft ist. *jj*

Gesellschaftsvertrag Zumeist stillschweigende Übereinkunft, mit der die Mitglieder einer sozialen Gemeinschaft Teile ihrer Souveränität im Akt des „contrat social" (Sozialvertrag), wie ihn insbesondere Jean-Jacques → Rousseau entwickelte, einem kollektiven „Gesamtwillen" zum Wohl aller unterordnen. Ein solcher Gesellschaftsvertrag bildet für seine Teilnehmer die Versicherung und den Schutz vor einem gesetzlosen Naturzustand des Kriegs aller gegen alle, wie ihn etwa Thomas → Hobbes beschrieb. *jj*

Gesinnungsethik Ethische Richtung, die den Wert einer Handlung allein nach den ihr zugrunde liegenden Motivationen und Absichten beurteilt, d. h. nach der Willensbestimmung aus dem Wissen um das Gute. Die Folgen der Handlung werden nicht berücksichtigt. Wichtige Vertreter einer Gesinnungsethik sind Hugo Grotius sowie Immanuel Kant (→ Deontologie). Den entgegengesetzten Standpunkt vertritt die → Verantwortungsethik, die in ethische Überlegungen auch die möglichen Folgen einer bestimmten Handlungsweise einbezieht. *jj*

Gewalt (althochdt. *waltan* herrschen) Als Akt der → Aggression die willentliche und vorsätzliche Bedrohung, Gefährdung oder Verletzung der körperlichen Unversehrtheit einer anderen Person. Die Gewalt kennt unterschiedliche Grade der Intensität (Einschüchterung, Verängstigung, Nötigung) und nimmt im äußersten Fall auch den Tod des Gegners in Kauf. Die Anwendung von Gewalt ist durch das Strafrecht verboten und nur in Ausnahmefällen (Notwehr) gerechtfertigt. Im → Gesellschaftsvertrag eines Rechtsstaats verzichten die Bürgerinnen und Bürger auf jegliche Ausübung von Gewalt. Sie ist in politisch wie juristisch streng geregelter Form allein den staatlichen Institutionen gestattet (Gewaltmonopol des Staates). In diesem Fall spricht man von der legitimen bzw. legitimierten (Staats-) Gewalt. Darüber hinaus kennt die Soziologie den Begriff der „strukturellen Gewalt", die aus der ungleichen und ungerechten Verteilung von Macht und Eigentum resultiert (→ Frieden). *jj*

Gewaltenteilung Die Trennung von Legislative (Gesetzgebung), Exekutive (Regierung und Verwaltung) und Judikative (Rechtsprechung) in voneinander unabhängigen (Staats-)Gewalten. Auf dieser Trennung beruht eines der fundamentalen Prinzipien des demokratischen Rechtsstaats (→ Demokratie). Die Organe kontrollieren sich gegenseitig durch ihre jeweiligen Institutionen, um so jeglichem Machtmissbrauch vorzubeugen. Deren Vertreter können dabei gewählt (Parlament, Regierung) oder ernannt und bestimmt werden (Richter). *jj*

Gewissen Das Gewissen ist eine im menschlichen Bewusstsein verankerte Instanz, die Bewertungsmaßstäbe dafür bereit hält, welche menschlichen Verhaltensweisen als gut oder böse, richtig oder falsch, wünschenswert oder verwerflich anzusehen sind. Obwohl das sittliche Gewissen an ein je individuelles Wert- und Entscheidungsvermögen gebunden ist, resultieren die Verhaltensmaßregeln, Ge- und Verbote in den meisten Fällen aus religiösen oder weltanschaulichen Bindungen, die im Zuge des Sozialisationsprozesses vermittelt werden. Obwohl „Gewissenserforschung" und „Gewissensprüfung" primär rational gelenkte Akte sind, können sich „falsche" Entscheidungen oder Handlungen durchaus auch emotional auswirken, wenn etwa ein „schlechtes Gewissen" plagt oder ein „gutes Gewissen" beruhigt. *jj*

Gilgamesch-Epos Ein Kreis von babylonischen Erzählungen und Sagen rund um Gilgamesch (Gilgameš, um 2600 v. Chr.), den in Uruk-Kullab regierenden König des zwischen Euphrat und Tigris gelegenen Landes der Sumerer. In zahlreichen, oft auch kurzen Epen wird z. B. vom Kampf gegen den Himmelsstier oder gegen Huwawa, den Herrscher des Zedernwaldes (im heutigen Libanon), erzählt oder wie Gilgamesch mithilfe seines Dieners und Vertrauten Enkudu Unsterblichkeit zu erlangen sucht. Jüngere Überlieferungen des Gilgamesch-Epos berichten zu Beginn des ersten vorchristlichen Jahrtausends von einer verheerenden Sintflut. Das Gilgamesch-Epos gilt als herausragendstes Zeugnis babylonischer Kultur. *jj*

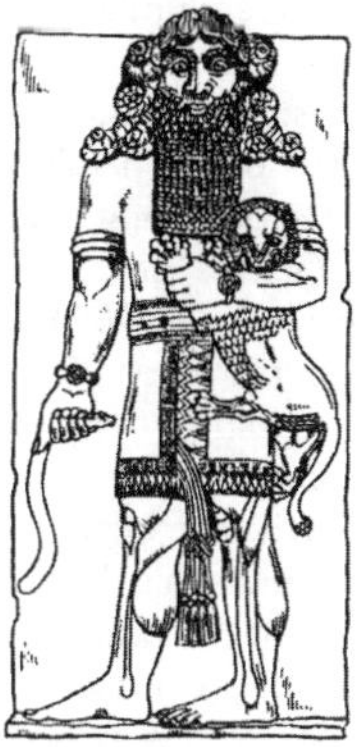

Gilgamesch

Gleichnis Form des uneigentlichen Sprechens, in dem eine oft poetisch ausgestaltete Bildhälfte zunächst einen Vorgang oder Sachverhalt schildert. Dieser wiederum deutet auf eine Sachhälfte. Die Sachhälfte kann in einer anschließenden Auslegung mithilfe eines *tertium comparationis* (wörtl. das Dritte des Vergleichs, d. h. das für die Aussage wesentliche Vergleichsmoment) erläutert werden, das ist aber nicht zwingend der Fall. Am bekanntesten sind die Gleichnisse Jesu in den Evangelien des Neuen Testaments. Verwandte Gattungen sind der meist kürzere Vergleich, der wie das Gleichnis in Form des „so … wie" argumentiert. Dagegen verzichten Allegorie, Metapher und → Parabel auf einen direkten Vergleich und überlassen die Übertragung (Transfer) und Abstraktion des Mitgeteilten dem Leser. *jj*

Globalisierung Der sich zum Ende des 20. Jhs immer rascher vollziehende Prozess des „Zusammenwachsens" der Welt in politischer, insbesondere aber ökonomischer und sozialer Hinsicht. Voraussetzung hierfür ist die rasante Entwicklung der elektronischen Medien („globales Dorf"), die Nachrichtenübermittlungen – und damit z. B. auch finanzielle Transaktionen – in Sekundenschnelle erlaubt. Zur Globalisierung tragen auch der Ausbau und die Beschleunigung von Transportmitteln und Verkehrswegen bei, was die Auslagerung von Produktionsstätten an weit entfernte Standorte ermöglicht, sowie die Veränderung traditioneller industrieller Arbeitsformen, an deren Stelle in zunehmendem Maße flexiblere Arbeitsweisen (z. B. Bildschirmarbeit) treten. Bedenkliche Tendenzen dieser Entwicklung zeigen sich, insofern sich auch viele negative Ereignisse nicht mehr auf ein kleines Umfeld beschränken lassen, sondern sich zunehmend weltweit auswirken (Umweltkatastrophen, Börsencrashs, Klimaveränderungen). *jj*

Glück Als Zustand körperlichen, seelischen und geistigen Wohlbefindens und wunschloser Zufriedenheit ist Glück weit mehr als die bloße Abwesenheit von Unglück. Die philosophische Tradition unterschied zwei Formen des Glücks: Die „glückliche" Fügung wird als Folge günstiger Umstände *(eutychia)* von der → Eudaimonia, dem (vollkommenen) Glücksgefühl als „Glückseligkeit" ausdrücklich abgegrenzt. Unter ethischen Gesichtspunkten ist Glück als letztes und absolutes Ziel menschlichen Strebens – anders als in zahlreichen pädagogischen und psychologischen Entwürfen – durchaus umstritten. Für Epikur ist Glück im Zustand der → Ataraxie, der Unerschütterlichkeit, erreichbar. Die Stoa sieht als Voraussetzung für Glück die Haltung der

→ Apathie, der Leidenschaftslosigkeit, an. Nach Immanuel Kant muss sich der Mensch durch moralisches Handeln im Diesseits würdig erweisen für ein erhofftes Glück im Jenseits. *jj*

Gnade (althochdt. *ginada* Wohlwollen) Unter Gnade versteht man den gerechtfertigten oder auch unberechtigten Gunsterweis durch eine höher gestellte Person, sei es im Bereich menschlichen Zusammenlebens oder im religiösen Sinn. Nach christlichem Verständnis lebt der Mensch in und aufgrund der göttlichen Gnade und kann nach seinem Tod erlöst werden. Der katholische Glaube unterscheidet dabei zwischen einer durch die Sakramente vermittelten „wirkenden Gnade" *(gratia actualis)* und einer durch vorbildliche Taten erworbenen „heilig machenden Gnade" *(gratia sanctificans)*. Nach evangelischem Verständnis ist die Gnade ein Geschenk Gottes, das Gott dem Menschen bis zu seinem Tod anbietet (→ Rechtfertigung). Der Begriff hat in seinem semantischen Umfeld auch eine juristische („Begnadigung") wie ästhetische und soziale Bedeutung, wenn etwa geniale oder charismatische Persönlichkeiten als „begnadet" bezeichnet werden. *jj*

Gnosis (griech. Erkenntnis) Theologische und philosophische Strömung der ersten nachchristlichen Jahrhunderte, die von einem strengen → Dualismus von Gott und der geschaffenen Materie ausgeht. Diese niedere, gottferne Materie gelte es unter Führung und Anleitung charismatischer religiöser Persönlichkeiten, die zur Schau der göttlichen Mysterien befähigt und begnadet seien, stufenweise zu überwinden. Parallel zur christlichen Gnosis (Clemens von Alexandria, → Origines) entwickelte sich auch eine nichtkirchliche Gnosis (Basilides, Valentinus), in deren Lehren auch Vorstellungen anderer, vor allem orientalischer Religionen und Weltdeutungen einflossen. *jj*

Goethe, Johann Wolfgang von (1749–1832) Neben Goethes literarischen Leistungen legen seine vielfältigen Tätigkeiten als bildender Künstler und Naturwissenschaftler ein weiteres Zeugnis seiner universalen Begabung ab. In theologischer Hinsicht stand Goethe dem → Pantheismus Baruch de → Spinozas nahe, indem er den Menschen als Teil einer harmonischen göttlichen Ordnung begriff. Die Natur wird in diesem umfassenden Sinn nicht nur zum Objekt wissenschaftlicher Interessen, sondern zugleich auch als ästhetisches Phänomen, nämlich als Gegenstand der Bewunderung und Verehrung, begriffen. Gemäß dem Humanitäts- und Bildungsideal der Weimarer Klassik steht im Zentrum von Goethes Ethik und → Anthropologie der produktiv tätige Mensch, der in seiner Aktivität auch Fehler und Irrtümer begehen kann. Diese schließt Goethe als Mittel und Wege der Erkenntnis ausdrücklich ein und rehabilitiert sie: „Kein Wesen kann zu Nichts zerfallen! Das Ew'ge regt sich fort in allen, am Sein erhalte dich beglückt!" *jj*

Goldene Regel Kurz und treffend formulierte und zugleich handlungsorientierte Maxime für das sittliche Verhalten dem Mitmenschen gegenüber. Die Goldene Regel ist auf vielfältige Weise überliefert. So verkündet Jesus in der → Bergpredigt: „Alles, was ihr also von anderen erwartet, das tut auch ihnen!" (Matthäus 7,12) In negativer Form findet sie sich im Sprichwort: „Was du nicht willst, das man dir tu', das füg' auch keinem andern zu!" *jj*

Goldenes Zeitalter In zahlreichen Mythen und Überlieferungen vieler Völker findet sich die Schilderung eines vorgeschichtlichen, sagenhaften ersten Zeitalters, in dem die Menschheit in Frieden und Harmonie lebte. Die weitere menschliche Geschichte kann entweder als Abstieg und Abkehr von diesem glücklichen Ur-Zustand gedeutet werden oder aber auf die Wiederherstellung dieser Epoche zielen. Hesiod beschrieb in seinen „Werken und Tagen" das Goldene als erstes von vier Zeitaltern ausführlich: „Das erste Zeitalter war das goldene, das aus eigenem Antrieb ohne Vollstrecker, ohne Gesetz Treue und Recht pflegte." *jj*

Gott Bezeichnung für das höchste Wesen einer Religion, das sowohl als Person (personaler Gott) wie als bestimmendes Prinzip gedacht werden kann. Zahlreiche Religionen oder Mythologien, z. B. die indische, nordische oder griechische, entwerfen die Vorstellung einer oft hierarchisch gegliederten Götterwelt. Ihre männlichen und weiblichen Vertreter haben feste Zuständigkeitsbereiche (Weisheit, Krieg, Schönheit, Jagd usw.) mit mehr oder weniger klar umrissenen Aufgaben (Pflege, Schutz, Beistand). Sie tragen oft menschliche Züge oder legen menschliche Verhaltensweisen an den Tag. Eine Zwischenstellung nehmen die so genannten „Halbgötter" ein. In den meisten Religionen gilt Gott als Urheber und Bewahrer der gesamten Schöpfung, wobei er sich den Menschen im Laufe der Geschichte entweder offenbart oder aber verborgen bleibt (→ Deus absconditus).

Nach jüdisch-christlichem Glauben ist Gott ein personal verstandener Vater, der die Welt erschaffen hat, sie lenkt und mit seinem Volk einen Bund geschlossen hat. Die christliche Tradition bezeugt Gott als liebenden Vater, der seinen Sohn Jesus Christus in die Welt sandte, um die Menschen aus ihrer Schuld zu erlösen, und im Heiligen Geist seinen beständigen Beistand zugesagt hat. Der Islam verehrt Allah als Schöpfer und Richter der Welt.

Von den Gläubigen wird Gott nach oft festgelegten Regeln oder Ritualen verehrt und angebetet (Gottesdienst). Dagegen haben sich Theologie und Philosophie wiederholt bemüht, die Existenz Gottes auf rationalem, spekulativem Wege logisch zu beweisen (→ Gottesbeweis) bzw. Argumente gegen seine Existenz aufzuzeigen (→ Atheismus). *jj*

Gottesbeweis Eine logisch argumentierende Verfahrensweise, die die Existenz Gottes rational begründen will. Der → ontologische Gottesbeweis schließt von der Idee eines höheren Wesens auf dessen Existenz. Der kosmologische Gottesbeweis erklärt Gott als nicht mehr weiter ableitbare Ursache alles Seienden. Der → teleologische Gottesbeweis geht davon aus, dass eine in sich sinnvolle und harmonische Weltordnung von einem ebensolchen Schöpfer stammen muss. Der psychologische Gottesbeweis nimmt an, dass die Idee Gottes als Vorstellung von etwas schlechthin Vollkommenem nicht dem unvollkommenen menschlichen Bewusstsein entstammen kann. Nach dem moralischen Gottesbeweis ist Gott die Ursache des sittlichen Bewusstseins in der Unterscheidung von Gut und Böse. Dem voluntaristischen (→ Voluntarismus) Gottesbeweis zufolge weist die Unvollkommenheit des Menschen trotz seiner herausragenden Stellung in der Schöpfung auf eine nicht mit Mängeln behaftete, „allmächtige" Instanz hin. Aufgrund seiner Rationalität stellt der Gottesbeweis eine prinzipiell andere Form religiöser Praxis dar als die gläubige Verehrung Gottes in → Gebet und Ritus. *jj*

Gral (altfranz. *graal* Gefäß) In der mittelalterlichen Dichtung ein Wunder wirkender Gegenstand, der seinem Besitzer irdisches und himmlisches Glück bringt.

Galahad, Parzival und Bors verehren den Gral; Illumination, 14. Jh.

Allerdings kann nur die dazu bestimmte Person den Gral finden. Die Vorstellung des Grals entstammt dem Umkreis der mittelalterlichen Artus-Sagen, wie sie insbesondere durch Chrétien de Troyes und Wolfram von Eschenbach um 1200 in ihren Parzival-Epen gestaltet wurden. Bei Chrétien ist der Gral ein Gefäß zur Aufbewahrung der Hostien, in anderen Gralsdichtungen dient er zur Sammlung des Blutes Christi. Bei Wolfram von Eschenbachs Parzival ist er ein Stein, der Wunder bewirken kann. Er bildet den geheimnisvollen, heiligen Mittelpunkt einer ritterlichen Gemeinschaft, die ihn auf der Gralsburg Munsalvaesche aufbewahrt und verehrt. *jj*

Grotius, Hugo (eigentlich Huigh de Groot, 1583–1645) Niederländischer Staatsmann und Rechtsphilosoph. Grotius war aufgrund einer Auseinandersetzung innerhalb der reformierten Kirche der Niederlande von lebenslanger Haft bedroht und floh 1619 nach Frankreich. Dort wurde er 1643 zum schwedischen Gesandten in Paris ernannt. Grotius plädierte für allgemeine Religionsfreiheit und forderte Toleranz gegenüber allen Formen des Atheismus. Er vertrat eine strikte → Gesinnungsethik. Aufgrund seiner Schriften gilt Grotius als einer der Begründer des modernen → Naturrechts und des → Völkerrechts.

Werke: Mare liberum (1609); De jure belli et pacis (1625). *jj*

Grundwerte Katalog von unveräußerlichen → Werten, über deren Einhaltung, Respektierung und Gültigkeit unter den (Staats-)Bürgern ein allgemeiner Konsens besteht. Die Grundwerte sind oft schriftlich fixiert, z. B. in den Menschenrechtserklärungen der → Aufklärung (Frankreich, USA) oder den Grundrechts-Artikeln im Grundgesetz der Bundesrepublik Deutschland. Sie bilden das sittliche Fundament einer (staatlichen) Gemeinschaft und gewährleisten z. B. die Religions-, Meinungs- und Gewissensfreiheit, das Recht auf freie Entfaltung der Persönlichkeit, Gleichheit vor dem Gesetz oder den Schutz der körperlichen Unversehrtheit sowie des Eigentums. Die von Vertretern der Weltreligionen und Philosophen seit einiger Zeit diskutierten Entwürfe einer universalen Minimalethik (Projekt → Weltethos) sind der Versuch, trotz aller kulturellen Unterschiede einen globalen Katalog von Grundwerten zu erstellen. *jj*

Guardini, Romano (1885–1968) Deutscher katholischer Theologe, Religionsphilosoph und Kulturtheoretiker italienischer Herkunft. Guardini lehrte 1923–1939 Religionsphilosophie in Berlin, 1945–1948 in Tübingen und 1948–1963 in München. Er untersuchte am Beispiel historischer Persönlichkeiten wie Aurelius Augustinus, Dante Alghieri, Blaise Pascal oder Friedrich Hölderlin, wie Christentum in konkreten historischen Situationen und christliche Weltanschauung in Konkurrenz zu anderen Weltdeutungen gelebt und verstanden werden kann.

Romano Guardini

Werke: Der Gegensatz. Versuch zu einer Philosophie des Lebendig-Konkreten (1925); Sorge um den Menschen (2 Bde., 1962–1966). *jj*

Gute, das Die griechische → Metaphysik bezeichnet jedes Seiende als gut, wenn es das ist, was es seiner Möglichkeit nach sein kann. Als gut wird auch dasjenige angesehen, was unter einer funktionalen Betrachtungsweise „für" oder „zu etwas (anderem) gut" ist. In der praktischen Philosophie (→ Ethik) wird eine relative von einer absoluten Bedeutung unterschieden, wie sie auch der tägliche Sprachgebrauch macht: Wenn etwas „gut für mich" ist, so kann diese zweckrationale Bestimmung beispielsweise auf die Befriedigung individueller Bedürfnisse zielen und bleibt somit subjektiv begrenzt. Wird eine Handlung jedoch unternommen, weil sie „an sich gut" ist, so beruft sie sich auf einen als richtig und objektiv verbindlich anerkannten, etwa durch Erziehung vermittelten, normativen Werte-Katalog. Das Gute ist in diesem Verständnis nicht mehr nur „das Böse, das man lässt" (Wilhelm Busch), sondern die Folge einer unbedingten Willensbestimmung, die die gute Tat allein um ihrer selbst willen vollbringt, wobei die möglichen positiven wie negativen Folgen der Handlung zu vernachlässigen sind (vgl. Immanuel → Kant). Auch die → aristotelische Ethik bestimmt das Gute, das um seiner selbst willen angestrebt und keinen fremden Zwecken untergeordnet wird, als letztes Ziel alles Handelns, wenn es zur → Eudaimonia führen soll. *jj*

Gutenberg-Galaxie Der Begriff wurde 1962 durch den kanadischen Kommunikationswissenschaftler Herbert M. Mc Luhan (1911–1980) mit seinem Buch „The Gutenberg Galaxy" geprägt. Dieses Synonym für „Bücherwelt" bezeichnet die Zeitspanne seit der Erfindung des Buchdrucks mittels gegossener beweglicher Lettern durch Johannes Gutenberg (1397–1468) und die seither praktizierte Konservierung und Überlieferung des kulturellen Wissens in Form der gedruckten Schrift. Zugleich markiert der Begriff eine womöglich epochale Grenze, da Büchern und Bibliotheken mit dem Aufkommen neuer, elektronischer Medien der Datenverarbeitung, -übermittlung und -sicherung mit ihren erweiterten Speichermöglichkeiten am Ende des 20. Jhs eine neue Konkurrenz erwachsen ist. jj

H

Haager Konvention Völkerrechtliche Vereinbarungen, die bei zwei Friedenskonferenzen in Den Haag, 1899 und 1907, erarbeitet wurden und aufgrund derer eine ständige Institution zur freiwilligen Beilegung von internationalen Konflikten geschaffen wurde. Dies führte später zum Völkerbund, dem Vorläufer der UNO. In der „Haager Landkriegsordnung" wurden Regeln für die Begrenzung von Kriegen und die Herbeiführung eines Waffenstillstands aufgestellt, für die Behandlung von Verwundeten, Gefangenen und Unterhändlern sowie zum Schutz der Zivilbevölkerung, u. a. vor Plünderung; verschiedene Waffen wurden geächtet, z. B. Gift. *wl*

Habermas, Jürgen (geb. 1929) Deutscher Soziologe und Philosoph. Habermas war 1964–1971 und 1983–1994 Professor für Philosophie in Frankfurt a. M., 1971–1983 Direktor am Max-Planck-Institut zur Erforschung der Lebensbedingungen der technisch-wissenschaftlichen Welt in Starnberg. Im Herbst 2001 erhält Habermas den Friedenspreis des Deutschen Buchhandels. Er ist ein Vertreter der → Frankfurter Schule und übte durch seine Studien und seine Stellungnahmen z. B. in Zeitungen jahrzehntelangen Einfluss auf Philosophie, Sozialwissenschaften, Linguistik und weite Bereiche des intellektuellen Lebens der Bundesrepublik aus. Seine Forschungen werden geleitet vom Interesse an der Fortentwicklung der Gesellschaft durch Ideologiekritik. Habermas betont, dass jede Theoriebildung in praktischer Absicht geschieht. Neben Karl-Otto → Apel ist Habermas der prominenteste Vertreter der → Diskursethik. Er sieht politische Entscheidungen nur dann als gerechtfertigt an, wenn sie nach einem herrschaftsfrei geführten Diskurs aller Betroffenen in einem Konsens begründet werden können, wenn also niemand eine Entscheidung kraft seiner Autorität erzwingt. Bei philosophischen Kontroversen der letzten Jahre bedient sich Habermas der Medien in einer Weise, als ob jene Regeln der idealen Sprechsituation für ihn selbst nicht gelten müssten – so etwa in der Auseinandersetzung mit Peter Sloterdijk (geb. 1947) und dessen provokativer Frage im Jahr 1999, ob die Zivilisierung des Menschen – nachdem die Erziehungsversuche gescheitert seien – in Zukunft auf gentechnologischem Weg versucht werden müsse.

Jürgen Habermas

Werke: Strukturwandel der Öffentlichkeit (1962); Theorie des kommunikativen Handelns (1981). *wl*

Haeckel, Ernst (1834–1919) Deutscher Zoologe und Philosoph. Haeckel war über mehr als vierzig Jahre Professor für Zoologie in Jena. Er unterstützte die Lehre Charles → Darwins und entwickelte das so genannte biogenetische Grundgesetz, nach dem die Entwicklung des Individuums (Ontogenese) die geschichtliche Entwicklung der Gattung (Phylogenese) nachvollziehe. *wl*

Hammurabi Babylonischer König und Gesetzgeber, der etwa 1728–1686 v. Chr. regierte. Der auf ihn zurückgehende „Kodex Hammurabi", eine Sammlung babylonischer Gesetze, beruht auf dem Rechtsgrundsatz der Vergeltung. Von diesem Prinzip hat sich die moderne Rechtsauffassung losgesagt, weil in ihm soziale Ursachen für Rechtsverstöße und der Präventionsgedanke, also die Frage, wie sich Rechtsverstöße verhindern lassen, nicht berücksichtigt wird. *wl*

Handlung Im Gegensatz zum impulsgesteuerten „Verhalten" ist Handeln das bewusste, von der Vernunft beratene Tun. Eine Handlung wird von der Willensfreiheit des Menschen getragen. *wl*

Oberer Teil der Gesetzesstele des Hammurabi: König Hammurabi empfängt vom Sonnengott Schamasch die Gesetze; Dioritstele aus Susa, um 1700 v. Chr.

Hare, Richard Mervyn (geb. 1919) Englischer Philosoph. Hare befasste sich als Professor in Oxford (aufbauend auf Ludwig → Wittgenstein) mit sprachanalytischen, metaethischen Fragen, z. B. mit der Definition des Begriffs „gut“, den er als den Sprechakt des Empfehlens und somit als die Aufforderung „sollte“ interpretiert. Hare entwickelte den Universellen Präskriptivismus (Präskription: verhaltensleitende Empfehlung). Moralische Sätze sind mit Imperativen eng verwandt und folglich – anders als deskriptive (beschreibende) Sätze – nicht wahr oder falsch. Ein Imperativ kann niemals aus Prämissen gefolgert werden, die ausschließlich aus indikativen Sätzen bestehen. Vielmehr muss der singuläre, auf den Einzelfall bezogene Imperativ rational hergeleitet werden aus einem universellen, allgemein anerkannten Imperativ (→ Naturalistischer Fehlschluss), der sich allerdings einer Letztbegründung entzieht. Damit wird der singuläre Imperativ universalisierbar: Ich kann selbst das Objekt der gebotenen Handlung sein wollen. Nur solche Sätze, die das Merkmal der Präskriptivität und das Merkmal der Universalisierbarkeit enthalten, sind Urteile moralischer Natur. Den Begriff „Glück“ bestimmt Hare folgendermaßen: Einen Menschen, dessen sämtliche Bedürfnisse erfüllt sind und der sich selbst für glücklich hält, nennt der Betrachter erst dann glücklich, wenn er bereit wäre, auch mit diesem zu tauschen. Mit seiner Präzisierung der → Goldenen Regel als imaginären Rollentausch vertritt Hare eine konsequentialistische (d. h. die Folgen beachtende) bzw. utilitaristische Position (→ Utilitarismus).

Literatur: Julian Nida-Rümelin (Hg.): Philosophie der Gegenwart in Einzeldarstellungen, Stuttgart 1999; Jan Rohls: Geschichte der Ethik, Tübingen 1991. *wl*

Häresie (griech. *hairesis* die Wahl, das Gewählte) Abweichung vom → Dogma der Kirche, Ketzerei. Nach römisch-katholischer Lehre des Mittelalters ist Häresie ein todeswürdiges Verbrechen. *wl*

Hedonismus (griech. *hedone* Lustgefühl, Freude, Genuss) Lebenseinstellung bzw. Philosophie, die als Grundmotiv aller Lebewesen das Streben nach Lusterfüllung, Freude und Genussbefriedigung sieht bzw. negativ ausgedrückt: die Vermeidung von Unlust und Schmerz. Herausragende Vertreter des Hedonismus sind → Epikur sowie Jeremy → Bentham. Als Beschreibung einer psychologischen Grundtatsache ist der Hedonismus begründet. Philosophisch ist er fragwürdig: Bezieht sich der Begriff „Lust/Freude/Genuss“ vorwiegend auf Sinnliches, so wird er dem geistig-vernünftigen Potenzial des Menschen nicht gerecht; schließt der Begriff dieses Potenzial aber ein, so wird er zur Leerformel, da sich damit sogar ein Handeln aus Pflicht (also explizit gegen die Neigung) umdeuten ließe zu einem Streben nach – geistiger – Lust. *wl*

Hegel, Georg Wilhelm Friedrich (1770–1831) Deutscher Philosoph. Hegel studierte Philosophie, Philologie, Mathematik und Theologie. 1816–1818 war er Professor für Philosophie in Heidelberg, ab 1818 in Berlin. Hegels Systemphilosophie gilt als Höhepunkt des deutschen → Idealismus. Die Grundfigur im Denken Hegels ist das Prinzip der → Dialektik, nach dem sich Erkenntnisgewinn aus der widersprüchlichen Entwicklung von These, Antithese und Synthese ergibt. Hegels Werk ist sehr umfangreich und bleibt bis heute schwer verständlich, war jedoch für die weitere Entwicklung der Philosophiegeschichte von größter Bedeutung. Seine Schülerschaft zerfiel nach seinem Tod in zwei Schulen: die theistische, „rechte" Schule und die radikale, „linke" Schule, zu der Ludwig → Feuerbach und Karl → Marx gehörten. Marx machte in den folgenden Jahren das dialektische Prinzip zum Grundstein seiner materialistischen Geschichtsauffassung, aus der dann im 20. Jh. die totalitären Ideologien des Sozialismus und Kommunismus hervorgingen. *cps*

Heidegger, Martin (1889–1976) Deutscher Philosoph. Heidegger war 1923–1928 Professor für Philosophie in Marburg, seit 1928 lehrte er in der Nachfolge des Phänomenologen Edmund → Husserl Philosophie an der Universität Freiburg i. Br. und entwickelte seine „Fundamentalontologie" bzw. „Existenzphilosophie". Heideggers Eintreten 1933 für den Nationalsozialismus (von dem er sich nie klar distanzierte) führte 1945 zu seiner Amtsenthebung als Rektor der Universität, was jedoch seinem Ansehen als Denker – auch international – keinen Abbruch tat. Heideggers Lebensthema ist die Analyse des menschlichen Daseins: die Frage nach dem Sinn des Seins und dem Wesen des Menschen. Heideggers Sprache ist durch Begriffsbildungen gekennzeichnet, mit denen er die Verwendung von Fremdwörtern vermeiden will: *Geworfenheit*; *In-der-Welt-sein*; *Zuhandenes* (als Gesamtheit des *Zeug*), im Gegensatz zum *Vorhandenen*; *Lichtung* des Seins (womit er dessen Offenheit meint); *Existenz* im Gegensatz zur *Eksistenz* usw. Nach Heidegger besteht das *Dasein* in der *Sorge,* worunter er das ständige *Sich-vorweg-sein* des Daseins versteht. Alles Dasein ist ein *Sein zum Tode*, ein *Vorlaufen zum Tode*, insofern ist es sein eigentliches *Ganz-sein-können.* Vielfach begründet Heidegger seine Aussagen über das Sein nicht, sondern beruft sich auf seine *Schau,* womit dem Leser die Möglichkeit vorenthalten wird, sich rational damit auseinander zu setzen und gegebenenfalls mit Argumenten zu widersprechen. Der späte Heidegger versteht den Menschen nicht mehr als Herrn des Seins, sondern als dessen Hirten; damit nimmt Heidegger einen ökologischen Ansatz voraus. Starken Einfluss übte Heidegger auf Jean-Paul → Sartre aus.

Martin Heidegger

Werke: Sein und Zeit (1927). *wl*

Heliozentrisches Weltbild (griech. *helios* Sonne; *kentron* Mittelpunkt) Modell des Kosmos, in dem die Erde und andere Planeten um die Sonne kreisen. Begründet wurde es 1543 von Nikolaus Kopernikus (→ Kopernikanische Wende) und Galileo Galilei. Sie überwanden damit das → geozentrische (die Erde zentral sehende, ptolemäische) Weltbild der Antike und des Mittelalters. *wl*

Hellenismus (griech. *hellene* der Grieche) Bezeichnung für die griechische Kultur und Philosophie vom Zeitalter Alexanders des Großen (356–323 v. Chr.) bis zum Ende des Altertums (Mitte des 6. Jhs n. Chr.). *wl*

Heraklit (um 544–483 v. Chr.) Griechischer Philosoph. Heraklit stammte aus vornehmstem Geschlecht und lebte in Ephesos. Er vertritt ein dynamisches Weltbild und lehrt, dass alles im Wandel ist (*panta rhei* – alles fließt) und im unabläs-

Das Titelbild von Galileis „Dialog über die zwei hauptsächlichsten Weltsysteme ...": Kopernikus (und damit Galilei; rechts) präsentiert das heliozentrische Weltmodell; das geozentrische Modell des Ptolemäus (Mitte) wird zurückgedrängt. Aristoteles (links) weist auf das Modell des Kopernikus.

sigen Kampf aller Elemente gegeneinander nichts konstant bleibt: „Es ist unmöglich, zweimal in denselben Fluss zu steigen." Dieses Werden und Vergehen geschieht nicht willkürlich, sondern geleitet vom unergründlichen → Logos. Heraklit überwand als erster die anthropomorphe (vom Menschen her definierte) Gottesvorstellung (→ Anthropomorphismus) und sah im Göttlichen das Absolute, jedoch in Verbindung mit dem stofflichen Element des „Urfeuers". Heraklit beeinflusste die → Stoa sowie in neuerer Zeit insbesondere Georg W. F. → Hegel (→ Dialektik) und Friedrich → Nietzsche.

Literatur: Wilhelm Capelle: Die Vorsokratiker, Stuttgart 1968, S. 126–157. *wl*

Hermeneutik (griech. *hermeneuein* erklären, aussagen, auslegen, übersetzen) Kunst der Interpretation kultureller Phänomene, insbesondere von Texten der Bibel, von Gesetzestexten sowie Werken der Dichtung und Philosophie. Als „hermeneutischer Zirkel" wird die Tatsache bezeichnet, dass eine voraussetzungs- und vorurteilslose Lektüre nicht möglich ist: Ein Text kann immer nur im Licht der eigenen aktuellen Weltsicht gedeutet werden. Bei erneuter Beschäftigung mit dem Text ist dann wiederum das erweiterte Vorverständnis zu berücksichtigen. Dadurch werden Missverständnisse, die aus einer bloß oberflächlichen Beurteilung des Textes entstehen, verringert. Als bedeutendster zeitgenössischer Vertreter der Hermeneutik gilt Hans-Georg → Gadamer. *wl*

Hesiod (um 700 v. Chr.) Griechischer Dichter aus Kleinasien. Hesiod schildert in seiner „Theogonie" (Entstehung der Götter), wie die Welt entstanden ist und wie Zeus die Herrschaft über Götter und Menschen errungen hat. Die Herrschaft des Zeus wird mit seiner geistigen Überlegenheit in Verbindung gebracht, die Zeusgestalt trägt monotheistische Züge (→ Monotheismus). *ck*

Heuristik der Furcht (griech. *heuriskein* finden) Mit Heuristik wird die Kunst bezeichnet, durch methodisches Vorgehen Neues zu entdecken oder durch die Aufstellung von Arbeitshypothesen Probleme zu lösen. Die Heuristik der Furcht spielt in der → Verantwortungsethik von Hans → Jonas eine Rolle: Indem wir uns die Gefährdung z. B. der Umwelt in den schwärzesten Farben ausmalen, werden wir der Umwelt und ihres Werts (für uns) erst richtig gewahr und können Konsequenzen zu deren Schutz ergreifen.

Literatur: Hans Jonas: Das Prinzip Verantwortung, Frankfurt a. M. 1984, insbes. S. 63 f. *wl*

Hexe Der Vorwurf, eine Hexe bzw. ein Hexer zu sein, kostete vom Mittelalter bis zur Neuzeit ca. 9 Millionen Frauen, Männer und selbst Kinder das Leben. Der übliche Vorwurf lautete, Hexen ständen mit dem Teufel im Bund, sie trieben sogar „Unzucht" mit ihm. Wer eine beschuldigte Person verteidigte, machte sich seinerseits des Verbrechens schuldig. Gregor IX. (1227–1241) gab als erster Papst den Befehl zur Hexenausrottung. Oft durften sich Inquisitoren, Beichtväter und Richter am weltlichen Besitz ihrer Opfer bereichern. Die letzte „Hexe" in Europa wurde 1782 in der Schweiz hingerichtet, noch 1823 unterzog man in Holland eine „Hexe" der Wasserprobe.

Literatur: Karlheinz Deschner: Abermals krähte der Hahn, Düsseldorf 1986, S. 485–492. *wl*

Mithilfe der Folter sollten verdächtige Frauen gezwungen werden, ihren Pakt mit dem Teufel zu gestehen. Dieses Geständnis war die Grundlage für den Hexenprozess, der meist den Tod der Frauen bedeutete.

Hieroglyphen (griech. *hieros* heilig; *glyphein* einritzen, schnitzen) Im alten Ägypten über fast drei Jahrtausende verwendete Schrift, deren bildhafte Zeichen Konsonanten darstellen, jedoch keine Vokale – damit sind weder Silbenstrukturen noch komplette Begriffe festgehalten, sondern nur Abschnitte von Wörtern. Die Namen von Pharaonen sind eingerahmt von so genannten Kartuschen, d. h. ovalen Umrandungen. Diese grafische Hervorhebung war der Ausgangspunkt für Jean-François Champollion, als er 1822 durch den Vergleich dreier Paralleltexte (u. a. in griechischer Sprache) auf dem „Stein von Rosette" die Hieroglyphen entschlüsselte. Die Schreibrichtung der Hieroglyphen ist nicht festgelegt. Der Begriff Hieroglyphen wird auch für die Schriftsysteme der Hethiter und Kreter sowie der Azteken, Mayas und Zapoteken verwendet. *wl*

Hildegard von Bingen (1098–1179) Deutsche Mystikerin. Als jüngstes von zehn Kindern adliger Eltern wurde Hildegard bereits mit acht Jahren ins Kloster gegeben. Dort hatte sie die Möglichkeit, Latein zu lernen und eine vielseitige Bildung zu erwerben. Nachdem 1147 Papst Eugen III. auf sie aufmerksam geworden war und auf der Synode in Trier Ausschnitte aus Hildegards Werk „Scivias" (Wisse die Wege) vorlas, konnte sie ihren Einfluss über den engen Bereich

Hildegard von Bingen in geistiger Versenkung: Ihr Blick richtet sich nicht auf das Buch, sondern öffnet sich dem Himmel und damit dem göttlichen Wort.

des Konvents hinaus ausdehnen und sich wirkungsvoll zu Fragen ihrer Zeit äußern. Sie tat dies in Schriften, durch einen umfangreichen Briefwechsel mit Päpsten, Kaisern, Königen und zahllosen anderen Amtsträgern, die ihren Rat suchten, sowie auf Predigtreisen. 1147/48 gründete sie das Benediktinerinnen-Kloster auf dem Rupertsberg bei Bingen (zerstört 1632). Hildegard von Bingen verurteilte zwar die Katharer (→ Ketzer), rief den Klerus aber auch mutig zu Reformen auf. Sie komponierte und dichtete, sie erforschte Pflanzen, überdies war sie eine gute Juristin und Diplomatin, die ihr Kloster von männlicher Bevormundung freizumachen verstand. Da sie als Frau nicht mit der Autorität eines offiziellen theologischen Amts sprechen konnte, berief sie sich auf „göttliche Inspiration“ und äußerte sich im Stil einer Seherin. Deswegen gilt sie als Mystikerin, wenngleich sie betonte, dass sie die Eingebungen nicht in einem Zustand des Traums, der Ekstase oder des Wahns empfange, sondern „wachend, besonnen und mit klarem Geiste“. Heute wird Hildegard von Bingen besonders wegen ihres heilkundlichen Wissens verehrt, sie gilt als Ahnfrau der alternativen Medizin. *wl*

Hinayana (sanskrit: Kleines Fahrzeug) Mit Hinayana wird eine der beiden Hauptrichtungen des ursprünglichen → Buddhismus bezeichnet (→ Mahayana). Das Hinayana ist in Sri Lanka, Burma, Kambodscha, Thailand und Laos beheimatet. Leitfigur ist hier nicht der → Bodhisattva, der alle Wesen erlösen will, sondern der „Arhat“, ein Heiliger, der nach dem eigenen Heil strebt, indem er mühselige und langwierige Übungen, Askese und Armut auf sich nimmt. Zentral im Hinayana ist der Begriff des „Nicht-Ich“ *(anatman):* Das Selbst, unsere Individualität, gilt als Illusion. Stattdessen wird das Aufgehen im Zustand des → Nirwana angestrebt, ein Ziel, das allerdings nur der Mönch erreichen kann, nicht der Laie. Buddha wird als historische Persönlichkeit geehrt, nicht als transzendentes Wesen. Die Anhänger des Hinayana nennen ihre Lehre oft auch Theravada (Lehre der Ordensältesten). *wl*

Hinduismus Der Begriff entstand im 19. Jh. als Bezeichnung für die Kultur der Menschen jenseits des Flusses Indus; Hinduismus bedeutet also im weitesten Sinn „Indertum“, im engeren Sinn: meditative Religion des indischen Subkontinents, in Abgrenzung vom (ebenfalls dort entstandenen) Buddhismus, vom Jainismus, Islam und Sikhismus. Der Hinduismus wird auch Brahmanismus genannt. Die Hindus nennen ihre Religion selbst „Sanâtana-Dharma“: die ewige Religion. Der Hinduismus besitzt – anders als Buddhismus, Christentum oder Islam – keinen Stifter. Er geht zurück auf die in der indoeuropäischen Sprache Sanskrit verfassten → Veden bzw. → Upanishaden bzw. die → Bhagavadgita mit ihrer Maya-Lehre, nach der die Vielgestaltigkeit der Welt nur eine Illusion und in Wahrheit alles eine Einheit sei. Nach der Lehre des Hinduismus besitzt die Welt weder Anfang noch Ende, etwas kann nicht zu nichts werden; die Wesen (Menschen und Tiere) werden gemäß ihrem → Karma (ihren Taten) wiedergeboren; Leben heißt (wegen der Körperlichkeit) Leiden; asketisch, moralisch und pflichtgemäß zu leben ermöglicht eine Wiedergeburt auf besserer Stufe (z. B. in höherer → Kaste oder statt als Tier nun als Mensch), im Idealfall Erlösung aus dem Kreislauf der Wiedergeburten (d. h. Eingehen ins → Brahman). Dem moralischen Determinismus und Fatalismus (Schicksalsergebenheit) liegt der Glaube an eine sittliche und gerechte Weltordnung zugrunde. Das kann jedoch zu Mitleidlosigkeit führen, da Krankheit, Armut und Unglück der Mitmenschen als in einem früheren Leben selbst verschuldet gerechtfertigt werden können. Andererseits enthält auch der Hinduismus mit seinem der → Goldenen Regel vergleichbaren Prinzip des *tat tvam asi* (Das bist du) einen starken Impuls zu Einfühlung und Nächstenliebe. Die Schonung der als heilig betrachteten Kühe ist in diesem Zusammenhang zu sehen. Der Hinduismus kennt unzählige Götter. Die wichtigsten sind Ganesha (in Elefantengestalt, der Gott der Weisheit), Shiva (Ganeshas Vater, zugleich der Gütige und der Zerstörende), Parwati (Ganeshas Mutter, auch Shakti und Kali genannt, personifiziert die Ur-Energie), Vishnu (höchster Gott des Hinduismus zusammen mit Brahma und Shiva, Sonnengott und Hüter des Dharma), Krishna (die achte Inkarnation von Vishnu, er wurde aus der Seite der Göttlichen Mutter geboren; andererseits ungeboren, allgegenwärtig).

Der indische Staat ist bestrebt, erschreckende Praktiken im Hinduismus abzuschaffen, wie Witwenverbrennung bzw. -aussetzung, Kinderheirat oder ruinöse Mitgiftforderungen durch die Familie des Bräutigams. Nicht selten wird nach einer hohen Mitgiftforderung die Ehefrau getötet, damit eine Wiederverheiratung des Sohnes und die Vereinnahmung einer weiteren Mitgift möglich werden. Vor diesem Hintergrund kommt es im hinduistischen Kulturkreis zur Abtreibung überproportional vieler weiblicher Föten. Angesehen sind im Hinduismus allein die Angehörigen der drei höchsten Kasten: Priester *(brahmana)*, Fürsten *(ksatriya)* und grundbesitzende Bauern bzw. Kaufleute *(vaisya)*. Innerhalb dieser drei Kasten gibt es wiederum zahllose Untergliederungen. Ehrlos sind die kastenlosen Unberührbaren. In der Nachfolge Mahatma → Gandhis ist der indische Staat bemüht, die Kastenlosen den Angehörigen einer Kaste gleichzustellen.

In praktischer Hinsicht besteht der wesentliche Unterschied zwischen Hinduismus und Buddhismus darin, dass der Buddhismus ohne das Kastenwesen auskommt. *wl*

Hiob (Ijob) Titelfigur eines Buchs des Alten Testaments. Darin wettet Satan mit Gott, dass es ihm gelinge, den frömmsten und gerechtesten aller Menschen, Hiob, vom Glauben abzubringen, indem er ihn in Elend und Krankheit stürzt. Gott geht erstaunlicherweise auf diese Wette ein. Mehr noch als seine körperlichen Qualen peinigt Hiob die Frage, womit er – in einer gerechten Weltordnung – dieses Geschick verdient habe. Er klagt Gott an, wofür seine Freunde ihn hart kritisieren. Am Ende beugt Hiob sich vor der Herrlichkeit Gottes und wird reichlich entschädigt: Nicht nur erlangt er seine Gesundheit wieder, er hat mehr Kinder als zuvor, ebenso ein Vielfaches an Vieh. Der biblische Hiob wurde die Bezugsgestalt des → Theodizee-Problems. *wl*

Hiobs Freunde setzen sich zu dem von Gott geschlagenen Hiob; jeder hat sein Obergewand und seinen Kopfschmuck beiseite gelegt. Die drei Freunde oben sind in stille Trauer versunken, während der vierte Freund (unten im Redegestus) das Schweigen bricht.

Hippokrates (um 480–375 v. Chr.) Griechischer Arzt. Nach Hippokrates ist das Berufsethos der Ärzte, der so genannte Hippokratische Eid, benannt. Er besagt, dass die Heilkunst nur zum Wohl des Patienten ausgeübt werden darf. Gelegentlich wird bemängelt, dass bis heute kein vergleichbarer Eid für Naturwissenschaftler existiert. *wl*

Hirtenbrief Ein Rundschreiben christlicher Bischöfe zu theologischen oder tagespolitischen Themen: Der Bischof als Hirte seiner Gemeinde nimmt wegweisend Stellung und gibt den Kirchenmitgliedern Handlungsrichtlinien. Probleme können auftreten, wenn in Verkennung der Trennung von Staat und Kirche gesamtgesellschaftlicher Einfluss angestrebt wird, z. B. auf die Gesetzgebung. *wl*

Historisch-kritische Methode Methode der Bibelauslegung, (→ Exegese), die zu Beginn des 20. Jhs vor allem in der protestantischen Theologie entwickelt wurde (Martin Dibelius, Rudolf Bultmann). Inzwischen ist dieser Ansatz der

Bibelauslegung der akzeptierte wissenschaftliche Weg in allen christlichen Kirchen, mit Ausnahme der Gemeinschaften, die sich einem fundamentalistisch-wörtlichen Schriftverständnis verpflichtet fühlen (Evangelikale, Zeugen Jehovas usw.). „Historisch" ist diese Methode, weil die geschichtlichen Umstände der Textentstehung bei der Auslegung berücksichtigt werden, „kritisch", weil hier in vier Schritten geprüft wird, wie der ursprüngliche Text lautete und wie er verändert worden ist: 1) → Textkritik: Wie lautete der ursprüngliche Text? Lässt er sich aus den überlieferten Varianten rekonstruieren? 2) → Literarkritik: Wer hat den Text wirklich verfasst? Was waren seine Quellen? 3) → Formkritik: Welcher Gattung (z. B. Brief, Gebet, Biografie) gehört der Text an? Wozu ist er ursprünglich verwendet worden („Sitz im Leben")? 4) → Redaktionskritik: Wer hat diesen ursprünglichen Text verändert? Mit welcher Absicht? – Sind diese Fragen mithilfe literatur- und geschichtswissenschaftlicher Techniken geklärt, kann die ursprüngliche Bedeutung des Textes aufgenommen und im Rahmen von Katechese (Unterricht) oder Verkündigung (Predigt) in Bezug zum heutigen Leben der Christen gesetzt werden („Existenziale Auslegung"). *cps*

Historismus Ein Verständnis von Geschichte und Methode der Geschichtsschreibung in der zweiten Hälfte des 19. Jhs mit dem Ziel, durch Beschränkung auf „Tatsachen" und Verzicht auf rückblickende Wertungen jede Epoche aus sich selbst heraus zu verstehen. Bei diesem Versuch einer Verwissenschaftlichung wird allerdings übersehen, dass der Historiker seinen eigenen Erfahrungs- und Urteilshorizont nicht ausblenden kann (→ Hermeneutik). Als Hauptvertreter des Historismus gilt Leopold von Ranke (1795–1886). *wl*

Hobbes, Thomas (1588–1679) Englischer Philosoph. Hobbes bereiste 1610–1613 als Privatlehrer und Erzieher an der Seite eines jungen Adeligen den Kontinent. 1640 floh Hobbes angesichts des englischen Bürgerkrieges für ein Jahrzehnt ins Exil nach Frankreich, wo er den späteren König Charles II. in Mathematik unterrichtete. Den Zeitumständen entsprechend (1649 Hinrichtung Charles I.; puritanisches Regime Oliver Cromwells) kam Hobbes zu einem extrem pessimistischen Menschenbild: *Homo homini lupus est* (Der Mensch ist dem Menschen ein Wolf); folglich wütet ein „Krieg aller gegen alle", solange keine Macht diesen „Naturzustand" beendet. Versagt hatten die bislang als friedensstiftend angesehenen Mächte Religion, Moral und allgemein verbindliche Wahrheit. Der Gedanke des Gottesgnadentums begründete die Autorität des Herrschers nicht mehr wirksam und die Bürgerkriegsparteien griffen im Namen ihrer je eigenen Wahrheit zu den Waffen. So gewann Hobbes eine Erkenntnis, die auch im 21. Jh. von größter Bedeutung ist: Werte, die Menschen in einen Bürgerkrieg treiben, können nicht wahr sein; Wahrheit (als Leistung der Vernunft) besitzt nur der Wille zu einem tragfähigen Frieden. Hobbes entwickelte die Antwort auf die Frage, wie der Frieden wieder hergestellt werden kann, in seinem Hauptwerk „Leviathan" (1651): Die Bürger müssen erkennen, dass im Naturzustand das Leben aller „einsam, armselig, ekelhaft, brutal und kurz" ist und niemand auf ein besseres Geschick hoffen kann. Dann finden sie sich zur Wahrung ihres Eigeninteresses im Rahmen eines Gesellschaftsvertrags bereit, sich einem Souverän zu unterwerfen, einem „künstlichen Menschen und sterblichen Gott", einer Staatsmacht, die Hobbes „Leviathan" nennt. Erstmals wird der Staat als Diener freier Menschen definiert und die bisherigen Untertanen erscheinen als der eigentliche Souverän. *wl*

Höhlengleichnis → Platon vergleicht im 7. Buch seines Dialogs „Politeia" (Der Staat) das menschliche Dasein mit der

Platons Höhlengleichnis: Die in der Höhle gefesselten Menschen (unten rechts) starren auf die durch den Feuerschein einer Laterne an die Wand geworfenen Schatten von Bildern. In der linken Bildhälfte sind diejenigen dargestellt, die ihr Schattendasein bereits erkannt haben. Links im Hintergrund weist der Philosoph außerhalb der Höhle mit einer Geste auf die Sonne, die wahre „Idee des Guten".

Existenz in einer Höhle. Die Menschen darin leben fern des Tageslichts, sind gefesselt, sodass sie nicht einmal den Kopf wenden können, und sehen nur die von einem Feuer hervorgerufenen Schatten vorbeigetragener Dinge. Da sie nichts anderes kennen, sind sie überzeugt, dies sei die Wirklichkeit. Käme jemand aus dieser Höhle frei, würde er – nach einer Zeit der Gewöhnung an das Sonnenlicht – unter keinen Umständen mehr in sein altes Leben zurückwollen; unternähme er jedoch den Versuch, die Zurückgebliebenen vom wahnhaften Charakter ihres Wirklichkeitsbilds zu überzeugen und für ein Leben im Licht zu gewinnen, so müsste er scheitern, vielleicht würde er sogar von ihnen getötet. Für Platon sind die Schatten der Höhle die sinnlich wahrnehmbaren Dinge, außerhalb der Höhle hingegen ist die Welt der → Ideen, die für Platon das höchste Gut sind, die durch keine Sinnlichkeit verfälschte, die wahre und ewige Wirklichkeit. *wl*

Holismus (griech. *holon* das Ganze; vgl. engl. *whole*) Philosophische Richtung, die davon ausgeht, dass die Wirklichkeit als Ganzheit zu sehen ist, innerhalb derer es Abstufungen hinsichtlich der Komplexität gibt. Die holistische Umweltethik bezieht nicht nur alles Lebende in die Verantwortung des Menschen ein, sondern auch die unbelebte Materie. Jeder Teil des Ökosystems hat eine Position und Aufgabe im Ganzen. *wl*

Hölle (altnordisch *hel*) Aufenthaltsort der Bösen nach dem Tod. Zahlreiche Religionen kennen die Vorstellung eines solchen Orts der Qual, Hoffnungslosigkeit, und Unerlöstheit. Die christliche Hölle ist eindrucksvoll dargestellt als „Inferno" in Dante Alighieris „Göttlicher Komödie", in der er neun Höllenkreise beschreibt. Der „Hades" (in der griechischen Mythologie der Ort des Totengerichts) wird von → Sokrates in der „Apologie" wertfrei, ja positiv gedacht. Im Islam gibt es die tröstliche Vorstellung, dass Mohammed auch die Sünder durch seine Fürsprache rettet. Im Buddhismus kann die erlösende Buddhaschaft sogar in der Hölle erreicht werden. *wl*

Holocaust (griech. *holocaustein* ein Brandopfer darbringen) Bezeichnung für die systematische Ermordung der Juden 1941–1945 durch das nationalsozialistische Regime in Deutschland . Die Juden selbst gebrauchen statt Holocaust den Ausdruck → Shoah. *wl*

Hominiden (lat. *homo* Mensch) Menschenartige, d. h. Primaten (Menschenaffen) bzw. Vorformen des heutigen Menschen. *wl*

Homo-mensura-Satz Der auf → Protagoras zurückgehende Satz, nach dem der Mensch (lat. *homo)* das Maß (lat. *mensura)* aller Dinge sei. Es handelt sich hier nicht – wie gelegentlich missverstanden wird – um den überheblichen Versuch, den Menschen als Gattung oder gar als Individuum zu verabsolutieren, sondern um die sachliche Feststellung, dass es für eine Bewertung andere als subjektive Kriterien gar nicht gibt. Jeder Mensch beurteilt, was er für wahr oder unwahr hält, nach seiner Erfahrung und aus seiner ganz persönlichen Perspektive. Es existiert keine überzeitliche, gesellschafts- und kulturübergreifende, sondern immer nur relative Wahrheit. Dass ein Perspektivenwechsel zumindest versucht wird, ist aber dennoch notwendig, nicht zuletzt im Sinne des Umweltschutzes und der Erhaltung bedrohter Arten. *wl*

Horkheimer, Max (1895–1973) Deutscher Soziologe und Philosoph. Horkheimer studierte Psychologie und Philosophie in Freiburg und Frankfurt, wo er Freundschaft mit Theodor → Adorno schloss. Ab 1930 war er in Frankfurt Professor für Sozialphilosophie und wurde einer der Mitbegründer des Instituts für Sozialforschung. Horkheimer emigrierte 1933, nachdem das Institut durch die Nationalsozialisten aufgehoben worden war, zunächst in die Schweiz, dann in die USA. Ab 1949 lebte er wieder in Deutschland. Das Institut für Sozialforschung wurde 1950 in Frankfurt wieder eingerichtet. In den USA erschien 1947 Horkheimers bekanntestes Werk, das er mit Adorno verfasste, die „Dialektik der Aufklärung". Horkheimer und Adorno suchen eine Antwort auf die Frage, „warum die Menschheit, anstatt in einen wahrhaft menschlichen Zustand einzutreten, in eine neue Art von Barbarei versinkt". Im Zusammenhang mit der Beantwortung dieser Frage zeigen Horkheimer und Adorno zwei Tendenzen der Aufklärung auf: Zum einen die radikale Entmythologisierung, zum anderen die universale Formalisierung und Mathematisierung der Welt. In seinen späteren Jahren kritisierte Horkheimer mit Rückgriffen auf die Philosophiegeschichte vor allem die unphilosophische Gegenwart.

Max Horkheimer

Werke: Dialektik der Aufklärung (1947); Kritische Theorie (1968). *ck*

Humanismus (lat. *humanitas* Menschlichkeit) Als Epoche die Zeit des 15./16. Jhs, in der – ausgehend von Italien, wohin nach dem Fall von Byzanz 1453 östliche Gelehrte gekommen waren – die Werke der antiken Autoren unter neuem Blickwinkel studiert wurden. Im Mittelpunkt stand dabei das Ideal der menschlichen Bildung. Nachdem im Mittelalter alles auf Gott und Ewigkeit ausgerichtet war, wurde nun der Mensch und seine Verwirklichung im Diesseits in den Blick genommen. Die erstarrten Positionen von → Scholastik und kirchlicher Dogmatik (→ Dogma) wurden damit überwunden. Der auf Wissenschaft und Literatur beschränkte Humanismus bereitete die umfassendere Renaissance vor.

Geistig und epochenübergreifend ist der Humanismus die Lehre vom „edlen Menschentum" (vgl. auch den Begriff „der edle Mensch" im → I Ging), d. h. der Begriff des Humanismus vereinigt die Aspekte der Humanität und der humanistischen Bildung in sich. Bedeutende Vertreter des Humanismus sind Francesco Petrarca, Giovanni Boccaccio, Erasmus von Rotterdam, Michel Eyquem de Montaigne, Thomas Morus, Ulrich von Hutten und Philipp Melanchthon. Martin Luther lehnte den Humanismus ab. *wl*

Humboldt, Wilhelm Freiherr von (1767–1835) Deutscher Sprachforscher und Philosoph. Älterer Bruder des Weltreisenden und Naturforschers Alexander von Humboldt. Wilhelm von Humboldt schloss in vier Semestern ein Jurastudium in Frankfurt/Oder und Göttingen ab. In Göttingen hörte er auch den Physiker Georg Chr. Lichtenberg und beschäftigte sich mit Immanuel Kants eben erschienenen Kritischen Schriften. Humboldt bemühte sich um eine Vereinigung von Philosophie und → Anthropologie, auch von wissenschaftlicher Forschung und politisch-administrativer Praxis. Er arbeitete über die grundlegende Verschiedenheit der Sprachen und leitete die hermeneutische Wende (→ Hermeneutik) in der Philosophie ein. Humboldt führte als Geheimer Staatsrat die Reform des preußischen Unterrichtswesens durch. Er gilt als Begründer der Berliner Friedrich-Wilhelm-Universität (1810), die er nach dem Prinzip der Freiheit von Forschung und Lehre gegen den Einfluss von Staat und Kirche sichern wollte. In seinen 1792 entstandenen „Ideen zu einem Versuch, die Grenzen der Wirksamkeit des Staats zu bestimmen" äußerte Humboldt Kritik an der Bürokratisierung des Lebens, weil sie die Menschen zu Maschinen mache. 1819 führte Humboldts Widerstand gegen die reaktionäre Erstarrung Preußens zu seinem Rückzug aus dem öffentlichen Leben und zur Konzentration auf seine wissenschaftlichen Interessen. *wl*

Hume, David (1711–1776) Schottischer Philosoph. Eine Professur blieb Hume zeitlebens versagt, da ihm von der Geistlichkeit → Häresie und → Atheismus vorgeworfen wurde. So verdiente er sich seinen Lebensunterhalt als Hauslehrer, Reisebegleiter und Bibliothekar sowie als Botschaftssekretär in Paris und im Londoner Außenministerium. 1739 veröffentlichte er den „Traktat über die menschliche Natur": Als Wahrheit kann nur das akzeptiert werden, wovon man eine sichere Sinneserfahrung haben kann. Dazu analysierte Hume unklare Begriffe und Gedankenkonstruktionen, z. B. Himmel, Engel, Gott, unsterbliche Seele bzw. unveränderlicher Persönlichkeitskern / Ich, und stellte fest, dass es sich um zusammengesetzte „Vorstellungen" (also die Erinnerung an unterschiedliche „Eindrücke") handelt, nicht aber um sinnlich erfahrbare Wesenheiten. Heute nennt man derlei auch „Konstrukt". Hume zeigte auf, dass Kausalität eine Kategorie des Denkens ist, nicht aber eine beobachtbare Eigenschaft der Natur. Wunder sind für Hume Ereignisse, die den Naturgesetzen zuwiderlaufen; nach seinen sehr plausiblen und gut anwendbaren Prüfkriterien ist in der ganzen Geschichte kein Wunderbericht so stichhaltig belegt, dass er Glauben verdient. Hume inspirierte Immanuel Kant zu dessen kritischen Schriften. *wl*

Husserl, Edmund (1859–1938) Deutscher Philosoph. Mit 27 Jahren trat Husserl vom jüdischen zum protestantischen Glauben über. Er studierte Astronomie, Mathematik, Physik und Philosophie, insbesondere Logik. Als Professor für Philosophie lehrte er ab 1887 in Halle, ab 1901 in Göttingen und 1916–1928 in Freiburg i. Br. Husserl begründete die → Phänomenologie und übte großen Einfluss auf die Philosophie des 20. Jhs aus. Martin Heidegger war sein Schüler; er beeinflusste auch Jean-Paul Sartre, die ihn jedoch beide kritisieren. Husserls Ansatzpunkt ist die „Intentio-

Edmund Husserl

nalität" (Zielgerichtetheit) des Bewusstseins: Alle Vorstellungen und Urteile sind auf etwas gerichtet, sie haben ein Objekt, d. h. wir können nicht urteilen, ohne *etwas* zu beurteilen. Husserls Anspruch war es, diese situative Beschränktheit zu überwinden und unverfälscht die Wesenheit als solche zu erkennen. Dementsprechend kritisiert Husserl die moderne Wissenschaft wegen ihres Nutzen-Denkens. *wl*

Huxley, Aldous (1894–1963) Englischer Schriftsteller. Huxley hatte seinen größten Romanerfolg mit dem Science-Fiction-Roman „Brave New World" (1932; dt. „Schöne Neue Welt"). Darin werden die Menschen nicht geboren, sondern geklont, es gibt Glückspillen ohne Nebenwirkungen und ein Gefühls-Kino, das alle Sinne aktiviert; nur echte Emotionen gibt es in dieser sterilen Welt der totalen Manipulation und weitgehenden Untergrabung aller Grundvoraussetzungen der Menschenwürde nicht. Die nachfolgenden Jahrzehnte erwiesen viele der Visionen Huxleys als im Ansatz richtig. *wl*

Hybris (griech.) Selbstüberschätzung, anmaßender Übermut, Handeln aus dem Glauben, allmächtig (wie die Götter) zu sein. Der Held der griechischen Tragödie begeht aus Hybris jenen Fehler, der dann zu seinem Niedergang und Tod führt. *wl*

Hypothetischer Imperativ Ein Sollen-Satz, der – im Gegensatz zum → Kategorischen Imperativ – nicht für jeden und nicht unter allen Umständen gilt, sondern nur, falls eine bestimmte Voraussetzung gegeben ist. Beispiel: „Iss nicht so viel!" Voraussetzung: Vom Angeredeten ist bekannt, dass er es vermeiden will zuzunehmen. Die Bedingung kann explizit formuliert sein oder aus dem Kontext klar werden. *wl*

I

Idealismus (griech. *idea* Bild, Gestalt) Im heutigen Sprachgebrauch wird eine Person als idealistisch bezeichnet, die ihr Handeln in den Dienst einer Idee oder eines Ideals stellt, ohne dabei auf materielle Vor- oder Nachteile zu schauen. In der Philosophie bezeichnet Idealismus eine metaphysische Richtung, nach der nur der ideellen Welt des Geistigen eine Wirklichkeit zukommt, während die sinnlich fassbare materielle Welt als Trug, zumindest aber als in ihrer Existenz von der geistigen Ideenwelt abhängig gedeutet wird. Dabei unterscheidet man den objektiven Idealismus, wie ihn Platon in seiner Lehre von der → Idee entwickelte (hier kommt den Ideen reale Existenz in der Welt zu), vom subjektiven Idealismus, wie ihn René Descartes oder Gottfried W. Leibniz im Zuge des neuzeitlichen → Rationalismus vertreten. Letzterer heißt „subjektiv", weil hier die Ideen allein als geistiges Prinzip im Subjekt, also in der vernunftbegabten Person verstanden werden. In der Philosophiegeschichte bezeichnet Idealismus die Ich-Philosophie der deutschen Romantik, wie sie Johann G. Fichte, Friedrich W. J. Schelling und Georg W. F. Hegel in der ersten Hälfte des 19. Jhs betrieben. *cps*

Idee (griech. *idea* Bild, Gestalt) In der antiken Philosophie wurde die Idee als oberstes Seinsprinzip angesehen. In seinem Buch „Politeia" (Der Staat) entwickelt → Platon die „Ideenlehre", nach der die vom Menschen sinnlich wahrgenommenen Gegenstände vergänglich sind, während ihren Ideen, d. h. ihren Urbildern, wirkliches Sein zukommt. Die Ideen sind ewig und unveränderlich (vgl. Platons → Höhlengleichnis). Der sinnlich wahrnehmbare Stuhl ist nur das vergängliche Abbild (der Stuhl kann demontiert oder zerstört werden) der Idee des Stuhls, die unabhängig von ihren vielfältigen Verkörperungen in der Sinnenwelt (verschiedene Stühle) ewig und unantastbar bleibt. Wenn der Begriff der Idee heute für ein geistiges Bild, ein Konzept oder einen spontanen Einfall verwendet wird, ist dies das Ergebnis der neuzeitlichen Philosophie z. B. René Descartes' oder John Lockes. Seit dem → Rationalismus wird die Idee als Bild aufgefasst, das sich der Verstand von einer Sache macht. *cps*

Identität (lat. *idem* dasselbe) Übereinstimmung mit sich selbst. Im Gegensatz zur Gleichheit oder Ähnlichkeit kann eine Sache oder Person nur mit sich selbst identisch sein. Der Begriff stammt aus der Logik, ist aber von zentraler Bedeutung für die Psychologie des 20. Jhs. Der Begriff meint hier (z. B. bei Erik H. → Erikson und George H. Mead) die Übereinstimmung des Selbstentwurfs einer Person mit den Rollenerwartungen, Fremdbildern und Ansprüchen der Gesellschaft. *cps*

Ideologie (griech. *idea* Bild, Gestalt; *logos* Lehre, Wissenschaft) Ursprünglich eine Wissenschaft im Zeitalter der Aufklärung, die versuchte, den Menschen durch die medizinische Erforschung seines Wesens und seiner Seele zu entschlüsseln und damit zu steuern. Seit Karl → Marx wird mit Ideologie eine Weltanschauung oder politische Lehre bezeichnet, häufig mit kritischer Betonung als einseitiges und begrenztes Wirklichkeitsbild, das bestimmten Interessen dient und der Wahrheit entgegensteht. In seiner Lehre vom dialektischen → Materialismus bezweifelt Marx den Wahrheitsanspruch von Religionen und Weltanschauungen: Ihre Ideen existieren in Wirklichkeit gar nicht, sondern sind lediglich der „gesellschaftliche Überbau", der die bestehenden wirtschaftlichen Verhältnisse rechtfertigen soll.

Da inzwischen auch der Marxismus als Ideologie entlarvt ist, widmen sich die philosophischen, theologischen und politischen Wissenschaften zunehmend der „Ideologiekritik", d. h. sie überprüfen politische Entwürfe und deren Ansprüche kritisch. *cps*

I Ging (Buch der Wandlung) Chinesisches Orakelbuch taoistischer sowie konfuzianistischer Prägung aus mythologischer Zeit. Heute wird es oft herangezogen, um dem westlichen Benutzer Orientierung bei Lebensentscheidungen zu geben. Die Texte raten zu Besonnenheit, Achtsamkeit und Menschlichkeit. Man stellt eine Ja-Nein-Frage, z. B. „Soll ich ein Jahr ins Ausland gehen?" – diese beantwortet das I Ging jedoch nicht, sondern es erinnert den Ratsuchenden an grundlegende Prinzipien, die ihn seine Entscheidung schließlich überlegter treffen lassen. *wl*

Ikarus Griechische Sagengestalt, die als Sinnbild für die menschliche Überheblichkeit und → Hybris gedeutet wird. Ikarus und sein Vater Daedalus flohen aus dem Labyrinth des Minotaurus, indem sie mit selbst gefertigten, durch Wachs zusammengehaltenen Flügeln davonflogen. Ikarus wagte sich entgegen dem mahnenden Rat seines Vaters zu nah an die Sonne, sodass das Wachs seiner Flügel schmolz und er ins Meer stürzte. *cps*

Ikonoklasmus (griech. *eikon* Bild; *klaein* schlagen, zerschlagen) Bilderzerstörung; → Bildersturm.

Ikonolatrie (griech. *eikon* Bild; *latreia* Dienst) Bilderverehrung; → Bildersturm.

Imam Vorbeter beim rituellen Gebet der Muslime (→ Islam). Später wurde der Begriff auch als Ehrentitel für verdiente Theologen des Islam verwendet. *cps*

Immanenz (lat. *immanere* darin bleiben) Philosophischer Begriff, der den eingegrenzten Bereich menschlicher Wahrnehmung und Erkenntnis bezeichnet, auch „innerweltlich" genannt. Der Gegenbegriff lautet → Transzendenz (lat. *transcendens* hinüberschreitend) und bezeichnet Bereiche, die vor oder jenseits der menschlichen Erkenntnis und Erfahrung liegen. Entsprechend kann man die Philosophie in Disziplinen gliedern, die sich im Bereich der Immanenz bewegen (z. B. Ethik, Geschichtsphilosophie) und andere, die der transzendenten Dimension bedürfen (z. B. Erkenntnistheorie, Metaphysik, Religionsphilosophie). *cps*

Indeterminismus (lat. *determinatio* Abgrenzung) Die Überzeugung, dass keineswegs alles kausal festgelegt und somit aus seinen Voraussetzungen vorhersagbar ist. In ethischer Hinsicht besagt diese Position, dass der Mensch die Freiheit der Entscheidung für oder gegen eine Handlung besitzt und somit für sie verantwortlich ist. Die Gegenposition des → Determinismus geht davon aus, dass alles Geschehen vorherbestimmt ist. *wl*

Individualethik Ein Teilgebiet der → Ethik, das sich mit dem Individuum beschäftigt, also mit seinem moralischen Bewusstsein und seiner Verantwortung (z. B. Was ist das Gewissen?), im Gegensatz zur Sozialethik, der es um die Gemeinschaft geht (z. B. Kann Eigentum verpflichten?). *cps*

Individualismus (lat. *individuum* das Unteilbare) Grundhaltung, die das Dasein und die Interessen des Einzelnen über die Bedürfnisse und Anliegen einer Gemeinschaft stellt. Die Sozialwissenschaft spricht von einer Epoche des Individualismus, um unsere gesellschaftliche Situation zu beschreiben, in welcher der individuelle Wohlstand und die individuelle Freiheit aufgrund der wirtschaftlichen Unabhängigkeit der Arbeitenden zunimmt, allerdings um den Preis des Zerfalls von Gemeinschaften aller Art, z. B. von Familie, Vereinen, Parteien und Kirche.

Literatur: Ulrich Beck: Die Risikogesellschaft. Auf dem Weg in eine andere Moderne, Frankfurt a. M. 1986. *cps*

Induktion (lat. *inductio* Zuleitung, Einführung) Begriff aus der Logik und Wissenschaftstheorie, der den Schluss vom Einzelfall bzw. von der konkreten Erfahrung auf das Allgemeine, also auf Regel, Gesetz oder Theorie bezeichnet (→ Experiment). Demgegenüber schließt die → Deduktion vom allgemeinen Fall auf konkrete Einzelfälle. *cps*

Industrielle Revolution Als Industrielle Revolution wird vor allem die Einführung der maschinellen Produktion durch die Dampfkraft in Großbritannien und Zentraleuropa in der zweiten Hälfte des 19. Jhs, später auch in den USA bezeichnet. Durch diese neuen Technologien kam es zu Massenentlassungen, die zu sozialen Unruhen führten. Es entstanden neue Klassengegensätze zwischen den Arbeitern (Proletariat) und den Kapitalisten bzw. der Bourgeoisie. Vor diesem Hintergrund ist auch die Entstehung des Marxismus (Karl → Marx) zu sehen. Inzwischen spricht man mit Blick auf die Automatisierung des 20. Jhs von einer „zweiten industriellen Revolution", mit Blick auf die neuen Informationselektroniken von einer „dritten industriellen Revolution". *cps*

Informationsgesellschaft Bezeichnung für die modernen Industrienationen, deren gesellschaftliches Leben und wirtschaftliches Wachstum inzwischen maßgeblich von den neuen Informationstechnologien – Mobiltelefon, Fax, E-Mail, Internet usw. – geprägt sind. Die technologische Entwicklung der Informationsgesellschaft schafft eine Fülle von neuen Branchen und Arbeitsplätzen, vor allem auf dem Computersektor, führt aber auf der anderen Seite zu Arbeitslosigkeit unter den geringer qualifizierten Arbeitskräften (→ Industrielle Revolution). *cps*

Initiation (lat. *initium* Anfang, Beginn) Rituelle Einführung des jungen Menschen in die Erwachsenenwelt. Religionswissenschaft und Völkerkunde sprechen auch von den „Rites de passage" (Übergangsriten), die bereits in den Stammesreligionen zu den wichtigsten Ritualen im Leben der Menschen zählen. Auch die Kultur- und Offenbarungsreligionen kennen Initiationsriten, im Judentum z. B. die → Bar-Mizwa bzw. Bat-Mizwa, im Christentum die Initiationssakramente der Taufe und der Firmung (katholisch) bzw. der Konfirmation (protestantisch). *cps*

Inkarnation (lat. *incarnatio* Fleischwerdung) Begriff aus der Religionswissenschaft, der die Verkörperung bzw. Gestaltwerdung von Geistern oder Seelen in einem Körper bezeichnet. Im Christentum hat die Inkarnation eine besondere theologische Bedeutung, da die Menschwerdung Gottes in der Person Jesu von Nazareth das entscheidende Merkmal des christlichen Glaubens darstellt. *cps*

Inquisition (lat. *inquirere* untersuchen, nachforschen) Kirchliches Gericht, das im Mittelalter von Papst und Kaiser gegründet wurde, um die religiösen Reformgruppen der Katharer und Waldenser (→ Ketzer) zu bekämpfen. Unter Papst Gregor IX. wurde die Inquisition 1231 eine päpstliche Einrichtung, die in den folgenden beiden Jahrhunderten mit großem Eifer jede Form der Irrlehre blutig bekämpfte. Für die Inquisition waren in der Regel Dominikaner und Franziskaner tätig, welche die von ihnen durch Haft und Verhöre identifizierten „Ketzer" zur Bestrafung an die weltlichen Behörden auslieferten. Den Verurteilten drohten Gefängnis, Folter und im schlimmsten Fall der Feuertod. Einen Höhepunkt erreichte die Inquisition während der Zeit der so genannten Hexenverfolgung (→ Hexe) im 15. Jh. Mit Beginn der Neuzeit schwand ihre Bedeutung. *cps*

Instrumentelle Vernunft Der Teil der Vernunft, mit dem der Mensch sich seine Umwelt nutzbar und dienlich macht, indem er sich Werkzeuge (lat. *instrumentum*) schafft, mit denen er die körperlichen Defizite seiner Spezies ausgleichen kann. Folglich kann die Wissenschafts- und Technologiegeschichte der Menschheit als Entfaltung ihrer instrumentellen Vernunft verstanden werden. Im 20. Jh., das einen nie da gewesenen technologischen Einsatz von Instrumenten zur Vernichtung menschlichen Lebens erlebt hat (→ Auschwitz; die atomare Zerstörung Hiroshimas 1945), wurde die instrumentelle Vernunft allerdings entsprechend kritisch bewertet. Max → Horkheimer stellt in seiner „Kritik der instrumentellen Vernunft“ (1947) fest, dass der Mensch seine Vernunft nur noch als Mittel der Naturbeherrschung, also instrumentell, gebraucht, statt sie zur moralisch-politischen Orientierung einzusetzen. *cps*

Intellektualismus Einseitige Betonung des theoretischen Denkens gegenüber dem Willen und dem Handeln. Der Begriff wird oft wertend gebraucht, um eine weltfremde und politisch uninteressierte Haltung der „Intellektuellen“, also der akademisch gebildeten Gesellschaftsschicht zu bezeichnen. Kritisiert wird z. B. der Intellektualismus in der Weimarer Republik, mit dem viele deutsche Künstler der Machtergreifung Hitlers tatenlos zugesehen hatten. *cps*

Intelligenz (lat. *intellegere* einsehen, verstehen, begreifen) Allgemein gesprochen die Fähigkeit eines Menschen, mit seinem Verstand zu operieren, also zu denken und zu urteilen. Im engeren Sinne die geistige Möglichkeit des Menschen, auf eine sich verändernde Umwelt schnell und flexibel zu reagieren. *cps*

Intelligible Welt (lat. *intellegibilis* begreiflich, denkbar) Bereich der geistigen Erkenntnis, der Ideen, Bilder und Gedankendinge. *cps*

Intuition (lat. *intuitus* Anblick) Erfassen und Erblicken von Wesenszügen oder Zusammenhängen in einer inneren, geistigen Schau, die unabhängig von der sinnlichen Erfahrung und Verstandesreflexion geschieht. Im allgemeinen Sprachgebrauch versteht man unter Intuition die rein gefühlsmäßige Ahnung von Zusammenhängen oder Sachverhalten. *cps*

Investitur (lat. *investitura* Einsetzung) Einsetzung eines Geistlichen, insbesondere eines Bischofs oder Erzbischofs in sein Amt. Dabei erhält dieser einen Ring als Symbol für die „Ehe“ mit der Kirche und einen Stab als Symbol der Hirtengewalt über die ihm anvertrauten Seelen. (→ Investiturstreit) *ck*

Investiturstreit (lat. *investitura* Einsetzung) Auseinandersetzung zwischen Papst und Kaiser im 11. Jh. um die Frage, wer von beiden das Recht habe, die Bischöfe innerhalb des Reichsgebietes einzusetzen (→ Investitur). Mit Kaiser Heinrich IV. und Papst Gregor VII. trafen 1075 zwei erbitterte Gegner aufeinander, die durch Bann und Ausrufung von Gegenkönig und Gegenpapst versuchten, den politischen Einfluss des anderen zu unterbinden. Im Jahr 1077 geriet Kaiser Heinrich unter politischen Druck und musste seinen berühmten Bußgang nach → Canossa antreten, wo er vor den Mauern der Burg Papst Gregor um Vergebung bat. Später wendete sich das Blatt und Papst Gregor musste vor Heinrich nach Frankreich ins Exil fliehen. Erst 1122 kam nach langwierigen Verhandlungen das „Wormser Konkordat“ zustande, das eine Kompromisslösung festhielt: Die Einsetzung der Bischöfe wurde in einen weltlichen und einen geistlichen Teil gegliedert, sodass sowohl Kaiser als auch Papst eine Einsetzung vornehmen konnten. *cps*

Islam (arab. Hingabe) Im Vergleich mit Judentum und Christentum die jüngste der drei monotheistischen → Offenbarungsreligionen. Der Islam führt sich auf Ismael, den Sohn Abrahams mit der Magd Hagar zurück. Er gehört daher zu den drei → abrahamischen Religionen. Historisch ging der Islam aus dem Stifterwirken des Propheten → Mohammed hervor. Er begann zwischen 610 und 632 seine Offenbarungen unter den Nomadenstämmen der arabischen Halbinsel zu verkünden. Nachdem er in seiner Heimatstadt Mekka kein Wirkungsfeld fand, wanderte er mit seinen Anhängern 622 nach Medina aus. Dieses Jahr der „Hidschra“ (Auswanderung) ist der Beginn der islamischen Zeitrechnung. Von Medina aus führte Mohammed den → Dschihad, den „heiligen Krieg“ gegen seine Heimatstadt. Die Zahl seiner Anhänger wuchs rasch und 630 konnte Mohammed Mekka

Islamische Kalligrafie der Galeere des Glaubens: Der Rumpf und die Ruder der Galeere stellen die sieben Glaubensartikel dar: „Ich glaube an Gott und an seinen Engel, seine Bücher, seine Propheten, an den Jüngsten Tag, die Vorherbestimmung, das Gute und Böse und an die Wiederauferstehung nach dem Tod." Das Segel besteht aus dem Glaubensbekenntnis: „Ich bezeuge, dass es keinen Gott gibt außer Allah, und ich bezeuge, dass Mohammed sein Gesandter ist."

kampflos einnehmen. Beim Tod Mohammeds 632 hatte sich die neue Religion fast über die gesamte arabische Halbinsel ausgebreitet.

Nach Mohammeds Tod bildeten sich zwei Hauptgruppen des Islam heraus: die Sunniten, die mit etwa 90 % die Mehrheit der Muslime, der Anhänger Mohammeds, darstellen, und die Schiiten, die unter der Führung eines Imam meist im Iran leben.

Grundlage des Islam ist ein kompromissloser → Monotheismus und der Glaube an die besondere Sendung Mohammeds. Dies kommt auch im islamischen Glaubensbekenntnis, der Schahada, zum Ausdruck, in dem es heißt: „Ich bezeuge, dass es keinen Gott gibt außer Allah, und ich bezeuge, dass Mohammed sein Gesandter ist." Neben der Schahada gibt es vier weitere Säulen *(Arkan)* auf denen der Islam ruht: Das regelmäßige Gebet *(salat)*, das fünfmal täglich Richtung Mekka zu verrichten ist, die Almosensteuer *(zakat)*, das rituelle Fasten *(saum)* von Sonnenaufgang bis -untergang im Fastenmonat Ramadan und die Wallfahrt nach Mekka *(hadsch)* zur → Moschee des Propheten. Die Offenbarungen, die Mohammed empfangen haben soll, sind unverfälscht in schriftlicher Form im → Koran, dem Glaubensbuch der Muslime niedergelegt. Der Islam ist eine orthopraktische Religion (griech. *orthos* aufrecht, richtig; *pragma* Handlung), d. h. die Zugehörigkeit zeigt sich in der religiösen Praxis und nicht in formeller Zugehörigkeit. Deshalb versammeln sich Muslime fünfmal täglich zum Gebet und nehmen am Freitag am Gottesdienst in der Moschee teil, die unter Leitung eines → Imam stattfindet. Der Islam hat sich – auch durch gewaltsame Expansionen im Mittelalter und in der Neuzeit – im gesamten arabischen Raum, in Nordafrika, der Türkei und Teilen Asiens ausgebreitet. Er ist mit 824 Millionen Anhängern (1999) nach dem Christentum die größte Weltreligion. Besonders in den Entwicklungsländern wächst der Islam mit großer Dynamik. *cps*

Israel → Jerusalem; → Judentum.

J

Jahwe Der Name Gottes im Judentum, der Mose durch die Selbstoffenbarung Gottes im brennenden Dornbusch verkündet wurde. In der so genannten Dornbuschepiphanie (→ Epiphanie), die im Buch → Exodus überliefert ist (Ex 3, 14), bezeichnet sich Gott selbst als Jahwe, übersetzt als „Ich werde da sein, als der ich da sein werde". In dieser rätselhaften Formulierung kommt die Gotteserfahrung des Volkes Israel zum Ausdruck: Es spricht der Gott der Väter, der Gott Abrahams, Isaaks und Jakobs, der Israel treu durch die Geschichte begleitet hat und für sein Volk „da gewesen" ist. Zugleich kündigt sich damit der Beistand Gottes beim bevorstehenden Auszug aus der ägyptischen Sklaverei an. Im Hebräischen wird Jahwe mit den vier Buchstaben JHWH geschrieben. Gläubige Juden sprechen allerdings aus Ehrfurcht vor der Erhabenheit Gottes das Tetragramm (Vierbuchstabenwort) JHWH nicht aus, sondern verwenden stattdessen den Titel *adonai* (Herr). Aus einer Kombination beider Wörter schufen Christen später den unhebräischen Gottesnamen „Jehova". Die jüdische Bibel kennt mit dem älteren Wort *elohim* (Gott) noch einen zweiten Gottesnamen, der ebenfalls in zahlreichen Texten der → Thora verwendet wird. *cps*

Jainismus (auch Dschainismus, Jinismus) Indische Religion mit Wurzeln bis in die Zeit Buddhas (6. Jh. v. Chr.), die ihren drei Millionen Anhängern strengstens die Tötung lebender Wesen verbietet, selbst wenn es unabsichtlich geschieht. Die Jainas können folglich nicht Bauern sein, viele sind Bankkaufleute. Der Jainismus fördert das öffentliche Wohl durch Krankenhäuser und Tierkliniken sowie durch Schulen (→ Ahimsa; vgl. auch Albert → Schweitzer). *wl*

Jaspers, Karl (1883–1969) Deutscher Philosoph. Jaspers versuchte, psychologische und theologische Aspekte wie auch Lebens- und Vernunftphilosophie miteinander zu verbinden. Er begann seine wissenschaftliche Laufbahn 1909 als Arzt an der Heidelberger Klinik für Psychiatrie, bevor er 1922 ebendort einen Lehrstuhl für Philosophie übernahm. Die Nationalsozialisten versetzten ihn 1938 in den vorzeitigen Ruhestand und verboten ihm jegliche Veröffentlichung. Jaspers überlebte die Zeit des Dritten Reichs und des 2. Weltkriegs zurückgezogen in der „inneren Emigration". 1948 wechselte er an die Universität in Basel. Jaspers versucht in seinem existenzphilosophischen Ansatz (→ Existenzialismus), die Kluft zwischen Lebensphilosophie, wie sie in der Tradition Friedrich Nietzsches entstanden war, und Vernunftphilosophie im Sinne Georg W. F. Hegels zu überbrücken: Vernunft und Leben sind für Jaspers die beiden Pole des Daseins, in deren Spannungsfeld die menschliche Existenz steht. Die Erkenntnis und Durchdringung dieser Konstellation nennt Jaspers „Existenzerhellung". Auf der Suche nach einem besseren Verständnis der menschlichen Existenz sind besonders die so genannten „Krisensituationen", also Schuld, Scheitern, Krankheit und Tod hilfreich. In ihnen wird die Brüchigkeit und Gefährdung des menschlichen Lebens deutlich, in ihnen ahnt der Mensch das Größere, Unbedingte, → Transzendente, das Jaspers durchaus auch das „Göttliche" nennt – was ihn in die Nähe der theologischen → Anthropologie gerückt hat. Jaspers geht es hier allerdings um einen philosophischen Glauben. So versteht er z. B. den „Christus-Mythos" rein philosophisch: In der Gestalt Jesu zeigt sich das Menschsein in seiner vollen Möglichkeit. Diese Annähe-

Karl Jaspers

rung Jaspers' an das Religiöse führte zu einer Distanzierung von der atheistischen Existenzphilosophie, wie sie vor allem von Martin → Heidegger, Jean-Paul → Sartre und Albert → Camus betrieben wurde. *cps*

Jenseits Volkstümlicher Ausdruck für einen Ort, an dem der Mensch nach seinem Tod in einer anderen Seinsform weiter existiert. Diese Metapher gründet in der Vorstellung, dass der Tod eine Grenze bildet, die das Diesseits (das menschliche Leben) vom Jenseits (einer neuen Existenzform) trennt. In der Tradition der drei → abrahamischen Religionen (Judentum, Christentum, Islam) gliedert sich das Jenseits in Himmel und Hölle, Orte an denen die Seelen für ihre Taten im Diesseits belohnt oder bestraft werden. *cps*

Jerusalem (hebr. Stadt des Heils) Ursprünglich kanaanitische Siedlung, die von König David 1004 v. Chr. als Hauptstadt des vereinten Königreichs Israel gewählt wurde. In den folgenden Jahrhunderten der persischen, ptolemäischen und seleukidischen Fremdherrschaft existierte Jerusalem weiter, bis der römische Feldherr und spätere Kaiser Titus den ersten jüdischen Krieg 70 n. Chr. mit der vollständigen Zerstörung Jerusalems beendete. Damit beginnt die zweitausendjährige Zerstreuung (→ Diaspora) des Volkes Israel. Im Mittelalter wurde das inzwischen von den Türken besetzte Jerusalem Ziel der christlichen Kreuzritterheere, die durch die → Kreuzzüge versuchten, das Heilige Land wieder unter christlich-europäische Kontrolle zu bringen. Langfristig blieb Palästina mit seinem Zentrum Jerusalem unter osmanischer (türkischer) Herrschaft. Erst im 1. Weltkrieg besetzten 1917 britische Kolonialtruppen Palästina. Als nach dem 2. Weltkrieg hunderttausende jüdische → Holocaust-Überlebende und Kriegsflüchtlinge nach Palästina einwanderten, beschloss die Vollversammlung der Vereinten Nationen 1947 gegen den Widerstand der arabischen Staaten die Einrichtung eines jüdischen und eines arabischen Palästina. Jerusalem sollte unter internationale Verwaltung kommen. In den folgenden Kriegen und Konflikten zwischen dem jungen jüdischen Staat und seinen arabischen Nachbarn geht es immer auch um Jerusalem, das inzwischen in einen jüdischen (West-) und einen arabischen (Ost-)teil gegliedert wurde, dessen Status noch immer ungeklärt ist. Zur Zeit leben in Jerusalem ca. 450 000 Juden, 150 000 Muslime und 18 000 Christen. Für jede der drei → abrahamischen Religionen (Judentum, Christentum, Islam) ist Jerusalem eine „heilige Stadt": Für Juden ist sie die Hauptstadt der Königszeit, der Ort des Tempels, den König David erbauen ließ, das Zentrum des JHWH-Glaubens. Für Christen ist sie die Stadt, in der Jesus von Nazareth gekreuzigt und begraben wurde und in der er auferstand. Muslime verehren den Tempelberg als den Ort, an dem der Prophet Mohammed seine nächtliche Himmelsreise begann. *cps*

Jesuiten Mitglieder der von Ignatius von Loyola (1491–1556) gegründeten „Societas Jesu" (Gesellschaft Jesu, SJ). Die 1540 von Papst Paul III. bestätigte Gemeinschaft hatte vor allem während der → Gegenreformation die Verteidigung und Verbreitung des katholischen Glaubens zum Ziel. Von anderen katholischen Orden oder geistlichen Gemeinschaften unterscheiden sich die Jesuiten durch ihre militärische Struktur – so heißt der Ordensobere hier „General" – und ihre strenge Gehorsamspflicht im Besonderen gegenüber dem Papst. Aus den Reihen der Jesuiten gingen bedeutende Missionare und Wissenschaftler hervor. Auch heute noch gelten die Hochschulen der Jesuiten, z. B. in Frankfurt, München oder Innsbruck, als herausragende theologische Institute. *cps*

Jesus (hebr. *Jeschua* Jahwe ist Heil) Jesus von Nazareth, Religionsstifter des Christentums. Jesus war ein jüdischer Prophet und Lehrer, wurde aber bald von seinen Jüngern als → Messias, d. h. als göttlicher Retter der Welt verehrt. Über folgende historische Fakten zu Leben und Person Jesu besteht in der vergleichenden Religionswissenschaft wie in der → historisch-kritischen Forschung der christlichen Theologie Übereinstimmung: Jesus wurde in der Zeit der Herrschaft König Herodes' in Nazareth geboren, wahrscheinlich im Jahr 6 vor unserer Zeitrechnung. Er wuchs bei seinem Pflegevater, dem Zimmermann Joseph, in Nazareth auf und erlernte das Zimmermannshandwerk. Um 27/28 n. Chr. ließ er sich vom Propheten Johannes im Jordan taufen und begann eine öffentliche Predigerlaufbahn. Er zog in Galiläa umher und verkündigte seine Botschaft vom „Reich Gottes", das er in seinem Wirken angebrochen sah: „Die Zeit ist erfüllt, das Reich Gottes ist nahe, kehrt um und glaubt an das Evangelium" (Markus 1,15). Dabei predigte er konsequente Gottes- und Nächstenliebe und wandte sich besonders gesellschaftlichen Randgruppen (Aussätzige, Zöllner, Prostituierte) zu. Im Jahr 30 zog er nach Jerusalem und übte radikale Kritik am kommerziellen Tempelbetrieb. Aus diesem Grund zeigten die religiösen Führer des Judentums Jesus bei den römischen Behörden an und setzten seine Hinrichtung am Kreuz durch. Schon bald nach seinem Tod verkündeten seine Anhänger, Jesus sei von den Toten auferstanden und lebe weiter. Verschiedene Erscheinungen des Auferstandenen wurden sowohl aus Galiläa als auch aus Jerusalem berichtet.

Aus den Anhängern Jesu erwuchs nach seinem Tod die Religionsgemeinschaft der Christen, die in Jesus den „Christus" (griech. der Gesalbte) und Sohn Gottes sahen. Für die Juden blieb Jesus lediglich ein → Rabbi. Ob Jesus sich selbst als „Sohn Gottes" bezeichnet hat, wird in der wissenschaftlichen Forschung bezweifelt. Dagegen ist sicher, dass er für sich den alttestamentlichen Titel „Menschensohn" verwendete. Die Bewegung der Christen verzeichnete in den folgenden Jahrzehnten ungeheuren Zulauf und wuchs mit einer faszinierenden Dynamik zur Weltreligion (→ Christentum). *cps*

links: Darstellung Jesu als Zimmermannssohn. Das Bild betont die menschlichen Züge Jesu: Er ist den Menschen gleich.

rechts: Darstellung Jesu Christi als erhöhter Gottessohn: Er sitzt auf einem Thron, die Erdkugel unter seinen Füßen.

Johannes XXIII. (eigentlich Angelo G. Roncalli, 1881–1963) Papst 1958–1963. Reformer, der als erster Papst des 20. Jhs die katholische Kirche für einen Dialog mit der modernen Welt zu öffnen versuchte. 1953 wurde er zum Kardinal und Bischof von Venedig ernannt, wo er bald für seine volksnahe, unkomplizierte und freundliche Art bekannt wurde. Seine Wahl zum Papst überraschte 1958 viele, für noch mehr Aufsehen sorgten in der

Folge seine Bemühungen um ein *aggiornamento* (ital. Erneuerung), mit dem er die Kirche auf die Herausforderungen der Moderne vorbereiten wollte. Aus diesem Grund berief er 1962 das Zweite → Vatikanische Konzil nach Rom ein. Obwohl er 1963 während des Konzils starb, wurden viele seiner Reformen von seinem Nachfolger → Paul VI. weitergeführt. *cps*

Jom Kippur Versöhnungsfest. Höchster jüdischer Feiertag, der eine zehntägige Bußzeit abschließt und als Sühnefest begangen wird. Zur Festliturgie gehört das „Kol Nidrei", ein Gesang, mit dem am Vorabend in der Synagoge das Fest eröffnet wird. *cps*

Jonas, Hans (1903–1993) Deutscher Philosoph und Religionswissenschaftler. Jonas emigrierte 1933 nach England, 1935 nach Palästina. Als Professor für Philosophie lehrte er seit 1935 in Jerusalem, ab 1949 in Montreal, ab 1950 in Ottawa und 1955–1976 in New York. Vor allem in seinem Spätwerk hob Jonas angesichts der weltweiten Umweltprobleme die → Ethik als zentrale philosophische Disziplin hervor. Im Laufe der 70er-Jahre wandte er sich den Problemen der modernen Technologie zu. Sein Hauptwerk „Das Prinzip Verantwortung" bezeichnet er selbst als „Versuch einer Ethik für die technologische Zivilisation". Nach Jonas wurden die bisherigen Entwürfe auf dem Gebiet der Ethik lediglich für den menschlichen Nahbereich, also für das Zusammenleben in überschaubaren Gemeinschaften entwickelt, nicht aber für die globalen Probleme, die sich aus Wettrüsten, Umweltzerstörung und Ausbeutung des Planeten Erde ergeben. Jonas' Konzept einer → Verantwortungsethik, in welcher die Konsequenzen des technologischen Handelns bei Entscheidungsprozessen berücksichtigt werden müssen, zeigt sich anschaulich in seiner Neufassung des → kategorischen Imperativs: „Handle so, dass die Wirkungen deiner Handlung verträglich sind mit der Permanenz echten menschlichen Lebens auf Erden." *cps*

Hans Jonas

Judentum Das Judentum ist die älteste der drei großen monotheistischen Offenbarungsreligionen. Aus ihm ging das Christentum hervor und der Islam leitet sich davon her. Alle drei Religionen bezeichnen die biblische Gestalt Abraham als ihren Stammvater (→ Abrahamische Religionen). Historisch betrachtet ist das Judentum um 1500 v. Chr. aus einer Gruppe von unterprivilegierten Nomaden hervorgegangen, die aus den Stadtstaaten Kanaans ausgezogen waren und in einem Stammesverband als Volk „Israel" zu einer neuen Identität fanden. Die → Thora kleidet diese historischen Vorgänge in die sagenhaften Geschichten von den Patriarchen (griech. Urväter) Abraham, Isaak, Jakob und Joseph. Das entscheidende historische Ereignis war die Erfahrung der Versklavung am Hof des Pharaos in Ägypten, aus der sich eine Gruppe durch einen Ausbruch befreien konnte. In der Thora wird dieser → Exodus als Befreiungstat des Gottes → Jahwe gefeiert, mit welcher dieser die Juden für ihre Treue im Glauben an ihn belohnte. Der Eingottglaube (→ Monotheismus) ist das wichtigste Merkmal des Judentums. In der vornehmlich polytheistischen (→ Polytheismus) Umwelt des Alten Orients wurde der Glaube an Jahwe zum Lebens- und Identifikationsprinzip. Die Thora berichtet über die weitere Geschichte des Volkes Israel: Sein Anführer Mose empfängt nach dem Exodus während des Zuges durch die Sinai-Wüste das Gesetz, in der christlichen Überlieferung die „Zehn Gebote" genannt, das zur Richtschnur für die religiöse Praxis des Judentums wird. Zwischen 1200 und 1000 v. Chr. errichteten die Israeliten in Palästina ein Königreich, das unter König David (1004–965 v. Chr.) seine größte Ausdehnung erreichte. 926 v. Chr. zerfiel das Reich in die beiden Staaten Israel und Juda – von letzterem hat das Judentum seinen Namen. Die folgende babylonische, persische, seleukidische und schließlich römische Fremdherrschaft stärkte den jüdischen Glauben, während der Staat Israel zuerst seine Unabhängigkeit verlor und 70 n. Chr. mit der Zerstörung Jerusalems durch die Römer schließlich aufgelöst wurde. Trotz häufiger Verfolgung (→ Antisemitismus) existierte das Judentum aber weiter, sowohl in Palästina als auch in der → Diaspora Europas und Asiens. Erst der organisierte Massenmord an den Juden durch die Nationalsozialisten (→ Holocaust) vertrieb Hunderttausende von Juden aus Europa in die USA und nach Palästina. Hier wurde 1948 der Staat Israel neu gegründet. Trotzdem leben weiterhin die meisten Anhänger des Judentum in den USA.

Die Juden warten auf einen von Gott gesandten → Messias, der die Welt retten wird. Der Glaube des Judentums beruht auf drei Säulen: die Kenntnis der Thora, die Durchführung der → Beschneidung als Zeichen des Bundes zwischen Gott und dem Volk Israel und die Einhaltung der strengen Reinheitsgebote. Der siebte Tag der Woche wird als Sabbat rituell gefeiert und gepflegt, indem von Freitagabend bis Samstagabend alle unnötigen Tätigkeiten eingestellt werden und sich die Gemeinde in der → Synagoge zum Gottesdienst zusammenfindet. Wie das Christentum kennt auch das Judentum einen Jahreskreis von Festen und Feiern, von denen die wichtigsten → Pascha (Befreiungsfest), Sukkot (Laubhüttenfest), Schawuot (Wochenfest) und → Jom Kippur (Versöhnungstag) sind. *cps*

Jung, Carl Gustav (1875–1961) Schweizer Psychiater und Psychologe. Jung war ein Schüler Sigmund → Freuds. In Abgrenzung zu Freud entwickelte er eine eigene Theorie der menschlichen Seele. Ein zentrales Element seiner Lehre ist die Vorstellung, in jedem Menschen ruhe ein „kollektives Unterbewusstsein“, das ein überindividuelles Grundrepertoire an inneren Bildern (z. B. Herrscher, Muttergestalten, Dämonen) enthalte. In unseren Träumen tauchen diese Ur-Bilder (Archetypen) auf und wir können uns deshalb an sie erinnern. Jung gilt als einer der ersten Vertreter der Persönlichkeitspsychologie. Mit seiner Gliederung in extrovertierte (lat. nach außen gerichtete) und introvertierte (lat. nach innen gerichtete) Persönlichkeitstypen führte er eine grundlegende Unterscheidung in die Psychologie ein. *cps*

Jung, Carl Gustav

Jüngstes Gericht Bereits das Judentum kannte die Vorstellung eines Jüngsten Gerichts, einer Instanz im → Jenseits, vor welcher der Mensch nach seinem Tod über sein Leben Rechenschaft ablegen muss. Im Christentum entwickelte sich aus den Gerichtsworten Jesu (vgl. Matthäus 25,31–46) im Rahmen der → Eschatologie eine detaillierte Lehre vom Jüngsten Gericht. In ihrem Zentrum steht Jesus Christus, der als Weltenrichter am jüngsten Tag die ganze Schöpfung richten wird. Je nach Lebenswandel wird der Mensch zum Aufenthalt in Himmel, → Hölle oder → Fegefeuer verurteilt. Dieses Motiv findet sich häufig in der mittelalterlichen Kunst oder auf Weltgericht-Gemälden z. B. von Albrecht Dürer (1471–1528) und Stefan Lochner (um 1400–1451). *cps*

Jupiter Höchster Gott und Gottvater im Götterhimmel der antiken römischen Religion. Da die Römer vornehmlich die griechische → Mythologie übernahmen, entspricht Jupiter dem griechischen Göttervater → Zeus. *cps*

K

Kabbala (hebr. Überlieferung) Bezeichnung für die jüdische → Mystik. Sie entstand im 12. Jh. in der Provence und in Spanien und versucht mit allegorischen Deutungen, den vermeintlich geheimen Sinn des Alten Testaments aufzuspüren. Das Hauptwerk der Kabbala ist das Buch „Sohar" (Glanz), das der spanische Kabbalist Mose ben Schemtow de León (gest. 1305) verfasste. Danach ist die Seele des Menschen präexistent, d. h. sie existiert schon vor dem irdischen Leben; sie teilt sich vor dem Herabsteigen ins irdische Leben in zwei Hälften, die in einen neugeborenen Knaben und in ein neugeborenes Mädchen eingepflanzt werden. Wenn der Mann ein gottgefälliges Leben führt, so erhält er zum Lohn die andere Hälfte. *sk*

Kalenderreform (lat. *calendae* Nächte nach Neumond) Von Beginn der Geschichte an hat die Aufstellung eines Kalenders, der zunächst von Priestern angefertigt wurde, große Bedeutung. Als Bezugspunkt gilt entweder der Mondwechsel (29,5 Tage) oder die Erdumlaufbahn um die Sonne (365 Tage, 5 Stunden und 49 Minuten). Grundlage der europäisch-abendländischen Zeitrechnung ist der Julianische Kalender. 46 v. Chr. erneuerte C. Julius Caesar den römischen Kalender nach dem Vorbild des ägyptischen, der bereits ein Sonnenjahr aufwies. Caesar führte das Sonnenjahr mit 365 Tagen ein, jedes vierte Jahr glich ein Schalttag die Verschiebung aus. Allerdings war ein dadurch erreichtes Kalenderjahr im Durchschnitt 11 Minuten zu lang. Dieser Fehler sollte durch die Gregorianische Kalenderreform unter Papst Gregor XIII. (1572–1585) ausgeglichen werden. Der Frühlingsbeginn (Tag- und Nachtgleiche im Frühjahr) wurde wieder auf den 21. März, den Stand zur Zeit des Konzils von Nizäa (325 n. Chr.) gebracht und festgehalten. Man ließ dazu im Jahr 1582 10 Tage ausfallen (Sprung vom 4. auf den 15. Oktober) und lässt seitdem innerhalb von 400 Jahren drei Schalttage aus, nämlich bei den vollen Jahrhundertzahlen, die nicht durch 400 teilbar sind. Die protestantischen Länder übernahmen diesen Kalender im Jahr 1700, im griechisch-orthodoxen Russland blieb der Julianische Kalender bis 1918 in Gebrauch. *ck*

Kalokagathie (griech. *kalos* gut; *agathos* schön) Wesen des wahrhaft guten und edlen Menschen, in dem sich innere und äußere Schönheit, d. h. ästhetische und ethische Vollkommenheit, verbinden. Bezogen auf die hervorragende Bildung von Körper und Geist gilt die Kalokagathie im klassischen Griechenland vor allem als ein Ideal des Adels, der sich durch Schönheit und Kraft einerseits und durch Gerechtigkeit, Tapferkeit, Mäßigung und Einsicht andererseits auszeichnen soll. Die Zusammengehörigkeit des Guten und Schönen wird zu einem Grundgedanken der Philosophie → Platons (vgl. „Politeia" IV, 444: „Tugend ist also … eine Gesundheit und Schönheit und gute Beschaffenheit … der Seele"). Sie findet sich wieder im mittelalterlichen Ritterethos und in Johann W. von Goethes Idee der „schönen Seele" im Drama „Iphigenie auf Tauris". *sk*

Kanon (griech. Maßstab) Unter Kanon versteht man allgemein eine Regel oder eine Vorschrift. In der Kirche wird mit Kanon das Verzeichnis der Bücher bezeichnet, die zur Heiligen Schrift gerechnet werden (→ Apokryphe). *ck*

Kant, Immanuel (1724–1804) Deutscher Philosoph. Kant studierte Philosophie, Mathematik und Naturwissenschaften in Königsberg und war danach Hauslehrer. Nach seiner Habilitation 1755 arbeitete er zunächst als Privatdozent, dann als Unterbibliothekar, 1770–1797 war er Professor für Logik und Metaphysik in Königsberg. Kant ist nicht nur (was die geistesgeschichtliche Wirkung betrifft) einer der größten Philosophen der Menschheitsgeschichte, ihm haben wir auch praktisch Entscheidendes zu verdanken. Denn er schuf die geistig-theoretische Grundlage für Toleranz, Freiheit und Frieden, indem er die Grenzen der Vernunft bestimmte (1781 in seiner „Kritik der reinen Vernunft"). D. h. seit Kant können wir erkennen, über welche Begriffe es sich lohnt zu streiten, weil der Streit rational entschieden werden kann (über die empirisch überprüfbaren Begriffe), über welche Begriffe hingegen nicht (z. B. Gott), weil der Streit endlos wäre und leicht in Gewalt überginge. Nach Kant ist Autonomie (d. h. die Freiheit, sich seines Verstandes ohne Leitung eines andern zu bedienen) der Grund der Menschenwürde. In seiner Pflichtethik (→ kategorischer Imperativ) geht es ihm darum, dass der Mensch tut, was er tun muss, weil er es selbst als Notwendigkeit erkennt, d. h. als seine Pflicht. Kant ist ein Gegner der Heuchelei; deshalb erkennt er als bewundernswert nur ein Handeln um der Sache selbst willen an (aus → Pflicht, aus „Moralität"), obwohl natürlich auch ein „gutes" Handeln aus egoistischen Motiven (aus → Legalität) nicht zu kritisieren ist, aber eben auch nicht zu loben. In seiner Schrift „Zum ewigen Frieden" (1795/96) regte Kant eine „Föderation freier Staaten" an – ein Vorschlag, der erst mehr als ein Jh. später mit der Einrichtung des Völkerbunds, dann der UNO realisiert wurde.

Immanuel Kant

Literatur: Arsenij Gulyga: Immanuel Kant, Frankfurt a. M 1981; Uwe Schultz: Kant, Reinbek 1965; Wolfgang Schlüter: Immanuel Kant, München 1999. *wl*

Kapitalismus Bezeichnung für eine Wirtschaftsform, die dem → Liberalismus und der Anerkennung des Privateigentums verpflichtet ist. Nach Werner Sombart (1863–1941) zeichnen den Kapitalismus drei Prinzipien aus: 1) das Erwerbsprinzip, wonach jedes freie Individuum nach dem größtmöglichen Gewinn strebt; 2) das Wettbewerbsprinzip, wonach der den größten Gewinn erzielt, der im Vergleich mit anderen das beste Produkt zum niedrigsten Preis anbietet; 3) das Rationalitätsprinzip, wonach wirtschaftliche Entscheidungen rational begründet sind, das Verhältnis von Aufwand und Ertrag rechnerisch erfasst und möglichst günstig gestaltet wird. Der Begriff wird oft als Kampfwort bezeichnet, um die vermeintlich unberechtigte Bereicherung der besitzenden Klasse aufgrund der Ausbeutung der arbeitenden Klasse zu brandmarken. *ck*

Kardinal (lat. *cardinalis* wichtig, vorzüglich; *cardinalis episcopus* wichtiger Geistlicher, der dem Vatikan nahe steht) Die Kardinäle sind nach dem Papst die höchsten Würdenträger der katholischen Kirche. Sie werden vom Papst ernannt. Seit dem Mittelalter haben die Kardinäle das Recht der Papstwahl. Der Kardinal ist an seiner Tracht zu erkennen, an dem flachen roten Hut mit breiter Krempe und dem roten Gewand. *ck*

Karma (sanskrit: Tat) Unter Karma werden im Hinduismus und Buddhismus sowohl die geistigen, sprachlichen und körperlichen Handlungen des Einzelnen wie auch deren Konsequenzen verstanden. Als Summe häuft der Mensch im Laufe seines Lebens ein gutes oder schlechtes Karma an. Dies führt nach dem Tod zur Wiedergeburt im Geburtenkreislauf (→ Samsara) und entscheidet zugleich über die Qualität der nächsten Existenz, d. h. ob man als Mensch, Gott oder Tier wiedergeboren wird. *wl*

Kaste Durch Abstammung, Beruf, sittliche Normen oder andere Kriterien zusammengehaltener Personenkreis einer Gesellschaftsordnung, die vornehmlich hierarchisch gegliedert ist. Das indische Kastensystem umfasst verschiedene Kasten, z. B. die Brahmanen-Kaste (Priester) oder die Vaishya (Bauern). Wer zu keiner Kaste gehörte, war → Paria (Unberührbarer), z. B. Gaukler oder Straßenkehrer. Die indische Verfassung von 1950 verbietet jede unterschiedliche Behandlung der Kasten (→ Hinduismus). *ck*

Kasuistik Allgemein meint der Begriff die Erörterung von Einzelfällen einer Wissenschaft. In der Philosophie und in der Ethik beschäftigt sich die Kasuistik mit Entscheidungen, die in bestimmten Fällen (z. B. wenn ein Konflikt mehrerer Pflichten auftritt) zu treffen sind. Das Adjektiv „kasuistisch" bedeutet knifflig, aber auch spitzfindig. *ck*

Kategorie (griech. Aussage) Im allgemeinen Verständnis wird Kategorie im Sinne von Sorte, Klasse, Art verwendet. In der Philosophie werden damit Grundbegriffe bezeichnet, mit denen sich das Sein oder das Denken beschreiben lässt. Aristoteles nannte zehn Kategorien, Immanuel Kant zwölf, jeweils entsprechend den zwölf Urteilsformen (→ Urteil). *ck*

Kategorischer Imperativ Immanuel → Kant bezeichnet im Rahmen seiner Pflichtethik das moralische Gesetz als kategorischen Imperativ, d. h. als Sollenssatz, der ungeachtet jeder empirischen Voraussetzung unbedingt und für jedermann gilt (im Gegensatz zum → hypothetischen Imperativ). Kant gebraucht für den kategorischen Imperativ in seiner „Grundlegung zur Metaphysik der Sitten" bzw. „Kritik der Praktischen Vernunft" nicht konsequent eine gleich bleibende Formulierung. Am bekanntesten ist die Fassung „Handle nur nach derjenigen Maxime, durch die (von der) du zugleich wollen kannst, dass sie ein allgemeines Gesetz werde". Einen anderen Akzent setzt die Formulierung „Handle so, dass du die Menschheit, sowohl in deiner Person, als in der Person eines jeden andern, jederzeit zugleich als Zweck, niemals als Mittel brauchest". – Man versteht beide Formulierungen besser, wenn man sich das Wort „zugleich" wegdenkt. Eine Beachtung des kategorischen Imperativs schließt aus, dass sich jemand durch sein Handeln ein Privileg gegenüber anderen Menschen anmaßt. Für die Anwendung des kategorischen Imperativs spricht, dass derjenige, der ihn anwendet, seine Mitmenschen nicht missbraucht (was immer auf ihn zurückschlagen würde); er kann sein Handeln immer rechtfertigen, deswegen braucht er das Licht der Öffentlichkeit nicht zu scheuen. Am wichtigsten: Er gerät nicht zu sich selbst in einen logischen Widerspruch, was dann der Fall wäre, wenn er dieselbe Handlungsweise einmal schlecht hieße (in Bezug auf andere), einmal gut (in Bezug auf sich selbst). Kant ging es um die Beurteilung der Handlung an sich, nicht um die Folgen des Handelns. Das ist auch der Unterschied zwischen dem kategorischen Imperativ und der → Goldenen Regel. Derjenige, der nach dem kategorischen Imperativ handelt, wird „würdig, glücklich zu sein" – d. h. ihm (und nur ihm) neiden die andern sein Glück nicht.

Literatur: Ralf Ludwig: Kant für Anfänger. Der kategorische Imperativ, München 1995. *wl*

Katharer → Ketzer.

Katharsis (griech. Reinigung) Der Begriff wird heute vor allem im Zusammenhang mit der Tragödie gebraucht. Er geht zurück auf das 6. Kapitel der „Poetik" des Aristoteles. Dort spricht Aristoteles der Tragödie eine reinigende Wirkung zu, da durch die Nachahmung einer Handlung, d. h. durch den Fehler des Helden, beim Zuschauer Jammer (*eleos*) und Schaudern (*phobos*) hervorgerufen werde, um die Reinigung von derartigen Leidenschaften (→ Affekt) zu bewirken. Umstritten ist, ob Aristoteles eine Katharsis *der* Leidenschaften im Sinne einer „Veredelung" oder eine Katharsis *von* den Leidenschaften gemeint hat: Ersteres würde eine Dämpfung des Übermaßes bedeuten, letzteres hätte eine vollständige Beseitigung der Leidenschaften zur Folge. Gotthold E. Lessing übersetzt *phobos* und *eleos* mit „Furcht" und „Mitleid" und betont damit stärker die ethische Funktion der Katharsis. In der Antike schrieb man neben der Tragödie auch der Medizin, der Musik und der Dichtung allgemein eine kathartische Wirkung zu. *sk*

Kathedrale (lat. *cathedra* Bischofsstuhl) Bischofskirche. Die Bezeichnung wird vor allem für die Bischofsitze in Frankreich, (z. B. Chartres, Reims), England (z. B. Canterbury) und Spanien (z. B. Barcelona) verwendet. *ck*

Katholisch (griech. allgemein) In der Zeit des frühen Christentums wurde damit die christliche Gesamtkirche bezeichnet. Seit der Reformation ist der Begriff eingeengt auf die römisch-katholische Kirche, also die christliche Kirche, die den Papst als ihr Oberhaupt anerkennt. *ck*

Kausalität (lat. *causa* Ursache, Grund) Mit Kausalität wird der Zusammenhang von Ursache und Wirkung bezeichnet, nach dem jedes Ereignis in gesetzmäßiger Weise von einem anderen Ereignis abhängt. Die Gesamtheit des Geschehens kann als Kausalkette bezeichnet werden. Die Kausalität ist ein Grundprinzip vor allem der materialistischen Philosophien (→ Materialismus). Kritik an der Vorstellung eines Kausalprinzips übte vor allem David → Hume. Er betonte, dass nur das zeitliche Nacheinander von Ereignissen erkennbar sei, nicht aber deren Zusammenhang. Der behauptete Zusammenhang ist nur eine Regel, die aus der gewohnten Erfahrung gebildet wird. Mit Blick auf die ethischen Fragestellungen führt das Kausalitätsprinzip zum Problem, wo und wie in einer Kette von Ursache-Wirkungs-Zusammenhängen die Freiheit des → Willens denkbar ist. Das Kausalprinzip wurde vor allem in den Naturwissenschaften vertreten. Durch die moderne Physik, vor allem durch die Quantentheorie und die mit ihr verbundenen Experimente, wurde das Kausalprinzip in den Naturwissenschaften zunehmend eingeschränkt. *ck*

Kerygma (griech. Verkündigung) Als Kerygma werden im Neuen Testament die Verkündigungen der Propheten des Alten Testaments, vor allem aber die Predigten Jesu Christi bezeichnet. Besonders im Auftreten Jesu wird dabei deutlich, dass er nicht nur über die Gottesherrschaft redet, sondern dass sich in seiner Verkündigung diese Gottesherrschaft auch realisiert. *ck*

Ketteler, Wilhelm Emmanuel Freiherr von (1811–1877) 1849 Bischof von Mainz. Als Abgeordneter des Frankfurter Parlaments (1848/49) sowie als Mitglied des Reichstags nach der Gründung des Deutschen Kaiserreichs (1871/72) setzte sich Ketteler für die rechtliche und kulturelle Unabhängigkeit der (katholischen) Kirche ein. Auf dem Ersten Vatikanischen Konzil 1870 sprach er sich gegen den → Unfehlbarkeitsanspruch des Papstes aus. Als Bischof von Mainz galt sein Wirken besonders der sozialen Frage und der Notwendigkeit von Sozialreformen. *ck*

Ketzer Mittelalterliche Bezeichnung für jemanden, dessen Ansichten von der Lehre der Kirche abweichen. Das Wort stammt wahrscheinlich von „Katharer". Dies kommt aus dem Griechischen (mit der Bedeutung „die Reinen"), woraus sich das italienische Wort „gazzari" ableitet, aus dem dann „Ketzer" gebildet wurde. Im mittelalterlichen Südfrankreich hatten sich zwei Bewegungen ausgebreitet, die zur Urform christlichen Glaubens zurückkehren und ein „reines" Leben führen wollten: Die Katharer und die Waldenser. Als Katharer bezeichneten sich im 12. Jh. die Albigenser, die in der Gegend des südfranzösischen Albi siedelten. Die Katharer unterschieden die Welt klar und einfach in Gut und Böse. Ihren Glauben zeigten sie in symbolischen Handlungen, z. B. tägliches Brotbrechen statt Messe und Kommunion, Handauflegung statt Taufe, Ablehnung von Fleischgenuss, Ablehnung der Ehe. Die sichtbare Welt galt ihnen als Welt des Teufels. Die Katharer lebten vornehmlich in den aufstrebenden Städten; ihnen schlossen sich Arme wie Reiche an. Die Armen fanden in der Lehre der Katharer die Schuldigen für die Missstände genannt, unter denen sie litten, nämlich die reichen Grundbesitzer und Händler. Aber auch das schlechte Gewissen, das manch vermögender Bürger aufgrund seines Reichtums und der riesigen Vermögensunterschiede hatte, wurde durch die Lehre angesprochen und konnte durch das Bekenntnis zur Einfachheit beruhigt werden. Auch in den Rheinlanden waren die Katharer verbreitet. Ausgehend von Lyon verbreitete sich eine zweite Gruppe Gläubiger, die von der römischen Kirche abwich: die Waldenser, benannt nach dem Kaufmann Petrus Waldes (gest. zw. 1184 und 1218). Die Waldenser lehnten die hierarchische Ordnung der Kirche ebenso ab wie die Sakramente und forderten eine volkssprachliche Textgrundlage der Bibel. Waldes hatte um 1175 eine Buß- und Armengenossenschaft gegründet und verkündete seine Botschaft als Wanderprediger. Rasch fand er großen Zulauf. Wie die Katharer stießen auch die Waldenser auf die Gegnerschaft der römischen Kirche.

Die Bezeichnung „Ketzer" ging schon bald über den religiösen Bereich hinaus und wird heute allgemein auf Menschen angewandt, die Kritik an einem bestehenden System äußern. *ck*

Kierkegaard, Søren (1813–1855) Dänischer Philosoph, Theologe und Schriftsteller. Kierkegaard gilt als einer der Begründer des → Existenzialismus. Seine Kritik galt den Systemphilosophen, z. B. Gottfried W. → Leibniz, aber auch dem „Namenchristentum", das sich im rein äußerlichen Befolgen christlicher Bräuche erschöpft. Kierkegaard war ein tief religiöser Mensch, der den Glauben als einen wagenden Sprung verstand. Nach ihm gibt es keine Möglichkeit, sich das Christentum intellektuell anzueignen. Kierkegaard arbeitete drei Lebensweisen des Menschen heraus, die z. B. Max Frisch seinem Roman „Stiller" zugrunde legte: 1) Das ästhetische Stadium. Der Mensch lebt hier für den Augenblick und strebt nach dem Genuss. Dieses Stadium ist von der Gefahr der Angst und Langeweile bedroht. 2) Das ethische Stadium. In diesem Stadium wird der Mensch zum Pflichtmenschen. Er kann allerdings vor der Entscheidungsnotwendigkeit, in der er sich befindet, verzweifeln und damit in das ästhetische Stadium zurückfallen. 3) Er kann aber durch den wagenden Sprung des Glaubens auch das dritte Stadium, das religiöse, erreichen. – Als Sohn vermögender Eltern konnte sich Kierkegaard ein Leben des Nachdenkens und Schreibens leisten. Da er seine Schriften in seiner Muttersprache Dänisch verfasste, blieben sie zunächst ohne größeren Nachhall. Mit dem Beginn des 20. Jhs und dem Vorliegen der Übersetzungen setzte sein Einfluss ein – auf die Psychoanalyse ebenso wie auf die Existenzphilosophie.

Werke: Entweder – Oder (1843); Philosophische Brocken (1844–1846); Einübung im Christentum (1850). *ck*

King, Martin Luther (1929–1968) Amerikanischer Bürgerrechtler. Der Pfarrerssohn aus Alabama, dessen Namensgebung mit Blick auf den deutschen Reformator Martin Luther erfolgte, wurde selbst Pfarrer. King war ein führender Vertreter der schwarzen Bürgerrechtsbewegung in den USA. Von der schwarzen Bevölkerungsgruppe lebten 1960 noch mehr als 50 % unter der Armutsgrenze. Auf einer Indienreise studierte King Mahatma → Gandhis gewaltlosen Widerstand und setzte sich fortan selbst gewaltfrei für die Rechte der

Martin Luther King

Schwarzen ein. 1964 erhielt er den Friedensnobelpreis. Die Befürworter eines gewaltsamen Widerstands gewannen im Verlauf der 60er-Jahre an Einfluss, Kings Einfluss ging dagegen zurück. 1968 fiel er einem Attentat zum Opfer. *ck*

Kirche Gemeinschaft derer, die als Christen an Jesus von Nazareth als den Sohn Gottes und Erlöser der Welt glauben. Der Begriff wird im Neuen Testament vom Apostel Paulus zuerst für die einzelnen Christengemeinden in den großen Städten verwendet: („an die Kirche Gottes in Korinth", 1. Korintherbrief 1, 2), Lukas überträgt ihn dann auch auf die Gesamtheit der Christen (Apostelgeschichte 9, 31). Der deutsche Begriff Kirche entwickelte sich aus dem griechischen Wort *kyriake* (Haus des Herrn), in den romanischen Sprachen leitet sich das Wort für Kirche (frz. *église*) auch vom griechischen *ekklesia* (wörtlich: Menge der Herausgerufenen, Volksversammlung) ab. Die Wurzel *kyriake* lebt zum einen in der Bezeichnung „Kirche" für ein Gebäude, also ein „Haus Gottes", weiter; zum anderen in der Verwendung des Wortes Kirche für die Glaubens„gemeinschaft". Durch die verschiedenen → Schismen des Christentums entstand im Laufe der Jahrhunderte die Frage, welche Gemeinschaft nun die legitime „Kirche Gottes" sei. Für das katholische Lehramt ist Kirche nur die „eine wahre, katholische und apostolische Kirche". Im August 2000 betonte die vatikanische Kongregation für Glaubensfragen in der Erklärung „Dominus Jesus" erneut, dass als Kirche nur die Ostkirchen und die katholische Kirche bezeichnet werden dürfen, da allein sie die Tradition der → Apostel von den Anfängen an bewahrt haben. Die Protestantischen Kirchen der → Reformation, die ein grundsätzlich anderes Amts- und Sakramentenverständnis haben, sind demnach nur „kirchliche Gemeinschaften" (Dominus Jesus 17). Dieser Unterscheidung wird von protestantischer Seite heftig widersprochen: Hier nennen sich alle Gemeinschaften, auch kleinste Vereinigungen und Sekten, „Kirche". *cps*

„Kirche" meint nicht nur ein Gebäude, sondern auch die Gemeinschaft derjenigen, die an Jesus Christus als den Erlöser der Welt glauben. Durch das Mitwirken am Gemeindeleben und Mitfeiern des Gottesdienstes ist die Mitgestaltung des kirchlichen Lebens jedem Einzelnen möglich.

Kirchenlehrer (lat. *doctor ecclesiae*) Ein Kirchenschriftsteller, der durch seine Schriften einen besonderen Beitrag zur Lehre und zum Verständnis des Glaubens geleistet hat, kann durch den Papst oder ein Konzil mit dem Titel „Doctor ecclesiae" ausgezeichnet werden. In der katholischen Kirche gibt es 30 als Kirchenlehrer verehrte Heilige. Der Bedeutendste ist → Thomas von Aquin. *ck*

Kirchenstaat Bezeichnung für die Teile des italienischen Staatsgebietes, die unter päpstlicher Oberhoheit stehen. Kern des Kirchenstaates sind die römischen Stadtgebiete um die Vatikan- und Laterankirchen. Diese Gebiete sollen angeblich von Kaiser Konstantin im 4. Jh. Papst Sylvester überlassen worden sein; diese „konstantinische Schenkung" wurde aber inzwischen als mittelalterliche Fälschung entlarvt. Im Verlauf des Mittelalters wuchs der Kirchenstaat durch regelmäßige Schenkungen und Übertragungen weltlicher Herrscher an die Päpste stetig, unter Papst Julius II. (1503–1513) war die größte Ausdehnung (weite Teile Mittelitaliens) erreicht. Die napoleonische Neuordnung Europas und die italienische Revolution von 1870 ließen den Kirchenstaat auf den Vatikan, also das Gebiet um den Petersdom schrumpfen. Die heute gültigen Grenzen – Vatikanstadt und Lateranbasilika – wurden 1929 in den so genannten Lateranverträgen zwischen Italien und dem Heiligen Stuhl festgelegt. *cps*

Der Kirchenstaat im 15./16. Jh. Durch die große Ausdehnung des Gebiets hatte der Papst politisch eine entscheidende Stellung im Machtgefüge Europas.

Kirchenvater Bezeichnung für einen frühchristlichen → Kirchenlehrer, der in seinen Schriften die christliche Lehre begründete. Zu den Kirchenvätern zählt Aurelius → Augustinus. *ck*

Kismet (arab. Los) Im Islam die türkische Bezeichnung für das unabwendbare Schicksal. *ck*

Klassenkampf Zentraler Begriff des marxistischen Geschichtsverständnisses. Die Geschichte wird als Abfolge von Klassenkämpfen verstanden, wobei nach der Überwindung eines Gegensatzes ein neuer entsteht. So folgt auf den Kampf zwischen Freien und Sklaven der Kampf zwischen Feudalherren und Leibeigenen und schließlich der zwischen Unternehmern und Arbeitern. Erst nach der Überwindung des Kampfes ist eine klassenlose Gesellschaft möglich, die an den Urkommunismus zu Beginn der Geschichte anknüpfen kann. *ck*

Klerus (griech. Stand der Auserwählten) Als Klerus wird in der katholischen Kirche der Stand der Geistlichkeit, der Priester bezeichnet. Dass des Klerus als eigener Stand ausgewiesen wurde, war besonders im → Investiturstreit wichtig bei der Frage, wer hohe geistliche Würdenträger ernennen darf und ob der Kaiser dem Klerus angehört. *ck*

Knigge, Adolph Freiherr von (1752–1796) Deutscher Schriftsteller. In seinem Hauptwerk „Über den Umgang mit Menschen" (1788) versucht Knigge, die als berechtigt und wertvoll angesehenen Ansprüche aristokratischer Lebensart mit dem erwachten Selbstbewusstsein des Bürgertums zu vereinen, wobei zum bürgerlichen Selbstbewusstsein auch der Stolz auf die moralische Prinzipientreue gehört. Knigge würdigt den Menschen unabhängig von Rang, Stand und Titel. Der Erziehung spricht er eine große Bedeutung zu. Das Buch ist in zwei Teile untergliedert: in den Umgang des Menschen mit sich selbst und in den Umgang mit anderen Menschen. *ck*

Kognitivismus (lat. *cognitio* Erkenntnis) Grundanschauung, die an der Erkennbarkeit des sittlich Richtigen festhält und moralisches Handeln so zu einer Frage der Erkenntnis macht. In diesem Sinne ist z. B. Sokrates ein Kognitivist, da nach ihm alle Menschen das Gute wollen, es aber nicht kennen. Wenn sie es kennen würden, dann würden sie es auch tun. Der Begriff wird oft mit einer negativen Bedeutung verwendet, da den Kognitivisten vorgeworfen wird, wesentliche Phänomene zu übersehen oder gering zu achten, z. B. den → Willen oder die → Affekte. *ck*

Kohlberg, Lawrence (1927–1987) Amerikanischer Psychologe. Kohlbergs Wirken steht in der Tradition der → Entwicklungspsychologie Jean → Piagets. Was dieser auf dem Gebiet der kognitiven Entwicklung leistete, ergänzte Kohlberg für den moralischen Bereich. Mithilfe von Interviews und Dilemmageschichten arbeitete Kohlberg sechs Stufen der moralischen Entwicklung heraus: 1) Zunächst urteilt der junge Mensch nach den Gesichtspunkten von Lohn und Strafe (physische Konsequenzen). 2) Hier geschieht das Urteilen nach dem Prinzip „Wie du mir, so ich dir". Stufe 1 und 2 fasst Kohlberg als präkonventionelle Ebene zusammen. 3) Nun wird die → Goldene Regel angewandt. Auf die Gruppenmehrheit wird Rücksicht genommen. 4) Hier werden die für alle geltenden gesellschaftlichen Rechte und Pflichten wichtig. Stufe 3 und 4 werden als konventionelle Ebene zusammengefasst. Auf der postkonventionellen Ebene wird eine Perspektive eingenommen, die der Gesellschaft vorgeschaltet ist. Auf Stufe 5) orientiert sich der Mensch am Gedanken der Übereinkunft und des Gesellschaftsvertrags. Auf Stufe 6) schließlich erfolgt die Orientierung an universalen ethischen Prinzipien. – Kohlbergs Einteilung hat breite Anerkennung gefunden; allerdings besteht noch weiterer Forschungsbedarf. So muss z. B. geklärt werden, ob alle Menschen die höchsten Stufen erreichen, ob ein Zusammenleben zwischen Menschen, die auf unterschiedlichen Stufen stehen, möglich ist, ob und wie der Rückfall in eine tiefere Stufe erklärt werden kann.

Literatur: Fritz Oser/Wolfgang Althof: Moralische Selbstbestimmung. Modelle der Entwicklung und Erziehung im Wertebereich, Stuttgart 1992. *ck*

Kollektivismus (lat. *collectivus* angesammelt) Weltanschauung, die der Gemeinschaft von Menschen größere Bedeutung als dem Individuum zuschreibt. Der Kollektivismus als politische Richtung will durch den Umbau der Wirtschafts- und Rechtsordnung die Ausrichtung an der Gesamtheit stärken. Kollektivistische Bestrebungen treten vor allem in Staaten auf, die der Theorie von Karl → Marx verpflichtet sind. *ck*

Kolping, Adolf (1813–1865) Deutscher katholischer Theologe. Kolping gründete 1846 in Elberfeld den ersten Gesellenverein. Aus ihm entstanden die katholischen Gesellenvereine, die sich zur Deutschen Kolpingfamilie und zum internationalen Kolpingwerk entwickelten. Im Kolpingwerk waren früher nur Handwerksberufe vertreten, es umfasst heute aber alle Lehrberufe. Ziel des Kolpingwerkes ist es, in der Nachfolge Kolpings den Mitgliedern praktische Hilfen zur Bewältigung ihrer Lebens-

Adolf Kolping

aufgaben zu bieten und dabei die Fortentwicklung der Gesellschaft gemäß der katholischen Soziallehre zu fördern. *ck*

Kommunikation (lat. Unterredung, Mitteilung) Kommunikation ist ein zentraler Begriff der Sprachwissenschaft und Psychologie und meint die Verständigung zwischen Menschen mithilfe von Zeichen, vor allem der Sprache. Traditionellerweise wird die Kommunikation zwischen Menschen mit einem Sender-Empfänger-Modell beschrieben: Der Sender, z. B. ein Sprecher, bittet seinen Gegenüber, den Empfänger, um etwas. Die Nachricht, also die Bitte, muss durch einen Kanal, hier der Raum im Zimmer. Das Medium, mit dem die Bitte übertragen wurde, sind die Laute. Kommunikationsstörungen können auftreten, wenn Sender und Empfänger nicht über das gleiche Zeichensystem (→ Code) verfügen oder wenn der Kanal gestört ist, z. B. durch ein zu lautes Radiogerät. Dieses einfache Kommunikationsmodell ist an der Technik der Nachrichtenübertragung orientiert. Der österreichisch-amerikanische Psychologe Paul Watzlawick hat fünf Axiome der Kommunikation aufgestellt, die besser geeignet sind, Kommunikationsprozesse (gerade auch fehlgeschlagene) zwischen Menschen zu analysieren: 1) Man kann nicht nicht-kommunizieren. Selbst wenn ich schweige, wird dieses Schweigen von anwesenden Menschen als Signal (z. B. Überheblichkeit, Desinteresse) aufgefasst. 2) Jeder Kommunikationsvorgang weist einen sachlichen und einen persönlichen Beziehungsaspekt auf. Gefährlich wird es, wenn vermeintlich zur Sache diskutiert wird, es aber um Persönliches geht. 3) Jeder Kommunikationsvorgang wird durch eine Ursache-Wirkungs-Interpretation, die so genannte Interpunktion, beeinflusst. Wenn ein Sprecher A meint, seine Äußerung sei nur die adäquate Antwort auf eine Äußerung des Sprechers B, B die Äußerung A.s aber als Beginn eines neuen Kommunikationsabschnitts analysiert, auf die er nun antworten muss, kann die Kommunikation schnell aus den Bahnen geraten. 4) Jeder Kommunikationsvorgang verläuft entweder symmetrisch oder komplementär. Als symmetrisch wird ein Kommunikationsvorgang bezeichnet, wenn beide Partner auf gleicher Ebene stehen. 5) Jeder Kommunikationsvorgang weist einen digitalen und einen analogen Modus auf. Als digitaler Modus wird dabei die verbale Äußerung bezeichnet, als analog Körpersprache, Gestik, Mimik. Problematisch verläuft die Kommunikation, wenn beide Modi nicht deckungsgleich sind, wenn z. B. der Gastgeber verbal seine Freude über das Kommen der Gäste äußert, durch seine Sitzhaltung aber signalisiert, dass er den Abend lieber alleine verbracht hätte. *ck*

Kommunismus (lat. *communis* was allen gemeinsam ist) Politische Richtung, die sich gegen den Kapitalismus wendet. Zum Schlagwort wurde der Begriff durch das „Kommunistische Manifest", 1848 von Karl → Marx und Friedrich Engels verfasst. Marx verstand den Kommunismus als Endziel der Geschichte, als Epoche, die auf den Sozialismus folgt. In ihr gehen die Produktionsmittel und die Erzeugnisse in das gemeinsame Eigentum der Menschen über, Klassengegensätze sind verschwunden, ein Staat ist nicht mehr notwendig. Zur politischen Macht gelangte der Kommunismus 1917 in der russischen Revolution. Die Sowjetunion verstand sich bis zu ihrer Auflösung 1991 als sozialistischer Staat, da aufgrund innerer und äußerer Bedrohung der Übergang zum Kommunismus noch nicht möglich gewesen sei. *ck*

Kommunitarismus (lat. *communitas* Gemeinschaft) Die in den 80er-Jahren in den USA entstandene Bewegung fragt nach der gesellschaftlichen Natur des Menschen und den Bedingungen für soziale Gerechtigkeit. Dabei wird die Verfolgung individueller Interessen verurteilt, wenn nicht gemeinsame ethische Prinzipien berücksichtigt werden. Der Soziologe Amitai Etzioni (geb. 1929) ist der prominenteste Vertreter dieser Richtung. Im so genannten kommunitären Manifest heißt es: „Wir werden neue Wege finden, unsere Gesellschaft zu einem Ort zu machen, wo individuelle Rechte sorgsam gehütet und der Nährboden für bürgerliche Tugenden geduldig gepflegt wird." Der Kommunitarismus steht konsumkapitalistischen Systemen ebenso kritisch gegenüber wie allen totalitären Systemen. *ck*

Konformität (lat. *conformis* gleichförmig) Konformität meint wertneutral die Übereinstimmung mit der Einstellung anderer Menschen. Besonders unter Jugendlichen, aber auch bei Künstlern gilt Konformität als Bezeichnung für ein angepasstes Verhalten, das berechtigte Interessen und das Ausleben von Individualität unterdrückt. *ck*

Konfuzius (um 551–479 v. Chr.) Chinesischer Philosoph. Sein chinesischer Name lautet Kung-fu-tse. Er wandte sich als Beamter, enttäuscht über den Lebenswandel des Fürsten, von seiner Heimatstadt Lu in der Provinz Schantung ab und begann ein 13-jähriges Wanderleben. Danach kehrte er wieder in die Heimat zurück und konzentrierte sich auf die Zusammenstellung und Überarbeitung eigener und fremder philosophischer Schriften. Seine eigene Philosophie empfand er nie als originell. So kommt ihm vor allem das Verdienst zu, frühe chinesische Überlieferungen gesammelt und für die Nachwelt bewahrt zu haben. Konfuzius gab das → I Ging heraus und kommentierte es. Seine Philosophie kreist fast ausschließlich um ethische Fragen. Als vollkommene Tugend wies er dabei ein Handeln nach der → Goldenen Regel aus. *ck*

Konkordanz (lat. *concordantia* Übereinstimmung) Alphabetisch geordnetes Verzeichnis aller in einer Schrift vorkommenden Wörter oder Sachen mit Stellenangaben, z. B. Bibel-Konkordanz oder Konkordanz zu Goethes Werken. *ck*

Konkordat (lat. *concordare* übereinstimmen) Vertrag zwischen dem Hl. Stuhl und einem Staat. Von Bedeutung sind vor allem das Wormser Konkordat (1122), das den → Investiturstreit beendete, und das Reichskonkordat (1933) zwischen dem Hl. Stuhl und dem Deutschen Reich. Hier wurden u. a. Fragen der Rechtsstellung des Klerus, der Besetzung kirchlicher Ämter und des Religionsunterrichts geregelt. Das Reichskonkordat wurde 1957 vom Bundesverfassungsgericht als für die Bundesrepublik Deutschland weiterhin bestehend anerkannt. *ck*

Konnotation Mit Konnotation ist im Gegensatz zur → Denotation die emotionale, wertende Nebenbedeutung eines Begriffs gemeint. Diese Nebenbedeutung kann bei verschiedenen Sprechern stark abweichen und die Verständigung belasten. (→ Kommunikation) *ck*

Konstantin der Große (um 272–337) Römischer Kaiser. Nach Kaiser Diokletians Tod 305 brach dessen Vierteilung des Reiches zusammen. Konstantin (lat. Constantinus) wurde nach dem Tod seines Vaters Constantius I., eines Mitkaisers neben Diokletian, von dessen Truppen zum Kaiser ausgerufen. Er besiegte seine Mitregenten und errichtete eine Alleinherrschaft. 312 wandte sich Konstantin zum Christentum, 313 wurde das Christentum im so genannten Toleranzedikt von Mailand als gleichberechtigte Religion anerkannt. Konstantin leitete das Konzil von → Nizäa im Jahr 325. Kurz vor seinem Tod ließ er sich taufen – durch den Zeitpunkt der Taufe wollte Konstantin eine größtmögliche Vergebung der Sünden erreichen. *ck*

Konstantin der Große

Konstruktivismus (lat. *constructio* Zusammenfügung) Bezeichnung, die in der Philosophie vor allem mit Blick auf Ansätze in der Erkenntnistheorie und Pädagogik verwendet wird, nach denen die Welt, wie sie dem Menschen erscheint, ein Konstrukt seiner eigenen Tätigkeit ist. Der Konstruktivismus beruft sich in der Erkenntnistheorie zum Teil auf Immanuel → Kant, in der Pädagogik auf Jean → Piaget, nach denen wir keine Aussagen über die Welt an sich machen können, sondern nur über die Welt, wie wir sie uns als Menschen „konstruiert" haben. Dem Konstruktivismus wird oft der Vorwurf gemacht, eine allgemeine Verbindlichkeit aufzugeben, indem die objektive Welt keinerlei Bedeutung mehr hat. Dagegen betonen etliche der als Konstruktivisten bezeichneten Denker die Eigentätigkeit des Menschen beim Erkennen und Lernen, da Erkennen und Lernen keine 1:1-Abbildungen äußerer Eindrücke sind. *ck*

Konzil (lat. Versammlung) Feierliche Zusammenkunft kirchlicher Würdenträger. Das Wort wird in der katholischen Kirche meist gleichbedeutend mit Synode verwendet. Das Konzil ist ein kollegiales Organ der Kirche. Als Vorbild gilt die Apostelversammlung in Jerusalem. Bedeutende Konzile sind etwa die Konzile von → Nizäa (325), von → Chalcedon (451) oder das Zweite → Vatikanische Konzil (1962–1965). Die Beschlüsse des Konzils gelten in der katholischen Kirche als unfehlbar, wenn das Konzil vom Papst einberufen und geleitet wird. *ck*

Konziliarismus Auffassung, wonach das Ökumenische → Konzil als allgemeine Versammlung aller Bischöfe und sonstiger hoher Würdenträger der katholischen Kirche in seinen Beschlüssen nicht an die Zustimmung des Papstes gebunden ist. Die Theorie wurde ab dem 12. Jh. ausgebaut und erlangte besonders in der Zeit der Kirchenspaltungen im 14. Jh. große Bedeutung. Der Konziliarismus konnte sich allerdings nur auf dem Konzil von Konstanz (1414–1418) durchsetzen, auf dem nach Absetzung mehrerer (Gegen-) Päpste mit Martin V. ein neuer Papst gewählt wurde. *ck*

Kopernikanische Wende Grundlegende Änderung bei der Betrachtung des Aufbaus des Sonnensystems durch den Astronomen Nikolaus Kopernikus (1473–1543): Nicht mehr die Erde steht im Mittelpunkt, sondern die Sonne. Die anderen Planeten, so auch die Erde, umkreisen die Sonne (→ Heliozentrisches Weltbild). Immanuel Kant greift diesen grundlegenden Perspektivenwechsel in der Vorrede zu seiner „Kritik der reinen Vernunft" auf und spricht von einer „kopernikanischen Wende", die seine Untersuchungen darstellen: Richtete sich nach traditioneller Auffassung die Anschauung nach den Gegenständen, so sollen sich nun die Gegenstände nach dem menschlichen Erkenntnisapparat richten. *ck*

Koran Heilige Schrift der Muslime. Der Koran enthält die Worte → Mohammeds, die ihm durch Geist oder Engel als Offenbarungen Gottes in den Mund gelegt wurden. Mohammed ließ die Offenbarungen, die ihm zuteil wurden, schon früh schriftlich festhalten. Nach seinem Tod veranlasste der erste Kalif (Titel muslimischer Herrscher als Nachfolger Mohammeds) eine Sammlung. Da die einzelnen Lesarten Unterschiede aufwiesen, wurde unter dem dritten Kalifen eine offizielle Koran-Ausgabe erstellt, die bis heute gültig ist. Der Koran ist in arabischer Sprache verfasst und darf nicht verändert und streng genommen auch nicht übersetzt werden, da sonst der wörtliche Sinn der Offenbarung verfälscht würde. Er ist in 114 Kapitel, die Suren, eingeteilt, beginnend mit der längsten und endend mit der kürzesten. Jede Sure trägt einen Namen, die auf das Kernthema hinweist oder auf ein wichtiges Wort im entsprechenden Kapitel. Diese überschriftähnlichen Hervorhebungen gehören einer späteren Redaktion an. Die Muslime sehen ihren Koran als eine Teilwiedergabe des himmlischen Ur-Korans, der jede menschliche Schrift überragt. Auf dieses Ur-Buch gehen nach muslimischer Sichtweise neben dem Islam auch das Juden- und

Arabische Koran-Handschrift; Seite aus dem Koran in Kufi.

Christentum zurück. Allerdings erreichen aus muslimischer Sicht weder Juden- noch Christentum die Fülle der Wahrheit, die sich im Koran auffinden lässt. *ck*

Kosmogonie (griech. Entstehung der Welt) Eine Kosmogonie umfasst die mythischen Erzählungen oder Erklärungen zur Entstehung der Welt. Unter den dichterischen Werken ragt die Theogonia (Entstehung und Abstammung der Götter) des Hesiod hervor. Thales von Milet, Anaximander, Heraklit u. a. versuchten, die Entstehung der Welt auf natürliche Weise zu erklären. *ck*

Kosmos (griech. Schmuck, Ordnung, Welt) Gegenbegriff zum Chaos; gemeint ist die Weltordnung als Geordnetes, Harmonisches und damit Schönes. Umgangssprachlich bezeichnet der Begriff Kosmos heute den Weltraum. *ck*

Kreationismus (lat. *creare* erschaffen) Erklärungsmodell zur Artenvielfalt in der Natur. Der Kreationismus lehnt die Evolutionstheorie ab und hält an einem intelligenten Schöpfer fest, der die einzelnen Arten als solche unmittelbar erschuf. Diese Auffassung wird vor allem von fundamentalistischen (christlichen) Kreisen in den USA vertreten. *ck*

Kreuzzüge Bezeichnung für mehrere Kriegszüge gegen Un- und Andersgläubige, vor allem ins heilige Land (Palästina). Im Mittelalter galten sie als bewaffnete Wallfahrten. Ihr Beginn wird 1096 mit dem Kreuzzug angesetzt, zu dem Papst Urban II. aufrief, nachdem ihn der oströmische Kaiser Alexios I. um militärische Hilfe gegen die vordringenden Seldschuken (Türken) gebeten hatte. Hinter dem Kreuzzug stehen vielfältige Interessen: Aggressivität des westeuropäischen Rittertums; der Wunsch, die Ostkirche wieder mit der römisch-katholischen Kirche zu vereinen; Hoffnung auf Besitz und Herrschaft; Hoffnung auf Erlass der Sündenstrafen. Die Kirche versprach jedem, der das Kreuz nahm, Erlass von seinen Sündenstrafen und freies Eigentum. Die im Orient verbliebenen Ritter gründeten Kreuzfahrerstaaten, die sich zunächst gegen die muslimische Umwelt behaupten konnten (Grafschaft Edessa, Fürstentum Antiochia, Großfürstentum Tripolis, Königreich Jerusalem). Der zweite Kreuzzug (1147–1149) scheiterte schon auf dem Marsch durch Kleinasien. 1187 eroberte Sultan Saladin Jerusalem und viele weitere Städte zurück. Am dritten Kreuzzug (1189–1192), zu dem daraufhin aufgerufen wurde, beteiligten sich die Könige von Frankreich und England sowie der deutsche Kaiser. Jerusalem konnte jedoch nicht zurückerobert werden. 1202 brach

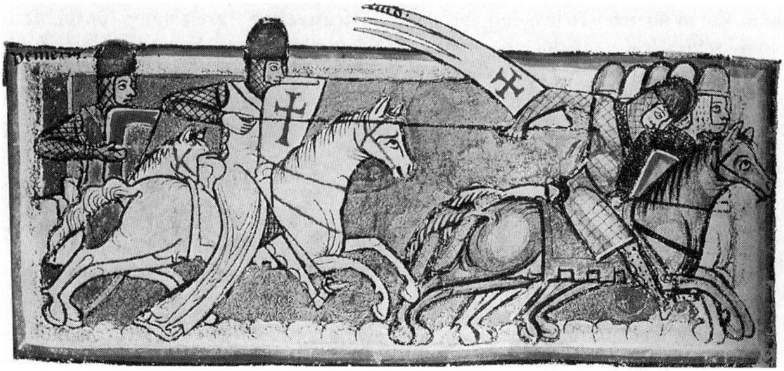

Christliche Kreuzritter bei der Rückeroberung des Heiligen Landes; Darstellung in einer um 1200 entstandenen Bibelillustration.

der vierte Kreuzzug (1202–1204) auf, zu dem Papst Innozenz III. aufgerufen hatte. Ziel war Ägypten, doch die Kreuzfahrer eroberten stattdessen Konstantinopel und plünderten die Stadt. Die Kreuzzugsidee erlitt dadurch schweren Schaden. Dieser wurde verstärkt, als es dem deutschen Kaiser Friedrich II. 1229 durch einen Vertrag mit dem Sultan gelang, Jerusalem für zehn Jahre zurückzuerhalten, sodass christliche Pilger ungefährdeten Zugang hatten. Der Papst rief zum Kreuzzug auf – nicht gegen die Muslime, sondern gegen Friedrich, der niemals mit den Muslimen hätte verhandeln dürfen. Weitere Kreuzzüge verliefen im Sande. 1291 wurde Akkon durch die Türken erobert. Die Christen räumten Palästina. Nur das Königreich Zypern konnte sich als Kreuzfahrerstaat halten, 1489 kam es zu Venedig.

Als Kreuzzüge im weiteren Sinne werden auch die von der Kirche unterstützten militärischen Unternehmungen zur Wiederherstellung des christlichen Glaubens bezeichnet, z. B. gegen die Katharer (→ Ketzer).

Umstritten ist heute, ob durch die mittelalterlichen Kreuzzüge der Kulturaustausch zwischen unterlegener christlicher und überlegener islamischer Welt gefördert wurde oder ob dies eher im vom Islam beherrschten Spanien geschah. *ck*

Kritischer Rationalismus Der Kritische Rationalismus wurde durch die Schriften Karl → Poppers zur Wissenschaftstheorie begründet. Für Popper ist alles Wissen nur Vermutungswissen, d. h. es besteht aus Hypothesen. Diese können nicht bewiesen, sondern nur widerlegt werden. Eine Theorie ist also so lange „wahr“, wie sie nicht widerlegt wird. (→ Falsifikation). Noch so viele bestätigende Beobachtungen können eine Theorie niemals als uneingeschränkt wahr erweisen. Der bekannteste Vertreter des Kritischen Rationalismus in Deutschland ist Hans → Albert. Da der Kritische Rationalismus davon ausgeht, dass eine Letztbegründung von Aussagen nicht möglich ist, weist er der Philosophie die Aufgabe zu, dogmatische Ansprüche der Politik, Religion oder Ethik aufzuzeigen. Dogmen treten nach Albert auf, wenn unter Ausschaltung kritischen Nachfragens auf „Intuition“, „Glaubenswahrheiten“ oder andere „letzte“ Wahrheiten verwiesen wird.

Literatur: Karl R. Popper: Objektive Erkenntnis (dt. 1973); Hans Albert: Plädoyer für Kritischen Rationalismus (1971). *ck*

Kritische Theorie Bezeichnung vor allem für die Forschungen, wie sie von der → Frankfurter Schule betrieben wurden. Die Kritische Theorie versucht, mithilfe interdisziplinärer Studien „die Menschen als die Produzenten ihrer gesamten historischen Lebensformen" zu begreifen. Ziel der Forschung ist eine bessere, vernünftige und gerechte Gestaltung der Gesellschaft. Die Kritische Theorie ist stark von Karl → Marx beeinflusst. Hauptvertreter sind Theodor W. Adorno, Max Horkheimer und Herbert Marcuse. *ck*

Kulturkampf Bezeichnung für die Auseinandersetzung zwischen dem Preußischen Staat und der Katholischen Kirche 1872–1887 über die Beziehungen zwischen Staat und Kirche. Vor allem die Maigesetze von 1873 (u. a. staatliche Aufsicht der kirchlichen Seminare, Schaffung eines staatlichen Gerichtshofs für kirchliche Angelegenheiten) erregten den Widerstand des politischen Katholizismus, der sich in der Zentrumspartei formierte. Nach einer Änderung der preußischen Verfassung wurden zahlreiche Bischöfe und Geistliche durch eine staatliche Kirchenaufsicht abgesetzt. Die Zentrumspartei gewann an Wählerzulauf, da der Katholizismus seine Anhänger so auch politisch sammeln konnte. Das bewog Reichskanzler Otto von Bismarck, den Kulturkampf nach 1878 unter dem neuen Papst → Leo XIII. zu entschärfen. Als Leo XIII. die Anzeigenpflicht bei der Ernennung von Geistlichen zugestand – der Papst ermächtigte die deutschen Bischöfe, der preußischen Regierung die Namen der Priester vor der Einsetzung mitzuteilen –, wurde der Kulturkampf 1887 auch förmlich für beendet erklärt. *ck*

Küng, Hans (geb. 1928) Schweizerischer katholischer Theologe und Kirchenkritiker. Küng war ab 1960 Professor für Fundamentaltheologie und Dogmatik an der Universität Tübingen; 1962 wurde er von Papst Johannes XXIII. zum offiziellen theologischen Berater auf dem Zweiten → Vatikanischen Konzil ernannt. Aufgrund seiner Zweifel an der Unfehlbarkeitserklärung von 1870 (→ Unfehlbarkeitsanspruch) entzog ihm die römische Glaubenskongregation (→ Kurie) 1979 die kirchliche Lehrerlaubnis. In Tübingen behielt er eine kirchenunabhängige Professur für Ökumenische Theologie bis zu seinem Ruhestand 1996. Nach dem Entzug der Lehrerlaubnis wurde Küng zu einem bekannten Kritiker der römischen Kirche, z. B. in Fragen der Verhütung oder der Aufhebung des Zölibats. Seit den 80er-Jahren beschäftigt sich Küng vor allem mit den Weltreligionen. Gemäß

Die Karikatur zeigt als Gegenspieler im Kulturkampf Bismarck und Papst Pius IX. Dieser ist am Zug, nachdem Bismarck seinen „König" nach vorn genommen hat: den preußischen Kultusminister Falk mit dem „Klostergesetz" vom 31. Mai 1874, das die Niederlassung sämtlicher Orden mit Ausnahme reiner Krankenpflegeorden in Preußen verbot.

seiner Grundüberzeugung „Kein Frieden unter den Nationen ohne Frieden unter den Religionen“ initiierte Küng das Projekt → Weltethos, dessen Ziel die Erarbeitung eines globalen → Ethos ist. *ck*

Kurie Zunächst Bezeichnung für die älteste Gliederungsform der antiken römischen Gesellschaft in 30 Familienverbände, dann Bezeichnung für den Versammlungsraum des Senats. In der katholischen Kirche ist die Kurie die zentrale Verwaltungsbehörde des Papstes (Römische Kurie) oder des Bischofs (Diözesankurie). Die Römische Kurie ist in zehn Kongregationen – mit Ministerien in der Politik zu vergleichen – untergliedert, z. B. in die Glaubens-, Unterrichts-, Sakramentenkongregation. *ck*

Kyniker An Sokrates anknüpfende Philosophenschule, deren Begründer Antisthenes (um 455 – um 360 v. Chr.) war. Der Name leitet sich wahrscheinlich vom Gymnasium Kynosarges oder von der Lebensweise der Kyniker her (griech. *kyon* Hund, vgl. die Redensart „leben wie ein Hund“). Hauptvertreter waren Antisthenes und Diogenes von Sinope (Diogenes in der Tonne). Die Kyniker lebten und lehrten eine extreme Bedürfnislosigkeit als Voraussetzung des menschlichen Strebens nach Tugend, welche für sie mit dem Erreichen der Glückseligkeit zusammenfiel. Tugend war für sie lehrbar und durch Tat und Willen erreichbar. Das Streben der Kyniker nach Bedürfnislosigkeit, wurde in der Praxis zur bloßen Ablehnung des Bestehenden. Durch ihren radikalisierten Individualismus lehnten sie alle gesellschaftlichen Bindungen (Kultur, Familie, Staat usw.) ab und wurden so zum öffentlichen Ärgernis. Mit ihren materialistischen und monotheistischen Vorstellungen standen die Kyniker im Gegensatz zur herrschenden Meinung. Die Ablehnung der kynischen Lebenshaltung durch die provozierten besitzenden Schichten führte zu den abwertenden Bezeichnungen „Zyniker“ und „Zynismus“. *dk*

L

Laie (griech. *laos* Volk) In der Alltagssprache versteht man unter einem Laien jemanden, der im Gegensatz zum „Fachmann" nicht über eine bestimmte Fertigkeit oder ein bestimmtes Wissen verfügt, bzw. jemanden, der eine Tätigkeit nicht berufsmäßig ausübt. Im kirchlichen Sinne ist ein Laie jemand, der nicht zum → Klerus gehört. Die mittelalterliche Gesellschaft entfaltete aus diesem Unterschied ihr Ständesystem (Adel, Klerus, Laien), das den Ständen verschiedene Rechte und Pflichten zuwies. Martin Luther hob mit dem Konzept des allgemeinen Priestertums den Gegensatz von Klerus und Laien für den → Protestantismus wieder auf. *dk*

Lamarck, Jean-Baptiste (1744–1829) Französischer Naturwissenschaftler. Lamarck entwickelte eine der ersten Evolutionstheorien (Lamarckismus). Er vertrat die Auffassung, dass nach der Entstehung des Lebens die weitere Ausformung der Lebewesen auf die Einwirkung von Zeit und Umweltbedingungen zurückzuführen sei. Somit würden sich komplexe Strukturen aus einfachen Formen entwickeln. Für die „Stufenleiter des Lebendigen" formulierte er drei biologische Gesetze: Die Umwelt beeinflusst die Entwicklung von Organen; Veränderungen im Körperbau erklären sich aus dem Gebrauch oder Nichtgebrauch von Körperteilen; erworbene Eigenschaften werden vererbt. Im Gegensatz zu Charles → Darwinfanden Lamarcks Arbeiten im Zusammenhang mit der Evolutionstheorie wenig Anerkennung. Erst in neuester Zeit werden Aspekte seiner Arbeit wieder diskutiert. *dk*

Lao-tse (Lao-tzu, chin. „der alte Meister", 4. oder 3. Jh. v. Chr.) Chinesischer Philosoph; legendenhafter Begründer des → Taoismus und Autor des Buches „Tao-Te-ching" (→ Tao). *dk*

Laubhüttenfest (Sukkot) Jüdisches Erntedankfest. Das Laubhüttenfest ist ein ursprünglich kanaanitischer Brauch zur Erinnerung an den Auszug der Israeliten aus Ägypten und ihre vierzig nomadischen Jahre in der Wüste (→ Exodus). Das Laubhüttenfest wird im Herbst gefeiert. Während der fünf Tage, die zwischen → Jom Kippur und dem Laubhüttenfest liegen, nimmt man die Mahlzeiten in Hütten ein. Der letzte Tag des Festes ist der Beginn des neuen Zyklus' der Thoralesungen. *dk*

Leben (griech. *zoe;* lat. *vita*) Alltagssprachlich die biografisch darstellbare Erlebens-Zeit zwischen Geburt und Tod einer Person; gleichzeitig ein Grundbegriff der Biologie und Philosophie. Biologisch ist Leben gekennzeichnet durch Stoffwechsel, Selbstaufbau, Selbsterhaltung und Reizbarkeit. Philosophisch meint Leben das prozesshafte Selbst-Sein des Organischen. Schreibt die klassische Philosophie dem Leben eine Selbstbewegung (→ Entelechie) zu, so beschäftigt sich die neuzeitliche Metaphysik mit dem → Dualismus. Überwindungsversuche des → Leib-Seele-Problems entfalten sich als → Mechanismus oder Vitalismus. *dk*

Lebensphilosophie Seit der → Romantik bestehender Sammelbegriff für die Tendenz, philosophische Fragen aus dem Erleben bzw. der Alltagserfahrung heraus zu klären. Die Lebensphilosophie thematisiert die Abhängigkeit der Person von unbewussten Natur- und Lebensprozessen und kritisiert das selbstgewisse Vertrauen der Aufklärung in die Vernunft und Selbstreflexion des Menschen. Wilhelm → Dilthey sieht die menschliche Erkenntnis letztlich nur durch „Erleben" und im Zusammenhang mit der „gedankenbildenden Arbeit des Lebens" entstehen. Für Henri → Bergson ist eine Teilnahme am „Lebensimpuls" nur durch Intuition denkbar. *dk*

Legalität (lat. *legalis* gesetzlich) Legalität meint ethisch die Übereinstimmung der Handlungen eines Individuums mit dem geltenden Recht. In der Staatsphilosophie bedeutet Legalität die Ermächtigung staatlichen Handelns durch eine Verfassung sowie die Bindung dieses Handelns an Gesetze, die mit der Verfassung übereinstimmen. *dk*

Legitimität (lat. *legitimus* rechtmäßig) Da auch legale Gesetze und legales Handeln (→ Legalität) als ungerecht empfunden werden können, stellt sich die Frage nach der Legitimität bzw. der ethischen Rechtfertigung. Als legitim ist anzusehen, was der Vernunft der Menschen allgemein nicht widerspricht, was nicht gegen die Menschenwürde verstößt und was gegen keine allgemein anerkannten Normen verstößt. Kernpunkt der Legitimität moderner gesellschaftsvertraglicher Staatsmodelle ist der Schutzauftrag für das Leben der Individuen. *dk*

Leib Im Alltagsverständnis meint Leib den menschlichen Körper. Ausgehend von der „Leiberfahrung" (Edmund → Husserl) entwickeln sich für das Individuum wie für die Philosophie Fragen zur Ich-Vorstellung und Intersubjektivität. Die Feststellung, dass Leib und Seele im lebenden Menschen eine Verbindung eingehen, führt zum → Leib-Seele-Problem. *dk*

Leibniz, Gottfried Wilhelm (1646–1716) Universalgelehrter und Diplomat. Leibniz entwickelte 1675, parallel zu Isaak Newton, die Grundlagen der Differentialrechnung, befasste sich intensiv mit Logik und mit der Erfindung einer Rechenmaschine. Er entwarf ein rationalistisch-idealistisches Denkgebäude, in dem er versuchte, die mechanistische Naturerklärung von René Descartes mit dem religiösen Glauben zu versöhnen. Im Zentrum seiner philosophischen Arbeit steht seine Monaden-Theorie: Das Weltganze ist nach Leibniz aus → Monaden aufgebaut, das heißt lebendigen, einfachen Einheiten, die miteinander in Wechselwirkung stehen. Die Urmonade ist Gott, der alle Monaden zu einem harmonisch geordneten Kosmos zusammengefügt und dadurch eine „prästabilierte Harmonie", eine vorher festgesetzte Harmonie hergestellt hat. Unsere Welt ist daher in diesem Zustand der prästabilierten Harmonie die „beste aller möglichen Welten". Damit unternimmt Leibniz zugleich den Versuch einer → Theodizee, einer Rechtfertigung Gottes angesichts der Übel in der Welt.

Gottfried W. Leibniz

Werke: Essays zur Theodizee (2 Bde, 1710); Principia Philosophiae (1714). *dk*

Leib-Seele-Problem Philosophische Frage nach der Verbindung, dem Verhältnis und der Wechselbeziehung von Seele und Leib. Erklärungsversuche des → Dualismus, z. B. von René → Descartes, fassen Leib und Seele als prinzipiell unterschiedliche Substanzen auf, die organisch miteinander in Wechselwirkung stehen (Interaktionismus). Damit stellt sich aber das Problem, wie zwei wesensfremde, miteinander unvereinbare Substanzen überhaupt wechselseitig aufeinander einwirken können. Der Okkasionalismus (lat. *occasio* Gelegenheit), vertreten z. B. durch Arnold Geulincx (1624–1669), sieht dies durch gelegentliche göttliche Eingriffe gewährleistet: Gott als drittes Prinzip stellt helfend und fortwährend den Zusammenhang zwischen Leib und Seele her. Für Gottfried W. → Leibniz genügt dazu ein einmaliger harmonisierender Konstruktionsakt Gottes (prästabilierte Harmonie). Der → Monismus reduziert das Leib-Seele-Problem im Sinne des Materialismus (→ Behaviorismus) auf die leibliche Komponente: Für ihn existiert keine Seele oder irgendeine von der Materie verschiedene Substanz. *dk*

Leo XIII. (eigentlich Vincenzo Pecci, 1810–1903) Papst 1878–1903. Leo XIII. beendete den → Kulturkampf im Deutschen Reich, indem er der preußischen Regierung zugestand, die Namen von

Priestern noch vor deren Einsetzung zu erfahren. Seine intensive Beschäftigung mit wissenschaftlichen, politischen und sozialen Themen führte ihn u. a. zur Verfassung der ersten päpstlichen Sozialenzyklika („Rerum Novarum“, 1891). *dk*

Lerntheorie Im Alltagsverständnis meint Lernen den zielgerichteten Erwerb von Wissen oder Fähigkeiten durch Individuen. Für die Lerntheorie ist Lernen – in Bezug auf den Menschen – zunächst ein Sammelname für nicht unmittelbar zu beobachtende Prozesse innerhalb einer Person, die diese zu Verhaltensänderungen gegenüber ihrer Umwelt befähigen. Man unterscheidet zwischen zielgerichtetem, absichtsvollem Lernen und durch Umwelteinflüsse vermitteltem, unbeabsichtigtem Lernen. Eine allgemeine, umfassende Lerntheorie ist bis heute nicht entwickelt. Der → Behaviorismus konzentriert sich beispielsweise auf die Aufdeckung, Kontrolle und Nutzung der Lerntheorie-Prozesse, die angeblich bei allen Menschen strukturell gleich sind. Dagegen sieht die klassische Pädagogik jeden Menschen als unverwechselbare Person und stellt sich in den Dienst seiner → Bildung. *dk*

Lessing, Gotthold Ephraim (1729–1781) Deutscher Schriftsteller. Lessing ist einer der führenden Vertreter der Aufklärung in Deutschland. Sein Drama „Nathan der Weise“ (1779) gilt bis heute als beispielhaftes Plädoyer für Toleranz und Humanität, indem es zeigt, dass charakterliche Qualitäten nicht an die Zugehörigkeit zu einer bestimmten Religion gebunden sind. In der Ringparabel, die Nathan erzählt, streiten drei Söhne, die von ihrem Vater je einen Ring erbten, wer von ihnen den einen wundertätigen Ring erhalten sollte, der den Besitzer vor Gott und den Menschen „angenehm“ mache. Der von ihnen angerufene Richter lehnt eine Entscheidung ab, da der echte Ring sich an seiner Wirkung werde erkennen lassen. In Lessings Darstellung steht der Vater für Gott, die Ringe stehen für Judentum, Christentum und Islam. Im Sinne der Aufklärung besitzen also alle drei Religionen echten Offenbarungsgehalt in einer geschichtlich überlieferten Hülle. Der Streit um einen Vorrang führt deshalb vom Sinn und Zweck der Religion weg. Praktisch geübte Humanität soll an die Stelle theologisch-theoretischen Streits treten. *dk*

Leviathan Ein monströses Ungeheuer im Alten Testament, das als Verkörperung des Bösen von Gott besiegt wird (vgl. Jesaja 27,1). In der Philosophie ist Leviathan bekannt als Titel einer staatstheoretischen Abhandlung von Thomas → Hobbes (1651). Ausgehend von einem

Titelbild „Der Leviathan“ von Thomas Hobbes, 1651.

grundsätzlich unbeschränkten Machtstreben des Menschen im Naturzustand, sieht Hobbes nur in der Gründung eines Staates, d. h. in der Schaffung einer übergeordneten Gewalt die Möglichkeit, den Kampf der Menschen gegeneinander zu beenden. Alle Menschen unterwerfen sich im Rahmen eines staatsbegründenden Gesellschaftsvertrages dem Willen des Inhabers der höchsten Staatsgewalt, den Hobbes „ein sterblicher Gott" oder „Leviathan" nennt. *dk*

Leviticus Die ursprünglich griechische Bezeichnung für das dritte Buch Mose im Alten Testament. Namensgebend war der Teil des Buches, der sich mit kultischen Vorschriften für Priester des Stammes Levi (Leviten) befasst. Ausgehend von diesen Vorschriften bürgerte sich das Sprichwort „Jemandem die Leviten lesen" ein. *dk*

Liberalismus (lat. *liber* frei) Im Individualismus wurzelnde, politisch-philosophische Lehre und Lebensform. Der Liberalismus zielt durch die Realisierung von persönlicher Freiheit und Verantwortung auf die Entfaltung der Persönlichkeit. Seine Weltanschauung entspricht einem auf Freiheit und Humanität gerichteten Fortschrittsoptimismus, sie zeichnet sich durch das Vertrauen in eine prinzipielle Gutartigkeit des Menschen aus und sieht die Geschichte als vernunftgeleitete Entwicklung zum Höheren. Im Zentrum der politischen Philosophie des Liberalismus steht die individuelle Freiheit als Grundnorm der menschlichen Gesellschaft, als Orientierung und Schranke jeder öffentlichen Gewalt. So bedingt der liberale Rechtsstaat Gewaltenteilung und die Sicherung der Freiheits- und Bürgerrechte. Vertreter des Liberalismus sind z. B. John Locke, Jeremy Bentham oder John S. Mill. Der Wirtschaftsliberalismus verneint eine Einmischung des Staates in das Wirtschaftsgeschehen, dessen verlässliche Rahmenbedingungen jedoch von ihm geschaffen bzw. garantiert werden sollten. Die Verfassungen der USA sowie die französische Verfassung von 1791 mit ihrer Betonung der Glaubens- und Meinungsfreiheit entsprechen den Grundüberzeugungen des Liberalismus. Voraussetzung für Glaubensfreiheit ist die unbedingte Toleranz einer liberalen Gesellschaft gegenüber jeglichem Glaubensbekenntnis, das seinerseits andere Bürger nicht in der Wahrnehmung ihrer Glaubensfreiheit behindert. Der Liberalismus sieht im Allgemeinen eine Verbindung von Vernunftfähigkeit und Gläubigkeit, aus der heraus ein ethischer Umgang mit Andersgläubigen ermöglicht werden kann. *dk*

Lipsius, Justus (1547–1606) Niederländischer Philologe und Philosoph. Lipsius gilt als Hauptvertreter des so genannten Neustoizismus. Der Neustoizismus greift zu Beginn der Neuzeit auf die antike → Stoa zurück, Lipsius in seinem Dialog „Constantia" z. B. auf die römische Stoa (Seneca, Epiktet und Tacitus): Gegen die Übel der Zeit helfen nicht Resignation und Flucht, sondern nur sittliche Stärke und aktives politisches Handeln. Lipsius versucht, Christentum und Stoizismus zu versöhnen: Das Schicksal *(fatum)* entfaltet seine Wirkkraft in den weltlichen Dingen, über ihm steht aber Gott. Mit der Edition der Tacitus-Werke setzte Lipsius neue Maßstäbe in der Philologie. *sk*

Literarkritik Die so genannte „höhere" Kritik der Bibelforschung, eine ursprünglich von Ferdinand C. Baur (1792–1860) entwickelte Methode, um die Kirchengeschichte zu rekonstruieren. Heute wird mit Literarkritik die allgemein verbreitete und anerkannte Methode der Sinnerschließung biblischer Texte bezeichnet (→ Historisch-kritische Methode). Die Literarkritik bewertet die Glaubwürdigkeit von Texten durch Fragen nach der Autorenschaft, den Quellen und der Qualität der Überlieferung. Des weiteren wird nach dem ursprünglichen konkreten Anfang und dem konkreten Ende einer Texteinheit sowie nach der Einheitlichkeit des Textes gefragt. *dk*

Liturgie (griech. *leiturgia* öffentlicher Dienst) Unter Liturgie versteht man die festgelegte Form des Gottesdienstes christlicher Kirchen (→ Eucharistie). *dk*

Locke, John (1632–1704) Englischer Philosoph. Locke ist ein Hauptvertreter des englischen → Empirismus. In der Denktradition Francis → Bacons versuchte Locke, die Grundlagen der menschlichen Erkenntnis aufzuzeigen und die Grenzen der Erkenntnismöglichkeiten zu klären. Dazu brachte er den Empirismus in eine systematische Form, um ihn gegen die intuitiv-spekulative Methode deduktiver Modelle (→ Deduktion) abzugrenzen. Der Mensch stellt für Locke somit bei der Geburt ein unbeschriebenes Blatt, eine *tabula rasa* dar, alle menschlichen Vorstellungen entstehen nur aus der Erfahrung. Deren Quellen sind ausschließlich die äußeren Sinnes- und die inneren Selbstwahrnehmungen, die sich auf Akte und Zustände des Geistes selbst beziehen. Eine vorempirische Erkenntnis existiert für Locke nicht: Nichts ist im Verstand, was nicht vorher sinnlich vermittelt wurde. Maßgebend für das Ich ist deshalb der mit sich selbst identische, stetige Bewusstseinsstrom, der zu einem intuitiv gewissen Selbstbewusstsein führt. Da Locke keine angeborenen sittlichen Ideen anerkennt, müssen für ihn sittliche Grundsätze wie mathematische erst vermittelt werden. → Ethik ist dann eine Wissenschaft, die Regeln für menschliche Handlungen vermittelt, um Glückseligkeit zu erlangen bzw. Unlust zu vermeiden (→ Utilitarismus). In der Rechts- und Staatsphilosophie zeigte sich Locke als Gegner des Absolutismus. Für ihn hat das Volk die Souveränität und übt diese durch eine gesetzgebende Körperschaft (→ Leviathan) aus. Der Staat bleibt an das so genannte „natürliche" Recht gebunden, das öffentliche Wohl ist das höchste Gesetz.

John Locke

Werke: Über den menschlichen Verstand (1690); Vernünftigkeit des biblischen Christentums (1695). *dk*

Logienquelle (griech. *logos* Wort; hier: Gotteswort) Logienquelle ist die Bezeichnung für eine Sammlung von Reden und Spruchworten Jesu, die gemäß den Erkenntnissen der Bibelkritik den Evangelisten Matthäus und Lukas zusätzlich zum Markusevangelium vorgelegen hat (→ Zwei-Quellen-Theorie). *dk*

Logik (griech. *logike techne* Kunst des Denkens) Ursprünglich philosophischer Begriff, der im Alltagsverständnis die widerspruchsfreie Folgerichtigkeit von Gedanken und Argumentationen meint. Die Logik einer Sache bzw. eines Verfahrens besteht in der Gesamtheit der diesbezüglichen Gesetzmäßigkeiten und Regeln. Als „logisch richtig" wird ein Verhältnis von Annahmen und Schlüssen angesehen, in dem wahre Voraussetzungen zu wahren Ergebnissen führen. Als Begründer der Logik gilt Aristoteles, der durch die Entwicklung des → Syllogismus „logische" Schlussverfahren formulierte, die es erlauben, beliebige Aussagen dahingehend zu prüfen, ob der Schlussfolgerung eine den logischen Regeln entsprechende Beweisführung vorausging. Zwischen der Richtigkeit der Schlussfolgerung und der Gültigkeit der Beweisführung ist dabei zu unterscheiden. Da eine falsche Beweisführung „zufällig" zu einem richtigen Ergebnis führen kann, hängt die Gültigkeit eines Schlusses von der Beschaffenheit der Beweisführung und nicht von seinem Inhalt ab. Zur klassischen Logik trat im 19. Jh. die so genannte moderne Logik: Die Mathematiker Gottlob → Frege, Bertrand Russell (1872–1970) und Alfred N. → Whitehead entwickelten die Form der Logik weiter. Wie die klassische Logik bleibt die moderne Logik ein System der → Deduktion: Eine neue Aussage wird mittels logischer Schlüsse aus anderen Aussagen gewonnen, man schließt jeweils vom Allgemeinen auf das Besondere. *dk*

Logos (griech. Geist, Vernunft, Wort, Rede, Sinn, Lehre, Weltgesetz; von griech. *legein* sammeln) Im Gegensatz zum

→ Sein meint Logos das menschlich-geistige Innewerden des Seins, die intellektuelle und spirituelle Teilhabe des Menschen – als Gattung und als Einzelwesen – am Sein. Mit der Schwierigkeit, den Begriff Logos angemessen ins Deutsche zu übersetzen, ringt Goethes Faust, wenn er bei seinem Versuch einer Bibelübersetzung mit Luthers Übersetzung durch „Wort" für Logos nicht zufrieden ist und sich nach „Sinn" und „Kraft" schließlich für „Tat" entscheidet: „Im Anfang war die Tat". → Heraklit wie auch die → Stoiker verstanden unter Logos die Weltvernunft, das Schicksal. Im christlichen Kontext wurde Logos gleichgesetzt mit dem Fleisch gewordenen Wort Gottes, also Christus, als der 2. Person der Dreieinigkeit. Bei Übertragungen des griechischen Bibeltextes ins Chinesische wurde Logos mit → Tao übersetzt. Die Bedeutungsnuance „Lehre" bzw. „Wissenschaft" findet sich in der Wortwurzel „-logie" in Bezeichnungen wie Theologie, Philosophie, Psychologie, Ökologie. *wl*

Lorenz, Konrad (1903–1989) Österreichischer Zoologe; Begründer der modernen Verhaltensforschung. Nach dem Studium der Medizin und Zoologie war Lorenz Professor in Königsberg, Münster und München, 1961–1973 Direktor am Max-Planck-Institut für Verhaltensphysiologie, seit 1973 als Abteilungsleiter am Institut für vergleichende Verhaltensforschung an der Österreichischen Akademie der Wissenschaften in Wien. 1973 erhielt er den Nobelpreis für Medizin. Nach Lorenz sind Instinkthandlungen angeborene Verhaltensmechanismen, die wie die physiologischen Eigenschaften der Evolution unterliegen. Lorenz' bekannteste Entdeckung ist die „Prägung": Die Angewiesenheit mancher Jungtiere auf akustische oder optische Reize, um eine Bindung zu den Elterntieren eingehen zu können. In seinem Werk „Das sogenannte Böse. Zur Naturgeschichte der Aggression" (1963) übertrug Lorenz einige Ergebnisse der Verhaltensforschung bei Tieren auf Menschen. So nahm er an, dass die menschliche Aggression ähnliche Funktionen, wie die Revierverteidigung der Tiere erfülle. Im Gegensatz zum Tier verfüge der Mensch aber über keine sichere, instinktmäßige Hemmung seiner Triebe mehr, was seine potenzielle Gefährlichkeit auch für Artgenossen bedinge. Diese Ansichten blieben nicht ohne Widerspruch, die Arbeit von Lorenz gab aber Anstoß für viele Disziplinen, wie Soziobiologie oder Pädagogik, den Menschen unter dem Blickwinkel angeborenen Verhaltens zu beurteilen. *dk*

Luhmann, Niklas (1927–1999) Deutscher Sozialwissenschaftler. Luhmann ist der wichtigste Vertreter der soziologischen Systemtheorie. Nach Luhmann haben menschliche Gesellschaften den Charakter von Systemen. Diese sozialen Systeme sind differenziert. Sie bauen sich wiederum aus Teil- oder Subsystemen auf. Entscheidend für den soziologischen Ansatz Luhmanns ist dabei, dass für ihn diese Systeme nicht in einem konkreten Handlungs- oder Interaktionsverhältnis stehen, sie kommunizieren nur miteinander. Alle Teilsysteme sind abgeschlossene Einheiten, sie sind operativ, d. h. sie handeln selbstständig, und sie sind dabei selbstreferenziell, d. h. selbstbezüglich: Ihre Einstellungen, ihr Handeln und Wollen usw. wird nur auf die eigene Existenz und die eigene Zieldimension bezogen. Luhmann zeigt, dass diese verschiedenen Subsysteme der Gesellschaft – etwa aus Politik, Kunst, Sport oder Wissenschaft – nicht aufeinander angewiesen sind und sich deshalb getrennt voneinander beschreiben lassen. Die Ausdifferenzierung der Gesellschaft führt Luhmann weiterhin zu der Ansicht, dass bei sozialen Konflikten nie ein Mensch in seiner wesenhaften Gesamtheit infrage gestellt wird, sondern lediglich seine Funktion in einem der gesellschaftlichen Teilsysteme: Ein Führerscheinentzug hat keine Auswirkungen auf die Mitgliedschaft im Sportverein – die sportlichen Leistungen verbessern nicht den beruflichen Status. Luhmanns Theorie ist heftig umstritten, weil sie sich nicht auf empirische Untersuchungen stützt. Insbesondere wird seine Gesellschaftstheorie als zu eng, weil zu funktionalistisch gewertet.

Werke: Soziale Systeme. Grundriß einer allgemeinen Theorie (1984); Die Wissenschaft der Gesellschaft (1992); Die Realität der Massenmedien (1996) *dk*

Lust Unter Lust versteht man im alltäglichen Wortgebrauch ein sinnliches Empfinden, das sich bei der Befriedigung eines Bedürfnisses oder auch bei der Erwartung desselben einstellen kann. Oft ist damit die Erfahrung bestimmter Gefühle gemeint, die im Zusammenhang mit z. B. Liebe oder Freude stehen, sofern diese angenehm sind und genossen werden können. Die Philosophie setzte sich in vielfältiger Weise mit dem Streben der Menschen nach Lust auseinander, z. B. Aristoteles anhand des Begriffs der → Eudaimonia, der → Hedonismus oder der → Utilitarismus. Ebenso spielt das Lustprinzip in Sigmund → Freuds Konzept der Persönlichkeit, als Regulativ des „Es" und somit als Gegenpart des Realitäts- und des Moralitätsprinzips eine Rolle. *dk*

Titelblatt des Erstdrucks von Martin Luthers vollständiger Bibelübersetzung aus dem Jahr 1534.

Luther, Martin (1483–1546) Deutscher Theologe und Reformator. Luther studierte zunächst Jura, trat 1505 aber ins Erfurter Augustiner-Eremitenkloster ein, erhielt die Priesterweihe, studierte Theologie und übernahm 1512 die Professur für Bibelauslegung in Wittenberg. Er beschäftigte sich insbesondere mit den biblischen Aussagen über die Gerechtigkeit Gottes und kam im so genannten Turmerlebnis zu der Erkenntnis, dass der Mensch nicht aus eigener Kraft, etwa durch seine Werke und Handlungen, vor Gott Rechtfertigung für seine Sünden erlangen könne, sondern allein durch Gottes Gnade. Nur aufgrund des Glaubens an die Gnade Gottes, kann somit ein Mensch sicher sein, das Heil zu erlangen. Dementsprechend wandte sich Luther nun gegen die Amtskirche und den damals praktizierten, lukrativen Handel mit Ablassbriefen (→ Ablass), mittels derer sich die Gläubigen sozusagen aus eigener Kraft von ihren Sünden „loskaufen" konnten. Deshalb veröffentlichte Luther am 31. Oktober 1517 in Wittenberg 95 Thesen gegen die gültige Bußpraxis. Dieser Aufruf zur theologischen Auseinandersetzung fand ein überwältigendes Echo in allen deutschen Ländern. Luther lehnte es in Folge in mehreren öffentlichen Streitgesprächen ab, seine Thesen zu widerrufen. Aus der inneren Logik seiner Überzeugungen heraus spitzte sich der Konflikt noch weiter zu,

Martin Luther

indem Luther beispielsweise das Papsttum als rein menschliche Institution kritisierte und sich nicht an der Kirchengeschichte, sondern nur an der Bibel als Gottes Wort orientieren wollte. Dies führte 1520 zu seiner Exkommunikation durch Papst Leo X. und 1521 zur Verhängung der Reichsacht über ihn. Der Kurfürst von Sachsen, Friedrich der Weise, schützte ihn und versteckte ihn auf der Wartburg, wo Luther die Bibel ins Deutsche übersetzte, um seiner als „Reform" verstandenen Kirchenkritik eine öffentliche Basis geben zu können. Im Zusammenhang mit den im Bauernkrieg verfochtenen sozialrevolutionären Forderungen und dem Aufkommen verschiedener radikaler, sich ebenfalls reformatorisch verstehender Gruppen stellte sich Luther, wohl auch um „seiner" Reformation eine Machtbasis zu verschaffen, in verschiedenen Äußerungen auf die Seite der Fürsten. Er versuchte bis zu seinem Tode, die Reformation politisch und religiös zu festigen. So polemisierte er nicht nur gegen Juden und die katholische Kirche, sondern auch gegen andere Reformatoren. Berühmt ist dazu seine Abgrenzung gegen die Lehren des Schweizer Reformators Ulrich → Zwingli in der Abendmahlslehre. Bei der Frage nach der von der katholischen Kirche gelehrten stofflichen Wandlung von Brot und Wein in den Leib und das Blut Christi (Transsubstantiation) nahm Luther lediglich die Realpräsenz von Leib und Blut an (Konsubstantiation). Zwinglis antisakramentale, symbolische Deutung der → Eucharistie lehnte er jedoch ab. In der Folge zerbrach die Möglichkeit einer einheitlichen Reformation endgültig, es entstanden verschiedene evangelische, sich also an einer bestimmten Auslegung des Evangeliums und nicht an der katholischen Kirchengeschichte orientierende Kirchen.

Werke: Von der Freiheit eines Christenmenschen (1519); Von der babylonischen Gefangenschaft (1520); Vom unfreien Willen (1525); Kleiner Katechismus (1529). *dk*

M

Ma'at Altägyptische Bezeichnung für die Weltordnung. Diese Weltordnung ist dem Menschen erkenn- und lehrbar. Der Pharao als Sohn der Götter gilt als Garant dieser Ordnung. *ck*

Macchiavelli, Niccolo (1469–1527) Italienischer Diplomat, Schriftsteller und Staatsphilosoph aus Florenz. Auf der Basis seiner persönlichen politischen Erfahrungen legte Macchiavelli nach dem Ausscheiden aus der Politik seine Gedanken in seinem Hauptwerk „Il Principe" („Der Fürst") nieder, das erst nach seinem Tod erschien. Macchiavelli gewann im Verlauf seines Lebens ein sehr pessimistisches Menschenbild. Daher rät er im „Il Principe" den regierenden Fürsten, zwar gute Eigenschaften (Milde, Treue, Menschlichkeit) zur Schau zu tragen und zu besitzen, aber falls notwendig auch in ihr Gegenteil zu verkehren. Politisches Handeln muss sich nach Macchiavelli im Notfall am Machterhalt orientieren und kann dabei durchaus die gängigen Vorstellungen von Recht, Religion und Moral verletzen. Macchiavelli erschuf damit den (in der Folgezeit häufig missbrauchten) Gedanken der Staatsräson, die auch die ethische Rechtfertigung einer moralisch fragwürdigen Handlung im Interesse des Staates umfassen kann. *bb*

Niccolo Macchiavelli

Mäeutik (griech. Hebammenkunst) Bezeichnung für die Methode des Sokrates, bei seinen Gesprächspartnern durch eine geschickte Fragetechnik richtige Erkenntnisse oder auch Einsichten zutage zu fördern, die den Gesprächspartnern selbst zuvor nicht bewusst waren. *bb*

Mahayana (sanskrit: Großes Fahrzeug) Beim Mahayana handelt es sich im Gegensatz zum → Hinayana um die Variante des Buddhismus, durch welche *viele* das Heil erlangen können. Es geht hier weniger um die eigene Bemühung als darum, dass → Bodhisattvas sich der Menschen erbarmen. Insofern ist Mahayana mehr der Buddhismus der Laien als der Mönche. Der ursprüngliche Buddhismus, wie Buddha (→ Siddharta Gautama) selbst ihn atheistisch lehrte, wird im Mahayana transzendiert, d. h. überschritten; Buddha selbst wird als göttliches Wesen verehrt. Mahayana ist als „nördlicher Buddhismus" insbesondere in Nordindien, Tibet, Zentralasien, China, Korea und Japan beheimatet. *wl*

Makrokosmos (griech. *makros* groß; *kosmos* Schmuck, Ordnung, Welt) Fachbegriff für die „große Welt", also beispielsweise die Natur in ihrer Gesamtheit oder das Universum in seiner unüberschaubaren Größe. *bb*

Mani (216–276/277) Persischer Religionsstifter. Mani wuchs in einer jüdisch-christlichen Glaubensgruppe in Südbabylonien auf. Nach gescheiterten ersten Reformversuchen, mit denen er eine strenge Askese durch Vorschriften verankern wollte, unternahm er mehrere Reisen, u. a. nach Indien. Unter dem persischen König Sapor I. konnte er seine dualistische Lehre (→ Manichäismus) am persischen Hof verbreiten; nach dem Regierungswechsel 274 wurde er aber verfolgt und starb im Kerker. Auch seine Anhänger wurden verfolgt. *ck*

Manichäismus Dualistische Weltreligion im persisch-hellenistisch-christlichen Umfeld, benannt nach dem persischen Religionsstifter → Mani. Die Anhänger dieser Religion heißen Manichäer. Der Manichäismus versucht, die wesentlichen Fragen (Worin liegt der Ursprung von Welt, Körper und Seele? Wie lässt sich das Böse erklären? Wie kann die Seele zur Erlösung gelangen?) durch einen Mythos zu erklären. Nach Mani steht dem Herrscher der „Lichtreligion" (oft mit

Gott gleichgesetzt) ein König der Finsternis entgegen (der Teufel, „Ahriman"). In diesem Gegensatz von Licht und Finsternis, von Geist und Materie, entstehe der Mensch und seine Welt. Folglich kann der Mensch seine Erlösung nur durch Trennung der Lichtteile (des Geistes) von der Finsternis (der Materie) finden. Diese Entwicklung könne der Mensch durch strenge Enthaltsamkeit von Fleisch, Wein, Arbeit und Fortpflanzung unterstützen. Trotz dieser radikalen Ablehnung weithin geschätzter Lebenselemente fand der Manichäismus nach 300 viele Anhänger im ganzen europäischen Raum, die von einer für diese Zeit spezifischen Erlösungssehnsucht mitangetrieben wurden. Die anderen Kirchen waren bestrebt, den Manichäismus als Religionsgemeinschaft auszuschalten, was ihnen schließlich auch gelang. Elemente manichäischen Gedankenguts tauchten aber später bei einzelnen Sekten (z. B. Katharer; → Ketzer) wieder auf. *bb*

Mantik (griech.) Kunst der Wahrsagung und der Weissagung. Oft wurden vermeintlich Besessene als Träger einer geheimnisvollen Macht aufgefasst, die Prophezeiungen ermöglicht. So schien z. B. C. Julius Caesar seinen Zeitgenossen nicht zuletzt wegen seiner epileptischen Anfälle als Vertreter des höchsten römischen Priesteramtes *(pontifex maximus)* geeignet. *ck*

Marcus Aurelius Antoninus (121–180) Römischer Kaiser 161–180, häufig kurz als Mark Aurel bezeichnet. Mark Aurel war der letzte Adoptivkaiser, d. h. er gelangte nach den Kriterien von Eignung und Leistung in sein Amt, nicht durch Abstammung. Er gilt als besonderer Freund der Philosophie unter den römischen Kaisern, obwohl ihm seine außenpolitischen Verpflichtungen wenig Zeit dafür ließen. Sein besonderes Interesse galt der → Ethik; er war Anhänger der → Stoa. Durch die stoische Lehre gewann er die innere Ruhe und den Halt, den er für sein schweres Amt benötigte. Seine teilweise pessimistischen Gedanken über das Geschehen in der Welt und die Unkalkulierbarkeiten des menschlichen Daseins hielt Mark Aurel in seinen vorwiegend aus Aphorismen (kurzen Gedanken) und Selbstgesprächen bestehenden „Selbstbetrachtungen" fest. *bb*

Marcuse, Herbert (1898–1979) Amerikanischer Sozialphilosoph deutscher Herkunft. Nach dem Philosophiestudium, u. a. bei Martin Heidegger in Freiburg i. Br., gehört Marcuse neben Erich Fromm und Max Horkheimer zu den Mitgründern des Instituts für Sozialforschung in Frankfurt a. M. (→ Frankfurter Schule). Marcuse emigrierte 1932 nach Genf, dann nach Paris und 1934 nach New York. Hier wurde er Mitglied des Instituts für Sozialforschung an der Columbia-University. 1954–1964 war er Professor für politische Wissenschaften in Waltham/Massachussetts, ab 1965 in San Diego/Kalifornien. Ab 1967 lehrte Marcuse als Honorarprofessor auch an der Freien Universität Berlin. Marcuse versucht zu zeigen, dass das kapitalistische System zwar mittels immer neuer Technologien die anfallenden Krisen bewältigen kann, dass dies jedoch nur um den Preis der Manipulation und des Konformismus geschieht. Gegen diese setzt Marcuse die Aufforderung, sich zu verweigern. Seine Werke „Triebstruktur und Gesellschaft" (1955, dt. 1965) und „Der eindimensionale Mensch" (1964, dt. 1967) zählen zu den wichtigsten Büchern der so genannten → Kritischen Theorie. Vor allem die Studentenbewegung der 60er-Jahre in den USA und der Bundesrepublik Deutschland berief sich auf diese Schriften. *ck*

Marktwirtschaft Der Gedanke der (freien) Marktwirtschaft geht auf Adam → Smith zurück. Smith ist der Ansicht, dass gerade die Verwirklichung egoistischer Einzelinteressen auf wirtschaftlichem Gebiet letztlich auch für das Gemeinwesen das beste Ergebnis bringt.

Der Markt, das freie Spiel der Kräfte von Angebot und Nachfrage, die ungestörte Herausbildung eines Gleichgewichtspreises seien ausreichend, um im beständigen Wettbewerb Eigennutzen mit optimaler Güterversorgung zu verbinden. Dieser klassische → Liberalismus weist dem Staat nur noch wenige Aufgaben zu, lehnt aber darüber hinaus alle staatlichen Eingriffe in das Wirtschaftsleben ab. Kritiker dieser Auffassung bezeichnen die freie Marktwirtschaft als „laissez-faire"-Kapitalismus, durch den insbesondere die wirtschaftlich Schwächeren benachteiligt würden. Dagegen formulierten sie (etwa Alfred Müller-Armack nach 1945 in Deutschland) das Prinzip der sozialen Marktwirtschaft, die dem Staat auch eine ethische Verantwortung für das Wohlergehen der Bürger zuweist. In einer sozialen Marktwirtschaft hat der Staat ein vergrößertes Aufgabenspektrum: Er sichert den Wettbewerb, um Verzerrungen z. B. durch Monopole zu unterbinden; er betreibt aktive Strukturpolitik, um benachteiligte Regionen oder Sektoren zu stärken; er betreibt Konjunkturpolitik, um unerwünschte Schwankungen im zyklischen Konjunkturverlauf zu glätten; er betreibt Sozialpolitik, um die wirtschaftlich Schwächeren zu unterstützen und ihnen die Teilnahme am Marktgeschehen zu ermöglichen. *bb*

Marx, Karl (1818–1883) Deutscher Journalist, Philosoph und Volkswirtschaftler. Philosophisch war Marx zunächst Anhänger von Georg W. F. Hegel und Ludwig Feuerbach. In Zusammenarbeit mit Friedrich Engels entwickelte er aber später den „wissenschaftlichen Sozialismus". Ab 1849 arbeitete Marx im Exil in London, wo auch seine Hauptwerke „Zur Kritik der politischen Ökonomie" (1859) und „Das Kapital" (1867, Bd. 2/3 hrsg. von Friedrich Engels 1885–1894) entstanden. Marx entwickelte die Mehrwerttheorie, nach der der „Mehrwert" zwischen der Arbeitsleistung des Arbeiters und dem dafür bezahlten Lohn den Profit der Kapitalisten ermöglicht. In der Aneignung dieses Mehrwerts durch den Arbeitgeber liegt ein zentraler Aspekt der Ausbeutung. Mit dem Begriff der → Entfremdung des Menschen von seiner Arbeit kritisierte Marx ein unbestrittenes Element des Kapitalismus. Marx' Geschichtsauffassung des historischen → Materialismus geht von prinzipiellen Klassengegensätzen (→ Klassenkampf) aus. Basis einer bestimmten Gesellschaft sind die Besitzverhältnisse und die Produktionsmöglichkeiten. Kommt es zwischen diesen beiden zu Spannungen, wird der Überbau der Gesellschaft (Politik, Ethik, Moral) in einer sozialen Revolution verändert. So wurde aus der antiken Sklavenhaltergesellschaft der mittelalterliche Feudalismus, aus diesem entstand die bürgerlich-kapitalistische Gesellschaft. Nach Ansicht von Marx wird diese in der letzten sozialen Revolution durch den Sozialismus als Übergangsphase zum Kommunismus abgelöst. Insofern ist der Marxismus idealistisch-teleologisch ausgerichtet und erhebt darüber hinaus den Anspruch der wissenschaftlichen Exaktheit.

Karl Marx

In Verbindung mit seiner Gesellschaftstheorie übt Marx zugleich Religionskritik, da er die Religion als Ausdruck gesellschaftlicher Missstände ansieht. Die Religion ist eine Schöpfung des Menschen, die Vorspiegelung eines illusorischen Glücks. Die Entfremdung des Menschen, die in der Religion widergespiegelt wird, kommt durch soziale Missstände (→ Klassenkampf) zustande. Die herrschende Klasse hat allerdings ein Interesse daran, die Religion wegen ihrer stabilisierenden Funktion als Betäubungsmittel zu bewahren („Religion als Opium des Volkes"). Die Religion ist aber zugleich der Protest gegen das Elend des Menschen: Trotz ihres illusorischen Charakters enthält sie auch Elemente des Aufbegehrens gegen die inhumanen Verhältnisse und die Hoffnung auf deren Behebung. Wenn die Missstände durch eine soziale Revolution behoben sind, verschwindet die Religion von selbst. Der Mensch ist dann zwar desillusioniert, lebt dafür aber als selbstständig denkendes und handelndes Wesen.

Hinsichtlich seiner Prognose, dass das Proletariat verelende und sich die Klassengegensätze im Kapitalismus verschärfen würden, haben sich Marx' Annahmen als nicht zutreffend erwiesen. Problematisch an seiner Geschichtsauffassung sind auch die diffusen Prognosen über die Übergangsphase des „Sozialismus" sowie die Einschränkung historischer Entwicklungen auf ein Produkt ökonomischer Basisfaktoren. Heute scheint sich der Sozialismus in der Theorie widerlegt zu haben. Der Sozialismus in der Praxis, wie er in der Sowjetunion als System bestand, hat sich selbst ad absurdum geführt. *bb*

Materialismus Im allgemeinen Verständnis wird mit Materialismus eine Lebenseinstellung bezeichnet, die vor allem den Genuss materieller Güter erstrebt. In der Philosophie wird damit jene Denkrichtung bezeichnet, die die Welt und das gesamte Geschehen in ihr als Wirkung stofflicher Vorgänge erklärt. Antike vorsokratische Philosophen wie Leukipp oder Demokrit, die als Materialisten bezeichnet werden, kannten noch keinen → Dualismus von Materie und Geist. Moderne Materialisten nehmen diesen Dualismus, der sich spätestens seit René → Descartes durchgesetzt hat, zur Kenntnis, erklären aber das Geistige zu Epiphänomenen, also zu nachrangigen Folgen materieller Voraussetzungen. *ck*

Matriarchat (griech. *mater* Mutter; *archein* herrschen; also etwa „Mutterherrschaft" oder generell Frauenherrschaft) Eine weibliche Vorherrschaft als Vorläufer des → Patriarchats wird von manchen Historikern für die prähistorische oder auch minoische Zeit auf Kreta vermutet. In dieser Zeit überwiegen die Darstellungen von Frauen diejenigen von Männern um ein Vielfaches, auch gibt es verbreitet Muttergottheiten, die einen solchen Rückschluss nahe legen. Zweifelsfrei war die Rechtsstellung von Frauen (Eigentum, Eherecht, Erbrecht) in manchen frühen Kulturen besser als in der vom Christentum geprägten Antike und dem Mittelalter. Bei Indianern oder Südseebewohnern finden sich matriarchale Strukturen, in denen beispielsweise Landbesitz nur innerhalb der weiblichen Erbfolge weitergegeben werden kann. *bb*

Maxime (lat. *maxima regula/maxima sententia* höchste Regel, grundlegende Leitlinie). In der Philosophie ist mit Maxime eine Lebensregel, ein subjektiver Grundsatz für das eigene ethische Handeln oder auch nur eine Leitlinie gemeint. Seit dem Mittelalter sind Sammlungen von Maximen publiziert worden (z. B. „Dicta Catonis"), in der Neuzeit entwickelten französische Moralisten, Johann W. von Goethe und Immanuel Kant Maximen von großer philosophischer Bedeutung (→ Kategorischer Imperativ). *bb*

maze (sprich: maße) Das Maßhalten, die sittliche Mäßigung. Zentraler Begriff der mittelalterlichen höfischen Literatur, wie er z. B. in Hartmanns von Aue Artusromanen entwickelt wird: Im Roman „Erec" z. B. muss der Hauptheld die richtige Mitte (maze) zwischen Hingabe an das Privatleben und Einsatz für die Gesellschaft finden. *ck*

Mechanismus (griech. *mechane* Hilfsmittel, Werkzeug) Allgemein Bezeichnung für das Zusammenwirken von Teilen einer Maschine. In der Philosophie bezeichnet Mechanismus eine Weltanschauung, wonach sich alles nach dem Zusammenhang von Ursache und Wirkung erklären lässt. Der Mechanismus geht zurück auf den antiken → Atomismus und setzt eine konstante Materie mit unveränderlichen Eigenschaften voraus. Alle Naturerscheinungen lassen sich danach auf die Bewegung der Materie zurückführen. Mechanistische Vorstellungen stehen oft in Nähe zum → Determinismus und können zur Leugnung menschlicher Freiheit führen. *ck*

Medien (lat. *medium* Mitte, Vermittler, Mittler). In der Einzahl ist das Wort Medium im sprachwissenschaftlichen, naturwissenschaftlichen und spirituellen Zusammenhang gebräuchlich. Die Mehrzahl Medien bezeichnet in der Regel „Massenmedien", in der Kommunikationswissenschaft letztlich jedes Mittel der Kommunikation oder Publikation. Medien in diesem Sinn dienen also dazu, eine Botschaft eines Senders an einen Empfänger weiterzuleiten, wozu eine Verschlüsselung (→ Code) z. B. durch das Morsealphabet oder die Sprache erfolgt. Bei den Massenmedien unterscheidet man Printmedien (Druckerzeugnisse), elektrische Medien (Radio, Fernsehen) und elektronische Medien (Internet), die allerdings durch die technologische Entwicklung immer stärker zusammenwachsen. Diese Prognose hat eine verschärfte Medienkritik hervorgerufen und den Stellenwert einer verantwortlichen Medienpolitik unterstrichen. Die kritische Auseinandersetzung mit dem Medienangebot und dem Umgang damit wird in der Medienethik unternommen. *bb*

Meditation (lat. Besinnung) Übungen, die vor allem in östlichen Religionen verbreitet sind: Über körperliche Entspannung und Haltung will der Mensch sich bereit machen, um zu innerer, geistiger Erleuchtung zu gelangen. Meditative Übungen werden auch in der Psychotherapie eingesetzt, um Verhaltensstörungen zu meistern oder den Menschen zu stärken. *ck*

Medizinethik Anwendung von Bewertungskriterien der Ethik (z. B. → Kategorischer Imperativ, → Goldene Regel, → Mitleid) auf die Medizin, gegen das dort vorherrschende Prinzip, das technisch Machbare zur Lebensrettung und Lebensverlängerung unbedingt auch zu tun. Die Medizinethik fragt, ob das Tun des Machbaren sinnvoll ist. Indem die Endlichkeit des Lebens anerkannt wird, werden die Gesichtspunkte der Lebensqualität und der Selbstbestimmung der Patienten bzw. existenziell Mitbetroffener, wie der Mutter im Fall des Schwangerschaftsabbruchs, abgewogen. Die Medizinethik untersucht und kommentiert besonders die Fragenkomplexe humanes Sterben/→ Euthanasie, Lebensbeginn/Abtreibung, Methoden, Gegenstände und Grenzen der medizinischen Forschung. Zur Unterstützung des Arztes bzw. Wissenschaftlers in Fragen der Medizinethik wurden Ethik-Kommissionen gegründet, denen auch Nicht-Mediziner angehören; der Beratung durch die Medizinethik bedarf auch der Gesetzgeber.

Literatur: Sherwin B. Nuland: Wie wir sterben. Ein Ende in Würde?, München 1996. *wl*

Megalith-Kultur (griech. *mega* groß; *lithos* Stein) Bezeichnung für die Kulturgruppen der Jungsteinzeit (um 3500 v. Chr.), die sich vor allem durch große

Großsteingrab in der Lüneburger Heide

Begräbnisbauten, die so genannten Megalithgräber auszeichnen. Überreste der Kultur findet man im gesamten Mittelmeerraum (z. B. auf Malta), aber auch an der Atlantikküste (hier besonders bei Carnac) und auf den britischen Inseln.

Umstritten ist, ob es sich um eine Kultur handelt, die auf Landwirtschaft oder Seehandel basiert. Auch die Verbindung und Kooperation der einzelnen Kulturkreise ist noch nicht restlos aufgeklärt. *ck*

Mekka Die Stadt in Saudi-Arabien zählt als Geburtsort → Mohammeds zu den heiligen Städten des Islam und ist dessen wichtigster Wallfahrtsort. Ziel der Pilger ist insbesondere das Heiligtum der Ka'aba, ein Gebäude, in das der „Schwarze Stein" eingelassen ist, ein bereits in vorislamischer Zeit religiös verehrter Meteorit. *bb*

Melanchthon, Philipp (eigentlich P. Schwartzert, 1497–1560) Deutscher Humanist, Theologe und Reformator im Gefolge Martin Luthers. 1518 wurde Melanchthon Professor für Griechisch an der Universität Wittenberg, ab 1519 auch an der theologischen Fakultät. Er schloss sich den Ideen Luthers an und war an allen wichtigen Religionsverhandlungen auf protestantischer Seite maßgeblich beteiligt (→ Confessio Augustana). Ursprünglich hatte Melanchthon beabsichtigt, die Reformation in Übereinstimmung mit der Amtskirche friedlich durchzuführen, was sich angesichts der politischen Umstände aber als aussichtslos erwies. Über die Theologie hinaus gestaltete Melanchthon auch das Schul- und Hochschulwesen seiner Zeit neu und bekam für diese Tätigkeit den Ehrentitel „Praeceptor Germaniae" (Lehrer Deutschlands) zugesprochen. *bb*

Philipp Melanchthon

Menschenrechte Angeborene, unveräußerliche Rechte und Freiheiten jedes Individuums gegenüber Eingriffen von außen (z. B. vom Staat). Dem Grundgesetz der Bundesrepublik Deutschland sind die Menschenrechte vorangestellt, wobei sich dort auch Bürgerrechte (z. B. das Koalitionsrecht) finden, die nicht allen Menschen, sondern nur den Staatsbürgern zugestanden werden. Die Sammelbezeichnung für beide Rechtsformen nennt man Grundrechte. Historisch entwickelte sich die Vorstellung von unveräußerlichen Menschenrechten in der → Aufklärung. Zwar war auch der christliche Herrscher selbstverständlich an die Gesetze des Christentums gebunden, die ihrerseits einem Grundkanon von Menschenrechten nicht unähnlich sind (z. B. „Du sollst nicht töten" – Recht auf Leben), aber in der Praxis und vor allem im Diesseits schwer einklagbar waren. Ausgehend vom Zeitalter der Glaubenskriege im 16./17. Jh., in dem das Prinzip der Religionsfreiheit erkämpft wurde, fordern alle Staatstheoretiker zunehmend Rechte für die Menschen ein. Schon Jean → Bodin, der noch dem → Absolutismus verbunden ist, bindet den Souverän an die Rechte Gottes und an die Rechte der Natur. Die englische Tradition geht mit John → Locke noch weit über diese Forderungen hinaus und fordert vor allem liberale Grundrechte, so das Recht auf Eigentum. In der Französischen Revolution wird ein Kanon der Menschen- und Bürgerrechte aufgestellt, der bis heute maßgeblich für die westliche Verfassungstradition geworden ist. *bb*

Mesokosmos (griech. *mesos* mittel; *kosmos* Schmuck, Ordnung, Welt) Fachbegriff für die „mittlere Welt", also beispielsweise die Welt, die der Mensch mit seinen Sinnen unmittelbar erfassen und untersuchen kann. *bb*

Mesotes (griech. *meson* Mitte) Zentraler Begriff in der Philosophie des Aristoteles. Das Mesotes-Prinzip wird oft als Prinzip des Mittelmaßes übersetzt – allerdings darf dies nicht im negativ wertenden Sinne, wie etwa „Mittelmäßigkeit", verstanden werden. Mesotes ist ein methodisches Prinzip, um einen Sachverhalt zu klären: Ausgehend von jeweils zwei extremen Möglichkeiten nähert man sich einer Sache. Dahinter steht die Überlegung, dass es leichter ist, über die Verfalls- bzw. Entstellungsformen einer Sache zu reden als über deren wahre Gestalt. Das Mesotes-Prinzip stellt somit einen indirekten Weg dar, um sich dem Gemeinten zu nähern. Beispiel: Die Tugend der Tapferkeit kann bestimmt werden als Mitte zwischen den beiden möglichen abzulehnenden Extremen, dem Zuviel der Tollkühnheit oder dem Zuwenig der Feigheit. *ck*

Messias (hebr. *maschiach;* griech. *messias* Gesalbter) Im Judentum wird ein Messias, ein von Gott Gesalbter, erwartet, der ein Nachkommen Davids ist, die Juden befreien und ein Reich des Friedens errichten wird (vgl. Jesaja 9,1–6). Im Verlauf der Jahrhunderte veränderten sich diese Vorstellungen: Manche hofften auf einen kämpferischen Messias, der in der Geschichte seinen Platz einnehmen werde; so wurde etwa der Perserkönig Kyros als Messias gefeiert, weil er die im babylonischen Exil lebenden Juden in seine Heimat zurückkehren ließ. Andere verliehen der Messiasgestalt zunehmend übernatürliche Züge. So sehen auch der christliche Glaube und die christliche Theologie die Weissagungen des Alten Testaments in Jesus Christus erfüllt und teilen dabei ein Messiasverständnis, das an keine konkreten historisch-politischen Erwartungen gebunden ist. *ck*

Metaethik (griech. *meta* hinter, nach; vgl. *Meta*physik: *jenseits* des sinnlich Wahrnehmbaren; *Meta*kommunikation: Reden *über* Kommunikationsakte) Die Metaethik wurde seit Beginn des 20. Jhs im angelsächsischen Sprachraum entwickelt. Ihr geht es nicht um ethische Urteile, sondern um eine wertneutrale Sprachanalyse in Bezug auf solche Urteile. Insbesondere wird die Bedeutung grundlegender selbstverständlich scheinender, aber definitionsbedürftiger Begriffe wie „gut“ bzw. „sollen“ untersucht. Ein Ziel der Metaethik ist es, die Klarheit ethischer Aussagen zu erhöhen und so die Gefahr des Aneinander-Vorbeiredens und des Streits um Worte zu vermindern. Herausragende Vertreter der Metaethik sind Alfred J. Ayer (geb. 1910), Richard H. → Hare, George E. Moore (1873–1958) und Georg H. von Wright (geb. 1916). *wl*

Metaphysik (griech. *meta* hinter, nach; *physis* Natur bzw. *physika* Physik) Die Schriften des Aristoteles über Philosophie wurden in antiken Ausgaben hinter denjenigen über Physik angeordnet. Meta physika ist also zunächst nur „das, was hinter der Physik steht“, wurde aber später als „das, was jenseits der Physik liegt“, verstanden. Metaphysik ist demnach die philosophische Lehre von den letzten Gründen und Zusammenhängen des Seins, die Philosophie des Übersinnlichen, Transzendentalen. Eine Unterteilung der Metaphysik gliedert sich in Ontologie (Lehre vom Sein), Kosmologie (Lehre von der Welt), Anthropologie (Lehre vom Menschen) und Theologie (Lehre von Gott). *bb*

Methexis (griech. Teilhabe) Begriff aus der Ideenlehre Platons (→ Idee); danach ist die Welt des Körperlichen der Welt der Ideen untergeordnet. Die körperliche Welt findet ihr Sein nur in der Teilhabe oder Nachahmung der Welt der Ideen. *ck*

Mikrokosmos (griech. *mikros* klein; *kosmos* Ordnung, Schmuck, Welt) Fachbegriff für die „kleine Welt“, also beispielsweise die Welt der Kleinlebewesen in der Biologie oder die Welt der Elementarteilchen in der Physik. *bb*

Milgram-Experiment Psychologische Versuchsreihe zum Zusammenhang zwischen Autorität und Gehorsam, die 1960–1963 an der Yale University (Connecticut) von Stanley Milgram (geb. 1933) durchgeführt und 1974 unter weltweitem Aufsehen veröffentlicht wurde. Versuchspersonen, die glaubten, die Rolle des Lehrers in einem lernpsychologischen Test zu spielen, sollten ihrem

„Schüler" (in Wahrheit ein Mitarbeiter der Versuchsreihe) Elektroschocks zunehmender Stärke bis maximal 450 Volt verabreichen, wenn dieser Fehler machte; die „Lehrer" hörten bei dieser Bestrafung Wimmern und Schreie. Untersucht wurde, ab welchem Punkt die Versuchspersonen den Gehorsam verweigern würden; der Testleiter sagte dann lediglich: „Machen Sie weiter". Je nach Versuchsanordnung waren bis zu 65% der Teilnehmer bereit, die Strafskala voll auszuschöpfen. Die Versuchsreihe wurde in vielen Ländern mit den gleichen Resultaten wiederholt. Der Versuch wird in dem Dokumentarfilm „Abraham – Ein Versuch" dargestellt. *wl*

Mill, John Stuart (1806–1873) Englischer Wirtschaftswissenschaftler, Philosoph und Logiker. Mill ist einer der Hauptvertreter und Mitbegründer des → Utilitarismus. Mit 17 Jahren gründete Mill die „Utilitarian Society". Er setzte sich für Redefreiheit, das Wahlrecht der Arbeiter und die Gleichberechtigung der Frauen ein. Als eine Bedingung für die Emanzipation der Frau sah Mill eine Geburtenkontrolle. Mill wies dem Staat wichtige Aufgaben zu, beispielsweise habe er dafür zu sorgen, dass allen die gleiche allgemeine Bildung zukomme. Die Leitung der Staatsgeschäfte wollte Mill in die Hände einer Bildungselite legen, zu der jeder nach Befähigung Zutritt haben könne. Diese Bildungselite sollte – gleichsam wie die Philosophenkönige in Platons „Staat" – an keinerlei ständische Vorrechte gebunden sein. Auf dem Gebiet der Ethik sah Mill die vorrangige Aufgabe in der sittlichen Neugestaltung der Gesellschaft. Hierzu sei ein Ausgleich zwischen Individuum und Gemeinschaft notwendig. In Anlehnung an Jeremy → Bentham liegt nach Mill das höchste Ziel des sittlichen Handelns in der Förderung des größtmöglichen Glücks aller. Während Bentham dieses Glück aber nur nach der quantifizierenden Menge von Lust- und Unlustgefühlen fasste, ohne Lust weiter zu differenzieren, unterschied Mill verschiedene Qualitäten von Lust. So sind für ihn geistig-kulturelle Freuden höherwertig als körperliche Freuden. *ck*

John Stuart Mill

Misereor (lat. mich erbarmt es) Hilfswerk, das 1959 von deutschen Katholiken gegründet wurde, um Elend, Hunger und Krankheiten in der Welt zu bekämpfen. Das evangelische Pendant ist die Organisation „Brot für die Welt". *ck*

Mission (lat. Auftrag, Sendung) Allgemein wird damit ein Auftrag bezeichnet, den jemand erhält, um ihn an anderer Stelle, z. B. im Ausland, auszurichten bzw. durchzuführen. Im Christentum ist dieser Auftrag die Verkündigung des Evangeliums (auf der Grundlage von Matthäus 10,5–15). Die äußere Mission gilt dabei den nichtchristlichen Völkern, die innere Mission der Glaubensverkündigung in den christlichen Ländern. *ck*

Mithras Indoiranische Gottheit, deren Name mit „Vertrag" übersetzt werden kann. So schworen beispielsweise die Perser „bei Mithras" als dem Schützer vertraglichen Rechts. Darüber hinaus wurden mit Mithras das Licht, die Weitsicht und die Aufmerksamkeit in Verbindung gebracht. Mithras galt aber auch als Vergelter des Unrechts und nahm so männlich-kriegerische Züge an (vgl. Mithras-Darstellungen als Stierbezwinger). Aufgrund seiner Eigenschaften war Mithras leicht mit einem weltlichen Herrschertum zu verknüpfen, was für den kleinasiatischen Raum belegt ist. Im Hellenismus wurde Mithras zunehmend mit dem Sonnengott (Helios – Apoll) gleichgesetzt und gelangte im Zuge der römischen Mittelmeerexpansion in das gesamte Römische Reich. Der Frauen ausschließende Mithras-Kult war insbesondere bei Soldaten beliebt und breitete sich mit deren Feldzügen auch nach Germanien, Britannien und Südosteuropa aus. Kultstätten befanden sich in Grotten oder unterirdischen Räumen (Mithräen). *bb*

Mitleid Im Gegensatz zum Egoismus die Haltung und Fähigkeit, sich in den andern einzufühlen (→ Empathie) bzw. sich mit ihm zu identifizieren, besonders wenn ihm Leid widerfährt. Von Bedeutung ist beim Mitleid, dass es nicht nur verbal geäußert wird, sondern dass es in ein helfendes Handeln mündet. Die griechische Tragödie ist darauf angelegt, durch die Erregung von Furcht und Mitleid eine → Katharsis, d. h. eine Reinigung auszulösen und die Zuschauer so zu bessern. Für Arthur → Schopenhauer ist das Mitleid die Quelle jeder ethischen Handlung. Da das Mitleid einer Kommunikation von Gleich zu Gleich im Wege steht, lehnen insbesondere Behinderte die Äußerung von Mitleid oft ab. *wl*

Mitscherlich, Alexander (1908–1982) Deutscher Psychoanalytiker und Sozialpsychologe. Mitscherlich studierte Geschichte, Kunstgeschichte und Philosophie an der Universität München, brach jedoch nach Zerwürfnissen mit seinem Doktorvater sein Studium ab und eröffnete 1933 in Berlin eine Buchhandlung; nebenbei studierte er Medizin. 1939 legte er das medizinische Staatsexamen ab und arbeitete als Neurologe an der Universität Heidelberg; 1949 gründete er dort die Abteilung für Psychosomatische Medizin. 1960–1976 leitet er das von ihm gegründete Sigmund-Freud-Institut in Frankfurt a. M. und hatte 1966–1973 an der Universität Frankfurt den Lehrstuhl für Psychologie inne. In seinen Schriften wird zunehmend Kritik an der westdeutschen Nachkriegsgesellschaft laut. So prangert er in „Die Unwirtlichkeit unserer Städte" (1965) die Zerstörung gewachsener Strukturen in der Stadtentwicklung der Nachkriegszeit an. 1967 veröffentlichte er zusammen mit seiner Frau Margarethe (geb. 1917) die Schrift „Die Unfähigkeit zu trauern. Grundlagen kollektiven Verhaltens". Mitscherlich erwartet da, wo Schuld entstanden ist, „Reue und das Bedürfnis nach Wiedergutmachung. Wo Verlust erlitten wurde, ist Trauer, wo das Ideal verletzt wurde, ist Scham die natürliche Konsequenz". Er versucht zu zeigen, wie eine kollektive seelische Abwehranstrengung in der Nachkriegszeit das Aufkommen von Reue und Scham verhinderte. *sk*

Mittelalter Mit Mittelalter wird der Zeitabschnitt zwischen Antike und Neuzeit bezeichnet, gewöhnlich gegliedert durch den Untergang Westroms 476 und die Entdeckung Amerikas 1492. Der Begriff stammt aus der humanistischen Tradition für die Zeit zwischen dem Verfall der Antike und ihrer vermeintlichen Wiedergeburt in der Renaissance und deutet schon die Auffassung vom „finsteren Mittelalter" an, die die → Aufklärung prägte. Die Romantik neigte später eher zu einer (ebenso unkritischen) Idealisierung des Mittelalters als einer Zeit der ritterlichen Gemeinschaft des christlichen Abendlandes. Kennzeichnend für das Mittelalter ist insbesondere die Konkurrenz zwischen Kaiser und Papst, die christliche Glaubens- und Kultureinheit in Europa und eine ständisch gegliederte Gesellschaftsordnung (Klerus, Adel, Bauern/Bürger). *bb*

Mohammed (um 570–632) Begründer des → Islam. Als Kaufmann kam Mohammed auf seinen Reisen mit Gläubigen monotheistischer Prägung (→ Monotheismus), Juden und Christen, zusammen. Seit etwa 610 verstand sich Mohammed selbst in der Nachfolge von Abraham, Mose und Jesus als → Prophet berufen und verkündete in Mekka seine Offenbarungen, die schon früh schriftlich fixiert wurden (→ Koran). Im Gegensatz zu den in Arabien verbreiteten polytheistischen Vorstellungen (→ Polytheismus) anerkennt Mohammed → Allah als einzigen Gott, dessen Willen sich die Menschen unterwerfen müssen. Die Lehre Mohammeds konnte sich in Mekka zunächst nicht durchsetzen, sodass Mohammed 622 nach Medina auswanderte und dort eine

Mohammed predigt seinen Jüngern; türkische Miniatur.

Gemeinde gründete, die rasch an Bedeutung gewann. 630 gelang es Mohammed, Mekka zu besetzen, wo noch heute der religiöse Mittelpunkt des Islam liegt. Bei Mohammeds Tod hatte sich der Islam bereits über weite Teile Arabiens ausgebreitet. Neben dem Glauben an Allah sind regelmäßige Gebete, Fastenzeiten, Unterstützung der Bedürftigen durch Almosen und eine Wallfahrt nach Mekka fundamentale Bestandteile des Islam. *bb*

Moksha (sanskrit: Freilassung) Zentraler Begriff des Hinduismus, der die Erlösung vom Kreislauf der Geburt und der Wiedergeburt meint. Im Buddhismus entspricht Moksha das → Nirwana. *ck*

Monade (griech. *monas* Einheit) Zentralbegriff in der Philosophie von Gottfried W. → Leibniz, der sich damit gegen Baruch de → Spinozas Vorstellung einer einzigen, unendlichen Substanz (→ Pantheismus) wendet. Diese Substanz fasst Leibniz zerlegt in unzählig viele nicht weiter teilbare Substanzen auf, die er Monaden nennt. Anders als Atome besitzen die Monaden keine Ausdehnung. Sie existieren seit Erschaffung der Welt, ohne weiteres Eingreifen Gottes – wie Energie. Von außen sind die Monaden nicht zu beeinflussen (vergleichbar dem menschlichen Geist, dem mit physischen Mitteln nichts „einzutrichtern" ist), entsprechend bezeichnet Leibniz sie als „fensterlos". Leibniz denkt sich die Monade „beseelt", was sich gegen René Descartes' Vorstellung, die Tiere seien Maschinen, richtet. Im Innern herrscht ein „ununterbrochenes Tätigsein" in Form von „Perzeptionen" (Wahrnehmungen), die vom Zustand der Unbewusstheit, Dunkelheit und Verworrenheit aufsteigen zu immer größerer Deutlichkeit und Klarheit. Keine Monade gleicht der andern, insofern betont Leibniz den Gedanken der Individualität, die bei ihm gerade durch die Unvollkommenheit zustande kommt. Gott gilt als Urmonade, die über ein unendliches Bewusstsein verfügt, ohne jegliche undeutliche Erkenntnis und somit allwissend ist. *wl*

Mönchtum Das christliche Mönchtum entwickelte sich im 3. Jh. in Ägypten und Syrien. Um das 4. Jh. griff die Begeisterung für die Ideale des Mönchtums auch nach Westen über. Dazu zählte das Zusammenleben in Klöstern, eine asketische Lebensweise, ein strenger Tagesrhythmus (in einer *regula* oder einem *ordo* festgelegt) und die Verpflichtung zu Arbeit und Gebet. Diese Regeln griff → Benedikt von Nursia, der Begründer des abendländischen Mönchtums („Benediktiner"), auf (*ora et labora* – bete und arbeite). Leiter eines Klosters auf Lebenszeit ist ein Abt, dem als „Stellvertreter Christi" die übrigen Mönche zu Gehorsam verpflichtet sind. Klöster dienten im Mittelalter als Zentren der Missionierung, als Ausgangspunkte der Kultivierung von Land (z. B. Zisterzienser) oder als Grundstein der Seelsorge (Dominikaner und Franziskaner). Mönche waren über viele Jahrhunderte hinweg als Träger der Schriftkultur die Überlieferer der antiken Literatur und die Vermittler wissenschaftlicher Ausbildung. *bb*

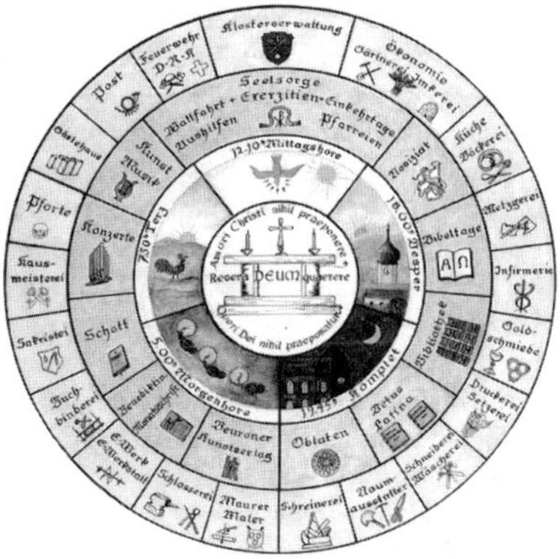

Schaubild des benediktinischen Lebens in der Erzabtei St. Martin zu Beuron. Die Stundengebete regeln im Wechsel mit Arbeit und eigener Lesung den Tagesablauf. Die Texte der Stundengebete sind im Brevier enthalten: ausgewählte Abschnitte aus der Bibel, aus Schriften der Kirchenväter und Heiligenlegenden sowie Gebete und Hymnen.

Monismus (griech. *monos* allein; d. h. Einheitslehre) Der Begriff Monismus bezeichnet seit Christian von Wolff (1721) philosophische Systeme, welche die Entstehung und den Bestand der Welt einzig aus einem Prinzip bzw. aus einem Stoff heraus erklären. Damit steht der Monismus im Gegensatz zum → Dualismus, der in der Welt zwei Prinzipien erkennt, nämlich „Geist" und „Materie". Monistische Konzepte sind seit der vorsokratischen Philosophie bekannt: So sieht z. B. Anaxagoras die Materie als eine Form des „Geistes" und vertritt damit eine Position des idealistischen Monismus Der → Materialismus verneint als monistisches System die Existenz des „Geistes". Eine dritte Grundposition des Monismus, den neutralen Monismus, vertritt Baruch de → Spinoza, wenn er Geist und Materie als verschiedene Aspekte einer einzigen unerschließbaren Substanz versteht. Materialismus und neutraler Monismus spielen eine wichtige Rolle in der modernen Neurologie. So wird beispielsweise bei der Entwicklung eines „neurobiologischen Monismus" versucht, die geistige Dimension des Menschen durch umweltgeleitete Prozesse neuronaler Selbstorganisation zu erklären. *dk*

Monophysitismus (griech. *monos* allein, einzig; *physis* Natur) Als Monophysiten werden Anhänger der Lehre bezeichnet, wonach in Christus nicht zwei Naturen, nämlich eine göttliche und eine menschliche, verbunden seien, sondern es nur eine Natur gebe, wobei die menschliche von der göttlichen quasi aufgesogen worden sei. Das Konzil von → Chalcedon 451 verwarf den Monophysitismus und bestätigte die Zwei-Naturen-Lehre. Heute bekennen sich zum Monophysitismus u. a. noch die äthiopische und armenische Kirche. *ck*

Monotheismus (griech. *monos* allein, einzig; *theos* Gott) Glaube an einen einzigen Gott unter Leugnung jeglicher anderen Gottheit. Der → Polytheismus anerkennt dagegen mehrere Götter. Die großen monotheistischen Religionen sind das Judentum, das Christentum und der Islam. *bb*

Montaigne, Michel Eyquem de (1533–1592) Französischer Schriftsteller und Philosoph. Montaigne studierte Jura und war als Richter tätig. 1571 zog er sich aus dem öffentlichen Leben zurück, um sich nur noch dem intensiven, vorurteilsfreien Nachdenken über sich und die Welt zu widmen. Er ist ein Vertreter des → Humanismus. Montaignes Wahlspruch *Que sais-je?* (Was weiß ich?) kennzeichnet seine Haltung der → Skepsis gegenüber der Welt und der Erkenntnis. Angesichts der ständigen Veränderung in der Welt kann die Vernunft nicht auf etwas Unveränderliches stoßen. Erkenntnis über Dinge ist daher nur durch eigene Erfahrung möglich; in der Selbsterkenntnis erlangt der Mensch auch Erkenntnis über die Menschheit an sich.

Mit seinen kurzweiligen „Essais" begründete Montaigne eine neue Literaturgattung. Sie zeichnen sich nicht durch ein philosophisches System aus, sondern durch die Frische, Unbefangenheit und Subjektivität der Betrachtung einer fast unerschöpflichen Vielfalt von Themen. *wl*

Montessori, Maria (1870–1952) Italienische Ärztin und Pädagogin. Montessori gründete Kinderhäuser für Kinder im Vorschulalter. Sie ging davon aus, dass Kinder alles in ihrer Umgebung aufnehmen, und versuchte, durch neue Erziehungsformen darauf einzugehen. Das Material, das sie dazu entwarf, spricht das Kind ganzheitlich an (Bewegung, Sinne, Geist, Gefühl). Dem Erwachsenen kommt dabei gemäß dem Grundsatz „Hilf mir, es selbst zu tun“ die Aufgabe zu, die Bedürfnisse des Kindes zu sehen und Hilfestellungen zu geben. *sk*

nist. Morus ist mit seinem Roman „Utopia“ der Begründer der literarischen Gattung → Utopie. Durch die Beschreibung der Utopia, einem Inselstaat, der in einer fiktiven Reisebeschreibung dargestellt wird, kritisiert Morus die zeitgenössischen sozialen und politischen Zustände in seiner Heimat England. Im Staat der Utopier gibt es weder Privatvermögen noch Geldverkehr, die Versorgung der Bevölkerung wird zentral und kostenlos geregelt. Die Utopier leben in Großfamilien zusammen. Sie üben untereinander religiöse Toleranz – eine Praxis, die zur Lebenszeit von Morus von besonderer Bedeutung war. Allerdings unterliegen sie auch einer Arbeitspflicht. *bb*

Die Aqsa-Moschee in Jerusalem

Moral Im Gegensatz zu → Ethik bedeutet Moral nicht das Nachdenken über das Gute und Richtige, sondern dessen ausdrückliche Behauptung gemäß Sitte und Überlieferung. Da die Inhalte der Moral einem geschichtlichem Wandel unterworfen sind und besonders die vom Christentum geprägte Sexualmoral dank der Möglichkeiten der Empfängnisverhütung in vielem überholt ist, haftet der Verwendung des Begriffs Moral heute häufig ein kritischer Unterton an. *wl*

Morus, Thomas (engl. More, 1478–1535) Englischer Staatsmann und Huma-

Moschee (arab. Ort der Anbetung) Islamisches Gotteshaus mit Gebetsrichtung nach Mekka, in dem jeweils freitags der Gottesdienst mit Predigt gefeiert wird. Zur Moschee gehört das Minarett, ein schlanker Turm, von dem aus die Gläubigen zum Gottesdienst gerufen werden, früher persönlich durch den Muezzin, heute oft über elektrische Medien. Teilweise sind den Moscheen auch Bildungseinrichtungen angegliedert. *bb*

Mose Begründer der israelitischen Religion. Nach dem Alten Testament (2. bis 4. Buch Mose) ist Mose der Führer der Israeliten von ihrer Befreiung aus Ägypten bis vor die Einnahme des verheißenen Landes Kanaan. Moses vermittelt am Berg Sinai die Offenbarung → Jahwes an sein Volk (Bund zwischen Gott und dem Volk Israel) und verpflichtet es auf die Gebote. Im frühen Judentum wird Mose als Mittler der → Thora zur zentralen Figur der Heilsgeschichte. In der historischen Forschung sind Details aus Moses Leben umstritten. *bb*

Mo Zi (5./4. Jh. v. Chr.) Chinesischer Philosoph. Mo Zi nennt als Ursache des Übels in der Welt das Fehlen der Menschenliebe. Er lehnt alles ab, was der Wohlfahrt des Volkes nicht förderlich ist, so den Krieg, aber auch Luxus und teilweise die Kultur, da sie auf Ausbeutung des Volkes beruhen. *ck*

Münchhausen-Trilemma → Albert, Hans.

Münster (abgeleitet von lat. *monasterium* Kloster; später in der Bedeutung „Kirche eines Klosters"). Münster meint insbesondere in Süddeutschland eine Hauptkirche, Kathedrale oder einen Dom (z. B. Freiburg, Straßburg). Im deutschen Sprachraum werden die Bezeichnungen Münster und Dom gleichbedeutend gebraucht. *bb*

Muslim Anhänger des → Islam.

Mysterienkult (griech. *mystikos* verschwiegen, geheim) Mysterien sind nach ihrem griechischen Ursprung geheime religiöse Feiern, die nur einem eingeweihten Personenkreis zugänglich waren. Im Mittelpunkt der Mysterienkulte standen oft sterbende oder auferstehende Gottheiten, von denen sich die nach unterschiedlichen Initiationsriten (→ Initiation) teilnehmenden Eingeweihten Erlösung im Jenseits versprachen. In der Antike gab es bedeutende Mysterienkulte für Dionysos, → Mithras und ägyptische Gottheiten (Isis, Osiris). *bb*

Mystik (griech. *myein* Augen und Lippen schließen) Mystik bezeichnet eine spezifische Form der Religiosität, vor allem im Mittelalter, in der der Gläubige durch Hingabe und Versenkung zu persönlicher Vereinigung mit Gott gelangen will, zum unmittelbaren Erleben Gottes. Grundlage der Mystik ist häufig → Askese. Ausprägungen von Mystik gibt es in fast allen Religionen (Taoismus, Islam, Judentum, Christentum). In jüngster Zeit wurden christliche Mystikerinnen wieder verstärkt beachtet (→ Hildegard von Bingen, Teresa von Avila), was einerseits als Ausdruck religiöser Verunsicherung, andererseits als Element christlicher Fundamentierung interpretiert werden kann. *bb*

Mythologie (griech. *mythos* Rede, Erzählung, Sage) Der Begriff ist doppeldeutig: Mythologie meint sowohl die wissenschaftliche Beschäftigung mit überlieferten Erzählungen als auch die Erzählungen selbst (→ Mythos). Die Mythologie, verstanden als Sammlung von Erzählungen, will in bildhaft-symbolischen Formen die Vorkommnisse in Natur und Gesellschaft überliefern und deuten. Zur Mythologie, verstanden als Textkomplex, können Mythen, Sagen, Märchen oder auch Legenden gehören. Wenn ein Mythos bedeutungslos geworden ist, d. h. nicht mehr Ausdruck einer kulturellen oder gesellschaftlichen Verständigungsleistung ist, ist er zum Märchen herabgesunken. *ck*

Mythos (griech. *mythos* Rede, Erzählung, Sage). Allgemein bezeichnet Mythos eine Dichtung oder Sage von Göttern, Helden und Ereignissen der Vergangenheit. Die Kulturen der Antike verknüpften im Mythos grundlegende Fragen der Menschheit und des Wirkens der Götter miteinander und versuchten dadurch, den Ursprung der Welt, historische Prozesse und das Wirken von Göttern und Menschen zu erklären. Insofern besitzt ein Mythos dichterische Elemente. Er beinhaltet daher auch kein rationales Ursache-Wirkungs-Gefüge, wie es ein neuzeitlicher Mensch vielleicht zur Erklärung komplexer Zusammenhänge erwarten würde. *bb*

N

Nationaler Ethikrat Am 2. Mai 2001 beschloss das Bundeskabinett die Errichtung des Nationalen Ethikrats. Das Gremium umfasst ca. 20 Personen, die vom Bundeskanzler für vier Jahre berufen werden. Der Rat soll dem Kanzler mindestens einmal im Jahr über den Stand der gesellschaftlichen Debatte besonders zu moralischen Fragen der Bio- und Gentechnik berichten. Auch der Bundestag kann sich mit der Bitte um Stellungnahme an den Rat wenden. Der Rat soll so nicht nur beraten, sondern auch Einfluss auf politische Entscheidungen nehmen. Zu den Mitgliedern der ersten Stunde gehören etwa der Biochemiker Ernst-Ludwig Winnacker, Präsident der Deutschen Forschungsgemeinschaft, oder der frühere DDR-Bürgerrechtler Jens Reich. Der ehemalige Bundesverfassungsrichter Ernst-Wolfgang Böckenförde, der den Vorsitz übernehmen sollte, schlug die Berufung aus.

Die Errichtung des Nationalen Ethikrates ist von Kritik begleitet worden. Dies betrifft zum einen die institutionelle Verankerung: Kritisiert wird, dass der Nationale Ethikrat nicht vom Parlament berufen wurde. Zum anderen wird kritisiert, dass der Rat ein vermeintliches Expertentum voraussetzt, das es im Bereich der Ethik nicht gibt. „Die professionellen Ethiker … mögen sich darauf verstehen, moralisches Bewusstsein zu kommunizieren. Aber in der Kompetenz, moralisch zu urteilen und zu handeln, steht ihnen kein Bauer und kein Politiker nach. Alles andere würde auf den Versuch hinauslaufen, das Gewissen an Gremien zu delegieren." (C. Geiger, FAZ 3.5.2001) *ck*

Natorp, Paul (1854–1924) Deutscher Philosoph. Natorp lehrte als Professor für Philosophie und (Sozial-)Pädagogik ab 1885 fast 40 Jahre in Marburg. Er verfasste Schriften zu Religion, Ethik, Erkenntnistheorie und Pädagogik. Natorp war ein führender Vertreter des Neukantianismus; entsprechend lehnte er es ab, von den „Dingen an sich" als von etwas Vorhandenem zu sprechen. Auch die mathematische Erkenntnis kann nach ihm nicht als bloßes Anschauen aufgefasst werden, sondern ist geprägt durch Leistungen des Verstandes. *wl*

Natur (lat. *natura*) Gegenbegriff zu Technik, Kultur oder Kunst. Mit Natur wird dasjenige bezeichnet, was ohne Eingreifen des Menschen (so) geworden ist, wie es ist. Als Lebewesen gehört auch der Mensch zur Natur. Es gibt heute kaum noch Bereiche, die von menschlicher Einwirkung frei sind, z. B. ist die Natur, die wir in unserer Freizeit aufsuchen, eine historisch gewordene Kulturlandschaft, auch wo sie urwüchsig erscheint. Die Naturwissenschaft ist bemüht, die Naturgesetze zu erkennen, um die Natur den Zwecken des Menschen nutzbar zu machen, neuerdings auch, um Schäden an der Natur wieder zu heilen. Den Wert der Natur erkennt der Mensch oft erst angesichts ihrer Bedrohung. *wl*

Naturalistischer Fehlschluss Logischer Fehler, der oft auch als „Sein-Sollen-Fehlschluss" bzw. „Verstoß gegen das Hume'sche Gesetz" bezeichnet wird. Aus einem Sein kann nicht logisch zwingend auf ein Sollen gefolgert werden. Beispiel: Durch den Bau der geplanten Straße entlang dieser Trasse würde ein Biotop zerstört (Sein-Aussage). Deshalb darf die Straße hier nicht gebaut werden (Sollen-Aussage). Damit der Fehlschluss vermieden wird, muss zur Sein-Prämisse eine Wert-Prämisse hinzukommen, z. B. unter Bezug auf eine moralische Norm: Im Biotop lebt eine Tierart, die sonst ausstirbt; oder unter Bezug auf eine Rechtsnorm: die im Biotop lebende Tierart ist gesetzlich geschützt. Vor dem Sein-Sollen-Fehlschluss warnte bereits David → Hume. Der Begriff „naturalistischer Fehlschluss" geht auf George E. Moore zurück („Principia ethica", 1903). *wl*

Naturphilosophie Als Naturphilosophie wird, beginnend bei den → Vorsokratikern, jene Philosophie verstanden, die über Ursprung, Wesen, Struktur und Funktion der Natur reflektiert. Im Gegensatz zur empirischen Naturwissenschaft ist die Naturphilosophie nicht auf Eingriffe in die Natur ausgerichtet. *wl*

Naturrecht Gegenbegriff zum → Positiven Recht, d. h. dem schriftlich in Gesetzen fixierten Recht. Unter Naturrecht werden seit dem griechischen Altertum Rechtsgrundsätze verstanden, die dem Positiven Recht, welches in einer bestimmten Gesellschaft realisiert ist, übergeordnet sind. Besonders wenn das Positive Recht im Gegensatz zu Gerechtigkeitsempfinden und Humanität steht, erhält das Naturrecht eine stärkere Überzeugungskraft. Die Menschenrechte waren Naturrecht, bevor sie als „Grundrechte" Positives Recht im Rahmen staatlicher Verfassungen wurden. Unrecht, das in Diktaturen vom dort herrschenden Positiven Recht gedeckt ist, kann – nach dem Zusammenbruch der Diktatur – unter Bezug auf naturrechtliche Normen geahndet werden. Der Begriff des Naturrechts wird missverstanden bzw. missbraucht, wenn er (insbesondere im demokratischen Rechtsstaat) Gruppen- oder Einzelinteressen als rechtmäßig legitimieren soll. Nicht verwechselt werden darf der Begriff Naturrecht mit dem Begriff „Rechte der Natur", bei dem es um die Frage geht, ob bzw. inwieweit bestimmte Tiere und Pflanzen Rechtssubjekte sein können. *wl*

Negative Didaktik Das Adjektiv „negativ" ist hier nicht abwertend gemeint, sondern im Sinne von Verneinen, Wegnehmen. Negative Didaktik ist die Bezeichnung für das Vorgehen eines Lehrers, der seine Aufgabe nicht im Dozieren und Vorsetzen von Wissensstoff sieht, sondern im Beseitigen von vorgefassten, unbegründeten Meinungen. Exemplarisch wird dieses Vorgehen im sokratischen Fragen deutlich. Neben → Sokrates ist auch Jean-Jacques → Rousseau ein Vertreter der negativen Didaktik. *ck*

Neill, Alexander Sutherland (1883–1973) Neill gründete 1921 das britische Internat Summerhill, das er bis zu seinem Tod leitete – eine Schule, die den Schülern freistellt, ob sie den Unterricht besuchen oder nicht; über Probleme wird in regelmäßigen Vollversammlungen entschieden, wobei Schüler wie Lehrer gleiches Stimmrecht haben. Zum Vater der antiautoritären Bewegung wurde Neill durch sein Buch „Summerhill" (1962; deutsch 1970 „Theorie und Praxis der antiautoritären Erziehung"). Grundsätze Neills: „Das Kind fühlt, dass ich es liebe, weil ich seine Individualität respektiere". „Ein Kind, das Probleme bereitet, ist ein unglückliches Kind". „In der repressiven Familie haben die Kinder keine Rechte, in der verwöhnenden Familie haben sie alle Rechte. In einer guten Familie haben Kinder und Erwachsene gleiche Rechte. Und dasselbe gilt für die Schule." Die antiautoritäre Bewegung missverstand allerdings Neills ausgewogenes Erziehungskonzept und brachte es damit in der Gesellschaft in Misskredit. *wl*

Nemesis (griech. Rache) Rachegöttin, die in der griechischen Mythologie dafür sorgt, dass Sterbliche nicht die ihnen gesetzten Grenzen überschreiten. Sie bestraft insbesondere die → Hybris. *wl*

Neopositivismus → Wiener Kreis.

Neues Testament Jener Teil der → Bibel, der – anders als das Alte Testament – nicht mehr das Prinzip „Auge um Auge, Zahn um Zahn" vertritt, sondern das Gebot der Nächstenliebe. Das Neue Testament enthält die vier Evangelien (Matthäus, Markus, Lukas, Johannes), die das Leben und Sterben Jesu darstellen, die Apostelgeschichte, die Paulinischen (→ Paulus) und Katholischen Briefe und die Offenbarung des Johannes (→ Apokalypse). Die Schriften des Neuen Testaments entstanden zwischen 50 n. Chr. (1 Thessalonicherbrief) und ca. 120 n. Chr. (Offenbarung des Johannes). Ein feststehender neutestamentlicher → Kanon existierte bereits um 200 n. Chr. *wl*

Neuplatonismus Unter dem Begriff Neuplatonismus werden philosophische Lehren des 3.–6. Jhs n. Chr. zusammengefasst, die sich an → Platon orientieren und dessen Philosophie mit aristotelischen oder stoischen Thesen verknüpfen. Als Gründer des Neuplatonismus gilt → Plotin. Dieser vertritt eine Form des idealistischen → Monismus, indem er die Welt und ihr Werden als Emanation (Ausstrahlung) einer vollkommenen Ur-Einheit – dem „Einen" oder „Guten" – begreift. Das Eine bringt die verschiedenen Stufen der Realität aus sich hervor. Aus ihm entsteht der „Geist", der aus sich die „Weltseele" entfaltet. Diese dient als Bindeglied zwischen der Sphäre des Geistigen und der Sphäre des Stofflichen. Sie verleiht der Welt ihre Harmonie und schafft die Einzelseelen. Diese wiederum verbinden sich mit der ungeformten und ungeordneten Materie zu den eigentlich stofflichen Dingen. Da der Mensch als Einzelseele zu der geistigen und auch zur materiellen Sphäre gehört, sehen viele Vertreter des Neuplatonismus den Sinn des Lebens in der Loslösung von der Sinnenwelt durch Askese und Meditation. Am Ende dieser „Reinigung" soll eine mystische Vereinigung mit dem Einen erreicht werden. Die neuplatonischen Lehren übten großen Einfluss auf den Kirchenvater → Augustinus, aber auch auf den Mystiker Meister Eckhart (um 1260–1327/28) oder den Philosophen → Nikolaus von Kues aus. *dk*

New Age (engl. neues Zeitalter) Hintergrund des Begriffs ist die durch das Musical „Hair" Ende der 60er-Jahre weltweit publik gemachte astrologische Feststellung, die Erde befände sich im Übergang vom Fische- zum Wassermann-(Aquarius-)Zeitalter. Die Autoren der New Age-Literatur (z. B. Fritjof Capra, „Wendezeit") bieten vielfältige, aber diffus bleibende Vorschläge zur Überwindung der ökologischen und geistigen Krise der modernen Welt. Obwohl die New Age-Bewegung keine organisierte Religionsgemeinschaft ist, bedient sie sich traditioneller religiöser Formen und Erfahrungen, z. B. Meditation, Yoga oder Selbstheilung, um ein ganzheitliches Selbst- und Weltbewusstsein zu erreichen. Nötig sei eine neue Weltanschauung, eine neue Spiritualität, ein neues Begreifen von Umwelt, Gesellschaft und Selbst, eine Überwindung des alten mechanistischen Denkens durch vernetztes, prozesshaftes Denken. *wl*

Newton, Isaac (1642–1727) Britischer Mathematiker und Physiker. Newton entdeckte das Gravitationsgesetz, formulierte die Bewegungsgesetze, erfand die Differenzialrechnung (unabhängig von Gottfried W. Leibniz) und trug zur Erkenntnis des Wesens des Lichts bei. Damit entwickelte er das Bild eines rational erklärbaren Universums, in dem alles nach mechanisch verstandenen Naturgesetzen auf Ursache und Wirkung beruht und somit vorhersagbar ist. Dies schwächte die alte Annahme, als Urkraft hinter aller Bewegung sei ein Gott denknotwendig. Letztendlich war es Newton, der der Vernunft als Instrument der Weltbeherrschung jenes Ansehen verschaffte, ohne das der zivilisatorische Fortschritt bis heute nicht möglich gewesen wäre. *wl*

Nicaea → Nizäa.

Nietzsche, Friedrich (1844–1900) Deutscher Philologe und Philosoph. Nietzsche studierte 1864/65 Altphilologie in Bonn und erhielt bereits 1865 den Lehrstuhl für alte Sprachen an der Universität Basel. 1879 musste er die Professur aus gesundheitlichen Gründen aufgeben. Die folgenden zehn Jahre verbrachte er, auf der Suche nach Linderung, reisend. 1889 geriet er in geistige Umnachtung; seinen Ruhm erlebte er nicht mehr bewusst. Nietzsche wurde geprägt durch die Philosophie Arthur → Schopenhauers. In seiner Philosophie der „Umwertung aller Werte" weist Nietzsche als einer der ersten die Brüchigkeit der Grundlagen der modernen Welt auf. Er lehrt, dass es keine Welt „an sich" gibt, sondern nur Interpretationen – jede Sicht ist perspektivisch. Es gibt keine Wahrheit, die Irrtümer unterscheiden sich aber darin, dass sie unterschiedlich nützlich sind, um das Überleben zu sichern. Es gibt keine moralischen Tatsachen, sondern nur eine moralische Ausdeutung von Phänomenen. Wir haben Bewusstsein, insofern wir Sprache haben – die Sprache aber verflacht und verfälscht unser Denken und Fühlen durch die vorgegebenen Begriffe. Nietzsche lehnte das Christentum entschieden ab, seine Formulierung „Gott ist tot" wurde zum geflügelten Wort. Nietzsche lehrt die Bejahung des Lebens – trotz des nihilistischen Charakters des Lebens.

Friedrich Nietzsche

Nietzsches Schwester prägte das heutige Nietzsche-Bild entscheidend und skandalös, indem sie als Herausgeberin nachgelassener Schriften Verfälschungen am Text im Sinne der aufkommenden Nazi-Ideologie vornahm. Dem leistete Nietzsche mit seinen missdeutbaren Begriffen des → Übermenschen und des Willens zur Macht allerdings selbst Vorschub, ebenso mit seiner Ablehnung des Gleichheitsgedankens und des Mitleids.

Werke: Die Geburt der Tragödie aus dem Geiste der Musik (1872); Menschliches, Allzumenschliches (1878–1880); Also sprach Zarathustra (1883–1885); Der Antichrist (1895). *wl*

Nihilismus (lat. *nihil* nichts) Als Nihilist, d. h. als Anhänger der Haltung des Nihilismus, wird jemand bezeichnet, der keine Werte (an)erkennt (ethischer Nihilismus) bzw. die bestehenden Überzeugungen und Verhältnisse fundamental ablehnt (politischer Nihilismus) bzw. das Sein insgesamt als bedeutungslos gering schätzt und entsprechend handelt. Friedrich → Nietzsches Satz „Gott ist tot" bringt eine Haltung des religiösen Nihilismus auf den Punkt. Allgemeine Verbreitung erlangte der Ausdruck durch Iwan S. Turgenjews Roman „Väter und Söhne" (1862), dort als Synonym für Revolutionär, und durch Fjodor Dostojewskij. *wl*

Nikolaus von Kues (latinisiert Cusanus, eigentl. Cryffz, d. i. Krebs; 1401–1464) Nikolaus von Kues studierte in Heidelberg und Padua Kirchenrecht, war befreundet mit führenden Männern des italienischen Humanismus, darunter Papst Pius II., und stieg auf zum Berater beim Konzil von Basel (1431–1449), zum Bischof von Brixen und Kardinal, schließlich als Generalvikar zum obersten weltlichen und geistlichen Regenten des Kirchenstaats in Rom. Nikolaus von Kues unternahm – hundert Jahre vor Luthers Reformation – den Versuch, die Kirche von innen zu reformieren. In seinen philosophischen Schriften vertritt er den Gedanken vom Zusammenfall der Gegensätze *(coincidentia oppositorum)* im Unendlichen, in Gott – was ein unorthodoxes Gottesbild offenbart und ein geeignetes Konzept zur Überwindung jeglicher Art von Fanatismus abgibt. Indem Nikolaus von Kues den menschlichen Geist zum Mittelpunkt der Welt macht, leitet seine Philosophie den Beginn der Neuzeit ein.

Nikolaus von Kues

Literatur: Helmut Gestrich (Hg.): Zugänge zu Nikolaus von Kues, Bernkastel-Kues 1986. *wl*

Nirwana (sanskrit: Verlöschen) Hinduistisch-buddhistischer Begriff, der den erstrebten Zustand der Befreiung, das Aufgehen des Ich im → Brahman bezeichnet. Das Erreichen des Nirwana ist das Ziel aller Meditationspraxis im Buddhismus. Im Nirwana sind die Wurzeln des Leids und aller Lebensdurst überwunden, somit wird das Heraustreten aus dem Kreislauf der Wiedergeburten möglich. Nach Buddha ist Nirwana „ein Nichtgewordenes, das durch nichts bedingt ist, die leidfreie und fehlerlose Stätte", wobei jedes Sprechen vom Nirwana im Bewusstsein zu geschehen hat, dass es sich in Worten gar nicht fassen lässt. *wl*

Nizäa (heute Isnik in der Türkei) Auf dem 325 von Kaiser → Konstantin einberufenen Konzil von Nizäa wurde das erste offizielle christliche Glaubensbekenntnis (Nizänum) beschlossen, nach dem die Person Jesu wesensgleich mit Gott-Vater sei und nicht nur wesensähnlich. Das Konzil wandte sich damit gegen die Lehre des → Arianismus, die Jesus Christus nicht als Gott, sondern nur als Gottes Geschöpf ansah. Das Nizänum wurde im Jahr 381 beim 1. Konzil von Konstantinopel durch die Feststellung ergänzt, dass auch der heilige Geist volle Gottheit besitzt. Damit ist der Gedanke der Wesens-Trinität, also der Dreieinigkeit von Vater, Sohn und Heiligem Geist durchgesetzt und das Christentum gegen den Vorwurf des Judentums, später des Islam gewappnet, keine monotheistische Religion zu sein.

Literatur: Karlheinz Deschner: Abermals krähte der Hahn, Düsseldorf 1986, S. 393 ff. *wl*

Nominalismus Im mittelalterlichen → Universalienstreit wird mit Nominalismus jene Richtung der → Scholastik bezeichnet, welche die Allgemeinbegriffe (lat. *universalia*) nicht als etwas Reales, an sich und metaphysisch Existierendes verstand, sondern nur als Namen (lat. *nomina*) zur Zusammenfassung des Ähnlichen. Diese Auffassung wird heute allgemein geteilt, allerdings mit der Maßgabe, dass die von der jeweiligen Sprache bereitgehaltenen Begriffe, z. B. für Farben oder ethische Werte, die Wirklichkeitswahrnehmung ihrerseits beeinflussen. Mittelalterliche Vertreter des Nominalismus sind Roscelin von Compiègne (um 1045 – nach 1120) und Wilhelm von Ockham (um 1285 – nach 1347). Der Nominalismus konkurrierte mit dem auf Platons Ideenlehre (→ Idee) zurückgehenden Universalismus. Demgegenüber befreite der Nominalismus das beginnende naturwissenschaftlich-empirische Denken aus den Fesseln der theologischen Dogmatik, indem er den Wert der Sinneswahrnehmung hervorhob (→ Sensualismus). *wl*

Norm (lat. *norma* Richtschnur, Maßstab, Regel) Sammelbegriff für unterschiedliche Arten von Bewertungsgrundlagen und Handlungsregeln. Allen Normen gemeinsam ist der Orientierung gebende, regelnde Charakter. *wl*

Notwehr Unter Notwehr versteht man die zur Abwehr eines gegenwärtigen rechtswidrigen Angriffs (auf Leib oder Leben oder auf Sachen) erforderliche Verteidigung in Situationen, in denen der Staat sein Gewaltmonopol nicht wahrnehmen kann. Die Notwehr ist weder strafbar noch zivilrechtlich unerlaubt. Zur Verteidigung ist sowohl der Angegriffene selbst berechtigt, als auch zu dessen Schutz jeder andere (Nothilfe). Schwierigkeiten bei der Rechtfertigung einer Notwehrhandlung können sich im Nachhinein ergeben, falls gegen die Verhältnismäßigkeit der Mittel grob verstoßen wird, insbesondere aber, wenn der Anschein der Selbstjustiz entsteht, was immer dann der Fall ist, wenn eine Strafabsicht zur Abwehr des Angriffs hinzukommt. *wl*

Nuntius (lat. Botschafter, Gesandter) Hoher römisch-katholischer Geistlicher, der den Vatikan(-staat) als Botschafter in einem fremden Staat diplomatisch vertritt. *wl*

O

objektiv Gegenbegriff zu „subjektiv"; sachlich, auf Tatsachen bezogen, nicht nur auf persönliche, perspektivische Ansichten und parteiliche bzw. parteiische Interessen; für jedes vernünftige Wesen erkennbar und nachvollziehbar; allgemeingültig. Wissenschaftliche Erkenntnis erhebt den Anspruch der Objektivität, d. h. die Forschungsergebnisse müssen von jedermann an jedem Ort bei sonst gleichen Voraussetzungen ebenfalls erzielt werden können. Im Bereich der Ethik wird objektiv im Sinne von „intersubjektiv" verwendet, d. h. die Erkenntnisse sollen für alle Erkennenden verbindlich sein. *wl*

Offenbarung Kundgabe der göttlichen Wahrheit. Die heiligen Texte der Schriftreligionen (Judentum, Christentum, Islam) beruhen auf der Annahme, Gott bzw. der Heilige Geist habe sich darin den Menschen offenbart – im Alten Testament durch die Propheten. Das letzte Buch des Neuen Testaments verwendet den Begriff explizit im Titel „Die Offenbarung des Johannes". Mystisch äußert sich eine Offenbarung als persönlich erlebte religiöse Erleuchtung. Offenbarungswahrheiten können nicht nachgeprüft bzw. begründet werden. Daher birgt jedes Offenbarungserlebnis in sich die Gefahr, dass der Gläubige seine „Wahrheit" über die konkurrierende Wahrheit anderer Menschen bzw. Religionen oder Ideologien stellt. Nicht zuletzt deswegen fällt es den Religionen in der Praxis so schwer, kulturelle Gegensätze nicht zu verschärfen, sondern sie zu überbrücken. *wl*

Offenbarungsreligionen Jene Religionen, in deren heiligen Schriften Gott sich den Menschen durch Propheten und Zeichen ein für alle Mal enthüllt, also offenbart. Judentum, Christentum und Islam gehören zu den Offenbarungsreligionen. Einen Gegensatz hierzu stellt z. B. der Buddhismus dar, bei dem der Einzelne in eigenem, unablässigem Bemühen, meditierend seine geistige Weiterentwicklung und letztlich seine Erlösung anstrebt. Diesen Ansatz der Eigenverantwortung vertritt innerhalb der Offenbarungsreligionen die jeweils vorhandene mystische Strömung (→ Mystik). *wl*

Okkultismus (lat. *occultus* verborgen, heimlich; griech. *esoteros* → Esoterik) Weltanschauung, die die Existenz von Phänomenen und die Wirksamkeit von Praktiken als erwiesen erachtet, die mit naturwissenschaftlichen Methoden nicht erfassbar sind, z. B. Hellsehen, Kommunikation mit Verstorbenen, Pendeln, Kartenlegen. Im Gegensatz zu den Religionen begnügt sich der Okkultismus nicht mit einem Glauben, sondern behauptet zu wissen und über Beweise zu verfügen.

Literatur: Gerald L. Eberlein (Hg): Kleines Lexikon der Parawissenschaften, München 1995. *wl*

Ökologische Ethik (griech. *oikos* Haus; *logos* Geist, Vernunft, Rede, Lehre) Den Begriff Ökologie führte Ernst → Haeckel 1886 ein. Die ökologische Ethik nimmt den Bereich der gesamten Natur und Umwelt in den Blick – im Gegensatz zur traditionellen anthropozentrischen Ethik, die nur die Beziehung zwischen Menschen regelt. Die ökologische Ethik beruht auf der Erkenntnis, dass alle Lebewesen eines Ökosystems sich untereinander beeinflussen und ihrerseits von ihrer unbelebten Umwelt (Boden, Luft, Wasser, Klima) bzw. vom Zustand der gesamten Biosphäre abhängen. Dabei wird ein eigenständiges Lebensrecht nichtmenschlicher Lebewesen anerkannt. Daraus ergibt sich die besondere (Zukunfts-) Verantwortung des Menschen, bei seinem Handeln den Umweltschutz zu berücksichtigen – auch im eigenen Interesse, um seine Lebenswelt zu erhalten.

Literatur: Gotthard M. Teutsch: Lexikon der Umweltethik, Göttingen u. a. 1985. *wl*

Ökumene (griech. bewohnte Welt) Die Haltung und Praxis, Gegensätze zwischen den (christlichen) Kirchen und

Konfessionen, aber auch zwischen verschiedenen Religionen zu überwinden. Ziel des ökumenischen Strebens ist es, existierende Religionskonflikte zu entschärfen und die Chancen zu einer Einheit aller Menschen, die guten Willens sind, zu erhöhen. 1948 wurde der Ökumenische Rat der Kirchen (auch: Weltrat der Kirchen, World Council of Churches) als Gemeinschaft der christlichen Kirchen gegründet; er hat seinen Sitz in Genf. Ein ökumenisches Bewusstsein zeigt sich heute vor allem an der kirchlichen Basis, wenn ökumenische Gottesdienste gehalten werden oder ökumenische Gemeindearbeit stattfindet. *wl*

Omen (lat.) Ein Ereignis bzw. Zeichen, das abergläubisch gedeutet wird als Hinweis auf eine bestimmte künftige Entwicklung, z. B. Träume oder Sternstellungen. *wl*

Ontologie (griech. *on*, Genitiv *ontos* Sein, das Seiende; *logos* Lehre, Wissenschaft) Ontologie ist die Lehre vom → Sein, um dessen begriffliche Bestimmung sich die metaphysische Philosophie bemüht. Der Ontologie geht es nicht um Seiendes (Ontisches) in einer bestimmten Hinsicht (z. B. Nützlichkeit), sondern um dessen interesselose, sich selbst genügende, absolute Betrachtung. Der Name Ontologie wird erst seit dem 17. Jh. verwendet. Immanuel Kant setzte an die Stelle der Ontologie seine Transzendentalphilosophie, Edmund → Husserl reaktivierte den Begriff wieder. Martin → Heidegger bezeichnet den Unterschied zwischen Seiendem und dem Sein selbst als „ontologische Differenz". *wl*

Opfer Das Opfer ist eine der ältesten und verbreitetsten Formen des religiösen Kults. Durch eine Opferhandlung stellt der Mensch eine Beziehung zu einer überirdischen Macht, einem Gott, her und erhofft durch seine Opfergabe eine Gegengabe dieser Macht. Man unterscheidet nach der Absicht und Situation: Bitt-Opfer, Dank-Opfer, Sühne-Opfer, Weihe-Opfer, Jagd-Opfer, Ernte-Opfer usw.; nach der Art: Rauch-Opfer, Tier-Opfer, Trank-Opfer usw. Bei den Azteken wurde das Fleisch geopferter Menschen gegessen, weil man fürchtete, wenn man sich dieser als schmerzlich empfundenen

Die einzelnen Schritte des alttestamentlichen Opfers nach dem Psalter Ludwigs des Heiligen (1214–1270): links die Schlachtung des Lammes, in der Mitte die Besprengung des Heiligtums mit Blut, rechts das Mahl, bei dem Stücke des Opfertieres serviert werden.

Pflicht nicht unterziehe, würde das Sonnenlicht erblassen. In der Bibel erschlägt Kain (der Ackerbauer) seinen Bruder Abel (den Tierhalter), weil Gott dessen Opfer zu bevorzugen scheint (Genesis 4). Abraham ist bereit, seinen Sohn Isaak als Menschenopfer darzubringen, wovor ihn Gott im letzten Moment bewahrt, indem er ihn statt dessen einen Widder schlachten lässt (Genesis 22; Tier-Opfer als Ersatz-Opfer). Historisch trat im Judentum an die Stelle des Opfers die Befolgung des Gesetzes Moses. Der Kreuzestod Jesu gilt als endgültiges Opfer zur Tilgung aller → Sünden; es vergegenwärtigt sich nach katholischem Glauben je neu in der → Eucharistie. *wl*

Oppenheimer, J. Robert (1904–1967) Amerikanischer Physiker. Oppenheimer leitete in Los Alamos (New Mexico) ab 1943 das „Manhattan Project" zum Bau einer Atombombe, mit der die USA der Entwicklung einer Bombe durch die Nationalsozialisten zuvorkommen wollten, was auch gelang. Nach dem Abwurf der Atombombe auf Hiroshima (6. August 1945) und einer weiteren auf Nagasaki (9. August 1945) trat Oppenheimer im Oktober 1945 zurück. Nachdem 1953 nur neun Monate nach den USA die Sowjetunion ihre erste Wasserstoffbombe gezündet hatte, wurde in den USA ein Verfahren gegen Oppenheimer in Gang gesetzt, worin ihm mangelnde Abgrenzung gegen Kommunisten sowie die Verzögerung des US-Wasserstoffbomben-Projekts vorgeworfen wurden. Das Verfahren endete 1954 mit dem Entzug von Oppenheimers Sicherheitsgarantie. Oppenheimer wurde 1963 rehabilitiert.

Literatur: Heinar Kipphardt: In der Sache J. Robert Oppenheimer, Dokumentarstück, Frankfurt 1964. *wl*

Orakel Aussage über Zukünftiges, die in einem Ritual durch eingeweihte Personen gefunden und in meist dunkler, interpretationsbedürftiger Redeweise kundgetan wird. Im klassischen Griechenland wurde das Orakel in Delphi befragt, eine Weihestätte mit der Maßgabe „Erkenne dich selbst". Die Richtigkeit einer Weissagung ist nicht zum Zeitpunkt der Äußerung, sondern nur im Rückblick festzustellen, z. B. konnte anhand der berühmten Prophezeiungen des Nostradamus (1503–1566) bis heute kein politisches oder soziales Ereignis, keine Entdeckung oder Erfindung vorhergesagt werden, sondern seine Vorhersagen konnten nur im Nachhinein bestimmten Ereignissen zugeordnet werden. (→ I Ging) *wl*

Orden → Mönchtum, → Bettelorden.

Origines (um 185 – um 252) Frühchristlicher Theologe. Origines erlebte, wie sein Vater als Christ hingerichtet wurde. Er reagierte auf dieses Trauma, indem er sein Leben unermüdlicher Arbeit widmete und es asketisch führte. Während der Christenverfolgung unter Kaiser Decius (249–251) wurde Origines selbst gefoltert. Er verfasste eine → Apologie (Verteidigung, Rechtfertigung) des Christentums („Contra Celsum" – Gegen Celsus), in der er die Lehre Platons mit der neuen Religion versöhnen wollte. Origines gab das Alte Testament im Urtext zusammen mit den gängigen griechischen Übersetzungen heraus. Obwohl er sich durch seine Lehre, alle Geschöpfe würden letztlich gerettet, einer → Häresie schuldig machte, ist er einer der bedeutendsten griechischen → Kirchenväter. *wl*

Orpheus Gestalt des griechischen Mythos. Orpheus begibt sich in die Unterwelt (Hades), um seine Gattin Eurydike wieder an die Oberwelt zu führen, was misslingt. Unter Orphikern (Anhänger des Orpheus) versteht man die Mitglieder einer Mysteriengemeinschaft der griechischen Antike und des Hellenismus, die an die Unsterblichkeit der Seele und die Wiedergeburt glaubten. *wl*

Pythia weissagt im Heiligtum von Delphi; Schale um 440 / 430 v. Chr.

Geheimnisvoll steigen auch heute noch die Nebelschwaden vom Tempeltal auf zum Heiligtum in Delphi.

Orthodoxe Kirche (griech. *orthos* aufrecht, richtig; *doxa* Glaube; d. h. rechtgläubig) Kirchenrechtlich und historisch die Bezeichnung für jene östlichen christlichen Kirchen, die im frühen Mittelalter (1054) die Orientierung nach Rom aufkündigten und den byzantinischen Ritus in den Mittelpunkt ihres Gottesdienstes stellten. Es gibt mehrere voneinander unabhängige orthodoxe Kirchen, am bekanntesten ist neben der russisch-orthodoxen die griechisch-orthodoxe Kirche. Das Oberhaupt der jeweiligen nationalen Kirche trägt den Titel „Patriarch". Weltweit gibt es etwa 90 Millionen orthodoxe Christen.

Einigungsversuche zwischen der römisch-katholischen und den orthodoxen Kirchen gab es immer wieder. Seit der zweiten Hälfte des 20. Jhs zeigt sich eine verstärkte ökumenische Bewegung und es finden offizielle ökumenische Gespräche statt. *wl*

Orthodoxie (griech. *orthos* aufrecht, richtig; *doxa* Glaube; d. h. rechtgläubig) Dogmatische Glaubens- und Lehrsysteme, die in starrer Festlegung der „reinen Lehre" bemüht sind, Kritik und Weiterentwicklung auszuschalten. So verhindern zum Beispiel orthodoxe Kräfte innerhalb der römisch-katholischen Kirche die Frauenordination oder die Aufhebung des Zwangszölibats. *wl*

Ostern Hochfest, an dem die Christen die Auferstehung Jesu Christi feiern. Ostern bildet den Höhepunkt des Kirchenjahres. In der Regel wird der Begriff Ostern von der Göttin Ostara, einer germanischen Lichtgöttin, oder von dem althochdeutschen Wort *ostarun* (Albe, Umhang) abgeleitet. *Ostarun* bezieht sich auf die weißen Gewänder der Taufbewerber, die in der katholischen Kirche traditionell in der Osternacht in die Gemeinschaft aufgenommen werden. Seit dem Konzil von → Nizäa (325) wird Ostern immer am ersten Sonntag nach dem ersten Frühlingsvollmond gefeiert, um die Verbindung mit dem jüdischen → Pascha-Fest zu verdeutlichen. Denn Tod und Auferstehung Jesu spielten sich nach den neutestamentlichen Schriften im Zusammenhang mit dem Pascha-Fest ab. Diesen Ereignissen folgt die Gestaltung des Festes: Am Gründonnerstag wird an das letzte Abendmahl Jesu erinnert, der Karfreitag steht im Zeichen der Kreuzigung,

Der auferstandene Christus erscheint den Frauen (Johannes 20,11–18). Christi Leiden und Sterben und sein Sieg über Sünde und Tod werden in der Osterwoche in feierlicher Weise nachvollzogen; schwäbisches Evangeliar, Mitte 12. Jhd.

die Liturgie der Osternacht am frühen Morgen des Ostersonntags feiert den Sieg über die Mächte des Todes durch die Auferstehung Jesu Christi. *cps*

P

Pagode Mehrstöckiger und vieleckiger Turm; oft mit verzierten, vorkragenden Dächern versehene asiatische Tempelform. Als Weiterentwicklung des indischen Stupa (buddhistisches Reliquiendenkmal) verwendet der Buddhismus Pagoden als allein stehendes Heiligtum oder als Teil komplexerer Tempel- oder Klosteranlagen. *dk*

Pannenberg, Wolfhart (geb. 1928) Deutscher evangelischer Theologe. Pannenberg ist seit 1967 Professor für Fundamentaltheologie und Ökumene in München. Er entwarf in den fünfziger Jahre das Konzept der „Offenbarung als Geschichte". Demnach offenbart sich Gott nicht in der Geschichte, sondern die Offenbarung entfaltet sich als Geschichte. Pannenberg sieht in der Auferstehung Jesu von den Toten die Vorwegnahme des Endes aller Geschichte, die analogielose Selbstoffenbarung Gottes. Die Auferweckung Jesu wertet er deshalb als geschichtliche Tatsache. Der Wahrheitsanspruch der Pannenberg'schen Theologie gründet sich auf ein Netz widerspruchsfreier Hypothesen als Annäherung an die absolute Wahrheit Gottes.

Wolfhart Pannenberg

Werke: Wissenschaftstheorie und Theologie (1973); Anthropologie in theologischer Perspektive (1983). *dk*

Pantheismus (griech. *pan* alles; *theos* Gott; bedeutet in etwa: All-Gott-Lehre) Philosophisch-theologische Lehre, nach der Gott identisch mit der Welt ist, also in allen Dingen existiert. Im Gegensatz zu → Monotheismus und → Polytheismus wird hier Gott als nicht von der Welt getrennt gesehen. Es werden zwei pantheistische Grundpositionen vertreten: der nichtkosmische Pantheismus, der von der Erfahrung des Göttlichen auf dessen Verhältnis zur Welt schließt, und der kosmische Pantheismus, der aus der Erfahrung des unendlich vielfältig sich entfaltenden Seienden zu einem Gottesbild allumfassender Totalität gelangt. Der bekannteste Vertreter des Pantheismus ist Baruch de → Spinoza. *dk*

Pantheon (griech. *pan* alles; *theos* Gott) Unter Kaiser Hadrian (reg. 117–138) erbauter römischer Tempel, der der Gesamtheit aller Götter geweiht ist. Das römische Pantheon ist als Kuppelbau mit dem Kuppeldurchmesser von 43 m ein Meisterwerk der Architekturgeschichte. Unter Pantheon versteht man heute auch eine Ruhmeshalle für bedeutende Persönlichkeiten eines Landes, etwa Poets' Corner in Westminster Abbey oder das Panthéon in Paris. *dk*

Papst (griech. *pappas* kindersprachliches Wort für Vater) Bischof von Rom, das Oberhaupt der römisch-katholischen Kirche. Die katholische Kirche betrachtet den Papst als den Stellvertreter Jesu Christi und Nachfolger des Apostels → Petrus, dem Jesus Christus selbst die Leitung der Kirche anvertraute (Matthäus 16,18 f.). Der Papst verkündet als höchste kirchliche Autorität die für alle Katholiken verbindlichen → Dogmen, beruft → Konzile ein, ernennt kirchliche Würdenträger und übt die kirchliche Gerichtsbarkeit aus. Im weltlichen Bereich ist er der Souverän des Vatikanstaates. *dk*

Parabel (griech. *parabole* Vergleich) Lehrhafte Erzählung, die eine allgemeine Wahrheit durch einen entsprechenden Vergleich aus einem anderen Vorstellungsbereich verdeutlicht, oft auch Gleichnis genannt. Die Parabel verfügt über keine direkte Verknüpfung mit dem Objekt der Aussage; der Vergleichspunkt zwischen dem im Text Ausgesagten und dem in der Realität Gemeinten, muss vom Leser selbst gewonnen werden. Die Parabel ist „für sich selbst klar" und soll als „Hebel der Erkenntnis" (Gotthold E. Lessing) dienen. Im Neuen Testament wird die Lehre Jesu oft in Form einer Parabel erzählt, z. B. das Gleichnis vom verlorenen Sohn (Lukas 15,11–32) oder das Gleichnis vom untreuen Verwalter (Lukas 16,1–8). *dk*

Paradies (griech. *paradeisos* Garten) Biblischer Name für den Garten Gottes, die Wohnstätte der ersten Menschen (Genesis 2,8–15). In der Alltagssprache steht das Paradies für einen Ort der Glückseligkeit, religiös gefasst für den Aufenthaltsort der Seligen im Himmel. *dk*

weise zeigte → Zenon von Elea – scheinbar logisch korrekt – im Paradoxon des fliegenden Pfeils, dass ein fliegender Pfeil eigentlich still steht, da er sich zu jedem Zeitpunkt des Fluges an einer bestimmten Stelle befindet und sich eben an dieser Stelle jeweils nicht bewegt. Ein Paradoxon kann auch dazu dienen, innerhalb eines Dialoges ein Vorverständnis zu hinterfragen bzw. feste Regeln zu erschüttern. Das bekannteste Beispiel hierzu ist die Aussage von Sokrates „Ich weiß, dass ich nichts weiß!" *dk*

Die ersten Menschen Adam und Eva werden nach der Verletzung des göttlichen Gebots, nicht vom Baum der Erkenntnis zu essen, aus dem Paradies ausgewiesen. Das Tor zum Paradies wird fortan von einem Engel bewacht. Die Menschen müssen durch ihrer Hände Arbeit selbst für ihren Lebensunterhalt sorgen (Genesis 3).

Paradigma (griech. Beispiel, Muster) Die für ein Wissenschaftsgebiet in einer bestimmten Zeitspanne geltenden unhinterfragbaren Grundannahmen. Ändern sich die wissenschaftlichen Voraussetzungen, z. B. durch eine Erfindung oder Entdeckung, kann es zu einem so genannten Paradigmenwechsel kommen. Ein solcher wurde beispielsweise durch die Quantentheorie Max → Plancks eingeleitet, die das bis dahin gültige Weltbild infrage stellte. *ck*

Paradoxon, Paradoxie (griech. *para* wider; *doxa* Meinung) Begriff aus dem Bereich der Mathematik bzw. der → Logik. Mit Paradoxon wird ein offensichtlich widersprüchlicher Schluss bezeichnet, der aber aus scheinbar gültigen → Prämissen abgeleitet wird. Beispiels-

Paria Indischer Begriff für Menschen, die wegen ihrer Verstöße gegen religiöse oder soziale Normen aus dem System der gesellschaftlichen → Kasten ausgestoßen wurden. Sie waren als Kastenlose geächtet und wurden zu den „Unberührbaren" gerechnet. Heute versteht man unter Parias im allgemeinen Sprachgebrauch Menschen, die zu einer verachteten Randgruppe der Gesellschaft zählen. *dk*

Parmenides (um 540–um 470 v. Chr.) Griechischer Philosoph. Parmenides ist ein Vertreter der auf Xenophanes zurückgehenden eleatischen Schule (Elea, Unteritalien). Er war der Lehrer des → Zenon von Elea. Im Gegensatz zu → Heraklit geht Parmenides davon aus, dass das Sein ein ewig Fließendes ist, das sich den schematischen Begriffen entzieht.

Für Parmenides gibt es nur ein zusammenhängendes Sein, „das Eines ist und Alles", das nicht unterteilt oder differenziert werden kann. Dieses Sein ist ohne Veränderung und ohne Bewegung, es kennt kein Entstehen und kein Vergehen. Nach Parmenides kann die Wirklichkeit nicht durch Anschauung, sondern nur durch reines Denken erkannt werden, denn die wissenschaftlichen Wahrheiten, die sich dem Menschen im Denken öffnen, sind ebenso wie das Sein ewig und unvergänglich. *dk*

Parsismus Unter Parsismus versteht man die auf die Verkündigung des Priesterpropheten → Zarathustra zurückgehende altpersische Religion (auch Zoroastrismus oder Mazdaismus), die heute noch in Indien, Pakistan und im Iran mit ca. 155 000 Parsen vertreten ist. Der Parsismus verehrt als höchste Gottheit Ahura Mazda (etwa: der weise Herr), der als Verkörperung des Guten in einer dualistischen Weltsicht dem „bösen Geist" Angra Mainyu gegenübersteht. Das Bekenntnis des Menschen zum Guten hat für den Parsismus eine entscheidende Bedeutung im Kampf zwischen Gut und Böse. Den Parsen gilt das Feuer als heilig, was ihnen auch den Namen „Feueranbeter" einbrachte, obwohl es in ihrem Kult nur ein Symbol für Reinheit und Klarheit ist. Der Parsismus wird heute vorwiegend in Indien (um Bombay) praktiziert, wo die europäisch gebildeten, sozial engagierten ca. 100 000 Parsen während der britischen Kolonialherrschaft als Kaufleute zu Reichtum und Einfluss gelangten. Die Toten werden im Parsismus nicht verbrannt oder bestattet, sondern in nach oben offenen „Türmen des Schweigens" den Geiern und Krähen überlassen. *dk/wl*

Pascal, Blaise (1623–1662) Französischer Philosoph, Mathematiker und Naturwissenschaftler. Pascal begründete gemeinsam mit Pierre de Fermat (1601–1665) die Wahrscheinlichkeitsrechnung, entwickelte eine mechanische Addiermaschine und wies experimentell den Zusammenhang zwischen der Höhe einer Quecksilbersäule in einem Barometer und dem Luftdruck nach. Im fortgeschrittenen Alter wandte er sich der Philosophie und Theologie zu. Der Mensch ist für Pascal ein „Zwischending zwischen nichts und allem", das weder das Prinzip noch das Ziel der Dinge erkennen kann. Deshalb gründet Pascal seine Überlegungen einerseits auf naturwissenschaftliches, axiomatisches Denken, z. B. die Wahrscheinlichkeitsrechnung, stellt aber andererseits heraus, dass die biblische Offenbarung allein durch das Instrument des Glaubens begriffen werden könne. Das religiöse Gefühl hat für ihn eine vom Verstand unabhängige Wahrheit. Pascal gilt deshalb als einer der ersten Wissenschaftskritiker. Berühmt ist seine Begründung für die Sinnhaftigkeit des Glaubens, die so genannte Pascal'sche Wette. Danach verliert ein gläubiger Mensch nichts, sollte es sich herausstellen, dass Gott in Wirklichkeit nicht existiert. Existiert Gott aber, verliert ein nichtgläubiger Mensch viel.

Werke: Briefe aus der Provinz (1656); Gedanken zur Religion und zu einigen anderen Themen (1670). *dk*

Pascha (auch Passah oder Pessach) Jüdisches Fest zum Gedenken an den Auszug des jüdischen Volkes aus Ägypten, wie er im Alten Testament (→ Exodus) beschrieben wird. Es beginnt am 14./15. Nisan (März/April) und dauert sieben bis acht Tage. Es wird auch das „Fest der ungesäuerten Brote" genannt, da während der Paschawoche nur ungesäuertes Brot gegessen wird. Sowohl das christliche → Abendmahl als auch das Osterfest (→ Ostern) gehen auf das Vorbild des Paschafestes zurück. *dk*

Passion (griech. *pathos* Leiden) Die Leidensgeschichte Jesu Christi, wie sie in den vier Evangelien erzählt wird. Von katholischen Christen wird die Passion

Jesu in den Andachten an den Kreuzwegstationen vergegenwärtigt; in der Karwoche wird durch feierliche → Liturgie daran erinnert. *dk*

Patriarchat (griech. *pater* Vater; *archos* Herrschaft) Patriarchat wird heute als Bezeichnung für eine von Männern dominierte Gesellschafts- oder Familienordnung verwendet. Dabei können Männer entweder aufgrund von Gesetzen und anerkannten gesellschaftlichen Normen Entscheidungs- und Kontrollgewalt über Frauen besitzen, oder aber – trotz rechtlicher Gleichstellung von Mann und Frau – einen faktisch höheren gesellschaftlichen Status einnehmen als Frauen. (→ Matriarchat) *dk*

Paul VI. (eigentlich Giovanni B. Montini, 1897–1978) Papst 1963–1978. Kennzeichnend für sein Pontifikat waren der Abschluss des Zweiten → Vatikanischen Konzils sowie eine Reihe von → Enzykliken, die in konservativer Weise die Lehrmeinung der katholischen Kirche fortschrieben, z. B. das Festhalten am Zölibat in „Sacerdotalis caelibatus" (1967) und die Ablehnung der künstlichen Geburtenkontrolle in „Humanae vitae" (1968). *dk*

Paulus Heidenapostel. Paulus war ein jüdischer Pharisäer aus Tarsus in Kleinasien mit römischem Bürgerrecht. Unter seinem ursprünglichen Namen Saul(us) verfolgte er als junger Mann die frühchristlichen Gemeinden, bekehrte sich aber nach einer Vision Christi (Damaskuserlebnis, vgl. Apostelgeschichte 22, 5–16; 26,12–18) zum Christentum und unternahm unter seinem neuen Namen Paulus drei Missionsreisen: 1) Zypern, Kleinasien; 2) Galatien, Kleinasien, Makedonien, Griechenland; 3) Kleinasien, Makedonien, Korinth. Nach der Apostelgeschichte wurde er schließlich in Jerusalem gefangen gesetzt und nach Rom überführt, wo er 62 n. Chr. enthauptet wurde (Apostelgeschichte 21,27–40; 24 –28,16). Im Neuen Testament werden 13 seiner Briefe aufgeführt, von denen die heutige Forschung ihm selbst als Autor allerdings nur noch sieben zuschreibt.

Paulus trug entscheidend zur Verbreitung des Christentums bei. Im Zentrum seiner Glaubensverkündigung steht die Gnade, die Gott den Menschen schenkt. Der Mensch kann Gottes Gnade nicht durch gute Werke selbst verdienen; sie wurde in Jesus Christus offenbar. Durch Jesu Kreuzestod ist der Mensch von Sünde und Tod befreit zum Frieden mit Gott und zur Nächstenliebe und Hoffnung auf die Herrlichkeit Gottes (Römerbrief 5). *dk*

Pazifismus (lat. *pacificus* friedliebend) Unter Pazifismus versteht man die ethisch begründete, grundsätzliche Ablehnung des Krieges und des Kriegsdienstes, verbunden mit dem Bestreben, den Frieden zwischen Nationen und Menschen unter allen Bedingungen zu bewahren. Die Ächtung jeglicher politisch motivierter Gewalt fand in den seit 1843 organisierten Friedenskongressen und der → Haager Konvention zur friedlichen Beilegung internationaler Konflikte eine institutionelle Form. Eine wichtige Persönlichkeit des Pazifismus ist im deutschen Raum die Friedensnobelpreisträgerin Bertha von Suttner (1905). *dk*

Peer-group Psychologischer Begriff für eine soziale Gruppe Heranwachsender, auch Gleichaltrigenkohorte genannt. Peer-groups haben eine große Bedeutung bei der Eingliederung eines Individuums in die Gesellschaft (Sozialisation) bzw. beim Erwerb sozialer Rollen oder einer kulturellen Identität. In einer Peer-group organisieren sich Jugendliche derselben Altersstufe um einen Anführer herum. Trotz unterschiedlicher Stärken und Schwächen haben die Mitglieder einer Peer-group ein ausgeprägtes Gefühl für Kameradschaft, sie entwickeln meist einen hohen Grad von Konformität in Selbstdarstellung und Verhalten. *dk*

Pentateuch (griech. *pente* fünf; *teuchos* Behälter für Buchrollen) Bezeichnung für die ersten fünf Bücher des Alten

Testaments: Genesis, Exodus, Leviticus, Numeri, Deuteronomium. Sie umfassen die Urgeschichte, die Geschichte der Stammväter von Abraham bis Josef, den Auszug Israels aus Ägypten, die Einnahme des gelobten Landes Kanaan sowie zahlreiche Gesetzestexte und rituelle Vorschriften. *dk*

Perikope (griech. *perikoptein* abschneiden) Bezeichnung für einen Textabschnitt aus den → Evangelien, der im Rahmen des christlichen Gottesdienstes gelesen wird. *dk*

Person (lat. *persona* Maske; gemeint ist die Maske, die Schauspieler im antiken Theater verwendeten. Die *persona* verdeutlichte dem Zuschauer die Identität der jeweiligen Figur). In der Philosophie wie in der Alltagssprache steht Person für den einzelnen Menschen in seiner unverwechselbaren Eigenheit. Der Begriff der Person enthält die Vorstellung vom einzelnen Menschen als einem Individuum, einer unteilbaren und damit einmaligen Wesenheit. Thomas von Aquin bezeichnet die Person als ein „Für-sich-Seiendes". Der Begriff der Person steht somit im Gegensatz zu jedem kollektivistisch oder rassistisch gefassten Menschenbild. Ethisch und rechtlich begründet der Begriff der Person die Achtung der Menschenwürde, den Anspruch auf Menschen- und Freiheitsrechte wie auch die Verantwortungsfähigkeit gegenüber den eigenen Handlungen. *dk*

Petrus (griech. *petros* Fels), eigentlich Simon, herausragender Jünger Jesu (→ Apostel). Nach biblischem Zeugnis war Petrus einer der ersten Zeugen für die Auferstehung Jesu (Lukas 24,34; 1. Korintherbrief 15,5). Nach Matthäus 16,18 f. erhielt Petrus „die Schlüssel des Himmelreichs" und Jesus bezeichnete ihn als „Fels", griechisch *petros*, auf dem er seine Kirche bauen wolle. Der Legende zufolge starb Petrus um 64 n. Chr. als Märtyrer in Rom. Seine überragende Bedeutung erhält Petrus auch durch die Lehre von der apostolischen Nachfolge, der zufolge alle Bischöfe von Rom, d. h. alle → Päpste direkte Nachfolger Petri sind. *dk*

Petrus (links) trägt ein Buch und einen Schlüssel. Nach Matthäus 16,19 wurden ihm von Jesus die Schlüssel des Himmelreiches übergeben.
Paulus (rechts) ist mit Buch und Schwert dargestellt. Das Schwert verweist auf die Art seiner Hinrichtung. Kupferstiche von Martin Schongauer (um 1450–1491).

Pfingsten (griech. *pentekoste* der fünfzigste [Tag]) Hochfest, an dem Christen 50 Tage nach Ostern der Kirchengründung durch das Wirken des Geistes Gottes gedenken. Das Fest geht auf ein zentrales Ereignis der Apostelgeschichte (Kap. 2) zurück: Am jüdischen Schawuot-Fest wurden die Anhänger Jesu mit dem Heiligen Geist erfüllt und fanden den Mut, in die Öffentlichkeit zu treten und in allen Sprachen der jüdischen → Diaspora die Botschaft von Jesus dem Gekreuzigten und Auferstandenen zu verkünden wie es der Geist ihnen eingab („Sprachwunder"). Deshalb wird Pfingsten auch das Fest des Heiligen Geistes genannt. *cps*

Pflicht (althochdt. *phlegan* Sorge, Pflege, Dienst) Pflicht wird meist als ein Anspruch an ein Subjekt verstanden, nach verbindlichen Regeln zu handeln. Dabei ist vorausgesetzt, dass es ein Subjekt gibt, das eine Aufgabe vorschreibt, und ein zweites Subjekt als Adressat, das zu Ungehorsam fähig ist. Die Pflicht im engeren

Sinne ist ein sittliches Gebot, das als Sollensforderung entweder „von außen" an ein Subjekt gerichtet wird, oder aber als „innere Pflicht" vom Individuum als aus sich selbst kommend erfahren wird. Für Christen gilt Gottes Gebot als Pflicht; Immanuel Kants Pflichtethik macht die Pflicht zum Kriterium der Moralität. *dk*

Phänomenologie (griech. *phainomenon* Erscheinung; *logos* Lehre, Wissenschaft) Im weiteren Sinne ist Phänomenologie die philosophische Lehre von den Erscheinungen, die davon ausgeht, dass man die Dinge nicht „an sich", sondern nur als ihre „Erscheinung" erkennen kann. Im engeren Sinne wird mit Phänomenologie die von Edmund → Husserl begründete Bewusstseinsphilosophie des 20. Jhs bezeichnet, die Bewusstseinsakte nach der Regel „Bewusstsein ist immer Bewusstsein von etwas" analysiert. Husserl versucht, die Erscheinungsformen des Geistigen von der sinnlichen Erfahrung bis zum absoluten Wissen zu klären. Er geht davon aus, dass das Bewusstsein immer schon auf etwas gerichtet ist (Intentionalität), und versucht durch die Methode der phänomenologischen Reduktion, sich jeglichen Urteils über die Existenz der Gegenstände zu enthalten und nur eine vorurteilsfreie Betrachtung des reinen Bewusstseins vorzunehmen. Damit kann er sich den Bedeutungen zuwenden, die der Geist mit den untersuchten Objekten verbindet. Mittels der Methode der eidetischen Reduktion (griech. *eidos* Wesen) betrachtet Husserl dabei nicht die Einzelfälle des Erlebens, sondern konzentriert sich auf die wesensmäßigen Grundgesetze der Erlebnisse. Indem die Phänomenologie so einerseits alles Seiende durch die Betrachtung der Bewusstseinsleistungen untersucht, gewinnt sie andererseits auch eine neue Sicht auf das denkende Subjekt als „reines Ich", in dessen Selbstbewusstsein der Zusammenhang der Erlebnisse verortet ist. *dk*

Pharisäer Im Neuen Testament mehrfach erwähnte religiös-politische Gruppe des Judentums. Der Name bedeutet etwa „die Abgesonderten" im Sinne einer Distanz zu allem Unreinen. Die Pharisäer besaßen, anders als die Priesterkaste der → Sadduzäer, ihre Autorität bei breiten Bevölkerungsschichten lediglich aufgrund ihrer hingebungsvollen, buchstabengetreuen Befolgung der religiösen Gesetze und ihrer umfassenden Kenntnisse der in mündlicher Überlieferung entstandenen Vorschriften. Sie strebten in fundamentalistischer Weise nach einem jüdischen Staat, der allein vom göttlichen Gesetz bestimmt wird. Durch ihre Ablehnung aller fremden Kultureinflüsse trugen sie dazu bei, dass nach der Zerstörung des Tempels in Jerusalem (70 n. Chr.) die Riten der jüdischen Religion bewahrt wurden. In den Evangelien werden die Pharisäer meist kritisch gesehen, etwa als heuchlerisch und ehrsüchtig (Matthäus 23). Aber es werden auch Pharisäer genannt, die Jesus positiv gegenüberstehen (Lukas 13,31). *dk*

Philosophie (griech. *philos* Freund; *sophia* Weisheit) Nachdenken über die Grundlagen der gesamten Wirklichkeit, des Denkens und des Wissens. Die Philosophie beschäftigt sich nicht wie andere Wissenschaften mit der Entfaltung von Fakten-Wissen eines bestimmten Gegenstandsbereiches, sondern fragt nach den Wesensgründen des Seins. Während die Einzelwissenschaften immer von nicht hinterfragten Grundbegriffen ausgehen, steht für die Philosophie oft das Staunen über das scheinbar Einfache am Anfang der Gedankenarbeit. Der für die Biologie konstitutive Begriff des „Lebens" oder physikalische Begriffe wie „Raum" und „Zeit" werden so z. B. für die Philosophie zur Herausforderung. Bis heute konnte sich keine bestimmte Methode als „die" philosophische Methode etablieren. Allgemein anerkannt ist seit der Antike jedoch die Einsicht, dass philosophisches

Die „Schule von Athen“ von Raffael (1483–1520) zeigt berühmte Philosophen und Wissenschaftler der Antike in Gespräche vertieft. Jeder Einzelne dieser Denker steht für eine bestimmte Idee oder geistige Haltung. In der Mitte fragen Platon (links) und Aristoteles (rechts) nach dem Urgrund des Seins: Platon weist in die Höhe zur Idee des Guten, während Aristoteles auf den Betrachter zeigt.

Arbeiten nur als argumentative Verständigung im Rahmen eines Dialoges zwischen gleichberechtigten Individuen möglich ist. *dk*

Piaget, Jean (1896–1980) Schweizer Kinderpsychologe und Pionier der Entwicklungspsychologie. Piagets Entwicklungspsychologie führt geistige Entwicklung auf Eigenaktivität und Selbstregulationsprozesse zurück. Dabei ist für ihn die subjektiv erlebte Umwelt einer Person ausschlaggebend für Lernen und Entwicklung. Die geistige Entwicklung gliedert Piaget in vier Phasen: 1) Das bis zu zweijährige Kind muss in der sensomotorischen Phase zunächst Kontrolle über den eigenen Körper gewinnen und sich mit den verschiedensten physischen Objekten auseinander setzen. 2) In der präoperativen Phase (2–7 Jahre) steht der Spracherwerb im Vordergrund. 3) In der konkret operativen Phase (7–12 Jahre) beginnt die Beschäftigung mit abstrakten Größen, etwa Zahlen. 4) In der formal operativen Phase (12–15 Jahre) entfaltet sich schließlich das logische und systematische Denken.

Werke: Sprechen und Denken des Kindes (1923); Die Entwicklung der elementaren logischen Strukturen (1959); Theorien und Methoden der modernen Erziehung (1969). *dk*

Pico della Mirandola, Giovanni (1463–1494) Italienischer Philosoph. Als Humanist erstrebte Pico eine Weltreligion allgemeinmenschlicher Art, in der Christentum und Judentum mit neuplatonischen (→ Neuplatonismus) Gedanken verschmolzen werden sollten. 1486 verfasste er dazu 900 Thesen und lud „alle Gelehrten“ der Welt nach Rom ein, um darüber zu diskutieren. Im Zentrum seiner Überlegungen steht dabei der Mensch, den er als „unendlichen Menschen“ begreift. Das Wesen des Menschen sieht er in dessen Fähigkeit zu einer unendlicher Entwicklung gegeben, die ihn in einer unendlichen Dynamik auf einem unendlichen Weg über die Welt erhebt. Die Kirche belegte Pico mit Sanktionen, sprach ihn aber kurz vor seinem Tod vom Vorwurf der Häresie frei. *dk*

Pietismus (lat. *pietas* Frömmigkeit) Seit dem 17. Jh. in Deutschland entstandene Form des Protestantismus, die sich am Vorbild des englischen → Puritanismus orientierte. Von zentraler Bedeutung ist ein jeweils persönliches Bekehrungserlebnis, nach dem versucht wird, die eigene Frömmigkeit im alltäglichen Leben konkret umzusetzen. Ein bekannter Vertreter des Pietismus ist August Hermann Francke (1663–1727), der Begründer der als Francke'schen Stiftungen bekannt gewordenen Erziehungsanstalten in Halle a. d. Saale. *dk*

Pius XII. (eigentlich Eugenio Pacelli, 1876–1958) Papst 1939–1958. Sein Pontifikat wird wegen seines Umgangs mit dem italienischen Faschismus und dem deutschen Nationalsozialismus kontrovers bewertet. Einerseits wandte er sich seit 1937 wiederholt gegen den Totalitarismus, z. B. in der Enzyklika „Mit brennender Sorge“, und setzte sich aktiv für den Frieden ein, andererseits schwieg er zum Holocaust, weshalb ihm die unausgesprochene Billigung der Judenverfolgung vorgeworfen wird. 1949 exkommunizierte er alle italienischen Kommunisten, während eine Exkommunikation der Faschisten oder von Adolf Hitler selbst unterblieben war. 1950 ließ er die Himmelfahrt der heiligen Jungfrau Maria zum → Dogma erklären und gab die Entdeckung des Grabes des Apostels Petrus unter dem Hochaltar der Peterskirche bekannt. *dk*

Planck, Max (1858–1947) Deutscher Physiker. Planck war der Begründer der Quantentheorie und damit ein Mitbegründer der modernen Physik. 1918 erhielt er den Nobelpreis für Physik. Seine Entdeckung einer Naturkonstante, das Plancksche Wirkungsquantum, führte zu der heute anerkannten Theorie, dass elektromagnetische Strahlung die Eigenschaften von Wellen und Partikeln gleichzeitig besitzt. Diese Erkenntnis erschütterte die klassische Physik, die dieses scheinbar widersprüchliche Phänomen mit ihren Mitteln nicht erklären kann. Nach den heutigen Erkenntnissen der Quantenphysik existiert keine eindeutige Objektivierbarkeit, Kausalität und Determiniertheit des Seins. Die Wirklichkeit wird neu als ganzheitliche, nicht zerlegbare Potenzialität begriffen. Axiomatische Wissenschaften können die Welt nicht ohne Rückgriff auf metaphysische Aussagen erfassen. Diese Erkenntnisse erschütterten das Weltbild der Moderne noch stärker als die Relativitätstheorie Albert Einsteins. Die Erkenntnisse der Quantenphysik treiben uns an die Grenzen der menschlichen Vorstellungskraft und werden damit auch zu einer Herausforderung für Philosophie und Theologie. Nach dem naturwissenschaftlichen Paradigmenwechsel (→ Paradigma) beginnt sich ein neuer Dialog mit den Geisteswissenschaften gerade erst zu entfalten. *dk*

Platon (427 – um 347 v. Chr.) Griechischer Philosoph. Platon stammte aus einer attischen Aristokratenfamilie und war ein Schüler von → Sokrates. Nach dem Tod seines Lehrers und einigen Reisejahren gründete er in Athen eine Akademie, deren berühmtester Schüler → Aristoteles wurde. Platon stellte seine Überlegungen in Form von fiktiven Dialogen vor, in denen sein Lehrer Sokrates die Hauptrolle spielt. Der Kern seiner Lehren ist eine Einteilung der Welt in zwei Bereiche (→ Dualismus): die Welt der Erscheinungen, die mit der empirischen Realität gleichzusetzen ist, und das Reich der ewigen und unveränderbaren → Ideen, die das Urbild aller materiellen Dinge sind. Nach Platon geht die Existenz alles Materiellen auf etwas Immaterielles zurück, das diesem Zweck und Ziel vorgibt, weil alles empirisch erfahrbar „Reale“ hinter der Vollkommenheit der immateriellen Ideen zurückbleiben muss. Dieses Immaterielle ist nicht durch Erfahrung, sondern nur durch Denken zu erschließen (→ Rationalismus). Das höchste Prinzip ist dabei die „Idee des Guten“. Die Vorstellung unwandelbarer Ideen führt Platon zu der Überzeugung, dass aus diesen Ideen feste ethische Werte abgeleitet werden können. Da diese Werte dann auch lehrbar sind, misst sich für Platon der moralische Wert einer Handlung nicht an seinen Folgen, sondern nur an seiner Wertorientierung (→ Gesinnungsethik). In seinem Dialog „Politeia“ (Der Staat) verbindet Platon seine Erkenntnistheorie und seine Ethik mit der Utopie eines Idealstaates, in dem jeder Bürger gemäß seinen Anlagen und den daraus resultierenden ethischen Qualitäten durch Erziehung einem Stand zugeordnet ist, als dessen Mitglied er „das Seinige tut“. Aus der Harmonie dieser Stände mit ihren spezifischen → Tugenden entsteht die gemeinsame Tugend der umfassenden Gerechtigkeit. *dk*

Plotin (205–270) Griechischer Philosoph, Begründer des → Neuplatonismus (→ Platon). Plotin versuchte vergeblich, in Italien eine Philosophenstadt als ideales Gemeinwesen nach dem Vorbild von Platons „Staat“ zu begründen (Platonopolis). Er entwickelte ein an Platons Ideenlehre orientiertes philosophisches System, das als oberstes Prinzip das unkörperliche und eigenschaftslose „Eine“ (das Gute, das Göttliche) annimmt, aus dem zunächst die Vernunft, danach alles Sein durch → Emanation hervorgeht. Auch für Plotin gehört der Mensch gleichzeitig der Sinnenwelt wie der Welt der Ideen an. Im Gegensatz zu Platon sieht er aber die Ideen als Verbindungsglied zwischen dem göttlichen „Einen“ und der materiellen Realität. Die Philosophie Plotins versucht folglich, die materielle Welt zu überwinden und zu einer mystischen Schau des Göttlichen zu gelangen. *dk*

Pluralismus (lat. *plures* mehrere) In seiner allgemeinsten Bedeutung bezeichnet Pluralismus vielgliedrige Ordnungen und Anschauungen. In der Philosophie bezieht sich Pluralismus auf das Vorhandensein mehrerer unterschiedlicher, aber gleichberechtigt nebeneinander existierender Normensystemen. So geht der ethische Pluralismus von mehreren voneinander unabhängigen Moralsystemen aus, die das menschliche Handeln bestimmen können. Der soziokulturelle Pluralismus nimmt an, dass in einer Gesellschaft viele gleichberechtigte Gruppen existieren können, die unabhängig um Einfluss, Macht oder Zugang zu den Institutionen konkurrieren. *dk*

Polytheismus (griech. *polys* viel; *theos* Gott) Im Gegensatz zum → Monotheismus der Glaube an eine Vielzahl von Gottheiten. Die Götter einer polytheistischen Religion werden meist analog zu menschlichen Verhältnissen in Ahnenreihen geordnet und unterliegen in ihrer Beziehung zueinander einer gewissen Dynamik (vgl. griechische Götter- und Heldensagen). Mit dem Polytheismus ist oft der Glaube an Dämonen und Geister verbunden (→ Animismus). *dk*

Popper, Sir Karl Raimund (1902–1994) Österreichisch-britischer Philosoph. Nach dem Studium von Mathematik und Physik promovierte Popper 1928 in Philosophie; 1935 floh er vor den Nationalsozialisten zunächst nach Neuseeland, 1945 nach Großbritannien. Von 1949–1969 war er Professor für Logik und Wissenschaftstheorie in London. In Auseinandersetzung mit dem → Wiener Kreis begründete Popper mit seinem → Kritischen Rationalismus eine wissenschaftstheoretische Methodenlehre, die davon ausgeht, dass wissenschaftliche Erkenntnisse nur aufgrund von Versuch und Irrtum zu gewinnen sind. Keine Hypothese lässt sich endgültig beweisen, das heißt sie kann nur so lange als gültig angenommen werden, wie sie nicht durch → Falsifikation widerlegt wird. Obwohl Popper nicht an die

Karl Popper

endgültige Verifizierbarkeit empirisch-wissenschaftlicher Sätze glaubte, blieb für ihn die Annäherung an die Wahrheit das Ziel der Wissenschaft. Seine Methode des Kritischen Rationalismus wandte Popper ebenso auf gesellschaftswissenschaftliche Theorien an, wodurch er im so genannten „Positivismusstreit" der 60er- und 70er-Jahre mit der → Kritischen Theorie der → Frankfurter Schule in Konflikt geriet.

Werke: Logik der Forschung (1934); Die offene Gesellschaft und ihre Feinde (1945); Objektive Erkenntnis (1972). *dk*

Positives Recht (lat. *positum* gesetzt, gestellt) „Gesetztes", d. h. von Menschen festgesetztes Recht im Gegensatz zum → Naturrecht. Das Positive Recht wird von staatlichen oder internationalen Legislativorganen beschlossen. Es umfasst damit alle geltenden Rechtsnormen innerhalb einer Gesellschaft. Das so genannte Gewohnheitsrecht, das nicht „gesetzt" ist, aber ständig praktiziert wird, zählt nur insofern zum Positiven Recht, als es durch den Staat geduldet wird. Eine Weiterbildung des Positiven Rechts ist das so genannte Richter-Recht, d. h. Urteile von obersten Gerichten (Bundesverfassungsgericht, Bundesgerichtshof), die wegweisenden Charakter haben und auf die man sich in gleich gelagerten Fällen berufen kann. *dk*

Positivismus (lat. *positum* gesetzt, gestellt) Wissenschaftstheorie, die auf den → Empirismus aufbaut und eine Gegenposition zum → Rationalismus darstellt. Wie der Empirismus stützt sich der Positivismus allein auf die durch Beobachtung wahrzunehmenden, für ihn damit „positiven", also real gesetzten Tatsachen. Die Wirklichkeit wird folglich mit den Inhalten der Wahrnehmung gleichgesetzt. Die philosophische Betrachtung bezieht sich ausschließlich auf das Erfahrbare und Beobachtbare. Als Begründer des Positivismus gilt der französische Philosoph Auguste → Comte. Als Erklärung für die Phänomene der Welt dient in seinem Modell nicht das Wirken übernatürlicher oder abstrakter Wesenheiten, sondern es wird durch die Beobachtung der positiv gegebenen Realität in wissenschaftlicher Weise auf allgemeine Gesetzmäßigkeiten geschlossen (→ Dreistadiengesetz). Den höchsten Grad der Positivität unter den Wissenschaften sprach Comte der Mathematik vor den weiteren Naturwissenschaften zu. Neuere Formen des Positivismus vertritt z. B. der → Wiener Kreis. *dk*

Postmoderne (lat. *post* nach) Der Begriff wird in der Kulturtheorie, Ästhetik, Architektur, Literaturwissenschaft und Philosophie seit den 50er-Jahren des 20. Jhs verwendet. Die Strömung der Postmoderne lehnt jede normativ bestimmte Entwicklung zugunsten einer prinzipiellen Offenheit ab. Sie vertritt eine gesteigerte Individualität und damit verbunden einen ausgeprägten Stilpluralismus, wie er sich etwa in der postmoderne Architektur zeigt (Lloyds Gebäude, London; AT&T Building, New York). Die Postmoderne spricht der Zukunft die Möglichkeit einer radikalen Neuschöpfung ab und konzentriert sich auf den spielerischen Umgang mit dem bisherigen „Material". Auch die postmoderne Philosophie distanziert sich von der Fortschrittsgewissheit der Moderne und tritt für die freie Kombination verschiedenster Erkenntnismodelle ein. Zentral für die Postmoderne ist die von Jean-François Lyotard (1924–1998) entfaltete Ansicht, dass das heutige Weltbild nicht mehr wie früher von großen, in sich schlüssigen „Erzählungen" wie etwa Religionen, Ideologien oder philosophischen Systemen bestimmt werden könne. Wissen setzt sich für ihn nur noch aus Sinnfragmenten zusammen, die nicht mehr auf ein objektivierbares Sinnganzes verweisen. Weitere Vertreter der Postmoderne sind Jacques Derrida (geb. 1930), Paul → Feyerabend und Paul Virilio (geb. 1932). *dk*

Prädestinationslehre (lat. *praedestinatio* Vorherbestimmung) Die Prädestinationslehre nimmt an, dass das Schicksal eines Menschen von Gott vorbestimmt ist. Dabei wird zwischen der einfachen und der doppelten Prädestinationslehre unterschieden: Die einfache Prädestinationslehre geht davon aus, dass Gott manche Menschen durch Gnadenwahl zum ewigen Leben bestimmt hat, vgl. im Neuen Testament den Römerbrief 8,29 f.: „Denn alle, die er im Voraus erkannt hat, hat er auch im Voraus dazu bestimmt, an Wesen und Gestalt seines Sohnes teilzuhaben ... Die aber, die er vorausbestimmt hat, hat er auch berufen, und die er berufen hat, hat er auch gerecht gemacht; die er aber gerecht gemacht hat, die hat er auch verherrlicht." Aurelius → Augustinus geht mit Paulus davon aus, dass nur der Mensch das ewige Heil erlangen kann, der an die Erlösung durch Jesus Christus glaubt. Die doppelte Prädestinationslehre folgert aus der Prädestination zum ewigen Leben, dass auch die Verdammung eines Menschen durch Gott vorherbestimmt ist. Der bekannteste Vertreter dieser Ansicht war Johannes → Calvin. Durch Calvins Wirken erlangte die Prädestinationslehre Einfluss auf den → Puritanismus. Im modernen Protestantismus (Karl → Barth) wird auch die Auffassung vertreten, in Jesus offenbare sich Gottes Wille, unterschiedslos alle Menschen für die Erlösung auszuwählen. *dk*

Pragmatismus (griech. *pragma* Handlung) In den USA im 19. Jh. entstandene Lebensphilosophie, die die Wahrheit und Gültigkeit von Ideen und Theorien gemäß ihrem jeweiligen praktischen Nutzen bewertet (→ Utilitarismus). Für den Pragmatismus steht Wahrheit in einer Relation zu Zeit und Ort oder auch zu den beabsichtigten Zielen. Der Pragmatismus verwirft deshalb rein theoretische Spekulationen und versucht, das konkrete Handeln der Menschen zu leiten. Die Ablehnung absoluter Werte bzw. einer absoluten Wahrheit führte den Pragmatismus in eine enge Verbindung mit den empirischen Naturwissenschaften und der experimentellen Methodik. Wichtige Vertreter des Pragmatismus waren Charles S. Peirce (1839–1914), William James (1842–1910) und John → Dewey. Heute findet sich der Pragmatismus eher als „Lebenshaltung" im „Anything goes" einer ungezügelten kapitalistisch-technologischen Fortschrittsgläubigkeit. *dk*

Präimplantationsdiagnostik (PID) (lat. *prä* vor; *implantare* einpflanzen) Diagnoseverfahren bei der „In-vitro-Fertilisation" (künstliche Befruchtung von Eizellen außerhalb des weiblichen Körpers). Technisch kann die Präimplantationsdiagnostik angewandt werden, wenn mehrere künstlich befruchtete Eizellen vorliegen. Die Embryos werden beispielsweise auf mögliche Erbkrankheiten untersucht, um zu gewährleisten, dass nur ein gesundes Embryo in die Gebärmutter der Mutter übertragen wird. Unter ethischen Gesichtspunkten ist zu berücksichtigen, dass durch genauere Analyseverfahren der qualitative Anspruch an ein „perfektes" Embryo ständig steigt; ebenso ist zu klären, wie mit den nicht verwendeten Individuen verfahren werden darf. *dk*

Prämisse (lat. *praemissum* Vorausgesetztes) Alltagssprachlich ist mit Prämisse eine Voraussetzung gemeint. In der aristotelischen Logik setzt sich ein logisch gültiger Schluss (→ Syllogismus) aus zwei Prämissen, d. h. Vordersätzen, und einer Konklusion (Schlussfolgerung) zusammen. *dk*

Priester (althochdt. *prestar;* kirchenlat. *Presbyter* Ältester der Gemeinde) In allen Kulturen ist der Priester der Mittler zwischen den Menschen und dem Göttlichen bzw. den Göttern. Priester üben ihr Amt aufgrund besonderer Fähigkeiten, Kenntnisse, Abstammungen, Initiationen oder Weihen oder aufgrund ihrer Zugehörigkeit zu einer gesellschaftlichen Gruppe aus. Im Alten Testament sind Priester „Ausgesonderte“ für gottesdienstliche Handlungen, die auf Aaron zurückgeführt werden (Exodus 28,40). Die Herausbildung einer christlichen Priesterschaft geht von den Aposteln aus (Lukas 10,1). Das Gemeindeleben der urchristlichen Kirche brachte die Ämter der Bischöfe, Priester und Diakone hervor. Das Amt ist jeweils verbunden mit dem Sakrament der Weihe: die Übertragung der Amtsgewalt von einer Person, dem Bischof, zur anderen durch Handauflegen und Gebet. Seit dem 3. Jh. versteht man unter Priestern Geistliche, die die Eucharistie feiern dürfen. Dazu bedürfen sie einer Weihe, hier der Berufung in den Priesterstand (Ordination). Da der geweihte Priester in besonderer Weise Jesus Christus dient, ist er in der römisch-katholischen Kirche zum → Zölibat (Zustand der Ehelosigkeit) verpflichtet. Die evangelischen Kirchen kennen das Sakrament der Priesterweihe nicht. Sie lehnen nach Martin Luther die Existenz eines besonderen Priesterstandes ab (→ Klerus). Entsprechend stehen im Konzept des Priestertums aller Gläubigen alle getauften Christen in ihrem Verhältnis zu Gott auf der gleichen Stufe. *dk*

Proletariat Im antiken Rom die Bevölkerungsgruppe der Besitzlosen. Als sozialwissenschaftlicher Begriff des Marxismus (Karl → Marx) bezeichnet Proletariat die Gruppe der Lohnarbeiter, die als einziges Kapital über ihre Körperkraft verfügen. *dk*

Prometheus (griech. der vorher Bedenkende) Gestalt der griechischen Mythologie. Prometheus ist Angehöriger des alten Göttergeschlechtes; er rebellierte aber gegen die Götter, erschuf die Menschen und half ihnen, ihr Überleben zu sichern. So schenkte er den Menschen entgegen Zeus' Befehl das Feuer. Daraufhin bestrafte dieser die Menschen mit den Plagen der Pandora und schmiedete Prometheus an einen Felsen des Kaukasus, wo ein Adler Tag für Tag Prometheus' stets nachwachsende Leber fraß, bis Herakles ihn befreite. *dk*

Innenbild einer schwarzfigurigen Trinkschale: Ein Adler frisst von der Leber des gefesselten Prometheus. Links von ihm steht sein Bruder Atlas, der das Himmelsgewölbe trägt.

Prophet (griech. *prophainein* vorhersagen) Ursprünglich wurden Seher oder Wahrsager als Propheten bezeichnet. Allgemein sind sie die Übermittler einer göttlichen Botschaft an die Menschen. Sie können aber auch wie im → Alten Testament im Auftrag Gottes als Mahner auftreten, die die Menschen an (meist unbequeme) Wahrheiten erinnern. Zum Prophetentum gehört meist eine Berufung durch Gott, oft auch gegen den Willen der Betroffenen (z. B. Jona 1,1–3). Das Alte Testament enthält die Prophetenbücher der „großen Propheten“ Jesaja, Jeremia und Ezechiel sowie die kürzeren Bücher, die den so genannten zwölf „kleinen Propheten“ zugeschrieben werden (Hosea, Joel, Amos, Obadja, Jona, Micha, Nahum, Habakuk, Zephania, Haggai, Sacharja, Maleachi). Der Islam sieht sich in der christlich-jüdischen Tradition der Propheten, die für ihn aber in Mohammed den Abschluss findet. *dk*

Protagoras (um 485 – um 415 v. Chr.) Griechischer Philosoph. Protagoras ist ein Zeitgenosse des Sokrates; er gilt als erster und bedeutendster der griechischen → Sophisten. Nach ihm gibt es keine allgemein gültige Wahrheit, sondern nur „Wahrheiten“, da jeder Mensch das, was er für wahr oder unwahr hält, aus seiner persönlichen Perspektive heraus beurteilt. Kernpunkt seines Denkens war der Satz „Der Mensch ist das Maß aller Dinge“ (→ Homo-mensura-Satz), mit dem er eine Position des Subjektivismus und Relativismus bezog, die im Gegensatz zur sokratischen Denkweise stand. *dk*

Protestantismus Bezeichnung für all die christlichen Kirchen, die sich selbst nicht der katholischen, orthodoxen oder sonstigen ostkirchlichen Tradition zugehörig fühlen. Der Begriff entstand nach 1529 aufgrund eines Protestschreibens der Lutheraner auf dem Reichstag zu Speyer gegen die Aufhebung des Toleranzediktes, das ihnen bis dahin Glaubensfreiheit gewährt hatte. Im weiteren Sinne begann der Protestantismus historisch als Erneuerungsbewegung der römisch-katholischen Kirche, die schließlich zur → Reformation führte. Ausgehend vom Luthertum (Martin → Luther) entwickelten sich als weitere Hauptströmungen des Protestantismus der Calvinismus (Johannes → Calvin), die Wiedertäuferbewegung und die → Anglikanische Kirche. Der Protestantismus blieb geprägt durch eine ständige Differenzierung und Zersplitterung in Kirchen, Glaubensgemeinschaften und Sekten. Theologische Übereinstimmung herrscht trotz der verschiedenen Ausformungen des Protestantismus z. B. in der Ablehnung des Primats des Papstes, in der Beibehaltung wesentlicher Inhalte der katholischen bzw. orthodoxen Tradition, in der Rechtfertigungslehre, in der Berufung auf die Bibel als einzige Quelle der Glaubenslehre sowie hinsichtlich des lutherischen Priestertums aller Gläubigen (→ Priester). *dk*

Psalmen (griech. *psalmos* zum Saitenspiel vorgetragenes Lied) Liedhafte Texte der Bibel, die im alttestamentlichen Buch der Psalmen (Psalter) zusammengefasst sind. Die heutige Sammlung von 150 Psalmen wird in fünf Bücher unterteilt; sie setzt sich aus mehreren älteren Sammlungen zusammen. Die angegebenen Verfassernamen Mose, David oder Salomo deuten eher auf eine innere Zugehörigkeit als auf die tatsächlichen Verfasser hin. Die einzelnen Psalmen sind sehr verschieden, es lassen sich aber mehrere Gattungen bestimmen: Lobpsalmen, Klagepsalmen, Bittpsalmen, Dankpsalmen, Königspsalmen, Wallfahrtspsalmen, Weisheitslieder oder Hymnen. Manche Psalmen enthalten musikalische Anweisungen, andere scheinen einem zeremonialen Zusammenhang zu entstammen. Einige Psalmen finden heute noch in der christlichen → Liturgie Verwendung und sind Quelle vieler Gebete. *dk*

Psychologie/Psychoanalyse (griech. *psyche* Seele; *logos* Lehre, Wissenschaft; *analysis* Auflösung) Als Wissenschaft vom Verhalten und Erleben des Menschen geht es der Psychologie um die Klärung psychischer Tatsachen und deren Gesetzmäßigkeiten. Bis zum 19. Jh. war die Psychologie, etwa im Rahmen der Auseinandersetzung um das → Leib-Seele-Problem, ein Teilgebiet der Philosophie. Unter der Einwirkung des → Empirismus entwickelte sich aber auch eine Nähe zu anderen Sozial- und Naturwissenschaften mit der entsprechenden Betonung der empirisch-quantitativen Methodik. Heute umfasst die Psychologie Fragestellungen aus dem medizinischen, pädagogischen, biologischen oder auch management- und marketingorientierten Bereich.

Die von dem Wiener Arzt und Psychiater Sigmund Freud entwickelte Psychoanalyse ist dagegen eine Tiefenpsychologie, die die Struktur und Funktionsweise des menschlichen Geistes zu klären versucht, um in der Psychotherapie eine Heilung seelischer Leiden zu ermöglichen. Freud geht davon aus, dass jedes psychische Geschehen von einem vorangegangenen determiniert ist. Auch die psychischen Prozesse, deren Existenz und Wertigkeit dem Betroffenen nicht bewusst sind, sind für sein Verhalten von Bedeutung. Freud sah in krankhaften Seelenzuständen die Reaktion auf psychische Erlebnisse, die von den Betroffenen nicht oder zumindest nicht so ertragen werden konnten, wie es die Realität verlangt hätte. Wenn es dem Therapeuten gelang, im Rahmen einer „Rede-Kur", diese unbewussten Tatsachen zu erkennen und in das Bewusstsein des Patienten zu heben, musste sich die krank machende Struktur „auflösen" *(analysis)*. Ein weiteres Merkmal der Psychoanalyse ist die Annahme, dass derartige unbewusste Konflikte im Zusammenhang mit instinktiven Antrieben stehen, wie sie besonders in der Kindheit eines Menschen eine bedeutende Rolle spielen. So entwickelte Freud eine Theorie der kindlichen Sexualität, in deren Zentrum der so genannte Ödipuskomplex steht. *dk*

Puritanismus (lat. *purus* rein) Im 16. Jh. entstandene Reformbewegung, um die → Anglikanische Kirche zu „reinigen" und ein sittenstrenges religiöses Leben durchzusetzen. Im weiteren Sinne umfasst der Begriff auch diejenigen Bewegungen, die sich aus ähnlichen Beweggründen von der Anglikanischen Kirche abspalteten, z. B. die Quäker. Die Puritaner bemühen sich um eine bürgerliche Gesellschaft, die den göttlichen Geboten entsprechend verfasst ist, und engagieren sich zugleich intensiv für ihre Moralvorstellungen. Der Puritanismus gründet auf der → Prädestinationslehre Johannes → Calvins; man sah in persönlichen Bekehrungserlebnissen einen Hinweis darauf, von Gott auserwählt worden zu sein. Historisch entwickelte sich der Puritanismus vom Kampf um eine Reform des Gottesdienstes hin zu einer bedeutenden politischen Kraft des 17. Jhs in England. Nach der Restauration der Stuarts 1660 verloren die Puritaner allerdings ihren Einfluss als Opposition der Anglikanischen Kirche. In den USA wirken ihre Einflüsse z. B. über die Vorstellung, ein auserwähltes Volk zu sein, noch heute fort. *dk*

Pythagoras (um 570 – um 496 v. Chr.) Griechischer Philosoph und Mathematiker. Pythagoras gründete nach 530 v. Chr. eine Schule, die sich zu einem Geheimbund mit sittlich-religiösen, politischen und wissenschaftlichen Zielen entwickelte. Kernpunkt der Lehre des Pythagoras und seines Bundes war der Glaube an die Seelenwanderung, wie sie auch das Denken → Platons beeinflusste. Die Pythagoreer bemühten sich um einen idealen Lebenswandel, der Askese mit wissenschaftlichen und musischen Tätigkeiten verband, um den Menschen von der Sinnlichkeit zur Vergeistigung zu führen und die Seele zu reinigen. Zentrum des Bemühens war das Konzept einer allumfassenden Harmonielehre. Die Beschäftigung mit der Mathematik führte die Pythagoreer dabei zu der Vorstellung, der Kosmos bestehe aus Harmonie und Zahl. Das Prinzip des Seins war folglich die Zahl. Dementsprechend versuchten sie, die Ordnung der Himmelskörper aus der Zahlenlehre zu erklären und dies wiederum mit musiktheoretischen Erkenntnissen in Einklang zu bringen, indem sie die Harmonie von Saiteninstrumenten mit den Abstandsintervallen der Gestirne verglichen. Der bekannte mathematische „Satz des Pythagoras" ($a^2 + b^2 = c^2$) geht allerdings vermutlich auf ältere Mathematiker zurück. *dk*

Pythagoras

Q

Qumran Arabischer Name für eine antike Siedlung am Nordwestufer des Toten Meeres. Im Jahr 1947 entdeckte ein Hirtenjunge in der näheren Umgebung dieser Siedlung elf Höhlen mit über 800 Schriftrollen aus der Zeit Jesu. Zwischen 1952 und 1958 wurden die Rollen ausgegraben, ihre Auswertung und Übersetzung dauert bis heute an.

Vor allem in den letzten zehn Jahren gab es erbitterte akademische Auseinandersetzungen um die Herkunft und die Bedeutung dieser Bibliothek mit Texten aus der jüdischen Bibel und verschiedenen → Apokryphen. Inzwischen gilt als sicher, dass die meisten Texte aus dem frühen 1. Jh. n. Chr. stammen, allerdings aus der Zeit vor dem Auftreten Jesu, d. h. vor 30 n. Chr. Die These, die Siedlung Qumran sei ein Essener-Kloster (→ Essener) gewesen, das seine Bibliothek vor den anrückenden Römern versteckt habe, gilt inzwischen als überholt. Vielmehr wird davon ausgegangen, dass die Sammlung einen repräsentativen Querschnitt durch eine jüdische Gemeindebibliothek enthält. Ein direkter Zusammenhang zwischen der Siedlung in Qumran, den Textrollen und den frühen christlichen Gemeinden lässt sich nicht nachweisen. Viele Texte zeigen allerdings Entsprechungen zum frühen Christentum („Neuer Bund“, Einrichtung der zwölf Männer, Praxis des Ermahnens von Gruppenmitgliedern, Verbot der zweiten Heirat bzw. der Ehescheidung). *cps*

Qumran: Am unteren Bildrand sind die Reste einer vermutlich essenischen Siedlungsanlage zu sehen.

R

Rabbi (hebr. mein Lehrer, mein Meister) Ehrentitel für einen jüdischen Schriftgelehrten und Religionslehrer. Auch Jesus wurde von seinen Anhängern mit „Rabbi" angesprochen (z. B. Markus 9, 5; Johannes 1, 38). Der Begriff lebt in der heutigen Amtsbezeichnung „Rabbiner" für den religiösen Vorsitzenden einer jüdischen Gemeinde fort. *cps*

Rahner, Karl (1904–1984) Deutscher katholischer Theologe. Rahner war seit 1949 Professor für Dogmatik in Innsbruck, ab 1964 in München, 1967–1971 in Münster. 1963 wurde er von → Johannes XXIII. zum Berater des Zweiten Vatikanischen Konzils ernannt. Rahners Lehre verbindet den Ansatz des → Existenzialismus mit der traditionellen katholischen Dogmatik. Seine Theologie geht vom Menschen aus, von ihm selbst mit der Kurzformel „Theologie als Anthropologie" bezeichnet. Der Mensch ist eine Sinn suchende, transzendierende (→ Transzendenz), auf die göttliche Übernatur sehnsüchtig ausgerichtete Person, die in der Begegnung mit der Offenbarung Gottes in Jesus Christus nicht ein fremdes, äußerliches Gegenüber, sondern eine Interpretation seines eigenen innersten Wesens erfährt („anthropologische Wende"). Dies bedeutet eine Neubestimmung des Offenbarungsbegriffs: Die Offenbarung ist nicht primär eine durch Jesus Christus verkündete Lehre, die inzwischen von der Kirche ausgelegt und verwaltet wird, sondern die Erfüllung menschlicher Sehnsucht und Möglichkeit, zu Geschichte geworden und damit erfahrbar in Jesus Christus. Glauben heißt folglich nicht, sich einen religiösen Lerninhalt anzueignen, sondern sich in der Existenzerfahrung für die Gotteserfahrung zu öffnen. Für Rahner ist der Mensch „Hörer des Wortes" Gottes, das entsprechend vom Menschen her, also existenzial verstanden und ausgelegt werden muss. Um zu erklären, wie Nichtgläubige oder Andersgläubige der christlichen Offenbarung gegenüberstehen, führt Rahner den Begriff des „anonymen Christentums" ein: Auch Menschen, die nichts von Jesus Christus wissen, leben ein anonymes Christentum, sofern sie ihr Menschsein im Sinne der Offenbarung verstehen und aufrichtig, der Wahrheit und ihrem Gewissen verpflichtet leben. Damit leistete Rahner einen bedeutenden Beitrag zum Dialog des Christentums mit den Weltreligionen und dem Atheismus.

Karl Rahner

Werke: Hörer des Wortes (1941); Grundkurs des Glaubens (1976); Schriften zur Theologie (16 Bde., 1957–1984). *cps*

Ramadan Der neunte Monat des islamischen Mondkalenders, der als Fastenmonat gefeiert wird. Von Sonnenaufgang bis Sonnenuntergang ist es den Muslimen in diesem Monat untersagt, zu essen oder zu trinken. Nachts dagegen werden Feiern veranstaltet und gemeinsame Mahlzeiten eingenommen. Da der Ramadan jahreszeitlich wechselt, ist die Fastenzeit des Tages im Sommer beinahe doppelt so lang wie im Winter. *cps*

Ratio (lat. Denken, Verstand, Berechnung) In der abendländischen Philosophie bezeichnet Ratio den menschlichen → Verstand (als Organ der Erkenntnisfähigkeit) und die → Vernunft (als Ort der Reflexionsfähigkeit). *cps*

Rationalismus (lat. *ratio* Denken, Verstand, Berechnung) Strömung in der abendländischen Geistesgeschichte, in welcher der Tätigkeit des menschlichen Verstandes (→ Ratio) gegenüber den Sinnen beim Erkenntnisakt der Vorrang eingeräumt wird. Der Rationalismus steht damit dem → Empirismus gegenüber. Seinen Höhepunkt erlebt der Rationalismus in seiner Systematisierung durch die

Werke von René Descartes, Baruch de Spinoza und Gottfried W. Leibniz, die sich gegen den angelsächsischen Empirismus von John Locke, George Berkeley oder David Hume stellten. Logische Folge des Rationalismus war die → Aufklärung, welche die Bedeutung der Ratio über den Glauben stellte und somit für einen bis heute wirksamen Weltbildwechsel (→ Paradigma) sorgte. *cps*

Rawls, John (geb. 1921) Amerikanischer Philosoph. Rawls war Professor für Philosophie an der Cornell University (New York) und ab 1979 an der Harvard University (Massachusetts). Er gilt als einer der bedeutendsten Vertreter der politischen Philosophie der Gegenwart. Rawls stellte dem im angloamerikanischen Kulturraum verbreiteten → Utilitarismus die „Theorie der Gerechtigkeit" gegenüber. Das utilitaristische Nützlichkeitsdenken ersetzte er durch ein Vertragsmodell: Alle Individuen einer Gemeinschaft müssen mit den gleichen Grundfreiheiten (Freiheit, Chancen, Einkommen, Vermögen usw.) ausgestattet werden, um „Gerechtigkeit als Fairness" zu erreichen. An diesem Modell entbrannte heftige Kritik aus dem linken wie rechten politischen Lager: Während sich die Kommunitaristen (→ Kommunitarismus) gegen den liberalen Charakter der Theorie wandten, missfielen den in Amerika einflussreichen Libertarianern (→ Liberalismus) die sozialstaatlich-sozialdemokratischen Elemente des Modells.

John Rawls

Werke: A Theory of Justice (1971); Die Idee des politischen Liberalismus (1992). *cps*

Rechtfertigung Zentraler Begriff in der Auseinandersetzung der Reformatoren (→ Reformation) mit der katholischen Kirche. Der Begriff findet sich bereits in den paulinischen Schriften (Römerbrief 3,20; Galaterbrief 3,11–13) und wird von Martin Luther in seinem Kampf gegen die → Ablass- und Bußpraxis wieder aufgegriffen. In diesem theologischen Zusammenhang meint Rechtfertigung nicht eine Verteidigung des Menschen für seine Untaten („Er rechtfertigte sich für den Diebstahl ..."), sondern das aktive Handeln Gottes, sein „Rechtfertigen", also sein Heilshandeln am sündigen Menschen. Für die Reformatoren war klar, dass Gottes „Heilmachen" des Menschen bereits durch Jesus Christus geschehen ist und dass der Mensch sich nur noch im Vertrauen auf diesen in Gottes Hand und Gnade geben muss. Die katholische Kirche dagegen betonte die Notwendigkeit der guten Werke eines Menschen, seiner Teilnahme an den Sakramenten und der Vermittlerfunktion der Kirche zwischen Gott und Mensch. Aus dieser Theorie entwickelte sich aber die spätmittelalterliche Fehlform des Ablass- und Sakramentenhandels, bei der die Gnade Gottes von finanziellen Vorleistungen des Menschen an die Kirche abhängig gemacht wurde. Bereits das Tridentiner Konzil (1545–1563) der katholischen Kirche näherte sich der protestantischen Position an, 450 Jahre später fanden der lutherische Weltverband und die katholische Kirche den Weg zu einer Gemeinsamen Erklärung zur Rechtfertigungslehre (Augsburg 1999). Diese betont, dass der Mensch *allein aus Gnade* im Glauben an Jesus Christus, *nicht aber aufgrund von Verdiensten* von Gott angenommen wird. Die guten Werke eines Menschen sind folglich Ergebnis des Geistwirkens im gläubigen Menschen. *cps*

Rechtspositivismus Strömung in der Rechtsphilosophie, die das in einem Staatswesen positiv (d. h. tatsächlich) geltende Recht (→ Positives Recht) über naturrechtliche Normen oder Bestimmungen (→ Naturrecht) stellt. Im Dritten Reich war die rechtspositivistisch begründete Aufhebung naturrechtlicher Normen wie Freiheit, Gleichheit und Unantastbarkeit der Menschenwürde die Grundlage für den vom Staat praktizierten Rassenwahn des Holocaust. *cps*

Redaktionskritik Analyseschritt der → historisch-kritischen Methode, bei dem ein biblischer Text daraufhin untersucht wird, wer die ursprüngliche Fassung des Textes verändert hat und welche Gründe ihn dazu veranlassten. Zum Beispiel zeigt ein Vergleich der Kreuzigung Jesu in den drei synoptischen Evangelien (→ Synoptiker), wie die einzelnen Evangelisten ihre Vorlage individuell gestaltet und somit redaktionell verändert haben. *cps*

Reduktionismus (lat. *reductio* Zurückfindung) Begriff aus der Wissenschaftstheorie, der die Vereinfachung und „Rückführung" einer Theorie oder eines Modells auf unmittelbar Gegebenes beschreibt. Im engeren Sinne bezeichnet der Begriff die Bemühungen der Neopositivisten (→ Wiener Kreis), die Begriffe und Theorien der einzelnen Wissenschaften auf eine Basiswissenschaft zurückzuführen. *cps*

Martin Luther entzündet die Flamme der Reformation an seinen Vorgängern Jan Hus (um 1370–1415) und Jan Wiclif (um 1313–1384); Holzschnitt um 1550.

Reformation (lat. *reformatio* Erneuerung) Im ursprünglichen Sinne meint der Begriff Reformation die Erneuerung einer Gemeinschaft durch eine Rückbesinnung auf ihre Ursprünge. Heute wird mit Reformation in der Regel die religiöse Reformbewegung bezeichnet, die der Augustinermönch Martin → Luther 1517 durch seinen Widerstand gegen den kirchlichen Ablasshandel (→ Ablass) mit seinen 95 Thesen auslöste. Aus dem Konflikt Luthers mit der römischen Kirche entwickelte sich eine europaweite Protestbewegung, welche die abendländische Kircheneinheit sprengte und damit die weltgeschichtliche Wende vom Mittelalter zur Neuzeit vollzog. Während die katholische Kirche im 15. Jh. mithilfe der weltlichen Einrichtungen bedeutende Reformbewegungen in Europa unterdrücken konnte (Verurteilung John Wiclifs und Verbrennung von Jan Hus 1415 auf dem Konstanzer Konzil), setzte der Konflikt mit Luther den aufgestauten Reformdruck in der Kirche frei: Die Hussiten in Böhmen, Ulrich → Zwingli in der Zentralschweiz, Johannes → Calvin in der Westschweiz und in Frankreich sowie John Knox in Schottland sagten sich mit ihren Anhängern von der römische Papstkirche los und gründeten eigene Gemeinschaften („protestantische Kirchen"). Trotz der Bemühungen Kaiser Karls V. um eine Eindämmung der Bewegung zerfiel Europa ab der Mitte des 16. Jhs in zahlreiche konfessionsverschiedene Gebiete und Staaten, von denen in der Folge blutige Religionskriege ausgingen. Für das deutsche Reichsgebiet wurde auf dem Wormser

Reichstag 1555 bestimmt, dass der jeweilige Landesfürst die Religion frei wählen konnte und seine Untertanen dem folgen mussten (*cuius regio, eius religio* – wessen Gebiet, dessen Religion), Andersgläubige hatten jedoch das Recht zur Auswanderung. Luthers Zorn über den Machtmissbrauch der Päpste und die Entstellung der Sakramentenpraxis durch den Ablasshandel waren zwar der äußere Anlass der Reformation, ihre Ursachen liegen allerdings wesentlich tiefer: Die Streitigkeiten innerhalb der → Kurie, die 1378 zum Großen Abendländischen → Schisma führten, das ausschweifende Luxusleben der Renaissance-Päpste, der aufkommende → Humanismus, der deutsche Nationalismus und die zunehmende Selbstständigkeit der Reichsfürsten waren unabdingbare Voraussetzungen für die reformatorische Bewegung, die sich nicht nur gegen den Papst, sondern auch gegen den katholischen Kaiser richtete. *cps*

Regress, unendlicher (lat. *regressus ad infinitum; regressio* Rückkehr) Eine Argumentationstechnik, die vor allem in den Gottesbeweisen der Antike (Aristoteles) und des Mittelalters (Thomas von Aquin) angewandt wurde. Mit Regress wird eine Kette von Bedingungen bezeichnet, in der jede Bedingung jeweils von einer vorhergehenden Bedingung abhängig ist. Damit alle weiteren Bedingungen eintreten, muss eine erste Bedingung als *primum principium* (erstes Prinzip) notwendigerweise angenommen werden. Dieses erste Prinzip ist dann Gott/das Göttliche. *cps*

Reich Gottes Reich, in dem Gottes Herrschaft Wirklichkeit geworden ist, im Neuen Testament auch als Himmelreich bezeichnet. Das Reich Gottes wird seit dem frühen Christentum sowohl in der Gegenwart bereits erfahren als auch von der Zukunft erhofft. Der Evangelist Matthäus spricht in Mt 12,28 vom Reich Gottes als einem gegenwärtigen, in Mt 10,7 vom Reich Gottes als einem zukünftigem Reich, das auch die politisch-sozialen Verhältnisse grundlegend verändern wird. Dieser doppelte Aspekt lässt sich damit erklären, dass mit der Person Jesu Christi das Reich Gottes gegenwärtig geworden ist, an die Hoffnung auf sein Wiederkommen sich aber auch die Hoffnung auf die Vollendung des Reiches Gottes anknüpft. Das frühe Christentum erwartete diese Vollendung in unmittelbarer Zukunft. Auch wenn diese Hoffnung in späteren Jahrhunderten immer wieder auflebte, so sahen und sehen die christlichen Kirchen das Reich Gottes vor allem in ihrem Heilsraum gegenwärtig. *ck*

Reinkarnation (lat. *re-* zurück, wieder; *incarnatio* Fleischwerdung) Auch bezeichnet als Wiedergeburt, → Samsara, Metempsychose oder Palingenese. Der Glaube an eine Reinkarnation geht davon aus, dass die Seele nach dem Tod des Körpers in einen neuen Körper hineingeboren wird. Dieser Glaube ist ein Merkmal asiatischer Religionen und Vorstellungswelten, fand aber auch im Westen immer wieder Anhänger, z. B. in der Neuzeit bei Arthur Schopenhauer. Im Hinduismus und Buddhismus wird der Mensch entsprechend seinen Taten im letzten Leben (→ Karma) wiedergeboren, entweder zur Strafe in einer niederen Lebensform (Pflanze, Tier) oder als Belohnung in einer höheren Lebensform (Menschen, im Hinduismus höhere → Kasten). Diesem Kreislauf der Wiedergeburt kann der Mensch nur entkommen, wenn er sich als „Erleuchteter" von den Begierden und Leidenschaften der sinnlichen Existenz löst und den Weg ins → Nirwana einschlägt. Der Glaube an die Reinkarnation ist durch Esoterik und Okkultismus auch in Europa populär geworden. Im Christentum gibt es die Vorstellung der Wiedergeburt nicht, der Mensch hat nur eine einzige diesseitige Existenz mit anschließendem ewigem Aufenthalt in einem Jenseits. Lediglich die von Gott bewirkte sittlich-religiöse Erneuerung des Menschen wird als neue Geburt angesehen,

Das „Rad der Wiedergeburt" steht im Zentrum der buddhistischen Religiosität und symbolisiert das Leben des Menschen, der noch nicht ins Nirwana gelangen konnte. Die acht Speichen des Rades stehen zugleich für den „edlen achtteiligen Pfad", der den Weg zur Erlösung weist; Darstellung an der Schwarzen Pagode in Konarak (Indien).

weshalb die Taufe auch „Bad der Wiedergeburt" genannt wird. Umfragen zufolge glaubt etwa ein Viertel der Deutschen an eine Wiedergeburt. *cps/wl/ck*

Religion Lateinischer Begriff, der den menschlichen Glauben und das Vertrauen auf eine höhere Macht im Allgemeinen bezeichnet. Die Herkunft des lateinischen Begriffs *religio* (Gottesfurcht) ist umstritten. Er leitet sich entweder vom Verb *relegere* (sorgfältig beachten, immer wieder bedenken) ab oder vom Verb *religare* (zurückbinden an, verpflichten auf). Damit ist auf zwei grundlegende Phänomene von Religion verwiesen. Religion heißt zum einen die Bindung an ein höheres Wesen im Sinne von Glauben, Verehrung, Günstigstimmung und zum zweiten die Verpflichtung auf diesen Glauben durch Einhaltung von Regeln im Bereich von Kult und Magie sowie die Zugehörigkeit zu einer Gemeinschaft von Glaubenden.

Das Phänomen der Religion untersucht die Religionswissenschaft. Durch sie ist belegt, dass Religion ein Wesensmerkmal der menschlichen Spezies ist, welches seit der Entwicklungsstufe des Homo neanderthalensis durch Grabfunde belegbar ist. Auch wenn es seit der griechischen Aufklärung in der Antike → Religionskritik gibt, so bleibt der religiöse Glaube ein Faszinosum, das für die meisten Menschen lebensnotwendig, sinngebend und sinnerfüllend ist. Die Vielfalt der Religionen in Geschichte und Gegenwart wird in drei Gruppen gegliedert: 1) Natur- und Stammesreligionen. Sie sind durch die rituelle Verehrung der Natur als Ort des Göttlichen, durch → Animismus und Totemismus (→ Totem) gekennzeichnet und finden sich z. B. bei nordamerikanischen Prärieindianern, afrikanischen Stämmen, und den australischen Ureinwohnern. 2) Kulturreligionen. Sie liefern den mythologischen Hintergrund der großen Hochkulturen und zeichnen sich durch eine hohe Übereinstimmung von Staat und Religion aus, z. B. bei den Inkas, Azteken, Ägyptern, Griechen, Römern und auch im Shintoismus (Japan) und Buddhismus (Vorderasien, Indien). Ein weiteres Merkmal ist der → Polytheismus. 3) → Offenbarungsreligionen. Mit diesem Begriff werden die drei monotheistischen → abrahamischen Religionen Judentum, Christentum und Islam bezeichnet. Wesensmerkmal ist neben dem → Monotheismus das Offenbarungsereignis. Gott hat sich auserwählten Menschen in unterschiedlicher Weise kundgetan (Mose, Mohammed, den Aposteln in Jesus Christus) und so sein Geheimnis enthüllt. *cps*

Religiöse Systeme und ihre Weiterentwicklungen seit dem 6. Jh. v. Chr.

Ritualismus	Atheismus	Buddhismus	Ethizismus	Monismus
Erlösung durch die richtigen Rituale	Erlösung durch Glücklich-werden	Erlösung durch Verlieren jeglicher Begierde	Erlösung durch gute Taten	Erlösung durch Vereinigung mit dem Absoluten
Brahamanismus	Epikureer Atheisten Existenzialisten	Buddhismus Mönchtum	Zoroastrismus Jainismus Konfuzianismus Aristoteles Stoiker Humanisten Judaismus	Taoismus Neuplatonismus Baruch de Spinoza Idealismus

Religionskritik Rationale und prüfende Untersuchung einer Religion, um auf ihre Widersprüche und Unstimmigkeiten hinzuweisen. In der griechischen Antike zielte die Religionskritik der → Sophisten und → Kyniker noch auf die Zerstörung der anthropomorphen Mythen (→ Anthropomorphismus), in denen Götter wie Menschen auftraten und handelten, und auf die Einrichtung einer rationalen Religionsphilosophie (Platon, Aristoteles, Stoa). In der europäischen Philosophie des 19. Jhs wurde die Religionskritik zu einer radikalen Kritik am Christentum und den christlichen Kirchen. Neben Arthur Schopenhauer und Karl → Marx („Religion ist Opium des Volkes") entwickelten vor allem Ludwig → Feuerbach und Friedrich → Nietzsche ausführliche Abhandlungen, in denen sie die Religion generell als Aberglaube, Phantasieprodukt und Truggebilde verurteilten, mit denen der Mensch sich über seine Schwachheit, seine Endlichkeit und sein Scheitern hinwegtröste. Auch die Psychoanalyse Sigmund → Freuds qualifiziert die Religion als eine Projektion eines nicht wirklichen „Übervaters" ab. *cps*

Renaissance (frz. Wiedergeburt) Bezeichnung für die geistesgeschichtliche Epoche zwischen 1450 und 1600, die durch die europäische Wiederentdeckung der Antike und ihrer Kultur geprägt war. Grundgedanke der Renaissance ist die Besinnung auf den → Rationalismus und die „Wiederentdeckung" des Menschen im Humanismus wie in der → Reformation. Die damit verbundene Befreiung von kirchlicher Autorität führte zu einer Weltbilderweiterung, die sich besonders in den astronomischen Modellen von Johannes Kepler (1571–1630), Nikolaus Kopernikus (→ Kopernikanische Wende) und Galileo → Galilei zeigt. *cps*

Reproduktionsmedizin (lat. *reproductio* Nachbildung, Wiedergabe) Medizinische Forschungsrichtung, die sich mit der künstlichen Erzeugung von Nachkommen beschäftigt, z. B. durch künstliche Befruchtung oder durch Manipulation am menschlichen Erbgut (→ Gentechnik). 1997 gelang es schottischen Wissenschaftlern, durch die Verdopplung des Genmaterials ein Schaf zu klonen, also zu verdoppeln. Mit Blick auf den Menschen wirft diese technologische Entwicklung entsprechend komplexe ethische Fragen auf, z. B. nach einem Menschenbild, das eine identische Verdopplung eines Individuums zuließe, oder nach der Menschenwürde und Individualität des Klons. *cps*

Reversibilitätsregel (lat *reversio* Umkehr) Umkehrbarkeit bestimmter Prozesse in der biologischen, chemischen oder technologischen Wissenschaft. In Hans

→ Jonas' Entwurf einer Ethik für das technologische Zeitalter wird die Reversibilitätsregel zum ethischen Kriterium. Nur Prozesse, die auch umkehrbar sind, dürfen in Zukunft vom Menschen in Gang gesetzt werden. *cps*

Rhetorik (griech. *rhetor* Redner) Redekunst. In der Antike war die Rhetorik Teil der sieben freien Künste (→ Enzyklopädie), von den → Sophisten wurde sie perfektioniert und später Ausbildungsfach und Universitätsdisziplin. Die Rhetorik kennt eine Fülle verschiedener Figuren und Techniken des freien Sprechens, z. B. die „rhetorische Frage", die ein Redner an sein Publikum richtet, um sie dann selbst zu beantworten. *cps*

Risikogesellschaft Der Begriff geht auf das gleichnamige Buch des Soziologen Ulrich Beck (1986) zurück. Mit Risikogesellschaft bezeichnet Beck den Zustand der gesellschaftlichen Systeme in den Industrienationen der westlichen Welt, in denen zwar durch rasante technologische Entwicklungen der individuelle Reichtum an Freiheit und Wohlstand wächst, auf der anderen Seite aber die Risiken durch Umweltzerstörungen, Massenarbeitslosigkeit, neue Armut und Auflösung der sozialen Bindungen des Menschen im Zuge der Individualisierung (→ Individualismus) bedrohliche Ausmaße annehmen. *cps*

Ritual Brauch, der innerhalb einer Gemeinschaft gepflegt und überliefert wird, z. B. im religiösen Leben die Initiationsriten (→ Initiation) oder die Sakramente. Rituale finden sich aber auch im öffentlichen Leben des Staates, z. B. beim Militär (Zapfenstreich, Fahnenhissen) oder in der Schule (Abiturfeier). *cps*

Romantik Geistesgeschichtliche Strömung zwischen 1798 und 1830, in der das Gefühlvolle, Sehnsüchtige und Phantastische (romanhaft, frz. *romantique*) betont wird. Ihre philosophischen Wurzeln hat die Romantik im neuplatonischen Denken: Sie versteht die Welt als → Emanation des Schöpfergottes und findet in ihr entsprechend Spuren des Ewig-Göttlichen. Daraus ergibt sich ein Grundgefühl der Sehnsucht, auch der Sehnsucht nach Gott. Bedeutende philosophische Denker der Romantik waren Johann G. Fichte, Friedrich W. J. Schelling und Friedrich D. Schleiermacher. *cps*

Rousseau, Jean-Jacques (1712–1778) Französischer Schriftsteller, Pädagoge und Philosoph. Rousseau lebte hauptsächlich in Paris; er arbeitete als Musiklehrer, Hauslehrer, Botschafter, Sekretär und Notenkopist und betrieb Studien zu Theologie, Philosophie, Naturwissenschaften und Musik. Rousseaus aufklärerische Schriften beeinflussten die Diskussionen der Geschichtsphilosophie, Gesellschaftstheorie und Erziehungswissenschaft stark. Rousseau geht davon aus, dass sich die Menschheit einst in einem natürlichen Urzustand befand, in dem durch absolute Rechtsgleichheit jeder Mensch in Glückseligkeit lebte. Erst die kulturelle Entwicklung der Menschheit und der wissenschaftliche Fortschritt führten nach Rousseau zu einer zunehmenden Ungerechtigkeit, Ungleichheit und Entstellung der menschlichen Gemeinschaft, die es nun, im Zeitalter der → Aufklärung, aufzuheben gelte. Rousseau forderte daher „Retournez à la nature!" (Zurück zur Natur!). Für die Gesellschaft empfiehlt er ein Vertragsmodell, den *contrat social*, in dem der Bürger freiwillig ein bestimmtes Maß seiner natürlichen Freiheiten aufgibt, um so als Teil eines Gemeinschaftswillens den idealen Staat zu schaffen, ähnlich den heutigen demokratischen Verfassungen in der westlichen Welt.

Jean-Jacques Rousseau

Werke: Du contrat social ou principes du droit politique (1755); Emile ou De l'éducation (1762). *cps*

S

Sabbat (hebr. Ruhe, Aufhören) Jüdischer Tag der Ruhe und des Gottesdienstes, vergleichbar dem christlichen Sonntag. Am Sabbat herrscht vom Sonnenuntergang des Freitags bis zum Sonnenuntergang des Samstags striktes Arbeitsverbot. Der Sabbat wird in Analogie zum siebten Schöpfungstag und als regelmäßige Erinnerung an die Errettung der Juden aus Ägypten gefeiert (→ Exodus). *wl*

Sadduzäer Anhänger einer konservativen jüdischen Religionspartei, die hauptsächlich zwischen 200 v. Chr. und 70 n. Chr. wirkte. Den Sadduzäern gehörten insbesondere Priester und Gebildete an. Sie lehnten die Erwartung eines Messias ab. Als bindend anerkannten sie nur das mosaische Gesetz, nicht die mündliche Überlieferung. *ck*

Sakrament (lat. *sacramentum* Eid, Geheimnis, Gnadenmittel) Zeichen des Heils zwischen Gott und Mensch, durch das göttliche Gnade vermittelt und sichtbar gemacht wird. Sakramente werden in symbolischen Handlungen ausgedrückt, d. h. durch einen festen Ritus mit äußeren Zeichen, z. B. Wasser, Wein, Brot, Öl. Sakramente sind in vielen Religionen nachweisbar. Die römisch-katholische Kirche kennt sieben Sakrament: Taufe, → Eucharistie, Buße, Firmung, Ehe, Priesterweihe und Krankensalbung. Die evangelische Lehre anerkennt nur die biblisch durch das Handeln Jesu belegten Sakramente Taufe und → Abendmahl. *wl*

Säkularisation (lat. *saecularis* weltlich) Die Enteignung kirchlichen Besitzes durch die staatliche Obrigkeit, z. B. nach der Reformation. Nach dem Reichsdeputationshauptschluss 1803 wurden zahlreiche Fürstbistümer und Abteien säkularisiert. Im übertragenen Sinn bedeutet Säkularisation auch den Ersatz religiöser Bindungen innerhalb einer Gesellschaft durch diesseitiges, materielles Denken seit der Aufklärung. *wl*

Samsara (sanskrit: Wanderung) Die Vorstellung indischer Religionen vom Kreislauf der Wiedergeburten (→ Reinkarnation) und von der Kette der Existenzen. Dem Samsara ist jeder Mensch unterworfen, der Gier und Unwissenheit nicht überwunden hat. *wl*

Sannyasi(n) (sanskrit: einer, der absagt) Im Hinduismus wird damit ein Mensch bezeichnet, welcher der Welt entsagt, als Asket in völliger Einöde besitzlos lebt und geistig danach strebt, alle Bewertungen von Gut und Böse zu überwinden, ebenso Gefühle wie Zu- und Abneigung, Angst und Gier. Traditionell ist Sannyasi das vierte und letzte Stadium im Leben des Brahmanen (Angehöriger der Priesterkaste). *wl*

Sartre, Jean-Paul (1905–1980) Französischer Philosoph und Schriftsteller. Nach dem Philosophiestudium war Sartre mehrere Jahre als Gymnasiallehrer tätig. 1940/41 kam er in deutsche Kriegsgefangenschaft und wurde anschließend Mitglied der Résistance. Ab 1945 lebte er als freier Schriftsteller in Paris. Sartre war mit Albert → Camus befreundet, mit dem es jedoch 1952 zum Bruch kam, als Sartre den sowjetischen Marxismus als Vorbereitung des klassenlosen Paradieses pries und Camus ihm widersprach. 1964 wurde Sartre der Literaturnobelpreis zuerkannt, den er jedoch ablehnte, um seine persönliche Unabhängigkeit zu wahren. Sartres lebenslange, unkonventionelle Partnerschaft mit der einflussreichen Schriftstellerin und Philosophin Simone de Beauvoir wurde von einer ganzen Generation als Modell bewundert. Sartre ist der Hauptvertreter des französischen → Existenzialismus. Philosophisch beeinflusst wurde er vor allem durch Friedrich → Nietzsche und

Jean-Paul Sartre

Martin → Heidegger. In seinem philosophischen Hauptwerk „Das Sein und das Nichts" stellt Sartre die absolute Freiheit und die Verantwortung des freien Menschen in der Welt dar: Der Mensch existiert ohne Gott, ohne Gnade und ohne Reue. Er ist absolut frei. Da er diese Freiheit nicht selbst bestimmt hat, ist er sogar zur Freiheit „verurteilt". Die „Essenz", d. h. das Wesen seiner persönlichen Existenz, ergibt sich erst aus dem Lebensplan, den sich der Mensch selbst entwirft: Der „Mensch ist, wozu er sich macht". Die „Existenz" des Menschen geht seiner „Essenz" aber voraus. Aufgabe des Menschen ist es, seinen Spielraum zur Selbstgestaltung zu nutzen und der Welt durch sein Engagement einen Sinn zu verleihen. *wl*

Schalom (hebr. Frieden) Hebräische Grußformel und Friedenswunsch. Der Gruß wird auch im modernen Hebräisch, dem Ivrith, verwendet. *wl*

Schamane Bezeichnung für den Priester einer Stammesreligion; Medizinmann. Der Schamane versetzt sich in Trance, um in Kontakt mit Göttern und anderen Welten zu treten und böse Geister zu bannen. Meist verfügt der Schamane auch über naturheilkundliches Wissen. *wl*

Scheler, Max (1874–1928) Deutscher Philosoph. Scheler trat 1899 vom Protestantismus zum Katholizismus über, von dem er sich 1922/23 aber abwandte, um einem → Pantheismus indischer Prägung zuzuneigen. 1910–1918 arbeitete Scheler als Schriftsteller in Göttingen und Berlin. Seit 1919 war er Professor für Philosophie in Köln, 1928 in Frankfurt. Scheler gilt als Begründer der modernen philosophischen → Anthropologie. Er wandte sich gegen die seit Charles Darwin vorherrschende Auffassung, der Mensch sei vom Tier bloß graduell unterschieden; Scheler sah dagegen als das spezifisch andere im Menschen den „Geist" und die Fähigkeit, zum gegebenen Sein „Nein" zu sagen. In seiner materialen Wertethik bestimmt Scheler → Werte nicht als etwas Formales, sondern als etwas Inhaltliches (Materiales) und betont den Vorrang des Wertinhalts vor dem formalen Befolgen einer wertgebundenen Norm. Er gab damit den Anstoß für eine kritische Auseinandersetzung mit dem ethischen Formalismus Immanuel Kants.

Werke: Die Stellung des Menschen im Kosmos (1927). *wl*

Schelling, Friedrich Wilhelm Joseph (1775–1854) Deutscher Philosoph. Schelling studierte im Tübinger Evangelischen Stift Theologie und Philosophie und lernte dort Georg W. F. Hegel kennen, ab 1796 studierte er in Leipzig auch Mathematik, Naturwissenschaften sowie Medizin. In Jena hörte er Johann G. Fichte und wurde dort 1798 Professor für Philosophie. 1803–1806 war er Professor in Würzburg, anschließend Direktor der Akademie der Bildenden Künste in München und ab 1827 Professor in München. 1841–1847 lehrte er in Berlin, wo ihn Søren Kierkegaard und Friedrich Engels hörten. Zusammen mit den Brüdern August W. und Friedrich von Schlegel nahm Schelling an den Anfängen der romantischen Bewegung teil. Er gehört zu den Hauptvertretern des deutschen → Idealismus. Seine Naturphilosophie kreist um die Identität von Natur und Geist. Das wahrhaft Wirkliche ist für ihn das „absolute Ich", worunter er das „Ewige in uns" versteht, das Göttliche selbst, das unendliche Leben als innerstes Prinzip. Alles andere existiert nur in der Vorstellung dieses Ich. Die Natur sieht Schelling als „blinde Weltseele", die „Trieb und Drang" ist, mit der „unbewusst genialischen Schöpferkraft des Künstlers" eng verwandt. Sie ist der „verborgene Gott". Kunst ist die Offenbarung der Gottheit.

Friedrich W. J. Schelling

Durch die Tätigkeit des „absoluten Ich" kann eine Identität von Geist und Natur, von Sein und Denken erreicht werden. In seinem Spätwerk versuchte Schelling, eine Vereinigung von Philosophie und Theologie zu erzielen. Im Mittelpunkt stand dabei die Freiheit des Menschen und sein Verhältnis zu Gott. *wl*

Schisma (griech. Uneinigkeit, Zwiespalt, Trennung) Kirchenspaltung, wie sie z. B. 1054 zwischen der westlichen (römisch-katholischen) und der östlichen (orthodoxen) Kirche vollzogen wurde; ebenso der historische Bruch zwischen Protestantismus und Katholizismus. Im Großen Abendländischen Schisma (1378–1417) beanspruchten zwei bzw. drei Päpste gleichzeitig den Primat über die katholische Kirche. *wl*

Schleiermacher, Friedrich Daniel Ernst (1768–1834) Deutscher Philosoph, evangelischer Theologe und Pädagoge. Schleiermacher wurde im Geist des Herrnhuter → Pietismus erzogen, er studierte evangelische Theologie, Philosophie und alte Sprachen in Halle. Seit 1804 war er Professor für Theologie in Halle, ab 1807 arbeitete er an der Neuorganisation des preußischen Bildungswesens mit und war gemeinsam mit Wilhelm von → Humboldt an der Gründung der Universität Berlin beteiligt – unter der Forderung der Freiheit des Geistes und der Unabhängigkeit von staatlicher und kirchlicher Gängelung. Ab 1810 war Schleiermacher Professor an der neu gegründeten Universität Berlin, zugleich aber weiterhin ein viel gehörter Prediger. 1804–1828 übersetzte er sämtliche Dialoge Platons. Schleiermacher ist ein Vertreter des deutschen → Idealismus und einer der bedeutendsten evangelischen Theologen des 19. Jhs. Als Aufgabe der Religion sah er die Erweckung eines Gefühls der Liebe im Menschen an. Religion ist für Schleiermacher nicht aus der Metaphysik oder der Moral zu begründen, sondern sie ist „Anschauung und Gefühl"; im „frommen Selbstbewusstsein" des Menschen ist das Bewusstsein von Gott immer mitgesetzt, sodass der Mensch ein „Gefühl der schlechthinnigen Abhängigkeit" erlebt. Von Bedeutung sind Schleiermachers Erkenntnisse auf dem Gebiet der → Hermeneutik: Den „absoluten Sinn" eines Textes gibt es nicht; Verstehen gelingt nur als schöpferischer Akt der Sinndeutung – somit kann keine Interpretation mit dem Anspruch auftreten, einen Text ein für alle Mal „wahr" gedeutet zu haben.

Werke: Reden über die Religion an die Gebildeten unter ihren Verächtern (1799, anonym erschienen). *wl*

Schlick, Moritz (1862–1936) Deutscher Philosoph und Physiker. Schlick studierte Physik u. a. in Berlin (bei Max Planck), wo er 1904 promovierte. 1911–1921 lehrte er in Rostock, 1921/22 war er Professor für Naturphilosophie und Ethik in Kiel, seit 1922 Professor für Naturphilosophie in Wien. 1936 wurde er auf dem Weg zu einer Vorlesung von einem geistig gestörten Studenten niedergeschossen und starb kurz darauf an seiner Verletzung. Schlick ist ein Vertreter des → Positivismus und → Empirismus. Von seinem Wiener Lehrstuhl aus vollzog sich die Bildung des → Wiener Kreises. Der Kreis konnte seine Überlegungen ab 1930 in einer eigenen Zeitschrift mit dem Titel „Erkenntnis" veröffentlichen. In Anlehnung an den → Utilitarismus vertrat Schlick die Auffassung, dass das grundlegende moralische Ziel die Schaffung größtmöglichen menschlichen Glücks sei. *ck*

Moritz Schlick

Scholastik (lat. *schola* Schule; *scholasticus* zur Schule gehörend; d. h. Schulwissenschaft) Mit Scholastik wird allgemein die Philosophie des Mittelalters bezeichnet sowie die an Kloster- und Domschulen und Universitäten praktizierte Lehrmethode des spitzfindigen Argumentierens unter Bezug auf unantastbare Autoritäten (Aristoteles, Bibel, Kirchenväter). Scholastisches Denken geht davon aus, dass nicht die eigene Vernunft die Quelle der Wahrheit sein kann, sondern dass sich Wahres nur bei den Denkern der

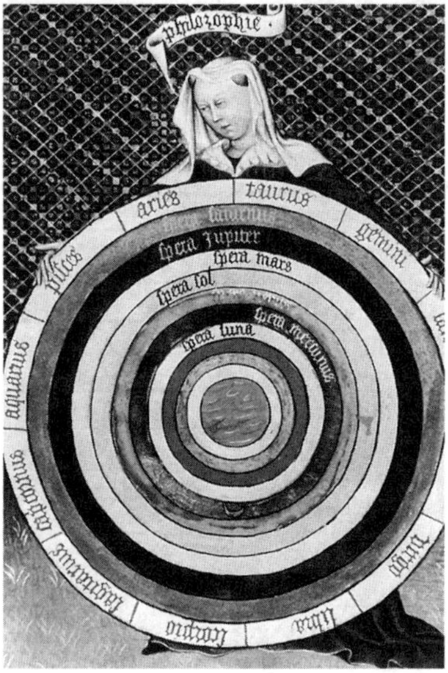

Ziel der Scholastik ist es, denkend ein umfassendes Weltbild im Einklang mit dem christlichen Glauben zu errichten. Das scholastische Streben findet in der Darstellung der Allegorie der Philosophie ihren Ausdruck, die den Tierkreis mit eingeschriebenen Planetenbahnen in den Händen hält; Miniatur aus einer Handschrift von Augustinus' Werk „Gottesstaat".

Vergangenheit findet, wobei die Philosophie insgesamt unter der Aufsicht der Theologie steht (konkret: der Inquisition, die undogmatisches Denken regelmäßig als Ketzerei brandmarkte). Vertreter der scholastischen Methode sind Anselm von Canterbury und Thomas von Aquin, der die aristotelische Lehre mit der des Aurelius Augustinus verband. Als große, bleibende Leistung der Scholastik ist die Vermittlung der griechisch-antiken Philosophie an die Neuzeit zu sehen. *wl*

Schopenhauer, Arthur (1788–1860) Deutscher Philosoph. Schopenhauer trat erst mit 19 Jahren – nach dem Tod des Vaters – in ein Gymnasium ein und eignete sich den gesamten Abiturstoff in zwei Jahren an. Er studierte in Göttingen und Berlin Philosophie und promovierte 1813; 1820 habilitierte er sich, ab 1831 lebte er als Privatgelehrter in Frankfurt a. M. Auf einer mehrjährigen Bildungsreise durch Europa beeindruckte ihn besonders das Elend der Galeerensträflinge in Toulon; hier gewann er seine pessimistische Grundidee: „Leben ist Leiden". Das Leiden wird durch den Willen zu leben immer weiter vorangetrieben. Schopenhauer bezeichnet nicht die Vernunft als oberstes Steuerungsinstrument des Handelns, sondern nimmt das blinde, triebhafte (von Freud später als „Libido" und „ES" bezeichnete) Wollen als Basis des menschlichen Wesens. Die rationale Erkenntnis ist nur sekundär. Somit gibt es für Schopenhauer keine Willensfreiheit. Schopenhauer gilt als Pessimist, weil er (beeinflusst vom indischen Denken) Weltverneinung lehrt. Aber seine Philosophie zeigt einen Ausweg aus dem Leiden an der „schlechtestmöglichen" aller Welten: Das Leiden kann überwunden werden durch die Verneinung des Willens, besonders im → Mitleid, worin Schopenhauer die Quelle aller echten Moral sieht. Schopenhauer ist ein Vorläufer der → Lebensphilosophie.

Literatur: Albert Menne: Arthur Schopenhauer, in: Klassiker des philosophischen Denkens, hrsg. von Norbert Hoerster, München 1982, S. 194–229. *wl*

Schöpfung Der Begriff bezeichnet zum einen den Akt der Hervorbringung bzw. Erschaffung der Welt, zum anderen die geschaffene Welt selbst. Dabei wird vorausgesetzt, dass es unsere Welt – und darin Pflanzen, Tiere und Menschen – nicht schon immer gibt, sondern dass sie einen Anfang (aus dem Nichts) hat. Dieser Anfang gilt nicht als unerklärlich oder wird aus Naturgesetzen hergeleitet, sondern verdankt sich dem Handeln eines Schöpfergottes (oder mehrerer Götter). Die meisten Kulturen der Erde kennen in ihren Mythen und Religionen die Vorstellung einer Schöpfung. Im Alten Testament (Genesis 1,1 ff.) erschafft Gott „aus dem Nichts" Himmel und Erde samt allen Einzelheiten und Organisationsprinzipien innerhalb von sechs Tagen. Die Tiere entstehen am fünften Tag und zwar eingefügt in ihr Biotop. Am sechsten Tag erschafft Gott als Abbild seiner selbst und als Herrscher über die Schöpfung den Menschen (in Genesis 1,27 „als Mann und Frau", somit beide Geschlechter gleichzeitig; in Genesis 2,21 f. nacheinander, indem er Adam eine Rippe entnimmt, aus welcher er Eva „baute"). Da die Schöpfung in sechs Tagen nicht wörtlich zu verstehen ist, spricht die Kirche heute in Akzeptanz der Lehre Darwins von einer „Schöpfung durch Evolution". *wl*

Schuld Der Schuldbegriff wird unterteilt in moralische Schuld, bei der gegen das eigene Gewissen bzw. sittliche Normen verstoßen wird, und rechtliche Schuld, die beim Verstoß gegen Gesetze entsteht. Beide Arten der Schuld können zusammen, aber auch unabhängig entstehen. So begründet z. B. ein Autounfall mit geringem Sachschaden eine rechtliche Schuld, ohne automatisch moralisch verwerflich zu sein. Andererseits kann eine Taktlosigkeit oder die Nichterfüllung eines Versprechens Schuldgefühle bzw. Vorwürfe moralischer Art auslösen, ist aber nicht strafbar. Schuld kann nur entstehen, insoweit Handlungsfreiheit gegeben ist. Allerdings kann auch das Nicht-Ausnutzen eines – selbst in Zwangssituationen noch bestehenden – Handlungs*spielraums* im Rückblick als moralische Schuld erlebt werden. Ein Schuldgefühl, das in keinem angemessenen Verhältnis zum zu verantwortenden Fehler steht, kann blockieren und letztlich krank machen. Dies gilt insbesondere, wo sich das Schuldgefühl aus einem christlichen Verständnis des Menschen als Sünder (→ Sünde) auf die ganze Existenz bezieht und zum Lebensgefühl wird. *wl*

Schweitzer, Albert (1875–1965) Evangelischer Theologe, Philosoph, Musiker und Arzt aus dem Elsass. Schweitzer studierte Theologie, Philosophie und Musik in Straßburg, Paris und Berlin und arbeitete ab 1899 als Privatdozent und Vikar. Als Organist hatte er internationalen Erfolg. Um in Afrika einen Beitrag zur Linderung der Not in der Bevölkerung leisten zu können, studierte Schweitzer ab 1905 nebenbei Medizin. 1913 brach er ins damalige Französisch-Äquatorial-Afrika auf und gründete 1927 in Lambarene ein Spitaldorf, finanziert größtenteils durch die Einnahmen seiner Konzert- und Vortragsreisen. 1953 erhielt Schweitzer den Friedensnobelpreis. In seinem letzten Lebensjahrzehnt engagierte er sich auch als Gegner der atomaren Aufrüstung. Die Ethik Schweitzers basiert auf dem Grundsatz der „Ehrfurcht vor dem Leben". Die Inspiration hierzu kam Schweitzer 1915, als er sich bei einer Flussdurchquerung von einer Herde Nilpferde umgeben sah: „Ich bin Leben, das leben will, inmitten von Leben, das leben will." Vom absoluten Tötungsverbot des Hinduismus und besonders des → Jainismus unterscheidet sich Schweitzers biozentrische Umweltethik dadurch, dass sie ohne Fanatismus ist und Notwendigkeiten anerkennt: Zwar darf kein Lebewesen und keine Pflanze willkürlich, zum Spaß oder als Sport, geschädigt werden; aber zum Zweck der Ernährung darf geschlachtet werden. Ebenso befürwortet es Schweitzer, ausweglos leidende Tiere durch einen gnädigen Tod zu erlösen. *wl*

Albert Schweitzer

Scientology Als Kirche auftretender „Sekten-Konzern“, der in den 50er-Jahren von L. Ron Hubbard (1911–1986), einem Science-Fiction-Autor, gegründet wurde. Scientology will den Menschen über das „Studium des Wissens“ zur Veränderung der Lebensbedingungen führen, um die „totale Freiheit“ zu erreichen. Der Begriff Ethik wird von Scientology aggressiv definiert als „Gegenabsichten aus der Umwelt entfernen“. Mitglieder werden von so genannten „Ethik-Offizieren“ überwacht. Anhänger von Scientology verschulden sich oft in kurzer Zeit hoch, um die Gebühren für Scientology-Kurse aufzubringen. Scientology tritt häufig verdeckt auf, offenbart sich aber in den Kursen durch die Verwendung typischer Terminologie, z. B. Dianetic, WISE, Auditing, E-Meter, Clear, Engramm, Persönlichkeitstest, Reinigungs-Rundown, Thetan. In Deutschland hat die Sekte unter dem Namen „Scientology Kirche in Deutschland“ seit 1970 einen Sitz in München.

Literatur: Renate Hartwig: Scientology – Ich klage an!, Augsburg 1994. *wl*

Seele (griech. *psyche;* lat. *anima)* Mit dem Organismus verbundener Bereich der Gefühle, der Triebe und des geistigen Daseins. Bei Aristoteles werden als Seele jene Aspekte aller Lebewesen (Pflanze, Tier, Mensch) verstanden, die ihnen Leben verleihen und nur während des Lebens vorhanden sind. Aristoteles sieht die Seele des Menschen gegliedert in den vegetativen, den empfindenden und den vernünftigen Seelenteil. Die Seele kann nur mit dem Leib zusammen existieren; ein Weiterleben nach dem Tod ist undenkbar. Im Gegensatz dazu geht die christliche Religion von einer Unvergänglichkeit der Seele aus. Asiatische Religionen basieren auf dem Glauben an eine Seelenwanderung (→ Reinkarnation). Seit René Descartes wird in Verschärfung des in der christlichen Lehre angelegten Dualismus zwischen Leib und Seele unterschieden, als ob das Seelische und das Körperliche wesensverschiedene, unabhängig voneinander existierende Realitäten seien. Sigmund Freud übernimmt die Dreiteilung der Psyche, wenn er ES, ICH und ÜBER-ICH unterscheidet. Die materialistischen Bewusstseinstheorien betrachten die seelischen Phänomene als verursacht durch biochemische Prozesse im Zentralnervensystem. Bezeichnenderweise verwendet die moderne Psychologie den Begriff „Seele“ gar nicht. *wl*

Sein Das Existierende. Gegenbegriff zum „Nichts“, zum „Schein“, aber auch zum „Tod“. Das Sein ist der Gegenstandsbereich der → Ontologie. Platon unterscheidet zwischen einem idealen Sein (Essenz) und einem realen Sein (Existenz), wobei das ideale Sein das wahre und überzeitliche ist, das reale Sein andererseits zufällig, fehlerbehaftet und nur Schein (→ Höhlengleichnis). Das höchste Seiende ist das Göttliche bzw. Gott – falls es existiert (vgl. ontologischer → Gottesbeweis). Nach Immanuel Kant ist das Sein als „Ding an sich“ nicht erkennbar; die Sinne zeigen uns nur die Erscheinungsweise des Dings. Das Verb „sein“ enthält die allgemeinste – und damit zugleich semantisch leerste, d. h. unbestimmteste – Aussage, durch die zwei Begriffe miteinander verknüpft sein können. Man unterscheidet die Seins*weisen* „Realität“ und „Idealität“ sowie (diesen übergeordnet) die Seins*arten* „Möglichkeit“, „Wirklichkeit“ und „Notwendigkeit“. Beispielsweise kann eine Rose (real oder als Idee) weiß sein, sie kann (real in der Vase oder ideell in einem Bild) wirklich dasein oder fehlen, aber sie muss notwendig (sowohl als Ding wie als Idee) Blüte, Blätter und Stängel haben, sonst wäre sie keine Rose. *wl*

Sekte Abwertende Bezeichnung für religiöse Gruppen, die nicht die Mitgliederzahl und die Mehrheitsfähigkeit einer Kirche besitzen. Zur Prüfung, ob eine solche alternativ-spirituelle Richtung als problematisch bis destruktiv zu betrachten ist, eignen sich sechs Kriterien. 1) Enthält die Lehre ein Wahrheitsmonopol, ausgeprägtes schwarz-weiß Denken, Patentrezepte für die Gläubigen zur Erlangung ihres Heils oder eine Endzeitvision? 2) Gibt es Personenkult um einen charismatischen, Wunder vollbringenden Führer, Guru, Meister, Heiligen, dem bedingungsloser Gehorsam entgegenzubringen ist? 3) Gibt es Abschottung nach außen bis hin zum Abbruch der Beziehung zu Familie und Freunden? Gibt es eine interne Sondersprache, neue Namen für Mitglieder? Dienen Kontakte zu Nichtmitgliedern vor allem dem Zweck der Missionierung? 4) Entsteht psychische und materielle Abhängigkeit durch esoterische Vorschriften für die alltägliche Lebensgestaltung, Verschuldung oder Aufgabe des Privateigentums, Umdeutung aller außerhalb der Gruppe gültigen Werte? 5) Werden Techniken zur Persönlichkeitsveränderung praktiziert? 6) Wie wird mit Kritikern und Austrittswilligen umgegangen: Werden sie verteufelt oder gar bedroht und verfolgt, z. B. mit Prozessen, um sie mundtot zu machen? Oder ist der Austritt so problemlos möglich wie aus einer Kirche? – Der Begriff Sekte hat keine abwertende Nebenbedeutung, wenn er auf in Asien heimische religiöse Richtungen bezogen wird, z. B. die Rinsai- oder Soto-Sekte des → Zen-Buddhismus. Dann ist er eher dem wertfreien Ausdruck „Konfession" vergleichbar. *wl*

Sekundärtugenden (lat. *secundus* zweitrangig) Im Gegensatz zu den ethischen und religiösen (primären) → Tugenden handelt es sich hier um lebenspraktisch nützliche Grundhaltungen wie Ordnung, Pünktlichkeit, Selbstdisziplin, Sauberkeit, Fleiß, Sparsamkeit, Genügsamkeit; sie werden auch „bürgerliche" bzw. „ökonomische" Tugenden genannt. Die Sekundärtugenden waren in der zweiten Hälfte des 20. Jhs in Verruf geraten, da sie sich auch für verbrecherische Zwecke instrumentalisieren lassen, z. B. beim „fleißigen Massenmörder". Mittlerweile wird anerkannt, dass ohne die Sekundärtugenden keine Betätigung langfristig erfolgreich sein kann.

Literatur: Otto F. Bollnow: Wesen und Wandel der Tugenden, Frankfurt a. M. 1981; Paul Münch (Hg.): Ordnung, Fleiß und Sparsamkeit. Texte und Dokumente zur Entstehung der „bürgerlichen Tugenden", München 1984. *wl*

Semantik (griech. *sema* Zeichen) Die Lehre von der Bedeutung der Wörter und Redewendungen, also von der Beziehung zwischen Bezeichnung und gemeintem Begriff oder Gegenstand. Gelegentlich wird auch der Ausdruck Semasiologie gebraucht. *wl*

Seneca, Lucius Annaeus (4 v. Chr. – 65 n. Chr.) Römischer Politiker, Dichter und Philosoph. Der Stoiker (→ Stoa) Seneca übte als Redner, hoher Politiker sowie als Erzieher (49–54) und Amtsverweser (54–59) des späteren Kaisers Nero großen Einfluss auf seine Zeit aus und wirkt als Verfasser zahlreicher philosophischer Schriften bis heute. 41 n. Chr. wurde er aufgrund einer Hofintrige von Kaiser Claudius verbannt und verbrachte acht Jahre auf Korsika im Exil. 62 n. Chr. wich er dem Druck seiner innenpolitischen Gegner aus und zog sich auf seine Landgüter zurück. Angesichts solcher Rückschläge konnte Seneca seine stoischen Grundsätze selbst auf ihre Tauglichkeit für die Lebenspraxis überprüfen. Im Zentrum der Werke Senecas stehen neben der Naturlehre die Ethik und die Therapie der Furcht: Die Erkenntnis der Natur und das Akzeptieren des (unabwendbaren) Schicksals spenden Trost und Mut. Alltagsdinge wie Besitz und Ansehen sind Äußerlichkeiten, wichtig ist es dagegen, die Gemütsruhe zu bewahren und sich moralisch nicht verderben zu lassen. Seneca lehrt die Gleichheit der Menschen: Die Sklaven sollten menschlich behandelt werden, schließlich ist jeder ein Sklave des Schicksals und das Schicksal kann jeden in die Rolle des Sklaven zwingen (vgl. „Moralische Briefe an Lucilius", Brief 47).

Literatur: Seneca: Von der Seelenruhe. Philosophische Schriften und Briefe, dt. von H. Berthold, Frankfurt a. M. 1984. *wl*

Sensualismus (lat. *sensus* Sinn, Empfindung, Gefühl; *sensualis* der Sinnesempfindung fähig; vgl. engl. *sense*) Der Sensualismus ist eine extreme Form des → Empirismus. Er geht davon aus, dass jede Erkenntnis aus Sinneswahrnehmungen abzuleiten sei. Am bekanntesten ist die Formulierung John → Lockes: „Im Verstand ist nichts, was nicht vorher in den Sinnen war". Diese Auffassung richtet sich gegen den Glauben, Erkenntnisse und insbesondere religiöse „Wahrheiten" könnten dem menschlichen Geist direkt von Gott offenbart werden. Erst durch David Hume und Immanuel Kant konnte im Dilemma zwischen Sensualismus bzw. Empirismus und → Rationalismus vermittelt werden. *wl*

Sharia (arab. der zu befolgende Weg) Im Islam ist Sharia die Bezeichnung für die göttliche Rechtsordnung als Grundlage der Gesellschaft. Die Sharia umfasst sowohl die religiösen Pflichten als auch Strafbestimmungen und wird aus dem → Koran und anderen Quellen abgeleitet. Bei den Schiiten, der religiösen Mehrheit im Iran, obliegt die Auslegung der Sharia den Ayatollahs (geistlichen Würdenträgern). *wl*

Shintoismus Die tief in der japanischen Kultur verwurzelte Religion der Naturverehrung und besonders des Ahnenkults. So werden für den Verstorbenen jeweils nach einer symbolischen Zahl von Tagen Opfer dargebracht. Dies geschieht stellvertretend durch Priester, auch durch buddhistische Priester, z. B. der Soto-Sekte des → Zen. Die Priester leben im Wesentlichen von den Gebühren für diese Dienste. *wl*

Shiva (sanskrit: der Gnädige) Shiva ist wie Brahma und Vishnu eine der Hauptgottheiten des Hinduismus. Shiva ist der Gott sowohl der Schöpfung als auch der Zerstörung, der Fruchtbarkeit und der Askese, des Guten und des Bösen – also der Gegensätze. Als Zerstörer der Nicht-Erkenntnis ist er z. B. eine segensvolle Gottheit. Shiva wird oft bildlich dargestellt als

Shiva vollführt einen Tanz auf dem Körper des Zwergdämonen Apasmara, der für das Böse und die Unwissenheit steht. Mit seinem Tanz symbolisiert er die Neuschöpfung und Wiedererrichtung der göttlichen Ordnung in einem neuen Zeitalter.

Tänzer, in sexueller Vereinigung mit den Verkörperungen seiner „weiblichen" Kräfte oder zusammen mit seiner Gattin Parwati (der göttlichen Mutter). *wl*

Shoah (hebr. Untergang, Katastrophe) Jüdische Bezeichnung für den Mord an den Juden Europas im Dritten Reich, den Holocaust. *wl*

Siddharta Gautama (um 560 – um 480 v. Chr.) Siddharta Gautama ist der historische Begründer des Buddhismus. Den Ehrentitel „Buddha", der Erwachte, der Erleuchtete, erhielt er von seinen Jüngern. Seine Lebensgeschichte ist stark von Phantastischem durchwirkt: Seine Mutter, Königin Maya, empfing ihn von einem überirdischen Wesen in Elefantengestalt schmerzlos durch die Seite; bei der Geburt aus der Seite der Mutter konnte das Kind bereits laufen, es wusste um seine vorherigen Existenzen und machte Voraussagen. Nach früher Verheiratung und Vaterschaft unternahm Siddharta Gautama heimlich vier Ausritte aus dem Palast, bei denen ihm das wirkliche Leben begegnete: ein Greis, ein Schwerkranker, ein Toter mit seinen trauernden Angehörigen und zuletzt – ihm einen Ausweg aus der Hoffnungslosigkeit des menschlichen Schicksals zeigend – ein Bettelmönch, welcher der Welt entsagt hatte. Mit 29 Jahren brach Siddharta in die „Hauslosigkeit" auf. Nach jahrelanger extremer Askese wählte er eine maßvollere Methode der Erkenntnissuche und fand, meditierend unter einem Feigenbaum, die „vier edlen Wahrheiten": 1) Alles Leben ist Leiden. 2) Das Entstehen des Leidens ist bedingt durch das Verlangen nach Wiedergeburt. 3) Das Aufgeben dieses Verlangens bewirkt die Überwindung des Leidens. 4) Der Weg zur Überwindung des Leidens ist der → Achtfache Pfad. Mit der „Predigt von Benares" begann Siddhartas 45-jährige Lehrtätigkeit im nordwestlichen Indien. Siddharta hatte großen Wert darauf gelegt, nicht als Gott oder Prophet verehrt zu werden. Der Legende nach brannte bei seinem Leichenbegängnis der Scheiterhaufen von selbst und es ertönte Sphärenmusik. *wl*

Sidgwick, Henry (1838–1900) Englischer Philosoph. Sidgwick entwickelte den von Jeremy → Bentham begründeten und von John S. → Mill durch den Gedanken der Qualität ergänzten → Utilitarismus weiter, indem er darauf bestand, dass Utilitarismus und moralische Intuition zu keinen gegensätzlichen Resultaten führen. Damit stellte er klar, dass ein Utilitarismus, der zu ethisch unverantwortbaren Handlungen anzuleiten scheint, auf einem Missverständnis beruht. Sidgwick wies darauf hin, dass neben der Nützlichkeit auch Gerechtigkeit anzustreben ist. Somit kann Sidgwick als Vorläufer des Regelutilitarismus und der Kritik am Utilitarismus durch John → Rawls gelten. *wl*

Simonie Erwerb eines geistlichen Amtes oder eines Sakraments gegen Geld. Die Bezeichnung geht zurück auf den Zauberer Simon Magus, der nach der Apostelgeschichte 8,18 f. von Petrus und Johannes gegen Geld die Gabe der Geistverleihung erwerben will. Der Vorwurf der Simonie wurde vor allem im → Investiturstreit erhoben und führte zum Konflikt zwischen Papst- und Kaisertum. *sk*

Singer, Peter (geb. 1946) Australischer Philosoph. Singer ist Professor für Philosophie an der Monash University in Melbourne, Australien. Er gehört zu den umstrittensten Philosophen der Gegenwart. Einerseits weckt seine Forderung nach verstärktem Tierschutz Sympathie bei vielen Lesern und Hörern – so sollen etwa die Menschenrechte auch für die großen Menschenaffen gelten. Andererseits stoßen seine Überlegungen zur → Euthanasie schwerstbehinderten Lebens auf massiven Widerstand. So behauptet er in seiner „Praktischen Ethik": „Wir glauben, dass es unser Recht ist, die Entstehung menschlichen Lebens zu verhindern". Gegen Singers Ethik wird eingewandt, dass eine Unterscheidung zwischen „lebenswertem" und „lebensunwertem" Leben nicht möglich sei, zum zweiten müsse dieses Denken als Vorbereitung unmenschlicher Politik interpretiert werden, wie sie im 20. Jh. schon einmal im Nationalsozialismus praktiziert wurde. Singers Entwurf einer Ethik baut nicht auf dem Denken des abendländisch-christlichen Europa auf, er orientiert sich ausschließlich an einem säkularen, d. h. weltlichen Denken, das sich der technisch-naturwissenschaftlichen Welt anpassen will. *ck*

Sintflut Große, umfassende Flut. Das Wort wird aufgrund des ersten Bestandteils „Sint" oft mit „Sünde" assoziiert, was allerdings sprachgeschichtlich nicht zutreffend ist: Die germanische Vorsilbe *sin-* bedeutet: groß, allumfassend. Die Vorstellung einer Flutkatastrophe, z. B. in Genesis 1, findet sich in vielen Kulturen, oft bis in Einzelheiten übereinstimmend. Noch nicht geklärt ist, welches reale Ereignis den Kern der Sagen bildet: ein Meteoriteneinschlag, ein Erdbeben oder das Überschwappen des Mittelmeeres in das Schwarze Meer nach dem Ende der Eiszeit. *ck*

Skepsis (griech. Betrachtung) Im allgemeinen Sprachgebrauch ist damit eine misstrauische, zweifelnde Haltung gemeint. In der Philosophie findet sich die Haltung der Skepsis etwa bei Pyrrhon von Elis (um 360–270 v. Chr.), der die Unerkennbarkeit der Wahrheit beweisen will. Der Mensch soll sich aller Urteile über das Bestehende enthalten, was Pyrrhon als Voraussetzung für das Erreichen einer unerschütterlichen Seelenruhe ansieht (→ Stoa). Ein Vertreter der Skepsis in der Neuzeit ist Michel E. de → Montaigne. Nach ihm geht die Vernunft in die Irre, wenn sie die Welt, die in ständigem Werden ist, auf etwas Unveränderliches zurückführen will. Montaigne endet aber nicht in Resignation, sondern bewertet die Skepsis als positiv, als Befreiung von falschen Vorstellungen und Unabhängigkeit des Urteils. Die eigene Erfahrung gilt für ihn als beste Erkenntnisquelle. Im 18. Jh. bemühte sich David → Hume, die Begrenztheit menschlicher Erkenntnismöglichkeiten aufzuzeigen. Er wirkte damit nachhaltig auf Immanuel Kant. *ck*

Skinner, Burrhus Frederic (1904–1990) Amerikanischer Lernpsychologe. Skinner ist ein führender Vertreter des → Behaviorismus. Er beschäftigte sich vor allem mit der Verstärkung bzw. Tilgung von Verhalten und Verhaltensänderungen. Die Bestärkung wird im allgemeinen Sprachgebrauch als Belohnung verstanden. Skinner ging davon aus, dass der Aufbau von Verhaltensweisen vor allem von den Folgen, d. h. den Reaktionen der Umwelt abhängt. In einem Experiment wurden Studenten beispielsweise aufgefordert, möglichst viele Wörter zu nennen, die ihnen einfielen. Nachdem der Versuchsleiter auf genannte Substantive mit beifälligem Murmeln reagiert hatte, steigerten die Versuchspersonen den Anteil von Substantiven in der Regel: Die Stellungnahme des Versuchsleiters wirkte offensichtlich als Verstärkung. Skinner ging davon aus, dass seine Verhaltenstheorie von großer pädagogischer und gesellschaftlicher Relevanz ist: In seinem Buch „Walden Two“ (Futurum II) entwirft er eine Gesellschaft, in der die Steuerung des menschlichen Verhaltens dazu genutzt wird, eine konflikt- und gewaltfreie Gesellschaft zu erzeugen. Seine Kritiker warfen ihm vor, die Freiheit des Menschen zu leugnen und damit totalitärem Denken Vorschub zu leisten. *ck*

Burrhus F. Skinner

Smith, Adam (1723–1790) Schottischer Moralphilosoph. Smith ist vor allem durch seine volkswirtschaftlichen Schriften bekannt geworden. Seine „Untersuchung über die Natur und Ursachen des Reichtums der Nationen“ aus dem Jahr 1776 gilt als Begründung der liberalen Volkswirtschaftlehre. Smith vertritt hier die Meinung, dass sich im freien Wettbewerb der Menschen, die jeweils ihrem eigenen, wohl verstandenen Selbstinteresse folgen, ein Gleichgewicht von Angebot, Nachfrage, Lohn und Preis einstellt. Da dies auch im zwischenstaatlichen Handel gelte, setzt sich Smith für den Freihandel ein. Aufgabe des Staates ist es, das freie Spiel der Kräfte zu sichern. *ck*

Sokrates (470–399 v. Chr.) Griechischer Philosoph. Über Leben und Denken des Sokrates sind wir vor allem durch die

Dialoge Platons informiert. Sokrates, der Lehrer Platons, ist die Hauptfigur der Dialoge. Durch seine Fragen und seine Gesprächsführung will er das scheinbare, oft auf vorschnell gefällten Urteilen beruhende Wissen seiner Gesprächspartner erschüttern. Sokrates kann als Aufklärer verstanden werden. Sein bekannter Ausspruch „Ich weiß, dass ich nichts weiß!" drückt diese Haltung aus. Umstritten ist, inwieweit Platon in seinen Dialogen sokratisches Denken zitiert oder seinem Lehrer Sokrates eigene, also platonische Gedanken zuweist. Seinen Zeitgenossen erschien Sokrates als → Sophist, der z. B. die überlieferte Religion kritisiert oder junge Menschen zur Vernachlässigung sittlicher Normen anhält. So wird Sokrates etwa durch den attischen Komödiendichter Aristophanes gezeichnet. Aufgrund der Anklage, dass er die Jugend verderbe, wurde Sokrates zum Tod verurteilt. Er nahm das Todesurteil an und lehnte die Möglichkeit zur Flucht, die ihm eingeräumt wurde, ab. *ck*

„Der Tod des Sokrates": Sokrates ist umringt von seinen Freunden, die es nicht fassen können, dass er den Tod durch einen Gifttrunk auf sich nimmt, obwohl ihm der Weg der Flucht offen steht; Gemälde von Jacques Louis David, 1787 (Ausschnitt).

Sophisten (griech. Weisheitslehrer) Griechische Philosophen zur Zeit des Sokrates (5. Jh. v. Chr.), die gegen Bezahlung Rhetorik- und Dialektikkurse anbaten. Die Sophisten sind ein Bestandteil des demokratischen Systems, das sich in Athen nach dem Zusammenbruch der Adelsherrschaft herausbildete: Wer vor der Volksversammlung Anträge stellen und verteidigen wollte, musste reden und argumentieren können. Die Sophisten wurden in späterer Zeit eher verachtet: Ihr Anspruch, die „schwächere zur stärkeren Sache zu machen", wurde oft missverstanden als „die schlechtere zur besseren Sache zu machen". Schon in der Antike wurde ihnen, nachdem die attische Demokratie aufgrund ihrer aggressiven Außenpolitik in eine tiefe Krise gestürzt wurde, der Vorwurf gemacht, sie würden alle Werte relativieren. Bekannte Sophisten waren → Protagoras und Gorgias. Heute meint das Wort sophistisch so viel wie haarspalterisch. *sk*

Spinoza, Baruch (Benedictus) de (1632–1677) Niederländischer Philosoph. Spinoza wurde 1656 wegen seiner von der jüdischen Lehre abweichenden Auffassungen aus der jüdischen Gemeinde ausgeschlossen. Seit 1670 lebte er in Den Haag. An der streng mathematischen Methode von René Descartes orientiert geht Spinoza von der Existenz eines sinnvoll geregelten natürlichen Organismus aus. Der Mensch soll ihn als solchen erkennen, um sich selbst als Teil dieses harmonischen Ganzen zu begreifen und sein Handeln daran auszurichten. Außerhalb dieser allumfassenden, ewigen Substanz, die sich als Materie und Geist, Denken und Ausdehnung zeigt, gibt es kein Sein

(→ Monismus). Gott offenbart sich deshalb als unteilbare und unendliche Substanz in der Natur, Gott und Natur werden somit eins: *Deus sive natura* (Gott beziehungsweise Natur; → Pantheismus). Die (Er-)Kenntnis der Natur bedeutet daher immer auch die Erkenntnis Gottes. In der zweiten Hälfte des 18. Jhs gelangte der Spinozismus durch die Vermittlung von Gotthold E. Lessing, Johann G. Herder und Johann W. von → Goethe zu weiter Verbreitung.

Baruch de Spinoza

Werke: Tractatus Theologico-Politicus (1670); Ethica ordine geometrico demonstrata (1677). *jj*

Staat Organisierte Form des Zusammenlebens eines Volkes oder mehrerer Volksgruppen auf einem geografisch genau begrenzten Raum. Mit der Bildung staatlicher Institutionen werden Hierarchien geschaffen, deren Wirkungsbefugnisse und Einflussmöglichkeiten im besten Fall durch Recht und Gesetz geregelt sind. Die Geschichte der Menschheit kennt viele Staatsformen mit unterschiedlich ausgeprägter Beteiligung des Staatsvolks an der Machtausübung: Aristokratie und Oligarchie (Herrschaft Adeliger bzw. Herrschaft einiger), Monarchie und → Demokratie in verschiedenen Erscheinungsformen; in ihrer totalitären Ausprägung als Diktatur (Tyrannis), Despotismus oder Gewaltherrschaft. Staatstheoretiker wie Thomas → Hobbes begründen die Notwendigkeit der Gesellschafts- wie Staatenbildung mit der Überwindung eines anarchischen, auf Gewalt beruhenden Naturzustands, während Jean-Jacques → Rousseau in seinem → Gesellschaftsvertrag die Idee einer freiwilligen Übereinkunft *(volonté générale)* der „Staatsbürger" entwarf. Weitere wichtige philosophische Staatstheoretiker waren Aristoteles, Platon, Niccolo Macchiavelli, Immanuel Kant, Johann G. Fichte, Georg W. F. Hegel und Karl Marx. *jj*

Staatsraison (franz. *raison* Vernunft, Verstand) Begründungszusammenhang, der das Wohl des Staates über die Interessen des Einzelnen stellt. Der Staat dürfe sich aus realpolitischen Gründen der Staatsvernunft deshalb auch über die (Grund-)Rechte seiner Bürger hinwegsetzen, wenn dies im Sinne eines „höheren Interesses" erforderlich sei. Wichtige Vertreter dieser mit rechtsstaatlichen Grundsätzen nicht zu vereinbarenden Auffassung waren Niccolo → Macchiavelli oder Kardinal Richelieu (1585–1642). *jj*

Steiner, Rudolf (1861–1925) Österreichischer Anthroposoph (→ Anthroposophie). Nach einem naturwissenschaftlichen Studium in Wien und der Mitarbeit an der Weimarer Goethe-Ausgabe wurde Steiner 1902 Generalsekretär der deutschen Sektion der Theosophischen Gesellschaft. 1913 trennte er sich von dieser und gründete die Anthroposophische Gesellschaft, deren Zentrum das 1914 nach Steiners Plänen errichtete „Goetheanum" im schweizerischen Dornach wurde. Seine anthroposophische Weltanschauung geht davon aus, dass der Mensch höhere geistig-seelische Fähigkeiten entwickeln kann, die ihn zu übersinnlichen Erkenntnissen befähigen. Steiners Weltanschauung berücksichtigt dabei Grundsätze der biologisch-dynamischen Lebensweise, was zum Modell einer ganzheitlichen (Reform-)Pädagogik führte, die auch musisch-künstlerische Aspekte betont. Dieser ganzheitliche Ansatz wird bis heute in den Waldorfkindergärten und -schulen praktiziert.

Steiner verwendet in seinem philosophischen System christliche Begriffe, die er mit pantheistischen Anschauungen (→ Pantheismus) und Vorstellungen der östlichen Religionen (Karma, Reinkarnation) vermischt und dadurch umdeutet. Seine Ansichten zu Schöpfung, Sünde und Erlösung sowie seine Aussagen zur Person Jesu stehen im Widerspruch zu den Glaubensaussagen der christlichen Kirchen. *jj*

Sterbehilfe → Euthanasie.

Sterben Letzte Übergangsphase vom Leben zum → Tod. Als menschliche Grenzsituation schlechthin hat das Wissen um die Begrenztheit allen Lebens die Philosophie (*ars moriendi* – Die Kunst des Sterbens), Religion und Kunst (*consolatio* – Trost) immer wieder beschäftigt. Indem sie Sterben und Tod nicht als absoluten Endpunkt, sondern als Übergangsphase zu einer neuen, glücklicheren Seinsform begreifen (→ Paradies), liegt ihre Aufgabe auch darin, den Menschen auf diesem letzten Abschnitt seiner irdischen Existenz zu begleiten. *jj*

Stigma (griech. Zeichen) Der auch in der Biologie benutzte Begriff geht auf das Schlusswort des Apostels Paulus in seinem Brief an die Galater zurück: „Denn ich trage die Zeichen Jesu an meinem Leib" (6,17). In der katholischen Religion weisen stigmatisierte Personen, die oft auch über visionäre Gaben verfügen, an die Leiden Jesu erinnernde Wundmale auf, die ihnen nicht von außen zugefügt wurden, sondern auf mystische Weise entstanden. Unter einem Stigma versteht man im heutigen Sprachgebrauch eine markant „gezeichnete" Person, die durch diesen – tatsächlichen oder im übertragenen Sinne verstandenen – Makel zum Außenseiter innerhalb einer Gemeinschaft geworden ist. *jj*

Der Heilige Franziskus war als Zeichen seiner Verbundenheit mit Jesus Christus stigmatisiert: Deutlich zu erkennen sind die Wundmale Jesu an den Händen des Franziskus; Zisterzienser-Graduale Wonnental, 1330.

Stoa Eine nach der *Stoa poikile*, einer Säulenhalle in Athen, benannte einflussreiche Strömung der griechischen Philosophie, die im dritten vorchristlichen Jh. entstand. Wichtige Vertreter waren ihr Begründer → Zenon von Kition, Kleanthes und Chrysipp, später Panaitios und Poseidonios. Die Lehre der Stoa ist in Logik, Ethik und Physik gegliedert, ihre Argumentationsweise ist → teleologisch, d. h. zweckhaft ausgerichtet. Sie geht von einer umfassend wirkenden göttlichen Kraft und einem sinnvoll geordneten, harmonischen Aufbau des Weltganzen aus. Mit dessen Gesetzen und Regeln soll das Individuum aus freier Selbstbestimmung leben, um so zur Glückseligkeit zu gelangen. Höchstes stoisches Ideal ist die → Apathie, die als Leidenschaftslosigkeit freilich nicht mit Indifferenz und Passivität gleichgesetzt werden darf. Insbesondere in der römischen Philosophie der Kaiserzeit (→ Seneca; → Marcus Aurelius Antoninus) wie nachfolgend in der gesamten abendländischen Kultur wirkte stoisches Gedankengut – etwa im britischen Ideal des „Gentleman" – nachhaltig weiter. So verstehen wir heute unter einem „stoischen" Menschen einen gelassenen, nur schwer aus der Ruhe und dem inneren Gleichgewicht zu bringenden Menschen. *jj*

Strafe Unter einer Strafe versteht man die Zwangsmaßnahmen, die wegen der Übertretung einer Norm, eines Gebots oder eines Gesetzes verhängt werden können. Sie hat damit sowohl eine ethische, pädagogische als auch juristische Dimension. Ziel einer Strafe ist die Wiederherstellung eines gerechten Zustandes. Die durch die Gerichtsbarkeit verhängte Strafe dient sowohl der Abschreckung der Allgemeinheit (Generalprävention) wie des Täters vor weiteren Straftaten (Spezialprävention) als auch der – tatsächlichen wie symbolischen – Wiedergutmachung oder aber der Resozialisierung des Täters. *jj*

Strukturalismus Eine ursprünglich in der Sprachwissenschaft zu Beginn des 20. Jhs entwickelte Methode der Geistes- und Sozialwissenschaften, die sprachliche Zeichen oder soziokulturelle Phänomene nicht isoliert betrachtet, sondern als Teile eines Gesamtsystems begreift. Dabei werden die Strukturen im Hinblick auf ihre wechselseitigen Abhängigkeitsverhältnisse untersucht. Dies kann sowohl diachron (historischer Längsschnitt unter Berücksichtigung des Wandels und der Entwicklung) wie synchron (historischer Querschnitt, Analyse des Ist-Zustands zu einem bestimmten Zeitpunkt) geschehen. Dabei geht der Strukturalismus von keinem vorgegebenen System aus, sondern will dieses gerade aus der Fülle der Einzeldaten entwickeln. Strukturalistische Betrachtungsweisen haben in zahlreichen Disziplinen Anwendung gefunden, so etwa in der Ethnologie (Claude Lévi-Strauss), Psychologie (Jean Piaget), Soziologie und Philosophie (Michel Foucault), Linguistik und Literaturwissenschaft. Die Folgerung wie Forderung, dass auch Systeme untereinander hinsichtlich ihrer jeweiligen Zusammenhänge betrachtet werden müssen, hat insbesondere Niklas → Luhmann in seiner → Systemtheorie weiter entwickelt. *jj*

Subsidiaritätsprinzip (lat. *subsidium* Hilfe) Das Subsidiaritätsprinzip besagt, dass übergeordnete Instanzen nur diejenigen Aufgaben übernehmen sollen, die nach- oder untergeordnete gesellschaftliche Gruppen nicht selbst erfüllen können. Strukturell folgt daraus der föderalistische Aufbau des Staatswesens. Das Solidaritätsprinzip beschreibt die wechselseitige Verantwortlichkeit des Individuums für das Gemeinwohl sowie der Gemeinschaft für den Einzelnen. Zusammen mit dem Solidaritätsprinzip ist das Subsidiaritätsprinzip ein zentraler Begriff der katholischen Soziallehre. *jj*

Substanz Der Stoff, die Materie, woraus die Dinge sind bzw. das Wesen der Dinge, d.h. der unveränderliche Kern einer Sache, im Gegensatz zu auswechselbaren, oberflächlichen Einzelheiten (Akzidens). Nach René Descartes ist die Substanz das, was zu seinem Sein keines anderen Seienden bedarf. Substanzen werden in der Regel durch die Wortart Substantiv ausgedrückt – wobei umgekehrt gelegentlich allein das Vorhandensein eines entsprechenden Substantivs zum Glauben an die Existenz einer Substanz verführt: So suchen viele Menschen hinter „Seele“, „Intelligenz“, „Gott“ oder „Geist“ etwas Greifbares, also Substanzielles im Sinne von Materiellem. *wl*

Suizid (lat.-neulat. Selbstmord) Die Einstellung zur vorsätzlichen Beendigung des eigenen Lebens ist von der jeweiligen religiösen oder weltanschaulichen Bindung abhängig. Während etwa die christliche Religion menschliches Leben als Geschenk Gottes betrachtet, dem Individuum damit jedes Recht zur Selbsttötung abspricht und diese zur → Todsünde erklärt, begreifen z.B. die Stoiker und Epikureer oder Jean Amérys Essay „Hand an sich legen. Diskurs über den Freitod“ (1976) den Selbstmord als letzten Akt von Freiheit, Autonomie und Zeichen menschlicher Würde. Mythos und Geschichte kennen zudem zahlreiche Beispiele der Selbstopferung, bei denen der Suizid nicht mehr nur in einem individuellen, sondern in einem sozialen Zusam-

Frühchristliches Symbol der Unsterblichkeit und der Auferstehung ist der Pfau. Die Tierdarstellung wird mit Kelch und Kreuz, dem Sinnbild der Erlösung durch Christus, verknüpft; lombardischer Sarkophag aus dem 8. Jh.

menhang steht, z. B. indem jemand anders durch das Opfer vor dem Tod bewahrt wird, wie durch die Entscheidung Pater Maximilian Kolbes (1894–1941), für einen Familienvater in die Todeszelle in Auschwitz zu gehen.

In der Bundesrepublik verübten im Jahr 2000 im Monatsdurchschnitt etwa 1000 Menschen Selbstmord, dabei rund dreimal so viele Männer wie Frauen. Von Bedeutung ist die Diskussion um Suizid z. B. hinsichtlich der → Euthanasie. *jj*

Sünde Begriff für Verstöße gegen religiös begründete Gebote und damit eine Abkehr von Gott. Das Christentum kennt auch die → Erbsünde, die sich vom Ungehorsam Adams und Evas im Paradies gegen Gottes Gebot, nicht vom Baum der Erkenntnis zu essen, herleitet (Sündenfall). An ihr tragen alle späteren Menschen mit, sodass sie immer auf Gottes → Gnade angewiesen sind. Im Bußsakrament der katholischen Kirche erlangt der reuige Mensch eine Lossprechung von seinen Sünden. Nach Martin Luther ist der Mensch immer Gerechter und Sünder zugleich *(simul iustus et peccator)*. Mit der Taufe beginnt ein lebenslanges Ringen um die Vollkommenheit, die einst durch den Sündenfall verloren ging. Bei der Verletzung lebensweltlich relevanter Normen spricht man heute eher von Vergehen bzw. Verbrechen. *wl*

Sure → Koran.

Syllogismus (griech.) Gültiger logischer Schluss. Ausgehend von zwei → Prämissen, d. h. zwei Vordersätzen, wird eine Schlussfolgerung gezogen. Ein gemeinsamer, so genannter Mittelbegriff muss in beiden Prämissen vorhanden sein. Am bekanntesten ist der Syllogismus:

Sokrates (a) ist ein Mensch (b).
Jeder Mensch (b) ist sterblich (c).
Also ist Sokrates (a) sterblich (c).

Der Begriff Mensch ist in diesem Fall der Mittelbegriff. *ck*

Symbol (griech. *symballein* zusammentreffen; d. h. Kennzeichen) Ein durch die Sinne wahrnehmbares Zeichen, das stellvertretend für etwas Nicht-Wahrnehmbares steht. Wahrnehmbares und nicht Wahrnehmbares treffen also zusammen. Johann W. von Goethe sprach der Kunst eine symbolische Seite zu, insofern existenzielle Grunderfahrungen in vielschichtige Bilder und Vorgänge gefasst werden. Auch → Sakramente können in Analogie zu den Symbolen aufgefasst werden: Es sind äußere Zeichen, welche die heilig machende Gnade Gottes verleihen oder vermehren. *sk*

Synagoge (griech. Versammlung) Die Synagoge geht auf den Versammlungsraum zurück, in dem die Juden, die nach der Zerstörung des ersten Tempels 587 v. Chr. im → babylonischen Exil lebten, ihre gottesdienstlichen Versammlungen abhielten. Zunächst wies die Fassade einer Synagoge nach Jerusalem; später wurde die Seite, die den → Thora-Schrein enthielt, nach Jerusalem ausgerichtet. *ck*

Das Innere der „Altneuschul" in Prag (erbaut um 1270). Der gebräuchliche Name „Schul" für Synagogen verweist darauf, dass Synagogen im Gegensatz zu christlichen Kirchen nie nur Gebetsstätten, sondern immer auch Räume für den religiösen Unterricht waren.

Synkretismus (griech. *synkretizein* verbinden) Der griechische Geschichtsschreiber Plutarch (um 46 – um 125) verwendete den Begriff, um den Zusammenschluss der kretischen Städte, die meist verfeindet waren, zu bezeichnen. Allgemein ist damit die Vereinigung eigentlich unvereinbarer Gegensätze gemeint. Der Begriff wurde später von der Religionswissenschaft übernommen, um eine Vermischung verschiedener Religionen oder von wichtigen Bestandteilen unterschiedlicher Religionen zu bezeichnen. *sk*

Synode (griech. Zusammenkunft) Synode bezeichnet wie der lateinische Parallelbegriff → Konzil ganz allgemein eine Kirchenversammlung. Im engeren Sinn wird unter Synode in der katholischen Kirche eine beratende, beschließende oder sogar gesetzgebende Versammlung von Bischöfen verstanden. In der evangelischen Kirche ist die Synode das Selbstverwaltungsorgan der Landeskirchen. In dieser Synode sind neben Geistlichen auch Laien Mitglieder (Synodale). *bb*

Synopse (griech. *synopsis* Zusammenschau) Zusammenstellung und vergleichende Übersicht ähnlicher Dinge. So werden z. B. die Evangelien oft in Parallelspalten nebeneinander gedruckt, um inhaltliche und formale Gemeinsamkeiten und Unterschiede untersuchen und damit die Frage der Verwandtschaft der Evangelien klären zu können (→ Synoptiker). *ck*

Synoptiker (griech. *synopsis* Zusammenschau) Bezeichnung für die Evangelisten Matthäus, Markus und Lukas. Ihre Schriften weisen – anders als das später entstandene Johannes-Evangelium – große Ähnlichkeiten und Parallelen in Inhalt und Form auf. Sie werden daher oft in Spalten nebeneinander gedruckt, um die Textverwandtschaft zu analysieren. (→ Synopse; → Zwei-Quellen-Theorie) *ck*

Systemtheorie Die Systemtheorie erforscht, wie die Elemente eines biologischen Organismus oder eines sozialen Verbands zusammenwirken. Auf dem Gebiet der Soziologie sind besonders die Arbeiten von Niklas → Luhmann von Bedeutung. (→ Strukturalismus) *ck*

Szientismus (lat. *scientia* Wissen) Wissenschaftsgläubigkeit; ein Wissenschaftskonzept, in dem versucht wird, Methoden der „exakten Wissenschaften" auf die Arbeitsweise und Theoriebildung der Sozial- und Geisteswissenschaften zu übertragen. Dabei wird „Wissenschaft" stillschweigend mit „Naturwissenschaft" gleichgesetzt. Der Begriff des Szientismus spielte im so genannten Positivismusstreit zwischen der → Frankfurter Schule und dem → Kritischen Rationalismus eine Rolle, indem dem Kritischen Rationalismus eine Verwechslung von Erkenntnisgewinn bzw. „Wahrheit" und Methode unterstellt wurde. *dk*

T

Tabu (aus einer polynesischen Sprache: unverletzlich, unantastbar bzw. sinngleiches Substantiv) Tabu stammt aus der religiösen Sphäre einer Naturreligion und bezeichnet einen Gegenstand, eine Handlung oder auch eine Person, die aus religiösen Gründen dem menschlichen Zugriff oder auch nur der menschlichen Sprache entzogen ist. Übertragen ist ein Tabu etwas, das dem menschlichen Zugriff nicht nur aus religiösen, sondern innerhalb der Gesellschaft auch aus moralischen Gründen entzogen ist. *bb*

Talionsprinzip (lat. *talio* Vergeltung) Strafrechtsgrundsatz der Vergeltung von Gleichem mit Gleichem. Die Idee der Gerechtigkeit beinhaltet traditionell auch die Forderung nach einem proportionalen Ausgleich, im Sinne einer Rückerstattung, für alle positiven oder negativen Taten eines Menschen. Daraus entwickelt sich die Vorstellung von Vergeltung. Vergeltung kann so als Lohn oder als Strafe auftreten, eben gemäß den Folgen der vorausgegangenen Handlung. Als *ius talionis* oder als alttestamentarisches „Auge um Auge, Zahn um Zahn" (Exodus 21, 24) ist diese Rechtsvorstellung seit der Antike weit verbreitet. *dk*

Talmud (hebr. Lehre) Zwischen dem 3. und 6. Jh. entstandene Sammlung jüdischer religiöser Gesetze und dazugehöriger Kommentare bzw. Veranschaulichungen. Es existieren eine Jerusalemer bzw. eine babylonische Sammlung, die sich in den Kommentierungen der Gesetze unterscheiden. Heute wird allgemein der babylonische Talmud als letzte Autorität angesehen. *dk*

Tao Der chinesische Begriff Tao ist – im positiven Sinn – eine allumfassende Leerformel, vergleichbar dem griechischen Begriff → Logos. Bedeutungsnuancen, die im Begriff Tao enthalten sind, sind Weg, Urgrund des Seins, Vernunft, Wort, Sinn, wirksame Ordnung des Kosmos, ewiger Sinn des Himmels, das Maß aller Dinge, die dem edlen Menschen eigene intuitive Tugend (im Gegensatz zu den Tugendregeln des → Konfuzius) und viele mehr. Das Tao hat als das All-Eine, Ewig-Eine oder All-Ewige weder Namen noch Gestalt und entzieht sich jeder sinnlichen Erfahrbarkeit oder begrifflichen Bestimmung. Selbst unvergänglich und unveränderlich ist es der Grund aller Veränderung und damit Wurzel alles Seienden. Bei Übersetzungen z. B. der Bibel ins Chinesische wird *Logos* mit *Tao* wiedergegeben, vergleichbar dem Begriff „Natur", wie ihn die → Stoa versteht. Im Grundbuch des → Taoismus, dem Tao-Te-ching des → Lao-tse, wird im 1. Kapitel klargestellt: „Das Tao, über das ausgesagt werden kann, ist nicht das absolute Tao". Tschuang-tse, ein Vertreter des Taoismus, erklärt: „Wer meint, er wisse nicht, ist tief; wer meint, er wisse, ist seicht." Vom Geist des Tao durchdrungen ist z. B. das → I Ging.

Die Verwendung des Begriffs Tao in Buchtiteln (z. B. „Das Tao der Liebe", „Das Tao der Physik") sollte Anlass sein, die Seriosität des Autors skeptisch zu beurteilen.

Literatur: Marcel Granet: Das chinesische Denken, Frankfurt a. M. 1985; Bertolt Brecht: Legende von der Entstehung des Buches Taoteking auf dem Weg des Laotse in die Emigration. *wl*

Taoismus (auch Daoismus) Chinesische Philosophie und Religion, die der Philosoph → Lao-tse im Buch Tao-te-ching im 4. Jh. v. Chr. entwickelte. Der Ursprung der taoistischen Bewegung liegt im 2. Jh. n. Chr. Im Mittelpunkt steht das Prinzip des → Tao. Ziel des Taoismus ist es, durch Anstrengungslosigkeit und Nichtstun die Harmonie mit allem Sein zu erreichen. Insofern bestehen Bezüge zum Buddhismus. Der Taoismus war im Laufe seiner Geschichte vielen Wandlungen unterworfen und entwickelte sich zu einer mystischen Lehre. Die Taoisten praktizierten rituelle Gebete und Opfer, pflegten die Kunst der → Alchemie und versenkten sich in Yoga und Meditation. *jj*

Tautologie Der Begriff wird sowohl in der Logik als auch in der Stilistik verwendet, allerdings mit unterschiedlicher Bewertung. In der Logik ist damit ein Satz gemeint, der immer wahr ist, z. B. „A oder Nicht-A." Wenn A wahr ist, dann ist es die ganze Aussage, wenn A falsch ist, dann ist Nicht-A wahr, der ganze Satz ist auch dann wahr. In der Stilistik versteht man unter Tautologie eine unnötige Wiederholung, z. B. „ein runder Kreis". *sk*

Teilhard de Chardin, Pierre (1881–1955) Französischer Philosoph, Theologe und Paläontologe (Wissenschaftler, der Pflanzen und Lebewesen vergangener Erdzeitalter erforscht). In seinem philosophischen Hauptwerk „Der Mensch im Kosmos" (1955) versucht Teilhard de Chardin, den christlichen Schöpfungsgedanken mit der Evolutionstheorie in Einklang zu bringen. Die Evolution ist ein Aufstieg zum Bewusstsein; ihre Vollendung sieht er im geschichtlichen Handeln der Menschen, die sich zu einer Gemeinschaft entwickeln müssen. *ck*

Teleologie (griech. *telos* Ziel; *logos* Lehre, Wissenschaft) Lehre von der Zielgerichtetheit einer Entwicklung. Das zugehörige Adjektiv ist „teleologisch". Die Zielgerichtetheit kann nach Aristoteles das Leben, das Geschehen oder sogar das ganze Universum betreffen. Im metaphysischen Sinn ist das Christentum teleologisch auf das Jenseits hin ausgerichtet, auch der Marxismus mit seiner Vorstellung von einem unabänderlichen Verlauf der Menschheitsgeschichte kann als teleologisch bezeichnet werden. *bb*

Tempel Mit Tempel wird ein nichtchristliches, vor allem antikes Kultgebäude für eine Gottheit bezeichnet. Tempel waren bei allen antiken Kulturen verbreitet und besaßen im Inneren, der Cella, häufig ein Kultbild derjenigen Gottheit,

oben: Tempel der Göttin Vesta; Darstellung auf einer römischen Münze.
unten: Modell des Jerusalemer Tempels der Juden, wie er seit 515 v. Chr. bis zur Zerstörung durch die Römer 70 n. Chr. bestand.

der der Tempel geweiht war. In einem spezielleren Sinn kann Tempel auch Synagoge oder Gotteshaus (z. B. der Mormonen) bedeuten. *bb*

Textkritik Im Zusammenhang mit der → Exegese der Bibel entstandene Methode zur Auslegung der Bibel (→ Historisch-kritische Methode). Die Textkritik versucht, den originalen Gehalt eines überlieferten Textes zu rekonstruieren, indem mehrere überlieferte Fassungen miteinander verglichen werden. Dazu muss der Text von späteren Einsprengseln und Verfälschungen befreit werden: Da in jede Übersetzung bereits das Vorverständnis des Übersetzers einfließt, muss die jeweils älteste Version eines Textes identifiziert werden; da ein Kopist einen Text eher erweitert und inhaltlich glättet, sieht man allgemein in einer kürzeren, schwierigeren Fassung die ältere. Die historisch-kritische Methode erweiterte seit dem 18. Jh. diese so genannte „niedere Kritik" durch Fragen nach der Verlässlichkeit und Glaubwürdigkeit eines Textes, nach dem Autor und seinen Quellen und nach Veränderungen, die der Text erfuhr. *dk*

Thales von Milet (um 650–560 v. Chr.) Griechischer Philosoph und Mathematiker. Thales gehört zu den frühen griechischen Naturphilosophen. Abgesehen davon, dass Thales Wasser zur Ursubstanz der Welt erklärt haben soll, gibt es über ihn keine gesicherte Überlieferung. Seine Bedeutung liegt darin, dass er vom Mythos als Erklärung für physikalische Erscheinungen abging. Der ihm zugeschriebene mathematische „Satz des Thales" jedenfalls stammt nicht von ihm, sondern wurde bereits von den Babyloniern angewandt. *bb*

Theismus (griech. *theos* Gott) Der religiöse Glaube, dem die Vorstellung eines persönlichen Gottes zugrunde liegt, welcher die Welt geschaffen hat (→ Deismus) und weiterhin lenkend und am Schicksal jedes einzelnen Menschen Anteil nehmend eingreift. Es ist fraglich, inwieweit sich die Konkretheit des Theismus mit dem 2. Gebot des christlichen → Dekalogs vereinbaren lässt: „Du sollst dir kein Bildnis machen." Auch wird das → Theodizee-Problem besonders angesichts des theistischen Gottesbildes akut: Warum gibt es Böses auf der Welt, wenn Gott doch beständig lenkend eingreift? Der → Atheismus bezieht Stoff für seine Kritik insbesondere aus den theistischen Festlegungen, während andere Haltungen zur Gottesfrage (z. B. Fideismus, Mystik) als Gegenposition eher den → Agnostizismus heraufbeschwören. *wl*

Theodizee-Problem (griech. *theos* Gott; *dike* Gerechtigkeit) Der Begriff bedeutet so viel wie „Rechtfertigung Gottes". Gemeint ist die Frage, wie sich die Existenz des Bösen mit der Annahme eines allmächtigen, allwissenden und allgütigen Gottes vereinbaren lässt. Der griechische Philosoph Epikur systematisierte das Problem schon in der Antike. Nach ihm gibt es vier denkbare Möglichkeiten: 1) Entweder Gott will das Böse aufheben, kann es aber nicht – dann wäre er nicht allmächtig; 2) oder Gott kann es aufheben, will es aber nicht – hier stellt sich die Frage, ob die Götter dies aus Missgunst, Neid oder anderen Gründen nicht tun; 3) oder Gott will nicht und kann nicht das Böse aufheben – eine Kombination der beiden erstgenannten Möglichkeiten; 4) Gott will und kann das Böse aufheben – dann dürfte es allerdings das Böse nicht geben, eine Aussage, der die Wirklichkeit widerspricht. – Eine logisch akzeptable Lösung für das Problem gibt es bis heute nicht. Das Christentum folgt dem zweiten Erklärungsansatz und bringt das Böse in Zusammenhang mit der Freiheit des Menschen: Der Mensch entscheidet sich aus freiem Willen selbst für das Böse, d. h. gegen Gott. Bezugsgestalt des Theodizee-Problems in der Bibel ist vor allem → Hiob. Seine Geschichte lässt sich so deuten, dass die Ursachen der menschlichen Leiden nicht durch persönliche Schuld entstehen; der Gläubige kann seine Zweifel durch Gottes Schöpfungswunder als widerlegt und sich als geheilt erfahren. *sk*

Theologie (griech. *theos* Gott; *logos* Lehre, Wissenschaft) Als Theologie wurde in der griechischen Antike die Erzählungen der Dichter über die Götter verstanden. Der Begriff wurde im Christentum zunächst eher zögernd übernommen, um sich von der heidnisch-mythischen Tradition abzugrenzen. Nachdem → Paulus mit der Ausbildung religiöser Lehrbegriffe begonnen hatte, wurde in den folgenden Jahrhunderten ein System der Glaubenslehre entwickelt, das als Theologie bezeichnet wird, sich also nicht nur auf Aussagen über Gott beschränkt. Die katholische Theologie versteht sich als Wissenschaft von Glaubensinhalten, die geoffenbart sind. Die Glaubensinhalte werden der Heiligen Schrift und der kirchlichen Tradition, die sich mit der Heiligen Schrift beschäftigt, entnommen. Die evangelische Theologie gründet ihr Wissenschaftsverständnis nur auf den Evangelien, nicht auf Tradition und kirchlichem Lehramt. *ck*

Theophanie (griech. *theos* Gott; *phainein* erscheinen) Erscheinung Gottes (→ Epiphanie). In der Bibel wird z. B. das Erscheinen Gottes vor Mose (Exodus 3,1–6) oder in Gestalt dreier Engel bei Abraham (Genesis 18,1–10) geschildert. *ck*

Thomas von Aquin (1225–1274) Scholastischer Theologe und Philosoph. Thomas von Aquin ist der bedeutendste Philosoph und Theologe des Mittelalters. In seinem Hauptwerk „Summa theologiae" versucht er, das Natursystem des Aristoteles, der im Mittelalter als größte philosophische Autorität galt, mit den seit Augustinus überlieferten Prinzipien christlicher Theologie und Ethik in Einklang zu bringen. Thomas hielt den Glauben an die göttliche Offenbarung für vereinbar mit dem durch menschliche Vernunft ermittelten Wissen. Obwohl er dabei die Philosophie (das Erkenntnisstreben) der Theologie (dem Glauben) unterordnete, markiert Thomas eben durch die Anerkennung menschlicher Vernunft einen wichtigen Schritt hin zu → Empirismus, → Rationalismus und → Humanismus. In seinen fünf → Gottesbeweisen geht Thomas von der Erfahrung aus und schließt z. B. aus der Erfahrung von Bewegung darauf, dass es einen ersten unbewegten Beweger, nämlich Gott, geben muss, von dem alle Bewegung ausgeht. Den Menschen als Gottes Ebenbild beschreibt Thomas als Einheit von Leib und Seele, durch die der Mensch seine Individualität gewinnt. Die dem Menschen von Gott eingegossene Gnade befähigt ihn, gute Werke zu vollbringen und nach dem Tod die vollkommene Gottesschau zu erreichen. *bb*

Thora (hebr. Lehre) Jüdische Bezeichnung für die fünf Bücher Mose, auch Pentateuch genannt: Genesis, Exodus, Levitikus, Numeri, Deuteronomium. Die Thora ist das Gesetzbuch des Judentums. *ck*

Bei der Sabbatfeier wird aus der Thorarolle gelesen. Mit dem breiten Band, dem „Thorawimpel", wird die aufgerollte Schrift zugebunden.

Tillich, Paul (1886–1965) Amerikanischer evangelischer Religionsphilosoph deutscher Herkunft. Tillich studierte Theologie und arbeitete im 1. Weltkrieg als Feldprediger. 1924 war er Professor für

Theologie in Marburg, 1925–1929 für Religionswissenschaft und Sozialphilosophie in Dresden und Leipzig, danach in Frankfurt a. M. Nach 1933 war Tillich zur Emigration in die USA gezwungen. Er war ab 1939 Professor für philosophische Theologie in New York, Harvard und Chicago. Die Grundlinie seiner theologischen Arbeit bestand in der Einbeziehung existenzphilosophischer und tiefenpsychologischer Erkenntnisse in das theologisches Denken. Indem er Gott als den Grund allen Seins ansah, als Urgrund auch der menschlichen Existenz, versuchte er, die Entfremdung der Individuen in der Gesellschaft der Moderne zu überwinden und dem eine „neues Sein“ in der Liebe Christi gegenüberzustellen. Tillichs Verdienst ist es, die evangelische Theologie zur Philosophie, zur Kultur und zu den anderen Religionen hin geöffnet zu haben. *dk*

Paul Tillich

„Der Spiegel des Lebens und des Todes“: Der Beginn des Lebens birgt immer zugleich den Keim des Todes in sich – ein Leben ohne den Tod ist in dieser Welt nicht denkbar. Das Wissen des Menschen um seine Sterblichkeit beeinflusst auch seine Lebensgestaltung.

Tod Medizinisch-biologisch das Lebensende eines Organismus. Das vielstufige Absterben der verschiedenen Organe, Zellen oder Zellteile macht eine genaue Definition des biologischen Todes schwierig und wirft ethische Probleme für die Medizin auf, z. B. bei Organtransplantation und Euthanasie. Heute wird Tod weithin als Tod des Gehirnorgans (Hirntod) aufgefasst. Die meisten Kulturen begreifen den Tod als die Trennung von Körper und → Seele, wie sie dualistische Weltkonzepte begründet: Das an Zeit und Materie gebundene Diesseits der Körperlichkeit steht im Gegensatz zu einem transzendenten Jenseits, an dem nur die Seele Anteil haben kann. Die Philosophie fragt angesichts der Sterblichkeit des Menschen nach den Konsequenzen, die sich daraus für die Lebensführung ergeben. Das existenzialontologischen Konzept Martin → Heideggers sieht im menschlichen Leben ein „Dasein zum Tode“. In philosophischer Hinsicht gilt der Mensch als das Wesen, das um seinen Tod weiß. Die Vorstellung an ein Weiterleben nach dem Tod war bereits vor einigen zehntausend Jahren verbreitet. Nach christlichem Verständnis ist der Tod des Menschen die Folge der Sünde Adams (Genesis 2,17; Römerbrief 5,12; → Erbsünde). Der Tod wurde durch Jesus Christus überwunden. Im Glauben an ihn hat jeder Mensch Anteil an der → Auferstehung Christi (Johannes 5,24; Römerbrief 6). *dk/ck*

Todsünde Schwere → Sünde. In der katholischen Theologie wird als Todsünde die freiwillige Übertretung eines göttlichen Gebots bezeichnet, die dem Sünder wegen seiner Einsicht in die Sachlage und seiner Freiheit zugerechnet wird. Die Todsünde führt zum Verlust der → Gnade und der ewigen Seligkeit. *ck*

Toleranz (lat. *tolerare* erdulden) Die Haltung und Praxis, solche Überzeugungen, Lebensäußerungen und Verhaltensweisen zu dulden, die den eigenen Werten und Zielen widersprechen. Die Toleranz unterscheidet sich von der Gleichgültigkeit dadurch, dass sie bewusst und aus guten Gründen ausgeübt wird. Sie beruht auf dem Wissen um die Kontingenz (Zufälligkeit) alles Seienden, um die Fehlbarkeit der menschlichen Erkenntnis und um die Geschichtlichkeit, Funktionalität und Relativität der meisten Werte. Des Weiteren verdankt sich die Toleranz der Überzeugung, dass Frieden ein höherer Wert ist als die Durchsetzung einer „Wahrheit" (Thomas → Hobbes). Auf das gerade heute zu beachtende Paradoxon der Toleranz weist Karl Popper hin: „Uneingeschränkte Toleranz führt ... zum Verschwinden der Toleranz. Denn wenn wir ... nicht bereit sind, eine tolerante Gesellschaftsordnung gegen die Angriffe der Intoleranz zu verteidigen, dann werden die Toleranten vernichtet werden und die Toleranz mit ihnen." *wl*

Totem Begriff aus der Sprache nordamerikanischer Indianer (Algonkin), der sich auf meist übersinnliche Begleiter oder Helfer der Menschen bezieht. Diese Helfer sind Wesen oder Dinge, die Gegenstände oder Phänomene der Natur repräsentieren, z. B. mythische Tiere oder geografische Punkte, die als Vorfahren betrachtet werden (vgl. Ahnenkult). Dabei wird angenommen, dass die Menschen oder Menschengruppen zu dem Totem in einer vorgeblich magischen Beziehung stehen (→ Animismus). Menschen, die an Totems glauben, gehen davon aus, dass eine Verbindung, ein Lebensaustausch zwischen Mensch und Totem besteht, der meist durch Symbole und rituelle Handlungen aufrecht erhalten werden muss. *dk*

Toynbee, Arnold (1889–1975) Britischer Historiker und Kulturwissenschaftler. Im Zentrum von Toynbees Arbeit stand die Auseinandersetzung mit der Entwicklung und der Geschichte der menschlichen Zivilisationen. Dabei sah er die Geschichte der Zivilisationen als Spiegelung der Geschichte der Menschheit an. Er stellt die These auf, dass der Untergang einer Zivilisation nicht durch politische oder materielle Probleme verursacht wird, sondern durch die Unfähigkeit der jeweiligen Kultur, angemessen auf neue moralische oder religiöse Probleme zu antworten. In seinem letzten Werk „Menschheit und Mutter Erde" (1975) zeigt er, wie technischer Fortschritt und moralisch-politische Unreife des Menschen auseinander klaffen, wodurch die Menschheit der Gegenwart bedroht wird.

Werke: Der Gang der Weltgeschichte. Aufstieg und Verfall der Kulturen (12 Bde., 1934–1961). *dk*

Transzendenz (lat. *transcendens* hinüberschreitend) Adjektiv: transzendent. Im Gegensatz zur → Immanenz bezeichnet Transzendenz das denkende Überschreiten des Bereichs, der den Sinnen zugänglich ist. Zugleich wird mit Transzendenz der durch die Grenzüberschreitung betretene Bereich beschrieben (→ Metaphysik). Nach Immanuel Kant ist es unmöglich, Aussagen über den transzendenten Bereich zu machen, weil die Argumente ohne Bezug zu irgendeiner möglichen Erfahrung sind. Zur Transzendenz gehören Platons Welt der → Ideen, jegliche Gottesvorstellung und somit alle religiösen Inhalte. Als transzendental – im Gegensatz zu empirisch (→ a posteriori) – bezeichnet Kant „alle Erkenntnis, die sich nicht mit Gegenständen, sondern mit unserer Erkenntnis*art* von Gegenständen, sofern diese → a priori möglich sein soll, überhaupt beschäftigt". In diesem Sinn verwendet er auch den Begriff Transzendentalphilosophie. *wl*

Trinität (lat. *tri-* drei) Dreieinigkeit, auch Dreifaltigkeit. Nach christlicher Lehre ist mit Trinität die Dreiheit der göttlichen Personen Gott-Vater, Gott-Sohn und Heiliger Geist in der Einheit des göttlichen Wesens gemeint. Die Trinität wurde auf dem Konzil von → Nizäa 325 verkündet und wird von allen größeren christlichen Kirchengemeinschaften anerkannt. *ck*

Symbolische Darstellung der Trinität: Die göttliche Schöpferhand symbolisiert Gott-Vater; das Lamm stellt Jesus Christus, das Gotteslamm, dar; die Taube verweist auf den Heiligen Geist.

Tugend (griech. *arete;* lat. *virtus)* Mit Tugend wird seit der Antike die feste, unerschütterliche Ausrichtung auf das sittlich Gute bezeichnet, also eine moralische Grundhaltung. Bei Aristoteles meint Tugend (im Sinne von Tüchtigkeit bzw. taugen) zunächst die Eignung für eine spezielle Aufgabe; so ist die Tugend des Messers seine Eignung zum Schneiden, also seine Schärfe.

Tugend im ethischen Sinn verwirklicht der Mensch nach Aristoteles, wenn er versucht, immer maßvoll einen Mittelweg zwischen zwei Extremen einzuschlagen („goldene Mitte"). Dadurch erlangt der Mensch im Verlauf des Lebens Glückseligkeit (→ Eudaimonia); vgl. → Dianoetische Tugenden.

Spricht man im Plural von ethischen Tugenden, so sind damit die vier Kardinaltugenden (lat. *cardinalis* hauptsächlich) gemeint, die Platon in seinem Buch „Politeia" (Der Staat) als unverzichtbare Stufen auf dem Weg zum Guten aufzählt: Besonnenheit (griech. *sophrosyne;* lat. *temperantia),* Tapferkeit (griech. *andreia;* lat. *fortitudo),* Weisheit (griech. *sophia;* lat. *sapientia)* und Gerechtigkeit (griech. *dikaiosyne;* lat. *iustitia).* In der Seele des Menschen müssen diese vier Tugenden im Gleichgewicht stehen, damit der Mensch zur Sittlichkeit gelangt.

Die christliche Ethik kennt noch drei weitere Tugenden, die Paulus im 1. Korintherbrief 13 entfaltet: Glaube (griech. *pistis;* lat. *fides),* Liebe (griech. *agape;* lat. *caritas)* und Hoffnung (griech. *elpis;* lat. *spes).* Diese werden in der Regel als religiöse Tugenden bezeichnet.

Die ethischen und religiösen Tugenden werden als Primärtugenden bezeichnet. Daneben werden das individuelle Leben und das gesellschaftliche Zusammenleben durch die Ausrichtung an → Sekundärtugenden erleichtert.

Aus einem Tugendbegriff, der nicht auf die lebenserhaltende rechte Mitte zielt, sondern auf das Extrem (z. B. der Märtyrer, der in Selbstverleugnung handelt, keusch lebt und jung stirbt, um eines Jenseits willen) mag es rühren, dass der Begriff Tugend heute für viele negativ besetzt ist. *cps/wl*

U

Übermensch Bezeichnung für einen neuen Typus von Mensch, der über sein bisheriges Wesen hinauswächst. Der Begriff taucht bei vielen Denkern und Dichtern auf, z. B. bei Johann G. Herder, Johann W. von Goethe oder auch George B. Shaw. Friedrich → Nietzsche sah im Übermenschen das Ideal des zukünftigen Menschen; er verband damit den ethischen Anspruch der Selbstüberschreitung des Menschen aus seinem Tier- zum Menschsein. Der Nationalsozialismus griff auf Wendungen Nietzsches zurück, um das eigene Bild des neuen Menschen auszuweisen. Durch die Fehldeutung und Pervertierung des Begriffs im Dritten Reich kann der Begriff heute nicht mehr ohne Vorbehalte verwendet werden. *sk*

Uexküll, Jakob von (1864–1944) Deutscher Philosoph und Biologe. Uexküll gilt als einer der fruchtbarsten Denker des 20. Jhs. Er ist ein Vorläufer des → Konstruktivismus in der Wissenschaftstheorie. In seinem Hauptwerk „Theoretische Biologie" (1928) stellt Uexküll fest, dass eine bloße Beschreibung der physikalischen, chemischen und mechanischen Vorgänge zur Beschreibung der Natur nicht ausreiche, sondern dass das Subjekt des Menschen und des Tieres berücksichtigt werden muss. Uexküll baut hierbei auf Immanuel Kant auf, dessen Ansichten er auf die Biologie überträgt: Uexküll geht davon aus, dass alle Gegenstände „Erscheinungen sind, die ihren Aufbau einem Subjekt verdanken". Aufgabe der Biologie ist es zum einen zu erforschen, wie die Sinnesorgane und das Zentralnervensystem bei der Konstruktion der „Wirklichkeit" mitwirken, zum anderen die Beziehung der Tiere zu den Gegenständen zu untersuchen. *ck*

Umweltethik Die Umweltethik beschäftigt sich mit der Frage, wie sich der Mensch zur belebten und unbelebten Natur verhalten soll. Dabei lassen sich zwei ökologische Argumente unterscheiden: Im ersten Argument wird auf die Pflicht verwiesen, anderen Menschen, auch kommenden Generationen, keinen Schaden zuzufügen, indem man ihre Umwelt zerstört. Bezugspunkt der Argumentation ist nach wie vor der Mensch. Umweltschutz ist hier eine Pflicht, die man gegenüber Menschen hat (anthropozentrische Argumentation). Im zweiten Argument wird eine unmittelbare Pflicht gegenüber Tieren, Pflanzen oder der Umwelt allgemein angesetzt (biozentrische Argumentation). Das zweite Argument wird meist auf der Grundlage eines Schöpfungsbegriffs formuliert, wie er in vielen Religionen vertreten wird. *ck*

Unfehlbarkeitsanspruch (lat. Infallibilität: Irrtumslosigkeit) Die Unfehlbarkeit kommt nach katholischer Lehre den kirchlichen Lehrverkündigungen in Fragen des Glaubens und der Sitte zu, wenn sie die ganze Kirche verpflichten. Inhaber der Unfehlbarkeit sind der Papst in Person (wenn er *ex cathedra,* als oberster Verkünder der Glaubenslehre spricht), Papst und Bischöfe in ihrer Gesamtheit und vom Papst bestätigte Beschlüsse des Ökumenischen → Konzils. Der Unfehlbarkeitsanspruch wurde in Abwehr des → Liberalismus 1870 unter dem Pontifikat von Pius IX. auf dem Ersten Vatikanischen Konzil zum Dogma erhoben. *bb*

Universalienstreit Bezeichnung für einen mittelalterlichen philosophischen Streit, der sich um die Frage drehte, ob die allgemeinen Bestimmungen (Universalien), z. B. „Mensch" als Gattungsbezeichnung, nur Gedankengebilde sind oder ob ihnen eine vom Denken unabhängige Realität zukommt. Die Realisten nahmen an, dass den Allgemeinbegriffen Realität zukommt (vgl. die → Idee bei → Platon). Im Gegensatz dazu lehnten die Nominalisten die Existenz von Universalien ab und behaupteten, dass es in der Welt nur Einzeldinge gäbe, die jeweils individuelle Qualitäten haben. Die

Universalien sind dann bloß Ergebnis des Denkens, Allgemeinbegriffe sind nur Namen, die den realen Einzeldingen angehängt werden. *ck*

Upanishaden (sanskrit: vertrauliche Belehrungen, Sitzungen) Altindische theologische und philosophische Texte, die in der Zeit von 800 v. Chr. bis 1500 n. Chr. entstanden. Sie bilden die jüngste Schicht des → Veda. *ck*

Urknall Viele Kosmologen und Physiker setzen als Beginn des Universums eine gewaltige Explosion, den Urknall, an. Vor 12–15 Milliarden Jahren – die Zahlenangaben variieren – soll in einem Zustand unendlich dichter, heißer Strahlung der so genannte „Big Bang" stattgefunden haben. Seit diesem Zeitpunkt sollen die verschiedenen Atomteilchen und die wesentlichen Naturkräfte wirken, z. B. Gravitation, elektromagnetische Kraft, starke und schwache Wechselwirkung. Unklar bleibt, was vor dem Urknall war: „Man kann sagen, dass die Zeit mit dem Urknall beginnt – in dem Sinne, dass frühere Zeiten einfach nicht definiert sind." (Stephen Hawking). *ck*

Ursache (lat. *causa*) Als Ursache wird das etwas anderem Vorausgehende bezeichnet, das dieses als Folge hervorruft. Oft werden die Bezeichnungen Ursache und Grund mit gleicher Bedeutung verwendet. Aristoteles unterschied vier Arten von Ursachen: Stoffursache *(causa materialis)*, Formursache *(causa formalis)*, Antriebsursache *(causa efficiens)* und Zweckursache *(causa finalis)*. Beispiel: Aluminium und Kunststoff sind die Stoffursache eines Automobils, der Plan eines Automobils ist die Formursache, die Tätigkeit der Monteure und Blechner ist die Antriebsursache, der Wunsch nach schneller Fortbewegung ist die Zweckursache. *Causa materialis* und *causa formalis* nennt man auch innere Ursachen, *causa efficiens* und *causa finalis* äußere Ursachen. Nach David → Hume ist ein Ereignis A genau dann Ursache eines anderen Ereignisses B, wenn B unmittelbar aus A folgt und jedes Ereignis der gleichen Art wie A ein Ereignis der gleichen Art wie B nach sich zieht. Offen bleibt dabei, ob ein innerer Zusammenhang zwischen den Ereignissen besteht, unabhängig davon, ob der Mensch das Aufeinanderfolgen der Ereignisse wahrnimmt oder nicht. *ck*

Urteil Das Urteil spielt in der Logik eine zentrale Rolle. Es ist die gedankliche Verbindung zweier Begriffe. Dabei wird einem Subjekt ein Prädikat zu- oder abgesprochen. Die Grundform eines Urteils bzw. sein sprachlicher Ausdruck lautet: S ist P oder S ist nicht P. Immanuel Kant unterschied zwölf Urteilsformen.

I. Nach dem Umfang des Urteilssubjekts (Quantität): 1) Alle S sind P (universal). 2) Einige S sind P (partikulär). 3) Irgendein S ist P (singulär).

II. Nach dem Wert der Verbindung (Qualität): 1) S ist P (bejahend). 2) S ist nicht P (verneinend). 3) S ist Nicht-P (limitativ, unendlich).

III. Nach der Beziehung zwischen S und P (Relation): 1) S ist P (kategorisch, unbedingt). 2) Wenn A ist, dann ist B (hypothetisch, bedingt). 3) S ist entweder P oder Q (disjunktiv, trennend-ausschließend).

IV. Nach dem Grad der Möglichkeit der Beziehung zwischen S und P (Modalität) 1) S kann P sein (problematisch). 2) S ist P (assertorisch, behauptend). 3) S ist notwendig O (apodiktisch, unwiderlegbar).

Das Urteil „Peter hat Hunger" wäre danach singulär, bejahend, kategorisch und assertorisch.

In der neueren Logik sind diese Unterscheidungen nicht mehr gebräuchlich. *ck*

Urvertrauen Bezeichnung aus der Psychologie für das Weltvertrauen als grundlegende Sicherheit. Wenn der Säugling als soziales Wesen die Erfahrung macht, dass die Welt „gut" ist, dann baut er dieses Urvertrauen auf. Durch Hautkontakt zwischen Säugling und Mutter, Ansprechen und Anlächeln des Säuglings, Förderung des Augenkontaktes oder Lob für jede Tätigkeit des Säuglings kann der für das Urvertrauen wichtige soziale Kontakt geschaffen werden. *ck*

Utilitarismus (lat. *utilis* nützlich) Ethische Lehre, nach der sich das Handeln am größtmöglichen Nutzen für die größtmögliche Zahl Betroffener orientiert. Als Begründer des Utilitarismus gilt Jeremy → Bentham. Er bestimmte diesen Nutzen rein quantitativ; John S. → Mill ergänzte das utilitaristische Prinzip um den Gesichtspunkt der Qualität; Henry → Sidgwick richtete es zusätzlich am Wert der → Gerechtigkeit aus. Später kam die Unterscheidung zwischen Handlungs- und Regelutilitarismus hinzu: Der Handlungsutilitarismus beurteilt eine beabsichtigte Handlung nach dem Gesichtspunkt, ob *diese* Handlung unter *diesen* Umständen geeignet ist, dem utilitaristischen Prinzip zu genügen. Insofern ist der Handlungsutilitarismus praxisbezogen, läuft aber Gefahr, dass seine Lösungen von Betrachtern als ungerecht oder nicht vorbildlich bewertet werden. Der Handlungsutilitarismus eignet sich für Situationen, in denen eine Fehleinschätzung keine existenziellen Folgen hätte. Der Regelutilitarismus nimmt nicht konkrete Handlungen in den Blick, sondern Handlungs*regeln*. Der Regelutilitarismus nimmt im konkreten Fall Nachteile in Kauf, weil die Existenz der Regel vorteilhaft ist; so ist z. B. die Regel, an einer roten Ampel zu halten, grundsätzlich gut, selbst wenn ich im Einzelfall warten muss, obwohl gar keine anderen Verkehrsteilnehmer anwesend sind. Der Regelutilitarismus ist dem Handlungsutilitarismus überlegen, wo eine Fehleinschätzung der Folgen schwerwiegend wäre, z. B. im Straßenverkehr. Norbert Hoerster (geb. 1937) unterscheidet beim Regelutilitarismus weiter zwischen den Varianten Regelutilitarismus 1 und Regelutilitarismus 2: Regelutilitarismus 1 entspricht dem eben dargestellten Regelutilitarismus – die Regel ist gut, weil eine Fehleinschätzung der Situation gravierende Folgen hätte. Regelutilitarismus 2 integriert den Gesichtspunkt der Gerechtigkeit (und damit auch des → kategorischen Imperativs) und fragt: Was wäre, wenn *jeder* so handelte, wie ich es tun will? Gerade die häufig vorgebrachte Entgegnung „Es handelt aber nicht jeder so!" lässt sich mithilfe des Regelutilitarismus 2 entkräften, denn *ich* kann nur so handeln, weil *nicht jeder* es tut – also behandle ich die andern als *Mittel*, wenn ich ihre Regelbeachtung ausnutze für meinen Regelverstoß. Also kann ich nach dem Regelutilitarismus 2 aus Gründen der *Fairness* nicht tun, was ich vorhabe und was mir der Handlungsutilitarismus gestatten würde. Der Regelutilitarismus 2 löst das grundlegende Problem des Utilitarismus, die Interessen der Minderheit – und somit die Gerechtigkeit – zu übersehen bzw. bewusst dem Nutzen der Mehrheit zu opfern, wofür ihn z. B. John → Rawls kritisiert. Der Utilitarismus ist dem kategorischen Imperativ dadurch in praktischer Hinsicht überlegen, dass er nicht nach dem (unsichtbaren) „guten Willen" des Handelnden fragt, sondern nur nach dem sichtbaren Tun. *wl*

Utopie (griech. Nirgendheim/-ort, im Sinne von nirgendwo) Als Utopie werden Darstellungen eines Gesellschaftszustandes bezeichnet, die erdacht, aber nicht real sind. Bekannt geworden ist der Roman „Utopia" des englischen Theologen Thomas → Morus (1516), der einen Idealstaat beschreibt. Klassische Utopien sind auch Platons „Staat", Thomaso Campanellas „Sonnenstaat" (1602) sowie Francis Bacons „Neues Atlantis" (1627). Aufgrund der politischen und technischen Katastrophen des 20. Jhs kommen in der modernen Literatur immer stärker so genannte negative Utopien auf. Sie beschreiben zukünftige Gesellschaftszustände, die mit Schrecken verbunden sind und deshalb vermieden werden sollen, z. B. Aldous → Huxleys „Brave New World" (1932) oder George Orwells „1984" (1948). *ck*

V

Vatikanisches Konzil, zweites Bezeichnung für das 21. Ökumenische Konzil 1962–1965 im Vatikan in Rom während der Amtszeit von Papst → Johannes XXIII. Das Konzil sollte Vorschläge für eine Erneuerung des kirchlichen Lebens und eine Annäherung der christlichen Kirchen erarbeiten. Grundlage war eine Stärkung des ökumenischen Bewusstseins. So wurde ein Sekretariat für die Einheit der Christen eingerichtet. Von Bedeutung sind insbesondere die auf dem Konzil verabschiedeten Konstitutionen (Erlasse) über die Kirche („Lumen Gentium"), über die Kirche in der Welt von heute („Gaudium et Spes"), das Dekret über den Ökumenismus („Unitatis redintegratio") sowie die Erklärung über das Verhältnis der Kirche zu den nichtchristlichen Religionen („Nostra aetate"). *ck*

Veda (altind. Wissen) Plural: Veden. Bezeichnung für die ältesten heiligen Schriften der Inder, die für die Inder als Offenbarung gelten. Der Veda ist in vier Teile gegliedert: Die Rig Veda enthält Hymnen an Gottheiten, die Sama Veda Verse, die Yajur Veda rituelle Anweisungen und die Atharva Veda Riten und Zaubersprüche. Die ältesten Texte sind vor das erste Jtsd v. Chr. zu datieren *ck*

Verantwortungsethik Ethische Position, die eine Handlung allein nach den möglichen (vorhersehbaren) Folgen bewertet. Der Handelnde muss einen weiteren Wirklichkeitsausschnitt in den Blick nehmen als nur die Frage, ob ein ethisches Gebot die Handlung gebietet oder untersagt. Die Verantwortungsethik geht auf Max → Weber zurück, der sie der → Gesinnungsethik gegenüberstellte. Die Verantwortungsethik lässt sich auf die realen Bedingungen ein, auch darauf, dass der Handelnde nicht frei von Schuld bleiben kann und selbst ein Nicht-Handeln als Handeln gilt. Sie wägt die Mittel ab, die angewendet werden müssen, um ein bestimmtes Ziel zu erreichen. Gleichzeitig werden die Handlungsfolgen reflektiert, wobei besonders die möglichen negativen Folgen bedacht werden. Insofern ist die Verantwortungsethik im politischen Bereich besser geeignet als die Gesinnungsethik. Allerdings birgt sie die Gefahr, dass der Handelnde sich vom Prinzip „Der Zweck heiligt die Mittel" verführen lässt. Ein moderner Vertreter der Verantwortungsethik ist Hans → Jonas, der über die Gegenwart hinaus auch den Blick auf künftige Menschengenerationen fordert, um auch diesen ein menschenwürdiges Dasein zu ermöglichen. *wl*

Verifikation (lat. *verificare* die Wahrheit nachweisen) Die Verifikation ist eine Methode, die angewendet wird, um die Richtigkeit einer Hypothese zu belegen. Dazu werden möglichst viele Fälle gesammelt, in denen die Hypothese zutrifft. Während jedoch unzählige Beispiele im Sinne der behaupteten Gesetzmäßigkeit noch keinen Beweis ergeben, genügt schon ein einziges Gegenbeispiel, um den Geltungsanspruch zu erschüttern. Deshalb vertritt Karl → Popper zur Überprüfung wissenschaftlicher Aussagen statt der Verifikation das Verfahren der → Falsifikation. *wl*

Vernunft In der Alltagssprache wird Vernunft gleichbedeutend mit Verstand gebraucht. In der Philosophie bezeichnet Vernunft (lat. *ratio*) die Fähigkeit des Menschen, Dinge und Geschehnisse in einem ganzheitlichen Zusammenhang zu begreifen, im Gegensatz zum eher analytisch arbeitenden Verstand. Die Vernunft wurde zu einem Leitbegriff der → Aufklärung. *ck*

Verstand Im Verstand wird der Vorgang des richtigen Erkennens und Beurteilens geleistet. In der Philosophie ist mit Verstand eine Zwischeninstanz zwischen sinnlicher Wahrnehmung und → Vernunft gemeint. *ck*

Vertragslehre Denkform der Staats- und Gesellschaftsphilosophie. Die Vertragslehre geht davon aus, dass sich die Menschen einst in einem vorrechtlichen Zustand befanden. Aufgrund ihrer Vernunft und ihrer freien Entscheidung beendeten die Menschen diesen Zustand durch einen Gesellschaftsvertrag, um einen Staat zu gründen. Die Vertragslehre wurde besonders in der Aufklärung vertreten (John → Locke, Jean-Jacques → Rousseau). Sie verstand sich als Kritik an den absolutistischen Herrschaftsverhältnissen. Die Unabhängigkeitserklärung der USA ist im Geist der Vertragslehre formuliert: Die unzufriedenen Untertanen warfen dem britischen König Fehlverhalten vor und erklärten den Vertrag für gelöst. *ck*

Vision (lat. *visio* Schau) Visionen treten häufig in ekstatisch-religiösen Zuständen im Zusammenhang mit Prophezeiungen auf. Mystiker stehen bei einer Vision oft in direktem Kontakt mit Christus, z. B. Katharina von Siena (1347–1380), die bei einer Vision Christi in jungen Jahren eine Richtungsweisung für ihr Leben erhielt. Umgangssprachlich wird der Begriff in vielen Bereichen verwendet, z. B. im Sport oder in der Wirtschaft, wenn ein Manager als Visionär bezeichnet wird oder eine Vision hat (im Sinne von große Ziele). *ck*

Völkerrecht Alle Rechtssätze, die die Beziehungen der Staaten und der internationalen Organisationen regeln. Als Begründer des modernen Völkerrechts gilt Hugo → Grotius. Das Völkerrecht wird in Friedensrecht und Kriegsrecht unterteilt. Da es keine Hoheitsgewalt über den Staaten gibt, ist das Völkerrecht auf den Recht schaffenden Konsens der Staaten angelegt. Das Fehlen einer überlegenen Gewalt wurde oft als entscheidende Schwäche für die Durchsetzung des Völkerrechts genannt. In den letzten Jahren, vor allem nach den Kriegs- und Völkerrechtsverbrechen auf dem Balkan, wird über eine verstärkte Durchsetzung des Völkerstrafrechts und eine Stärkung der internationalen Gerichtshöfe diskutiert. *ck*

Voltaire (eigentlich François Marie Arouet; 1694–1778) Französischer Schriftsteller und Philosoph. Voltaires schriftstellerische Tätigkeit galt der Verbreitung aufklärerischer Gedanken, vor allem auch der Kritik an der katholischen Amtskirche. Im Dogmatismus (→ Dogma) der Kirche sieht er die Wurzel für Intoleranz und Unfreiheit. Dagegen stellt Voltaire eine vernünftige Religion, die die Moral fördert, und vertritt ein deistisches Gottesbild (→ Deismus). Neben Abhandlungen schrieb er Dramen, Romane und Satiren. Mit dem preußischen König Friedrich II., einem Vertreter des aufgeklärten → Absolutismus, stand er in langjährigem Briefwechsel. Das verheerende Erdbeben von Lissabon, das 1755 mehr als 30 000 Todesopfer forderte, sowie der Ausbruch des Siebenjährigen Krieges 1756 erschütterten Voltaires Optimismus und Hoffnung in den Fortschritt der Geschichte und die menschliche Vernunft. *ck*

Voluntarismus (lat. *voluntarius* freiwillig) Weltanschauung, wonach als Grundprinzip alles Seienden der Wille gilt und nicht z. B. die Vernunft. Der Begriff Voluntarismus wurde 1883 durch den Soziologen und Philosophen Ferdinand Tönnies geprägt. Der bekannteste Vertreter des Voluntarismus ist Arthur → Schopenhauer. *ck*

Vorsokratiker Als Vorsokratiker werden die Philosophen des 6. und 5. Jhs v. Chr. bezeichnet, die vor Sokrates (470–399 v. Chr.) lebten. Gemeinsam ist dieser Gruppe, dass keine zusammenhängenden schriftlichen Texte überliefert sind. Nur aus Fragmenten bzw. Darstellungen späterer Autoren kennen wir ihre Gedanken. Die Hauptvertreter der Vorsokratiker kamen vor allem aus den griechischen Kolonien Kleinasiens (hier besonders Milet), Süditaliens und Siziliens. Ihre Fragen thematisierten den Urgrund und den Urstoff der Welt. Bedeutende Vorsokratiker sind → Thales von Milet, → Pythagoras, → Anaximander und → Heraklit. *ck*

W

Wahrheit Allgemein die Übereinstimmung einer Aussage mit der Sache, über welche die Aussage gemacht wird. In der Logik wird die Wahrheit dabei von der Richtigkeit unterschieden, die sich auf die formale Gültigkeit eines Beweises bezieht. Nach Karl → Popper kann es eine letzte Wahrheit für den Menschen nicht geben, zumindest ist sie wissenschaftlich nicht erreichbar. Alles Wissen in Form von aufgestellten Gesetzen ist immer nur so lange gültig, bis es widerlegt wird. Durch fortwährende → Falsifikation werden die Theorien aber immer „wahrheitsähnlicher". *ck*

Wallfahrt Als Wallfahrt wird das Aufsuchen heiliger Stätten bezeichnet, z. B. als Danksagung für erlebte Wohltaten, um die religiöse Gemeinschaft mit anderen Wallfahrern zu erleben oder im Katholizismus um den am Wallfahrtsort verehrten Heiligen um Hilfe zu bitten.

Wallfahrtskapelle Notre-Dame-du-Haut in Ronchamps in der Nähe von Besançon, erbaut 1955 von Le Corbusier (1887–1965). Auffällig ist das Dach in Form eines Bootsrumpfes; Le Corbusier spricht selbst von „Arche".

Wallfahrten sind in zahlreichen Religionen üblich: Im Islam ist die Wallfahrt nach Mekka eine religiöse Pflicht; die Juden wallfahren nach Jerusalem. Wallfahrtsorte des Christentums sind Jerusalem, Rom, Lourdes, Santiago de Compostela oder Tschenstochau. Im Mittelalter galten auch die → Kreuzzüge als (bewaffnete) Wallfahrten. *ck*

Weber, Max (1864–1920) Deutscher Soziologe, Sozialökonom und Wirtschaftswissenschaftler. Weber war seit 1893 Professor für Handelsrecht und Deutsches Recht in Berlin, ab 1894 Professor für Nationalökonomie in Freiburg i. Br., ab 1897 in Heidelberg. Allerdings konnte er aufgrund einer psychischen Erkrankung nur wenige Jahre arbeiten. Ab 1904 war er publizistisch tätig, 1918 übernahm er den Lehrstuhl für Soziologie in Wien, 1919/20 den für Nationalökonomie in München. Als Sachverständiger der deutschen Delegation nahm er 1919 an der Konferenz zum Versailler Friedensvertrag teil. Max Weber gilt als einer der Begründer der wissenschaftlichen Soziologie. Er versuchte, Idealtypen von Staat, Recht und Wirtschaft festzulegen und entwickelte dazu teilweise bis heute gültige Begriffe und Methoden. In seiner berühmten Antrittsvorlesung fordert er die Werturteilsfreiheit der Wissenschaft. Dieser Punkt wird später kritisch von der → Frankfurter Schule aufgegriffen. Große Bedeutung kommt auch seinen religionssoziologischen Studien zu, in denen er den Zusammenhang von Wirtschaftsordnung, Gesellschaft und Religion untersucht, z. B. „Die protestantische Ethik und der Geist des Kapitalismus": Weber zeigt, wie die Verzichtsethik Johannes → Calvins mit dem Glauben an die Vorherbestimmtheit des Lebens die Wirtschaftsform des Kapitalismus besonders in den angloamerikanischen Ländern fördern kann. Im Bereich der Ethik entwickelte Weber den Begriff der → Verantwortungsethik, den er der → Gesinnungsethik gegenüberstellt.

Max Weber

Werke: Wirtschaft und Gesellschaft (1922). *ck*

Weihnachten (mittelhochdt. *ze wihte nacht* geheilige Nacht) Hochfest, an dem Christen der Geburt Jesu gedenken. Theologisch besitzt Weihnachten nicht die Bedeutung des Osterfestes, erfreut sich aber seit Jahrhunderten in den christlichen Ländern und Kulturen größter Beliebtheit. Das Fest wurde erst im 4. Jh. gegen starke Widerstände in der Kirche eingeführt, um den heidnischen Feiern der Wintersonnenwende, die dem Sonnengott Sol invictus oder dem Lichtgott Mithras geweiht waren, ein christliches Fest entgegenzusetzen. Die Lichtsymbolik wurde nun auf Jesus Christus, als das Licht der Völker *(lumen gentium)*, übertragen. Die Ostkirchen feiern dagegen seit dem 4. Jh. die „Erscheinung des Herrn" vor den Völkern (→ Epiphanie) am 6. Januar als Weihnachten. *cps*

Weltalter Die Vorstellung, dass in der Geschichte eine Reihe unterschiedlicher Menschengeschlechter aufeinander folgt, findet sich zuerst bei → Hesiod. Er geht von fünf Weltaltern aus, die mit unterschiedlichen Götter- und Menschengeschlechtern übereinstimmen: das goldene, das silberne, das eherne Weltalter, das Heroen-Weltalter und das eiserne Weltalter. Die Bezeichnungen sind wertend, Geschichte wird nicht als Fortschritt, sondern als Verfall interpretiert. Die Gegenwart, das eiserne Zeitalter, wird mit dem Heroen-Weltalter konfrontiert. Verwandte Vorstellungen finden sich auch im Alten Testament, z. B. im Buch Daniel (Kap. 2). Hier folgen auf das goldene Weltalter das silberne, das bronzene sowie ein zweigeteiltes Weltreich, bestehend aus Eisen und Ton, das bis zum Ende der irdischen Geschichte andauern werde. Im christlichen Mittelalter wurde das zweigeteilte Reich als römisches Reich (Westrom – Ostrom) interpretiert. Da es das letzte irdische Reich darstelle, verstanden sich die Germanen als Nachfolger der römischen Herrscher, ihr Reich als Fortsetzung des Römischen Reiches. So bezeichnete sich Karl der Große als *imperator imperium romanum gubernans*, als Kaiser, der das römische Reich verwaltet. *sk*

Weltethos Ein Projekt des Theologen Hans → Küng. Küng erklärt: „Der Weltethos ist nicht mehr, aber auch nicht weniger als ein Minimum an gemeinsamen humanen Werten, Maßstäben und Grundhaltungen … Die bestehenden frappierenden Gemeinsamkeiten zwischen den Religionen sollten wir nutzen als Basis für die Arbeit am Religions- und Weltfrieden." Vor diesem Hintergrund erforscht Küng nicht nur die Grundlagen der einzelnen Religionen, sondern setzt sich auch für einen Dialog unter ihnen ein. *ck*

Wert In einer Gesellschaft anerkannte und verinnerlichte Vorstellung dessen, was wünschenswert ist und als richtig angesehen wird (→ Grundwerte). Die Wertethik z. B. Max → Schelers geht davon aus, dass Werte wie Liebe und Gerechtigkeit dem Menschen vorgegeben sind, er kann sie fühlend wissen. Nach dem Ansatz der Wertethik muss das Handeln des Menschen dem Wertinhalt entsprechen und darf nicht nur auf das formale Befolgen einer Sollensnorm ausgerichtet sein. Die Wertethik richtet sich damit auch gegen den Formalismus in der Ethik Immanuel → Kants. *ck*

Whitehead, Alfred North (1861–1947) Englischer Philosoph und Mathematiker. Whitehead war seit 1914 Professor für Philosophie in London, 1924–1937 an der Harvard University in Cambridge (USA). Zusammen mit Bertrand Russell stellte er in dem dreibändige Werk „Principia Mathematica" die grundlegenden Begriffe und Theoreme der Mathematik und der Logik systematisch zusammen. In seinem Hauptwerk

Alfred N. Whitehead

„Prozeß und Realität“ (1929) versucht er, Missverständnisse des abendländischen Denkens zu korrigieren, z. B. die Trennung zwischen Materie und Geist. *ck*

Wiedergeburt → Reinkarnation.

Wiener Kreis Nach dem 1. Weltkrieg entstandener Zusammenschluss von Philosophen um Moritz → Schlick, Rudolf Carnap u. a., die als Neopositivisten, Logische Positivisten oder Logische Empiristen (→ Positivismus) bezeichnet werden. Der Wiener Kreis lehnt die traditionelle Metaphysik ab und untermauert diese Kritik durch sprachanalytische Forschung: „Auf dem Gebiet der Metaphysik (einschließlich aller Wertphilosophie und Normwissenschaft) führt die logische Analyse zu dem negativen Ergebnis, dass die vorgeblichen Sätze dieses Gebietes gänzlich sinnlos sind.“ (Rudolf Carnap).

Literatur: Rudolf Carnap: Überwindung der Metaphysik durch logische Analyse der Sprache, in: Metaphysik, hrsg. von Georg Jánoska und Franz Kauz, Darmstadt 1977, S. 50–78. *ck*

Wille Wir sprechen vom Willen, um auszudrücken, dass eine Handlung einerseits freiwillig, also ohne äußeren Zwang, ausgeführt wird, andererseits weder bloß zufällig noch unbewusst. Entsprechend empfinden wir für willentlich vollzogene Akte → Verantwortung. Das Wollen unterscheidet sich vom Wünschen dadurch, dass es auf die Verwirklichung zielt und sich nicht im Gedankenspiel erschöpft. Das Wollen überwindet immer einen gewissen Widerstand; fehlt dieses Hemmnis, mobilisiert sich kein Wille, sondern wir tun einfach etwas. Ist jedoch der Widerstand zu groß, kann man wegen des Fehlens der Ausführbarkeit gleichfalls nicht vom Wollen sprechen. Nur das kann Objekt des Willens sein, von dem der Mensch glaubt, dass es in seiner Macht liegt. Den Beweggrund des Willens nennt man Motiv. In der Philosophie stellt sich die Frage nach der Willensfreiheit des Menschen, d. h. der Frage, ob der Mensch aus freiem Willen heraus handelt (→ Determination; → Indetermination). Nach buddhistischer Auffassung ist der Wille die Quelle des Leidens. *wl*

Wirtschaftsethik Während sich die Wirtschaftswissenschaft mit den realen ökonomischen Prozessen beschäftigt und diese analysiert, geht die Wirtschaftsethik der Frage nach, ob diese Abläufe gut oder schlecht sind und wie sich die Handelnden im Wirtschaftsleben verhalten sollen. Von Bedeutung sind dabei vor allem der → Utilitarismus und die Frage nach → Gerechtigkeit, insbesondere der Anspruch des Utilitarismus, das „größtmögliche Glück für die größtmögliche Zahl von Menschen“ zu erreichen“. *ck*

Wittgenstein, Ludwig (1889–1951) Österreichischer Philosoph. Wittgenstein studierte in Cambridge Mathematik und Logik. 1921 erschien sein „Tractatus logico-philosophicus“. Christlichen Idealen folgend verschenkte er 1919 sein Vermögen und lebte bis 1926 als Volksschullehrer in einem kleinen Dorf. Die Philosophie gab er vorübergehend auf. 1926 verlor er seine Stelle und ging nach Wien, wo er mit dem → Wiener Kreis zusammentraf. Wittgenstein nahm seine philosophischen Arbeiten wieder auf und kehrte 1929 nach Cambridge zurück. 1939 wurde er dort Professor für Philosophie. 1947 nahm er seinen Abschied, um in Irland in ländlicher Abgeschiedenheit weiter zu arbeiten. Wittgensteins Philosophie wird in zwei Phasen eingeteilt: Im „Tractatus“ war Wittgenstein noch von der Möglichkeit ausgegangen, eine logisch vollkommene Sprache zu schaffen, die auch die Welt angemessen abbilden kann. Im Vorwort behauptete er, durch sprachwissenschaftliche Untersuchungen alle Proble-

Ludwig Wittgenstein

me der Philosophie gelöst zu haben: Da man über etwas anderes als die gegenständliche Welt nicht reden könne, sei es sinnlos, über metaphysische Begriffe wie Freiheit oder Gott zu sprechen. Einzig über Sätze der Naturwissenschaften seien Aussagen möglich. Mit seinen Thesen hatte Wittgenstein insbesondere Einfluss auf den Wiener Kreis. In seiner zweiten Schaffensphase als Professor in Cambridge beschäftigte sich Wittgenstein vor allem mit Problemen der Bedeutungsanalyse. Er sagte sich von den Theorien seines „Tractatus" los und entwickelte eine Philosophie der Sprachkritik: Wörter erhalten ihre Bedeutung nicht durch einen Bezug zur Welt der Gegenstände, sondern durch den Gebrauch in einer Sprache. Wittgenstein verwendet hierzu die Bezeichnung Sprachspiel: „Denk dir ein Sprachspiel, in dem einer dem anderen den Befehl gibt, Platten oder Balken zu reichen. Die Verbindung vom Wort *Platte* zur Platte selbst ist noch durch darauf deuten zu erreichen. Bei anderen Wörtern (jetzt, fünf) ist sie es nicht mehr." *ck*

Wotan (altnordisch Odin) Germanischer Gott. Volkstümliche Vorstellungen zeigen Wotan als Toten- und Sturmgott. Er wird begleitet von den beiden Raben Hugin (Gedanke) und Munin (Erinnerung), die Wotan jeden Tag über das Weltgeschehen in Kenntnis setzen. *ck*

Y

Yad Vashem Nationale Gedenkstätte in Israel im Westen Jerusalems für die sechs Millionen jüdischen Opfer des nationalsozialistischen Völkermordes zwischen 1933 und 1945. Yad Vashem heißt übersetzt „Denkmal und Namen“ und erinnert an Jesaja 56, 5: „denen will ich in meinem Haus und in meinen Mauern ein Denkmal setzen und einen Namen“. Die Gedenkstätte wurde 1953 auf Beschluss des israelischen Parlaments errichtet. Sie ist zugleich ein Ort der Dokumentation und der Forschung. Mit über 300 000 Akten, die 25 Millionen Dokumente enthalten, 80 000 Fotografien, 100 000 Bänden der Bibliothek und 1 000 Filmen stellt Yad Vashem das größte historische Archiv der Vernichtung des europäischen Judentums dar. Zum Museum führt die „Allee der Gerechten“. Sie erinnert an die Menschen, die sich für die Rettung von Juden eingesetzt haben. *ck*

Yin – Yang Die beiden kosmischen Urkräfte im dualistischen Konzept der altchinesischen Philosophie. Zusammen bilden sie das → Tao. Yang steht für: männlich, aktiv, hell und warm (die Sonnenseite eines Bergs), schöpferisch, hart, unbeweglich usw. Yin steht jeweils für die entgegengesetzte Qualität, also für: weiblich, passiv, dunkel und kalt (die Schattenseite eines Bergs) usw. Keine der Eigenschaften eines Elementes ist dem entsprechenden Gegenstück überlegen. Erst im Ausgleich der Extreme durch gegenseitige Ergänzung entsteht Harmonie. Die chinesische Medizin sagt: Nur wenn sich Yin und Yang im Gleichgewicht befinden, ist der Körper gesund. Auf den Elementen Yin und Yang basiert auch das → I Ging. *wl*

Yoga (altind. *yui* zusammenbinden) Landläufig versteht man unter Yoga Gymnastik-, Atem- und Entspannungsübungen. Deren Ursprung liegt in der indischen Religion: Yoga ist hier die Schulung der geistigen Konzentration, die Beherrschung über den Körper erlangen soll. Im Hinduismus wird durch Yoga die Vereinigung mit Gott erzielt. Als Yogi (Jogi) werden die indischen Büßer hinduistischen Glaubens bezeichnet, die Yoga ausüben. *ck*

Z

Zarathustra (griech. Zoroaster) Zarathustra ist ein Priester-Prophet, der um 600 v. Chr. (nach anderen Forschungen um 1500 v. Chr. oder noch früher) in Persien lebte. Zarathustra bekämpfte den → Mithras-Kult. Die iranisch-zoroastrische Religion beeinflusste, u. a. durch ihren Dualismus, das Judentum und damit auch Christentum und Islam. Auf Zarathustra geht der zum → Monotheismus gewandelte → Parsismus zurück. Friedrich Nietzsches Werk „Also sprach Zarathustra" orientiert sich nicht an der Lehre Zarathustras. *wl*

Zeloten (griech. Nacheiferer, Bewunderer) Als Zeloten werden häufig Menschen bezeichnet, die sich in Glaubensfragen überaus fanatisch verhalten. Im ersten nachchristlichen Jh. waren die Zeloten eine jüdische Gruppe, die den Anbruch der neuen Messiaszeit mit politischem und militärischem Kampf herbeiführen wollte. Sie fanden Zulauf vor allem unter den Besitzlosen, Kleinhändlern und Handwerkern. Der Widerstand gegen die römische Besatzung mündete 66 n. Chr. in einem Aufstand, der im Jahr 70 mit der Vernichtung des Tempels in Jerusalem durch die Römer, drei Jahre später durch die Erstürmung der Festung Masada beendet wurde. *ck*

Zen (Abkürzung des japan. Wortes *Zenna*, chines. *Ch'an* Meditation) Von China kommend begründeten zwei Zenmeister im 13. Jh. in Japan die bis heute maßgeblichen Varianten des Zen-Buddhismus: die Rinzai-Sekte und die Soto-Sekte. Ziel des Zen ist die Erleuchtung *(satori)*, die jedoch unabhängig von Meditationstechniken oder Riten eintritt. Zen ist daher keine Lehre, sondern eine intuitive, meditative Praxis, mit der Harmonie im Leben angestrebt wird. So wird Zen nicht nur durch *zazen* (Sitzen im Lotossitz) ausgeübt, sondern als Kunst der Teezeremonie, des Blumensteckens (Ikebana) und der Gartengestaltung, der Tusche-Malerei und des Schreibens, des Bogenschießens oder als Kampfkunst (z. B. Judo). Besonders geschätzt wurden die Meditationsübungen des Zen vom Schwertadel der japanischen Samurai als Mittel der Selbstdisziplin.

Literatur: Satô Giei: Tagebuch eines Zen-Lehrlings, Pfullingen 1988; Janwillem van de Wetering: Der leere Spiegel, Reinbek 2000. *wl*

Zenon von Elea (um 500–430 v. Chr.) Griechischer Philosoph. Zenon war Schüler des Parmenides und versuchte, dessen Lehre durch Argumentationen zu untermauern. Für Parmenides gab es keine Bewegung, sondern nur ein unveränderliches Sein. Diese Leugnung der Vielheit und Veränderung wurde heftig kritisiert. Zenon von Elea wollte zeigen, dass es weder Raum, noch Vielheit, noch Bewegung geben kann, da deren Existenz zu gedanklichen Widersprüchen führt (→ Paradoxon). Einer seiner berühmtesten Beweise gegen die Annahme einer Vielheit in der Bewegung ist der vom Wettlauf des Achilleus mit der Schildkröte: Danach kann der schnelle Läufer Achilleus die langsame Schildkröte niemals einholen, wenn sie vom Beginn des Laufs an einen kleinen Vorsprung hat. Denn wenn Achilleus den Punkt A, an dem die Schildkröte eben noch war, erreicht hat, ist diese schon zum Punkt B vorgerückt. Wenn Achilleus diesen Punkt B erreicht hat, ist die Schildkröte schon am Punkt C und so weiter – der Vorsprung der Schildkröte wird zwar immer kleiner, aber erreichen kann Achilleus die Schildkröte nie. *ck*

Zenon von Elea

Zenon von Kition (um 336–264 v. Chr.) Griechischer Philosoph. Zenon gründete in der bunten Säulenhalle *(stoa* *poikile)* in Athen eine Philosophenschule, nach der die Richtung der → Stoa ihren Namen erhielt. Zenon sah ein tugendhaftes Leben ohne Affekthandlungen und ohne Streben nach äußeren Gütern als höchstes Lebensziel an. *ck*

Zeus Höchster griechischer Gott. Nachdem er Kronos, seinem Vater, die Herrschaft streitig gemacht hatte, teilte er sich mit seinen Brüdern Poseidon und Hades die Welt. Zeus erhielt den Himmel als Herrschaftsbereich. Er zeugte mit vielen Göttinnen und Frauen zahlreiche Kinder, u. a. Athene, Apoll, Herakles oder auch die Musen. Zeus ist eine Gottheit, die im Gefolge der indoeuropäischen Wanderung Verbreitung fand. Die Römer bezeichneten ihn als Jupiter. *sk*

Zikkurat Aus Lehmziegeln erbaute Stufenpyramide, auf deren oberster Plattform ein Tempel steht. Zikkurate erbauten die Sumerer, Babylonier und Assyrer. Die besterhaltene Zikkurat ist heute noch in Ur zu besichtigen. Der Turm von Babel, der in der biblischen Erzählung Genesis 11 im Zusammenhang mit der Sprachverwirrung erwähnt wird, war eine solche Zikkurat. *ck*

Zionismus Bewegung des Judentums, die alle Juden in das Land Israel zurückführen will. Das Wort Zion geht zurück auf die vorisraelitische Bezeichnung für den Hügel im Südosten Jerusalems und wurde später als Bezeichnung für den Tempelberg und Jerusalem selbst verwendet. Ende des 19. Jhs wurde die Besiedelung Palästinas durch europäische Juden aktiv betrieben, die Zionistische Bewegung erhielt seit dem 1. Zionistischen Weltkongress in Basel 1897 auch eine politische Bedeutung. Durch den Einfluss Chaijm Weizmans (1874–1952), Biochemie-Professor in Manchester, sagte der britische Außenminister Arthur J. Balfour den Juden in der so genannten „Balfour-Erklärung" 1917 die Errichtung eines „nationalen Heims" in Palästina zu. Weizman wurde 1920 Präsident der Zionistischen Weltorganisation, 1948 erster Präsident des neu gegründeten Staates Israel. Heute konzentriert sich die Zionistische Bewegung auf die Kommunikation zwischen dem Staat Israel und den Juden in der → Diaspora. *ck*

Zölibat (lat. *caelebs* ehelos) Ehelosigkeit, die aus religiösen Gründen gewählt wird. Nachdem sich im 11. Jh. besonders die Reformbewegung des Klosters Cluny und Papst Gregor VII. für die Ehelosigkeit der Geistlichen eingesetzt hatten, erklärte das zweite Laterankonzil 1139 alle Ehen für nichtig, die von höheren Geistlichen geschlossen wurden. An der Ehelosigkeit der Priester wird in der katholischen Kirche festgehalten. Die Kirchen, die aus der Reformation entstanden sind, lehnten den Zölibat ab, da sie auch die Priesterweihe nicht als → Sakrament ansahen. In der griechisch-orthodoxen Kirche ist der Zölibat für Mönche und Bischöfe Pflicht. Andere Geistliche dürfen die vor der Weihe geschlossene Ehe fortsetzen, jedoch nach der Weihe keine neue schließen. *ck*

Zoon politikon (griech. geselliges Wesen) Bezeichnung des Aristoteles für ein Wesensmerkmal des Menschen. Aristoteles macht beim Menschen eine natürliche Neigung aus, sich mit anderen Menschen zusammenzuschließen und Staaten zu bilden. Im Gegensatz zu anderen Philosophen, z. B. Platon und Thomas Hobbes, entspringt der Wunsch zum Zusammenschluss nach Aristoteles also nicht der Schwäche und der Einsicht des Menschen, gemeinsam mehr erreichen zu können. Der Staat ist nicht nur Mittel zum Zweck, sondern Ausdruck des menschlichen Wesens. *ck*

Zufall Im weiteren Sinne wird als Zufall das unvorhergesehene Zusammentreffen mehrerer Ereignisse bezeichnet. Hierbei ist offen, ob die Ereignisse wirklich zufällig eingetreten sind oder ob dies nur in der Begrenztheit menschlicher Erkenntnis so aussieht. Im engeren Verständnis ist der Zufall ein Gegenbegriff zum → Determinismus, indem er das Kausalprinzip außer Kraft setzt. Die moderne Biologie erklärt die Entwicklung der Natur aus dem Wechselspiel von Zufall und Notwendigkeit. Als Zufall gilt dabei die Mutation. *ck*

Zweifel Alltagssprachlich bedeutet Zweifel so viel wie Ungewissheit oder Unentschiedenheit. In der Philosophie ist der Zweifel vor allem bei René → Descartes als Ausgangspunkt seiner Philosophie von Bedeutung. Nachdem alle vermeintlich wahren Stützen des Denkens und des Erinnerns untergraben worden sind, stößt Descartes auf das nicht weiter Anzweifelbare, auf das Selbstbewusstsein. An allem kann gezweifelt werden, nicht aber am Ich, denn dieses muss nach Descartes vorhanden sein, damit gezweifelt werden kann. *ck*

Zwei-Quellen-Theorie Bibelwissenschaftliche Theorie, die besagt, dass die Evangelisten Matthäus und Lukas bei der Abfassung ihres → Evangeliums zwei Quellen benutzten: das Markusevangelium und eine gemeinsame zweite Quelle, die als Logien- oder Spruchquelle bezeichnet wird (griech. *logion* Ausspruch) und heute nicht mehr erhalten ist. Diese Spruchquelle enthielt vornehmlich Sprüche Jesu. Darüber hinaus griffen sowohl Matthäus als auch Lukas auf weitere mündlich überlieferte Traditionen zurück, die als „Sondergut" des Matthäus bzw. des Lukas bezeichnet werden. Die Evangelisten Markus, Matthäus und Lukas werden aufgrund ihrer Verwandtschaft auch → Synoptiker (griech. *synopsis* Zusammenschau) genannt. *ck*

Zwillingsforschung Die Zwillingsforschung dient Psychologen und Biologen, die sich mit dem Einfluss von Anlage- bzw. Umweltfaktoren auf den Menschen beschäftigen. Hierzu werden eineiige Zwillingspaare mit zweieiigen und mit übrigen Geschwisterpaaren verglichen. Durch die Zwillingsforschung konnte z. B. belegt werden, dass Blut- und Gewebegruppen, Haarbeschaffenheit, Augenfarbe, Ohrläppchenform, Fingerabdrücke und Zahnstellung fast ausschließlich durch Vererbung bestimmt sind, ebenso manche Krankheiten. Bei allen anderen Merkmalen sind die genetischen Anlagen durch Umwelteinflüsse veränderbar. *ck*

Zwingli, Ulrich (Huldreich) (1484–1531) Schweizer Reformator. Zwingli war seit 1519 Priester am Großmünster in Zürich. Nachdem er den bedeutenden Humanisten → Erasmus von Rotterdam kennen gelernt hatte, vor allem aber nach

Schema zur Zwei-Quellen-Theorie

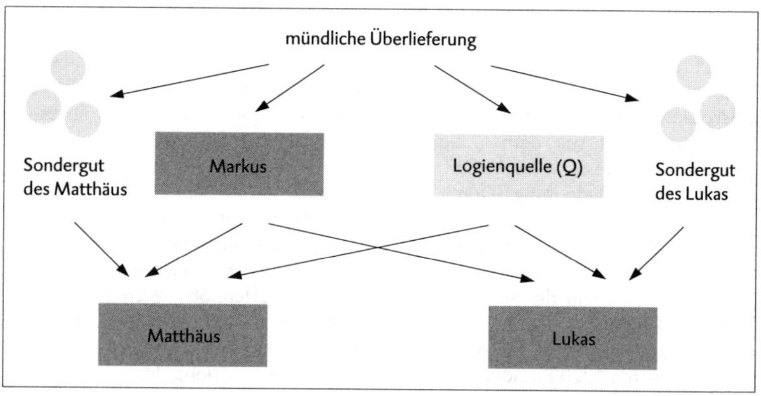

der Lektüre der lutherischen Schriften, begann Zwingli ab 1515, die katholische Kirche zu kritisieren. Unter Zwinglis Einfluss leitete die Stadt Zürich 1525 eine Kirchenreform ein: Klöster wurden aufgehoben, Orgelspiel und Gemeindegesang abgeschafft, die Zahl der Feiertage wurde eingeschränkt, das Abendmahl nur an vier Sonntagen des Jahres gefeiert. In der Auseinandersetzung zwischen Martin → Luther und Zwingli über das → Abendmahl konnte kein Einverständnis hergestellt werden: Während Luther an der leibhaftigen Gegenwart Christi beim Abendmahl festhalten wollte, verstand Zwingli die Einsetzungsworte nur symbolisch. In der Schweiz geriet Zwingli in Konflikt mit konservativen Schweizer Kantonen. Es kam zu kriegerischen Auseinandersetzungen, bei denen Zwingli den Tod fand. Sein Tod bedeutete einen Rückschlag für die Reformation in der Schweiz, der erst durch das Wirken Johannes → Calvins wieder ausgeglichen werden konnte. *ck*

Ulrich Zwingli

Zynismus (griech. *kynikos* bissig) Umgangsprachlich eine Haltung, in der man sich mit bösem Spott über andere lustig macht und sie herabsetzt. In der Philosophie der Antike eine Richtung, die von den → Kynikern ausging und Bedürfnislosigkeit als Voraussetzung für Glückseligkeit ansah. *ck*

Überblick über wegweisende Ideen, Entwicklungen und Personen

Der folgende Überblick greift mit der zeitlichen Unterteilung Altertum – Mittelalter – Neuzeit eine Epochenunterteilung auf, die ebenso verbreitet wie umstritten ist. Der Begriff „Neuzeit" erhielt seine Bedeutung in der Geschichtsschreibung des 19. Jahrhunderts: Er meinte zunächst den Zeitpunkt, mit dem etwas Neues beginnt, dann den Zeitraum, der durch die Neuerung bestimmt ist.

Eine klare Begrenzung der Epochen erweist sich als unmöglich, auch kann das Aufzeigen von Epochenmerkmalen zu einem Schematismus führen, der den einzelnen Ereignissen und Personen nicht gerecht wird. Die verbreitete Unterscheidung Altertum – Mittelalter – Neuzeit ist nur von einem europäischen Standpunkt aus sinnvoll, dennoch hat sie sich durchgesetzt und schlägt sich heute noch bei der Untergliederung des Schulstoffs in Bildungsplänen nieder. Sie liegt daher auch der folgenden Übersicht zugrunde.

Die Übersicht umfasst neben der zeitlichen Spalte drei weitere, an Ideen, Entwicklungen und Personen orientierte Spalten zur Allgemeinen Geschichte, Wissenschafts- und Philosophiegeschichte und Kirchen- und Religionsgeschichte. Wichtige Begriffe, die im Lexikon erläutert werden, sind beispielhaft in die Tabelle aufgenommen, um eine zeitliche Einordnung zu erleichtern bzw. nach zeitlich benachbarten Einträgen zu suchen. Die Tabelle kann und soll vom Leser und Benutzer erweitert werden. Besonders für die Neuzeit ist es empfehlenswert, kleinere Themenkreise gleichsam wie mit einer Lupe auszufächern.

Epochen	**Raum für eigene Bemerkungen**	**Allgemeine Geschichte**
		Allgemeine Erläuterungen
Altertum: Bezeichnung für einen Zeitraum, der von den orientalischen Hochkulturen des 3. Jtds v. Chr. bis zur Völkerwanderungszeit des 4. nachchristlichen Jhs reicht. Die Geschichte der griechisch-römischen Welt wird oft als „klassische Antike“ bezeichnet.		Die frühen Reiche im Zweistromland und in Ägypten weisen mit Schrift, Religion und staatlichen Strukturen Merkmale auf, die sie als so genannte Hochkulturen auszeichnen. Sie verfügten über einen hohen Wissens- und Kenntnisstand, z. B. auf dem Gebiet der Astronomie oder des Wasserbauingenieurwesens. Im 7. Jh. v. Chr. entstehen in Griechenland zahlreiche Stadtstaaten, die sich gegen das Reich der Perser behaupten können. Die Stadtstaaten experimentieren mit verschiedenen Herrschaftsformen, bei denen große Teile der Bevölkerung in unterschiedlichen Graden an der Regierung beteiligt werden. Mit Rom erstarkt im westlichen Mittelmeer ab ca. 200 v. Chr. ein Stadtstaat im östlichen Mittelmeer, der zunächst unbeachtet bleibt. Nach der Zerstörung des nordafrikanischen Karthagos und des griechischen Korinths etabliert sich Rom als Weltmacht, die den gesamten Mittelmeerraum beherrscht. Die republikanischen, stadtstaatlichen Strukturen erweisen sich als ungeeignet, um ein großes Reich zu verwalten. Die Neuordnung des Römischen Reiches durch das Prinzipat erwies sich als dauerhaft bis in die Zeit der Spätantike. Die Interpretation der Spätantike und der Völkerwanderungszeit ist noch nicht abgeschlossen. Offen ist dabei ebenso noch z. B. die Frage, ob es sich um eine Zeit des Rückschrittes handelt, wie die Frage, ob das Römische Reich unterging (Katastrophentheorie) oder in die neu entstehenden Germanenreichen überging (Kontinuitätstheorie).

Wissenschafts- und Philosophiegeschichte		Kirchen- und Religionsgeschichte	
Allgemeine Erläuterungen	**Lexikoneinträge**	**Allgemeine Erläuterungen**	**Lexikoneinträge**
	• Hammurabi • Kalenderreform • Astrologie • Achsenzeit	Im 15. Jh. v. Chr. finden Nomaden im Nahen Osten zu einer eigenen Identität und vertreten einen Eingottglauben (Judentum).	• Echnaton • Abrahamische Religionen • Monotheismus
Mythische Welterklärungen werden durch wissenschaftliche abgelöst. Die Zeit ab dem 7. Jh. v. Chr. wird – mit Blick auf Griechenland, Indien und China – auch als „Achsenzeit" bezeichnet, in der die Idee des Individualismus aufkommt und sich verbreitet.	• Mythos • Ikarus • Logos • Vorsokratiker • Sophisten • Sokrates • Platon • Aristoteles • Stoa	Um 600 v. Chr. wirken Religionsstifter, deren Ideen weithin Einfluss nehmen. Während in China Siddharta Gautama die „Vier edlen Wahrheiten" formuliert, vertritt in Persien Zarathustra einen Dualismus, der das Judentum, Christentum und den Islam nachhaltig beeinflusst.	• Siddharta Gautama • Zarathustra • Buddhismus
	• Cicero • Eklektizismus • Neuplatonismus • Plotin	Das Christentum verbreitet sich, teilweise in Verbindung mit platonischen und stoischen Gedanken. Auf mehreren Konzilen ringt die Frühkirche um die richtige Lehre und Organisation. Nach der Duldung unter Konstantin dem Großen verdrängt das Christentum zunehmend andere Religionen und wird am Ende des 4. Jhs zur alleinigen Staatsreligion.	• Jesus • Christentum • Qumran • Apostel • Paulus • Nizäa • Arianismus • Chalcedon

Epochen	Raum für eigene Bemerkungen	Allgemeine Geschichte
		Allgemeine Erläuterungen
Mittelalter: Die Bezeichnung kam in der Zeit der Aufklärung auf. Sie enthält eine negative Wertung: Das Mittelalter, oft auch „finsteres Mittelalter" genannt, als Zwischenzeit zwischen der Antike und der fortschrittlichen Neuzeit. Diese negative Sichtweise des Mittelalters ist heute überwunden.		Bestimmend für das Mittelalter ist das Mit- und Gegeneinander von Kirche und Staat. Seit der Kaiserkrönung Karls des Großen, im Jahr 800 vom Papst in Rom vollzogen, ist die Geschichte des mittelalterlichen Kaisertums untrennbar mit der Geschichte des Papsttums verbunden. Der Streit um die Vorrangstellung von Kaiser und Staat gipfelt im Investiturstreit. Sieger des Streits sind die Städte, die Fürsten und die aufkommenden Nationalstaaten England und Frankreich. Das Spätmittelalter, vor allem das 14. Jh., wird oft als Zeit des Niedergangs bezeichnet. Allerdings trifft dieses Urteil nur auf manche Regionen zu. So sind zwar Seuchen, Hungersnöte und der Niedergang der höfischen Kultur in Teilen des deutschen Reiches zu verzeichnen, auf der anderen Seite aber auch eine Blüte italienischer Stadtkultur, die in engem Zusammenhang mit der Renaissance steht.
Frühe Neuzeit – Renaissance und Reformation: Diese Epoche wird oft als Revolution bezeichnet: Unter dem Einfluss der Entdeckungsfahrten, wirtschaftlicher Neuerungen und wissenschaftlichen Entdeckungen zerbricht das alte Weltbild. Zu überlegen ist allerdings, ob die Vorstellung eines Bruches nicht eine Überzeichnung ist: Sind z. B. die Entdeckungsfahrten Ursache für ein neues Denken oder selbst Folge eines neuen Denkens, das schon geraume Zeit zuvor grundgelegt worden ist?		„Ad fontes": Zu den Quellen – so lautet ein Grundsatz, der gemeinsam für Renaissance und Reformation stehen kann. Der Rückgriff auf die Urtexte sowohl in der Philosophie als auch in der Religion soll dazu führen, dass Fehlinterpretationen und missbräuchliche Nutzung ausgeschaltet werden. Kenntnisse in Griechisch und Latein sind Voraussetzungen für die Arbeit der Gelehrten.

Wissenschafts- und Philosophiegeschichte		Kirchen- und Religionsgeschichte	
Allgemeine Erläuterungen	**Lexikoneinträge**	**Allgemeine Erläuterungen**	**Lexikoneinträge**
In den Wirren der Völkerwanderungszeit gingen so manche wissenschaftlichen Kenntnisse und technische Fertigkeiten verloren. Die Klöster bewahrten als Inseln wichtige Kulturgüter, Westeuropa lernte durch die Vermittlung der Araber und Ostroms bedeutende Philosophen der Antike, vor allem Aristoteles, neu kennen. Besonders die Vertreter der Scholastik bemühten sich um eine Verbindung des christlichen mit dem griechisch-antiken Denken.	• Averroes • Benedikt von Nursia • Thomas von Aquin • Scholastik • Universalienstreit	Mit dem Islam verbreitet sich im 7. Jh. die dritte große monotheistische Religion, die die Geschichte Europas entscheidend mitbestimmt. Christentum und Islam prallen in den Kreuzzügen aufeinander; neben den kriegerischen Auseinandersetzungen gibt es aber zeitgleich phasenweise auch einen fruchtbaren interkulturellen Austausch zwischen Christentum, Islam und Judentum in Spanien.	• Mohammed • Islam • Allah • Imam • Koran • Kreuzzüge • Investiturstreit • Canossa
Besonders die Naturwissenschaften erleben einen rasanten Aufstieg. Neue Geräte zur verbesserten Naturbeobachtung und vor allem der Einsatz von Experimenten führt dazu, dass alte Vorstellungen, z. B. über die Gestirne, als nicht zutreffend abgelehnt werden.	• Galilei, Galileo • Kopernikanische Wende • Heliozentrisches Weltbild • Lipsius, Justus • Grotius, Hugo • Erasmus von Rotterdam	Die Reformation, entstanden aus einer innerkirchlichen Streitfrage, wird rasch zu einem Thema der politischen Geschichte. Glaubenskriege, die von den Großmächten mit Blick auf die Machtverhältnisse in Europa geführt werden, verheeren weite Teile Deutschlands. Vielerorts reduziert sich die Einwohnerzahl im Dreißigjährigen Krieg (1618–1648) auf ein Drittel der ursprünglichen Bevölkerungszahl.	• Ablass • Luther, Martin • Calvin, Johannes • Zwingli, Ulrich • Reformation • Protestantismus • Gegenreformation

Epochen	**Raum für eigene Bemerkungen**	**Allgemeine Geschichte**
		Allgemeine Erläuterungen
Neuzeit: Absolutismus und Aufklärung, 19. und 20. Jh.: Eine einheitliche, auf inhaltliche Merkmale bezogene Kennzeichnung der Jahrhunderte seit ca. 1500 ist nicht möglich. Für die moderne Welt, deren Herausbildung in der Neuzeit ihren Anfang nimmt, stellt der Philosoph Vittorio Hösle eine „ungeheure Komplexität der durch menschliches Handeln ausgelösten Konsequenzen" fest: „niemals war die Prognose mittelfristiger Auswirkungen bestimmter Handlungen nötiger, aber niemals auch schwieriger als heute, da die moderne Technik den Radius unseres Handelns in Raum und Zeit unabsehbar erweitert hat" (V. Hösle, Praktische Philosophie in der modernen Welt, München 1992, S. 9).		Der Absolutismus ist als Antwort auf die innere Zerrissenheit vieler Staaten im Gefolge der Glaubenskriege zu sehen: Ein starkes Oberhaupt soll den inneren Frieden und den Schutz nach außen garantieren. Frankreich wird zum erfolgreichen Modell eines absolutistischen Staates. Der Absolutismus ist für die Moderne von großer Bedeutung, weil er erstmals ein einheitliches Staatsvolk schaffen will. Unzufriedenheit über immer noch vorhandene rechtliche Unterschiede und der Wunsch des wirtschaftlich starken Bürgertums nach politischer Machtteilhabe führen dazu, dass Gedanken der Aufklärung sich in politischen Revolutionen niederschlagen: Beginnend mit der englischen „glorreichen" Revolution 1688 über den amerikanischen Unabhängigkeitskrieg bis hin zur Französischen Revolution schlägt sich das Gedankengut der Aufklärung in Manifesten, Verfassungen und Gesetzen nieder. Mit der Industrialisierung, ausgehend von England, setzt Ende des 18. Jhs neben den politischen Revolutionen eine zweite so genannte revolutionäre Entwicklung ein, die alle Bereiche des Lebens erfasst und verändert. Wissenschaft und Technik werden enger aneinander gekoppelt. Beide Entwicklungen verleihen Europa eine Vorreiterrolle, die erst durch die beiden Weltkriege im 20. Jh. und den Zusammenbruch der portugiesischen, spanischen, englischen und französischen Kolonialreiche infrage gestellt wird.

Wissenschafts- und Philosophiegeschichte		**Kirchen- und Religionsgeschichte**	
Allgemeine Erläuterungen	**Lexikoneinträge**	**Allgemeine Erläuterungen**	**Lexikoneinträge**
Der absolutistische Staat fördert die wissenschaftlich-technische Ausbildung: Transport, Landwirtschaft und Militär sind Bereiche, die davon profitieren.	• Bodin, Jean • Hobbes, Thomas • Enzyklopädie		
Die Kritik am absolutistischen Staat betrifft auch die Kirche, der vorgeworfen wird, ungerechte und überkommene Strukturen zu unterstützen. Die Aufklärung fördert eine säkularisierte Weltanschauung.	• Gesellschaftsvertrag • Locke, John • Rousseau, Jean-Jacques • Kant, Immanuel		
Die Zeitspanne zwischen naturwissenschaftlichen Erkenntnissen und ihrer technischen Nutzbarmachung wird immer kürzer. Die Staaten erkennen die Bedeutung des Wissens für die Gesellschaft und bauen das staatliche Schulwesen aus.	• Utilitarismus • Bentham, Jeremy • Positivismus • Mikro-, Meso-, Makrokosmos • Einstein, Albert • Planck, Max	Die christlichen Kirchen müssen seit dem 19. Jh. eine Zurücknahme ihres Einflusses erfahren. Besonders die katholische Kirche bekämpft die Grundsätze des politischen, kulturellen und wirtschaftlichen Liberalismus, die durch die nationalstaatlichen Einigungen Deutschlands und Italiens gestärkt geworden sind. Auch die Erkenntnisse und Fortschritte der modernen Wissenschaft rütteln an tradierten Glaubensvorstellungen.	• Säkularisation • Kulturkampf • Unfehlbarkeitsanspruch • Kreationismus

Epochen	Raum für eigene Bemerkungen	Allgemeine Geschichte
		Allgemeine Erläuterungen
Neuzeit: 20. Jh.		Im 20. Jh. wird die Welt zunehmend zur *einen* Welt. Ereignisse, Entwicklungen und Menschen rücken enger zusammen. Die Begrenztheit der Welt wird deutlich. Die Sorge um die Umwelt wird vor dem Hintergrund der Erfolge und Gefahren vor allem der Atomtechnik, der Gentechnik und der weltweiten Vernetzung durch Informations- und Kommunikationstechnologien zu einem Stimmungskennzeichen des anbrechenden 21. Jhs.

Wissenschafts- und Philosophiegeschichte		**Kirchen- und Religionsgeschichte**	
Allgemeine Erläuterungen	**Lexikoneinträge**	**Allgemeine Erläuterungen**	**Lexikoneinträge**
Der Philosoph Hans Jonas zeigt die Konsequenzen auf, die aus der *einen* Welt für die praktische Philosophie erwachsen: Die Zielsetzung, das höchste Gut zu erreichen, muss ersetzt werden durch das Bemühen, das größte Übel zu vermeiden: „An die Stelle der *Liebe zum höchsten Gut*, das der Mensch sich in seinem Tugendstreben selber zum Ziele setzen kann, muss heute die *Furcht vor dem größten* Übel treten. Eine gewisse negative Motivierung der Moral ist heute nötig geworden. Da, wo man nach der Verwirklichung des höchsten Gutes strebt, entweder für sich selber oder sogar in großherziger Ausbreitung der Arme für die ganze Menschheit, da tritt ein, was wir ja kennen gelernt haben: ein *utopisches* Streben, ein Streben nach einem vollkommenen Zustand, der genau das ist, was nicht erreichbar ist auf Erden. Ein Streben danach verführt eigentlich dazu, zu ignorieren, dass hier *Grenzen* gesetzt sind, über die wir nicht hinaus können und die uns zu einer gewissen Bescheidung nötigen." (Jonas in einem Interview in: Ethik für die Zukunft. Im Diskurs mit Hans Jonas, hrsg. von Dietrich Böhler, München 1994, S. 206).	• Umweltethik • Medizinethik • Verantwortungsethik • Risikogesellschaft • Kritischer Rationalismus • Popper, Karl • Kritische Theorie • Jonas, Hans • Nationaler Ethikrat	Religion wird zunehmend zu einer Angelegenheit des privaten Lebens. Viele Menschen suchen Halt in Sekten. Die großen Religionen bemühen sich verstärkt um einen Dialog mit anderen Konfessionen und Religionen. Papst Johannes Paul II. bittet Judentum und Islam um Verzeihung für das Unrecht, das beiden Religionen in der Geschichte teilweise auch durch das Christentum zugefügt wurde.	• Sekte • Esoterik • Okkultismus • Scientology • Vatikanisches Konzil, zweites • Ökumene • Rahner, Karl • Küng, Hans

Bildnachweis

Andreas Verlag Salzburg (aus: 2000 Jahre Christentum): 43 (Fabbri), 46 re. (Fabbri), 99 (Puck-Kornetzki), 106 (Fabbri), 164 (Fabbri), 197 (Fabbri)
Archiv für Kunst und Geschichte, Berlin: 27 li., 76 re., 98, 137 re., 171
Archiv Gerstenberg, Wietze: 37
Beuroner Kunstverlag, Beuron: 127, 138, 173
Bildarchiv Preußischer Kulturbesitz: 1 (Jörg P. Anders), 26 (Rotraut Forberg, Düsseldorf), 29 (Yousuf Karsh, Ottawa), 39, 41 (Margarete Büsing), 55, 60, 62 u.re., 64 (Felicitas Timpe), 73, 82, 93, 101, 133 re. (Radierung von Heinrich Lamers), 152 (Alfredo Dagli), 163, 168 (Museum für Indische Kunst), 172, 181 o., 189 re., 190, 191 (Trinity College)
Bloch, Karola, Tübingen: 25
Deutsches Literaturarchiv, Marbach: 13 (Erica Loos), 28 (Erica Loos), 35, 56, 62 li., 72, 74, 81, 95, 110, 113, 119, 122, 133 li., 160, 162
Deutsches Museum, München: 75
Eschen, Klaus: 27 re.
Felix Meiner Verlag, Hamburg: 165
Gorys, Erhard: 128 (aus: Heiliges Land, Köln ^{2}1999, S. 113)
Haustein, Hans: 89
Hirmer Fotoarchiv, München: 11
Karl Barth-Archiv, Basel: 20
Kruse, Ingrid von, Wuppertal: 147
Kunsthistorisches Museum, Wien: 14
laenderpress, Mainz: 158
Loose, Nils: 103
Meinen, Fred, München: 154
Museum für Abgüsse Klassischer Bildwerke, München: 45
Ohlbaum, Isolde, München: 92
Pannenberg, Wolfhart: 139
Patmos Verlag GmbH & Co KG, Walter Verlag, Düsseldorf/Zürich: 40
Stein, Peter, New York: 70
Süddeutscher Verlag/Bilderdienst, München: 18, 156, 161
Suhrkamp Bildarchiv:155
Theologischer Verlag, Zürich: 24 (aus: R. Lüscher/M. Schwarz: 16 Themen für den Religionsunterricht an der Oberstufe, hrsg. vom Katechetischen Institut der evangelisch-reformierten Landeskirche des Kantons Zürich, ^{2}1991)
Ullstein Bild: 2 re.
VG Bild-Kunst, Bonn 2001: 46 li.
Westfälisches Landesmuseum für Kunst und Kulturgeschichte, Münster: 115 li. (R. Wakonigg)

Umschlagbild (reihenweise von links nach rechts): 1. Reihe: Bildarchiv Preußischer Kulturbesitz; 2. Reihe: Bildarchiv Preußischer Kulturbesitz (Bild 1); 3. Reihe: Deutsches Literaturarchiv (Bild 2), Peter Stein (Bild 3); 4. Reihe: Deutsches Literaturarchiv (Bild 1 und 3), T. Klink/Zeitenspiegel (Bild 2); 7. Reihe: laenderpress (Bild 1), Bildarchiv Preußischer Kulturbesitz, Margarete Büsing (Bild 2), Deutsches Literaturarchiv (Bild 3 und 4); 8. Reihe: Bildarchiv Preußischer Kulturbesitz (Bild 1)

Wir danken allen Rechtinhabern für die Abdruckerlaubnis.
Der Verlag war bemüht, die Urheber der abgedruckten Bilder ausfindig zu machen. Wo dies nicht gelungen ist, bitten wir diese, sich ggf. an den Verlag zu wenden.

(Bitte blättern Sie um)